上海研究院智库丛书

丛书主编　李培林

中国文化贸易研究报告

（2014~2015）

China's Cultural Trade Study

（2014~2015）

魏鹏举　李　兵　等/编著

社会科学文献出版社
SOCIAL SCIENCES ACADEMIC PRESS (CHINA)

本书由中国社会科学院文化研究中心"文化产业重大课题研究计划"和上海研究院联合资助。

《中国文化贸易研究报告（2014~2015）》课题组

内容简介

　　文化贸易已经成为我国的国家战略，相关研究很多，但是学界对于文化贸易研究的核心意义以及我国文化贸易的基本情况还没有一个系统而全面的介绍。本报告从文化贸易竞争力角度入手，全面整理了现有相关数据与资料，为进一步深入研究我国文化贸易奠定基础。报告第一部分阐明文化贸易的研究意义，并利用现有数据介绍了我国文化贸易竞争力情况，发现虽然我国文化产品贸易的竞争力强，但是文化服务贸易的竞争力较弱；第二部分通过对海关贸易数据的整理与分析，发现我国文化贸易的主力仍然是经济发展较好的东部地区，中西部地区借助自身文化优势正在慢慢获取更大的出口份额；第三部分介绍主要国家文化贸易竞争力情况，以及这些国家文化贸易特色；第四部分系统分析我国影视版权贸易现状、特点、问题，并提出相应政策建议；第五部分系统介绍我国文化贸易分类标准，全面梳理我国文化贸易政策，归纳国家促进文化贸易发展五个方面的政策，并系统描绘这五个方面政策的演变趋势，发现我国文化贸易政策力度不断加强，覆盖面不断拓展。

Abstract

Developing cultural trade is one of our national strategies, and there are many studies on this topic. However, there is still lack of comprehensive and systematic introduction and analysis of the whole picture about China's cultural trade till now. This report takes the angle of international competitiveness, combines all kinds of data sources, and provides a solid foundation for further systematic analysis on China's cultural trade.

The first part of this report introduces the significance of cultural international trade for China, a brief view of China's cultural international trade competitiveness, and a statistical analysis of bilateral cultural international trade with China. We find that China has strong competitiveness of cultural goods trade, while relatively weak competitiveness of cultural services trade. Part two shows a regional structure of cultural trade from 2000 to 2011. We find that the south-eastern coastal area still accounts for the major part of the cultural goods exports, while inland area is catching up through the cultural comparative advantages. Part three introduces the development and structure of main countries' cultural industry and cultural international trade competitiveness. Part four is a case study on China's visual copyrights international trade. We show the development and current situation about China's visual copyrights international trade, the problems in the development, the US's experiences, and some policy suggestions. Part five summarizes all national policies about cultural trade, including taxation policy, fiscal policy, loan policy, other financial supports and other preferential policies. We find that these policies support cultural trade stronger and stronger overtime, and cover more and more industries, regions and firms.

目 录
CONTENTS

Content

第一章　中国文化贸易竞争力总体分析

全球化正在对世界经济、社会、政治以及文化产生深刻影响。世界经济社会的一体化使文化产业的赢利模式日益全球化，这种现象已经成为国际文化产业发展的基本趋势。文化产业具有新经济边际收益递增的特征。文化产业以无形资产为价值内核，实现无形资产增值复制和传播的成本几乎为零，因此文化产业的范围经济效益和规模经济效益非常显著。国际化程度越高的文化产业集团越具有国际竞争力，文化产业的国际集中度越来越高，文化产业已经成为一个"赢者通吃"产业。

文化产业全球化的显著标志是文化产品、服务贸易越来越活跃，文化企业及其投融资日益国际化。中国已经把文化贸易与投资提升到了国家战略的高度，以便中国的文化产业充分利用好国内与国际两个市场、两种资源，推动中华优秀文化走向世界、影响世界，增进世界对中国的了解、认同与支持。

第一节　国际文化贸易与竞争

在过去半个多世纪中，世界经济总体朝着自由贸易和开放市场方向发展。1950～1998 年，世界出口从占全球 GDP 的 8% 增长到 27%。1997 年的世界贸易总量是 1950 年的 14 倍。改革开放以来，中国在全球贸易中的地位变化尤其显著。1978 年中国货物进出口贸易总额不过 206 亿美元，占全球贸易额的 0.78%，2007 年外贸总额增长到 2.16 万亿美元，占全球货物贸易总额的 8%，30 年增长 105 倍。

一 国际文化贸易状况

与全球化趋势一致，文化产业的国际贸易也日益活跃。据联合国贸易与发展会议（UNCTAD）、联合国发展计划署（UNDP）联合发布的《创意经济报告（2010）》，全球文化创意产业的产品与服务贸易市场最近几年空前活跃，重要性日益显著。《创意经济报告（2010）》称，世界创意产业出口商品和服务的价值从 2002 年的 2670 亿美元大幅度地增长到 2008 年的 5920 亿美元，这期间，创意产业的全球贸易年均增长速度达到 14%。创意产品贸易是创意产业的贸易价值主要部分，全球创意产品出口到 2008 年达到 4070 亿美元，是 2002 年 2050 亿美元的近 2 倍。相比而言，创意服务的贸易规模较小，出口总值从 2002 年的 620 亿美元上升到 2008 年的 1850 亿美元。

报告指出，创意产业贸易的这种上升趋势可能会继续下去，因为即使在经济危机很严重的 2008 年前后，创意产业的全球需求依然旺盛。2008 年，全球经济衰退，全球进口需求下降，世界贸易下降了 12%。相比之下，创意产业的国际贸易持续增长。在过去 10 年，创意产业成为世界上最具活力的行业之一，2002～2008 年，创意产品的国际贸易以每年 14.4% 的速度在增长。创意服务增长更快，从 2002 年至 2008 年，年增长率高达 17.1%，同期世界服务出口增长率为 13.5%。

发达国家一直以来是国际创意产业贸易的绝对主导力量，尤其在创意服务贸易方面。根据《创意经济报告（2010）》，2008 年发达国家占创意产品出口额的 56%，占创意服务出口总值的 83%。发展中国家在全球创意产品市场占有率及其出口的增长速度方面提升很快。发展中经济体创意商品的出口占世界的份额从 2002 年的 37% 提升到 2008 年的 43%。中国创意产品的出口增长更是令人印象深刻，在 2008 年达到全球 21% 的市场份额。在创意服务贸易方面，发达国家显示了绝对优势。2008 年，来自发展中国家的创意服务出口仅占 11%，而发达国家的出口占据了 83% 的份额。

在出口方面，2002～2008 年，全球创意商品的进口总值从 2260 亿美元增加到 4210 亿美元，发达经济体是创意商品的最大进口商，份额从 83% 下降到 75%。2008 年进口最多的地区分别为欧洲、美国、日本和加拿大。2008 年，发展中国家的创意商品进口价值约 940 亿美元，占比 22%。亚洲地区的发展中国家进口总量最高，进口总值从 2002 年的 280 亿美元增加到 2008 年的 680 亿美元，增长了 58%。

总体看，国际文化贸易表现以下趋势。

（1）全球文化产品与服务贸易日益活跃，在全球经济活动中的重要性日益显著。

（2）发达经济体在国际文化贸易中占有绝对的优势地位。

（3）发展中经济体在国际文化贸易中的地位提升，尤其是中国的文化产品出口在国际贸易中的增长受到瞩目。需要注意的是，发展中经济体的文化贸易更多的是体现在物质形态的产品出口方面，而软性的文化服务在国际贸易中的表现并不好。

（4）文化产业的最大消费市场是发达经济体国家。根据联合国相关数据，在文化创意产品的进口方面，发展中经济体的比重较小，增幅也不大。与发展中经济体在文化产品贸易方面的快速增长联系起来看，这表明，发展中经济体国家更多地在为发达经济体国家生产文化产品，发达经济体与发展中经济体的文化贸易赤字也在扩大。

二 国际文化贸易竞争

尽管全球文化贸易日益活跃，甚至成为世界经济发展中最具活力的一部分，但是文化产业在全球的贸易进程中并非一帆风顺，一方面存在着经济方面的竞争与博弈，另一方面存在着文化价值方面的渗透与争夺。在20世纪后期出现的有关"文化例外"国际贸易纠纷，比较集中地反映了文化产业在国际贸易上的竞争。

所谓"文化例外"，就是强调文化产品与普通商品不同，带有文化价值属性，强势的文化产业通过自由贸易会影响和弱化多元文化生态，导致全球文化霸权和文化单一化，因此文化产品的贸易具有超出一般国际贸易规则的特殊性。在1994年的世界贸易乌拉圭回合谈判中，法国最早提出了"文化例外"的议题。

世界贸易的乌拉圭回合谈判具有历史地位，这次会议导致世界贸易组织（WTO）代替了原来的国际关税与贸易总协定（GATT）。世界贸易组织（WTO）是通过多边协议来处理国与国之间贸易的国际规则的永久性政府间组织。与GATT相比，WTO不仅限于产品贸易，其范围扩大到了服务与知识产权领域。目前，其成员国已达159个[①]，中国于2001年11月加入WTO。

在乌拉圭回合最后一轮谈判中，以法国为代表的一些国家提出，在关贸总协定框架下，商品的自由贸易原则对于文化产品的国际贸易来说，有可能会导致对文化独特性、多元性的破坏。这些国家的担忧主要来自对以好莱坞电影为代表的美国文化产业的强势市场地位的忧

---

① 2013年3月2日，塔吉克斯坦正式成为世贸组织的第159个成员。

虑。文化产品的贸易，带给一个国家或民族的，不仅仅是商业上的交易，而且会带去特定的文化价值。借助强大的文化产业力量，美国式的文化价值观向全世界扩散蔓延，对于高度重视本民族文化特色的国家来说，文化贸易导致的文化同质化对于本民族的文化独特性和世界文化的多样性构成了巨大威胁。因此，这些国家在谈判中提出，文化不是一般商品，文化的贸易不适用于自由贸易的原则，它要特别处理，要例外对待。

"文化例外"的主张得到诸如加拿大等其他一些国家响应，经过激烈争论，美国不再坚持把关贸总协定的所有规定适用于电影及视听产品和服务。文化例外主张在 WTO 框架下得到默认，但也没有专门的条款规定。"文化例外"的主张在国际条约方面的反映主要是有关文化多样性的规约：一是 2003 年经法国努力把文化多样性的条款列入"欧盟宪章"；二是 2005 年 10 月联合国教科文组织第三十三届大会通过《保护和促进文化表现形式多样性公约》，它明确规定国家有保留、通过和实施他们认为对保护其境内文化表现形式多样性有益的政策和措施的主权权利。

许多国家采用"文化例外"原则建立文化产业的贸易保护壁垒，虽然在培育和保护本国文化产业发展方面起到一定积极作用，但是总体上来说没有产生大的效果。在美国文化产业的冲击下，加之贸易谈判的压力，法国等许多国家一度坚持的文化产品贸易配额以及其他贸易壁垒实际上名存实亡，好莱坞电影的商业规则已经统治法国电影市场。全球的文化产业贸易逐步扩大，文化独特性的竞争最终让位于文化经济的竞争。被动的文化保护主义在经济全球化的大潮中，其作用是非常有限的。

三　关于"文化安全"问题的争议

中国加入世贸组织的过程中，文化产品贸易问题始终是一个焦点，最终中国承诺文化产品国际贸易逐步地部分放开，但总体上不纳入一般商品的贸易原则。但即便是中国采取严格的文化贸易保护政策，在网络信息高度发达的环境中，国外的文化产品通过互联网等媒介在国内普遍流通。这就引发了一个关于"文化安全"问题的争论，这其实是一个中国式的有关"文化例外"的争议。

"文化安全"本身无可厚非，采取的"文化安全"态度和立场才是关键。不要一谈"文化安全"就意味着加强文化市场的管制和国外文化产品以及私营文化产品的准入审查。这充其量只是一种消极的"文化安全"，这种"文化安全"论不但在开放的互联网时代是无效的，甚至有害，它损害的是一个国家积极健康的文化竞争生态。一个国家的文化安全，绝不可能来自闭关锁国的谨小慎微，而只能来自开放的文化创新能力以及随着综合国力提升而形成的文化产业国际竞争优势。

中国应当提倡一种积极的"文化安全"观，在不断推进文化体制改革进程中打破所有制壁垒，完善多元化市场主体并存的国内市场环境，激发合理有序竞争，提升本国文化产业的竞争力，增强中国文化与世界文化对话与交流的实力，从而由防御性"文化安全"向积极对话型"文化安全"转型。迈克尔·波特对于一般产业竞争的判断或许同样适用于文化产业的竞争：

激烈的国内市场竞争不但强化本地优势，更加重厂商以出口追求成长的压力。当产品需要以量取胜时，本地竞争者会相互影响把目光移往国外，以获得更大的效能和利润率。同样的，本国市场竞争者越强，企业国际化的成功机会越大。如果没有本国市场实战历练，企业想击败强劲的外国对手，事实上很困难。这种竞争不但提供了创新的压力，也提供了竞争优势升级的一条新途径。本国竞争者会使国内竞争优势的条件淡化，无人能在成本因素、本国市场地缘、上游供应商关系和进口原料成本等方面占到便宜。这种情形驱使一个国家的企业寻求更高层次及更具持续性的竞争优势。企业必须找到更适合的技术，才能争夺规模经济，建立自己的国际营销网络，或是比邻街的竞争者更有效地运用本国资源。[①]

中国在文化产品国际贸易中地位提升事实表明，中国的文化产业已经具备一定国际竞争力，积极的文化安全机制正在形成，中国文化影响力日益显著，中国的综合国力在逐步提升。

四　文化产业在国际贸易中的特征

鉴于文化产业的产业与文化双重属性，文化产业的国际贸易特征也可以从这两大方面来分析。

（一）在全球化、信息化的背景下，当前文化产业在国际贸易市场中日益呈现"赢者通吃"的垄断趋势

所谓赢者通吃，指的是占有较大市场份额或拥有科技创新优势的企业具有垄断定价、排斥竞争对手和制定市场规则的能力，从而实现垄断收益和进一步扩大市场占有率。具有赢者通吃特征的行业，往往是因为该行业的进入门槛比较高，规模收益与范围经济特征显著。文化产业从总体上看具有初始投入高、风险大，但复制传播成本低、规模收益显著的特征，甚至具有边际收益递增的效果。

在全球化和信息化国际环境中，文化产业的市场权力容易导致集中，出现赢者通吃局面，这种现象的出现主要原因有如下几点。

---

① 〔美〕迈克尔·波特：《国家竞争优势》，李明轩、邱如美译，华夏出版社，2002，第111页。

1. 强势文化作用

大多数文化产品是通过语言为载体的形式来表达具有特定文化价值观的内容，语言的通用性以及文化价值观的认同度是影响文化产品国际竞争力的重要因素。从实践上来看，比如美国好莱坞的文化产业在全球范围内具有显著的霸主地位，其中文化的因素显然非常重要，英语是最通行的国际语言，在国际传播中美国好莱坞的文化产品优势突出。从17世纪以来，随着工业革命的成功，欧美文化向全世界扩张，全球化的进程从某种程度上也可以被视为欧美文化的全球化过程，以好莱坞为代表的欧美文化创意产业不仅借助强势的国际性主流价值观风行全球，同时，也进一步强化了欧美文化在全球化中的主流强势地位。

2. 强势科技作用

文化产业是一种文化、科技与经济密切融合的新经济形态，科技是文化产业的基础和核心要素，文化产业是文化创意与科技创新共同推动的产业。科技优势是文化产业的核心竞争优势之一。

强势科技首先可以增强内容创意环节的竞争力。强大的科技力量可以把最光怪陆离的创意淋漓尽致地表现出来。谁拥有了强大的科技表现能力，谁就拥有最强大的文化创意内容表达手段，谁就会在创意方面有更大的自由和更丰富的想象力。

强势科技还可以提高文化产业的竞争门槛，排斥竞争对手，获得垄断利润，保障拥有科技优势的文化企业的垄断地位。强大的科技实力会使拥有它的企业在文化产业的研发、生产、传播以及营销等方面都领先于同行，在同行还没有能力模仿之前，该企业可以享受没有竞争的垄断利润，进一步增强企业的再创造能力。当市场开始模仿它的产品的时候，新的具有市场领先水平的产品开始推出，进入新的垄断利润积累周期。

3. 强势资本作用

资本是产业做大做强的基本力量，大投入，大产出。文化产业竞争力的提升同样遵循这样的资本规律。资本力量在文化产业发展壮大中的重要价值主要表现在两个方面。

（1）强大的资本后盾可以支持长期的文化产品研发与品牌化建设。文化产业竞争从根本上来说是创新能力的竞争和品牌影响力的竞争。无论是创新能力还是品牌影响力都需要长期的培育和不懈的推广，这都需要强大的资本支持和长线的经营战略推动。迪士尼的动画大片之所以能风靡全球，长盛不衰，这与它强大的资本运营能力有着密切的关系。强势的资本保障了对原创研发的大投入和长期投入，企业对获得市场认可的品牌可以进行长线的开发，获得最大的品牌收益。

（2）强大的资本可以实现资源整合，实现规模效益，获得垄断竞争优势。文化产业的产业链很长，在规模结构上总体呈现哑铃形，尤其是在文化产业链的中间环节，比如信息传播网络与技术平台方面，具有显著的垄断趋向。大多数文化产品是以信息流的方式售卖给消费者的，每多增加一个消费者，文化产品的成本并不增加。因此，随着消费群体的增加，文化产品的边际收益是递增的。文化产品的边际收益需要在一个具有垄断优势的信息传播网络平台上来实现，资本能力是获得这样的网络平台的前提。新闻集团70%的收益来自其遍布全球的传播网络，一部电影或电视剧，可以通过传播网络的不断播出，长期获得利益。

（二）文化贸易与各国文化发展战略关系密切

2013年11月26日，美国总统奥巴马访问梦工厂动画公司大本营，同时会见索尼、环球、迪士尼、派拉蒙、狮门以及美国电影协会的负责人。在会谈中，奥巴马说道，"不管你是否认可，娱乐是我们美国外交政策的一部分，而且正是这个部分让我们显得特别"，"娱乐是这个国家的一部分。好莱坞输出倡导宽容、多样性、创造性的价值观，帮助塑造世界文化"。① 美国对外文化贸易向来都是美国国家文化战略的重要组成部分，一方面实现经济利益和就业带动，另一方面实现文化价值的传播和美国软实力的提升。美国版权产业在2012年对外销售额达到1420亿美元，已经超过美国一些主要的出口行业，如航空、农产品、食品、药品药物等，文化产业成为美国重要的经济发展支柱。文化贸易也将美国的文化价值观传播到全世界，美式价值观与生活方式所创造的欲求（want），不仅为美国的经济在全世界开疆拓土培育市场，也成为外交战略的文化核武器，这也就是美国人提出的所谓"软实力"（soft power）。

英国曾经是世界制造业大国，后来失去制造业大国的地位，如何调整国内产业，获取更高的附加值，为国内劳力找到更好的职业，是英国面临的重要任务。因此英国首先提出了"创意产业"概念。英国首相布莱尔在《文化与创新：未来十年的规划》"序言"中开宗明义地强调："本届政府意识到文化与创新（对于这个国家）是至关重要的。"文化产业的发展对于国家软硬实力提升都有重大价值。布莱尔1997年当选英国首相后所做的第一件事，就是成立"创意产业特别工作组"。这个特别工作组于1998年和2001年两度发布研究报告，分析英国创意产业现状，并提出发展战略。如今，英国创意产业不仅成为重要的支柱性产业，也成为增长最快的服务贸易行业之一，在创造财富的同时，也极大地提升了英国在国际经济与文化方面的竞争力和软实力。据官方统计，英国创意产业的服务出口从2009年到2011年增长了22亿英镑。在此期间，创意产业占英国服务出口的比重从2009年的7.7%增长至2011年的8.0%，而且创意产业服务出口指数也超越了服务出口整体指数（见图1-1）。

近现代以来，日本的国家发展战略大致分为三个阶段：明治维新

---

① 《奥巴马高调造访梦工厂　称好莱坞是美国经济的引擎》，Mtime时光网，2013年11月27日。

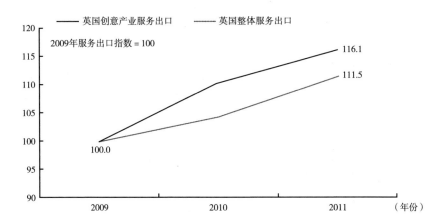

图 1 -1 英国创意产业与整体服务出口的指数比较

说明：创意产业服务出口（以现价计算，不考虑通货膨胀）表示为 2009 年价值的百分比。此图显示出 2009 ~ 2011 年创意产业和英国整体服务出口不同的变化比率。

此图译自英国文化媒体和体育部，*Creative Industries Economic Estimates*，January 2014。

数据来源：ONS 国际服务贸易调查（2009 ~ 2011）。

到二战结束的"军事立国"战略；二战后到 20 世纪七八十年代的"经济立国"战略；从 20 世纪后期开始转向"文化立国"的国家发展战略。[①] 在二战后满目疮痍的废墟上，日本创造了世界经济奇迹，但随着经济增长问题的出现，环境与资源对经济发展的约束越来越严重，人们的生活质量并没有随着经济的增长而真正改善，日本开始考虑新的增长方式。日本学者日下公人在《新文化产业论》中指出：基础工业复苏的奇迹不会再出现，日本的产业结构应转向以最终需要为主的产业，这种产业结构重心的转移是各国经济发展的必由之路；文化产业是最终需要产业中最有前途产业之一；日本人要利用文化资源，创造新文化，从人的大脑中寻找资源，开辟市场，用人文精神去创造经

---

① 骆莉：《日本文化立国战略推动下的文化产业发展》，《东南亚研究》2006 年第 2 期。

济奇迹。日下公人的《新文化产业论》对于日本的文化经济政策的制定产生了深刻的影响。1995年，日本确立了在21世纪的文化立国方略，把发展文化经济作为国家战略，接着通过一系列法律来保障和推进这一战略的实施。2001年，日本国会通过《振兴文化艺术基本法》；2004年颁布了《文化产品创造、保护及活用促进基本法》，该法规认为文化产业不仅可以改善生活质量、促进经济发展，而且可以让世界认识日本文化，因此各级政府和部门有义务积极扶持，在财税、融资方面给予优惠待遇。政府对于文化艺术领域财政预算大幅度增长，同时社会团体对于文化创意行业的赞助规模也越来越大。近年来，日本政府提出了将日本文化软实力输出海外的"酷日本"（Cool Japan）计划，最后在首相安倍晋三主导推动下于2013年11月推出"酷日本"投资基金（政府出资500亿日元，民间金融机构及制造业者则投资100亿日元），共计600亿日元，任务是协助日本企业到海外拓展文化市场。

第二节　中国文化贸易结构与问题

随着中国文化产业实力的不断提升，中国对外文化贸易规模不断扩大，文化出口企业数量不断增加，文化领域境外投资步伐不断加快。按照国家统计局的数据，2003～2013年，中国文化产品进出口总额从60.9亿美元攀升至274.1亿美元，年均增长16.2%；文化服务进出口总额从10.5亿美元增长到95.6亿美元，年均增长24.7%。尽管如此，中国对外文化贸易在整体贸易中比重偏低，核心文化服务贸易的逆差仍然在加大，文化企业参与国际竞争的能力还较弱，有待进一步加强。

一　中国文化贸易的结构性特征

产品贸易为顺差而服务贸易为逆差的结构性特征是中国对外贸易

进出口的整体性现象。根据中国国家外汇管理局的国际收支平衡表
（年度表）数据来看，2007～2013年在中国进出口经常账户差额统计
中，货物贸易差额虽然受国际金融风暴的影响，2009～2011年连续
三年增速回落，但总体呈现显著出超趋势；而服务贸易在最近七年的
表现则呈现逆差快速增大趋势（见图1-2）。

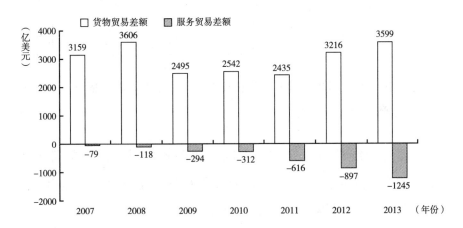

图1-2　2007～2013年中国进出口经常账户差额比较

数据来源：中国国家外汇管理局。

具体到文化贸易，从全球范围来看，中国已经成为文化产品出口大
国，但文化服务出口则表现疲弱，这是中国文化贸易的总体性结构特征。
目前中国文化贸易统计口径比较窄，纳入进出口统计的文化产品有六类，
文化服务只有三种。① 尽管统计体系还不完善，但也能基本反映中国文化
贸易结构性特征。如图1-3所示，从2005～2012年这八年统计数据看，
文化产品的出口持续增长，进口规模始终不大，表现为明显的出超特征。

① 2007年商务部确定的核心文化产品目录为六大类，包括文化遗产、印刷品、声像制品、视
　觉艺术品、视听媒介和其他，其中第六个类别"其他"，包括宣纸、毛笔、乐器，是结合
　中国文化产品的特点确定的。核心文化服务进出口目录包括三大类，即广告宣传、电影音
　像和版权、著作权和稿费。

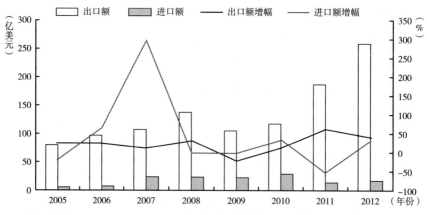

图1-3 2005～2012年中国文化产品进出口总体情况

数据来源：国家统计局。

从现有的统计数据来看，中国文化服务的进、出口额都不大，2012年的出口额为48.5亿美元，进口额为38.5亿美元，顺差10亿美元（见图1-4）。具体分析，纳入统计的三大类文化服务中，广告宣传的出口状况较好，而内容版权类的逆差明显。根据国家外汇管理局的数据，广告宣传的进、出口顺差额在2012年最高达到20亿美元，而电影音像的进出口逆差额持续增大，最高到2013年达到6亿美元（见图1-5）。

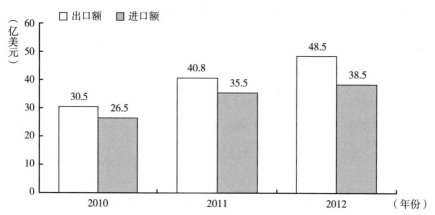

图1-4 2010～2012年中国文化服务进出口额比较

数据来源：国家外汇管理局。

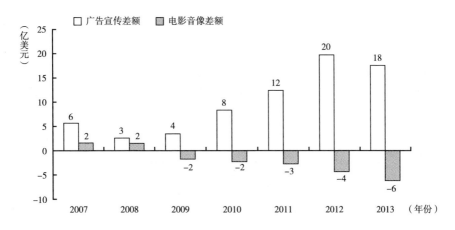

图 1-5　主要文化服务贸易项的差额

数据来源：国家外汇管理局。

二　中国文化贸易的主要问题分析

当前，各国在文化市场的竞争越来越激烈，因为文化市场不仅是越来越重要的经济增长利基，也是国家软实力较量的重要领地。随着中国经济的快速发展，中国已经成为世界上最大也是最有潜力的文化市场。根据普华永道 2013 年 6 月发表的资料显示，2012 年娱乐和媒体产业的世界市场规模约达到 16408 亿美元。按照普华永道的假设，在今后五年间，若以年平均增长 5.6% 计算，预计在 2017 年将形成 21525 亿美元的市场规模。根据各国在世界市场所占的比重来看，美国（30.4%）、日本（11.7%）、中国（7.0%）、德国（5.9%）、英国（5.2%）等主要国家位居前列（见表 1-1）。

总体来看，中国在文化贸易方面有待改善的主要问题有三个。

其一，从总量上来看，中国文化贸易总量不大，在总体进出口中的占比太小。根据联合国贸易与发展会议（UNCTAD）、联合国发展计划署（UNDP）联合发布的《创意经济报告（2008）》对全球文化

表 1-1 2012 年各主要国家娱乐和媒体行业市场规模比较

单位：亿美元，%

排名	国家	市场规模	比重	排名	国家	市场规模	比重
1	美国	4989	30.40	6	法国	697	4.20
2	日本	1916	11.70	7	韩国	451	2.70
3	中国	1153	7.00	8	意大利	426	2.60
4	德国	974	5.90	9	巴西	425	2.60
5	英国	855	5.20	10	加拿大	415	2.50

数据来源：*Global Entertainment and Media Outlook 2013 - 2017*，普华永道，2013。

产品与服务贸易的统计分析，全球文化产品与服务贸易日益活跃，2005 年国际文化产品与服务出口值达到 4244 亿美元，占全球商贸总额的 4.1%。相比国际的总体情况，2012 年中国进出口总值为 38667.6 亿美元，文化进出口总值为 361.55 亿美元，仅仅占比 0.9%。2012 年，中国服务进出口总额达 4705.8 亿美元，居世界第三位，位于美国和德国之后；文化服务进出口总额为 87 亿美元，仅仅占比 1.8%。

其二，从结构上来看，相比越来越多的文化产品出口，中国在服务和价值输出方面乏善可陈。按照联合国《创意经济报告》，发展中经济体在国际文化贸易中的地位在提升，尤其是中国的文化产品出口在国际贸易中的增长受到世界瞩目。需要注意的是，发展中经济体的文化贸易更多的是体现在物质形态的产品出口方面，而软性的文化服务在国际贸易中的表现并不好。中国作为发展中经济体的代表，这个特征尤为突出。文化服务贸易不仅总量很小，而且在内容与版权方面的输出长期疲弱，贸易逆差甚至有扩大的趋势。这显然与中国的经济大国地位和文化大国地位不匹配。

其三，从主体来看，作为中国文化产业的重要组成部分的国有文化企业的国际竞争力严重不足。根据国家统计局的资料，截至 2012 年，文化及相关产业资产总计 5 万亿元。其中占大型文化企业单位总数不足 15% 的国有控股企业资产规模为 1.69 万亿元，占总资产的 34%，居不同控股类型文化企业占比的首位。而在这一年，国有企业的文化进出口总额为 15.47 亿美元，仅占总量的 5.6%，出口额下跌了 19.68%，在所有的企业类型中表现最糟糕（见表 1−2）。

表 1−2　按企业性质分核心文化产品进出口情况（2012 年）

单位：亿美元，%

项　　目	进出口总额	数额		增长	
		出口额	进口额	出口额	进口额
贸易总额	274.55	259.00	15.55	38.52	28.64
国有企业	15.47	10.03	5.43	−19.68	7.66
外资企业	116.31	109.68	6.63	28.60	21.92
集体、私营及其他企业	142.77	139.28	3.49	56.15	117.40

数据来源：国家统计局。

三　发展对外文化贸易的政策分析与建议

正如"文化例外"源自加入世贸组织的国家文化安全需要，中国的文化贸易政策尽管不用"文化例外"的提法，但在 2001 年加入世贸组织以来，"文化安全"其实也成为中国文化贸易支持政策的主轴。"文化安全"的思路表现为两个方面，一个是以配额方式限制文化进口，另一个是加强宣传意义的"文化走出去"。在党的十八大之后，文化自觉、文化自信、文化自强等提法成为主流，提升文化软实力为根本战略的积极文化安全思维形成。除了积极发展壮大国内的文化产业，中国政府也试图运用国际国内两个市场、两种资源，"引进来"与"走出去"相结合，于是中国的对外文化贸易被纳入文化

"走出去"的整体战略，不仅被视作文化产业发展的助推器，也肩负着提升国家形象和软实力的政治使命。

长期以来，中国的文化贸易支持政策一直由商务部牵头，会同多部委联合制定，主要围绕"指导目录"推行导向性产业政策。自2007年起，商务部会同文化部等有关部门共同制定了《文化产品和服务出口指导目录》，并根据该《指导目录》评选发布了《国家文化出口重点企业目录》和《国家文化出口重点项目目录》。2010年，商务部等十部门联合出台《关于进一步推进国家文化出口重点企业和项目目录相关工作的指导意见》，从财政、金融等多方面加大对文化出口重点企业和重点项目的支持力度。2014年3月，国务院发布了《关于加快发展对外文化贸易的意见》（国发〔2014〕13号），这标志着文化贸易上升为国家文化战略的重要组成部分。中共中央宣传部部长刘奇葆2014年5月22日在《光明日报》发表文章《大力推动中华文化走向世界》，以提升中华文化软实力为核心的文化贸易战略思路已经明晰。

（一）中国支持文化贸易的主要政策手段

中国综合运用财政、税收、金融等多种政策手段，对文化服务出口、境外投资、营销渠道建设、市场开拓、公共服务平台建设、文化贸易人才培养等方面给予支持。

在财政支持方面，财政补贴文化服务出口、对外文化投资。在一些重点领域，财政很早就对文化"走出去"进行补贴，如2006～2009年，中央财政安排电影"走出去"专项经费2100万元，支持国产优秀电影译制洗印成外文电影拷贝；安排专项资金8013万元，支持有关部门组织文化企业参加韩国首尔、德国法兰克福等国际知名书展；安排专项资金2500万元，支持国产音像制品的出口。2007～2008年中央财政安排动漫专项资金2700万元，支持有关部门组织文化企业参加加拿大渥太华、法国安古兰、日本东京等国际知名动漫节（展）。

自 2008 年起，中央财政决定通过文化产业发展专项资金，会同中宣部、商务部等部门对列入《国家文化出口重点企业目录》的重点企业给予绩效奖励①。同时，自 2010 年起，中央财政在文化产业发展专项资金中专门安排境外投资补助，2012 年又将译制服务、境外演艺、广播落地等纳入支持范围，对海外拓展成果突出的文化企业给予重点支持。2012 年，财政部的文化产业发展专项资金和中央文化企业国有资本经营预算同时将支持文化"走出去"纳入重点支持范围。

在税收优惠方面，2003 年以来，中国出台了《关于支持文化企业发展若干税收政策问题的通知》《关于文化体制改革中经营性文化事业单位转制为企业的若干税收政策问题的通知》等一系列税收优惠政策，涉及文化产品出口退税、营业税免征、进口关税免征等方面，符合条件的文化企业均可享受。这些政策覆盖面较广、力度较大，在很大程度上降低了相关文化企业税费成本。2014 年出台的《关于加快发展对外文化贸易的意见》（以下简称《意见》），提出对国家重点鼓励的文化产品和服务出口全部实现增值税零税率或免税。此外，文化企业也可享受服务外包企业相关税收优惠政策。

在金融支持方面，文化企业在信贷、发行债券、出口担保方面将获得更多支持。《意见》提出，鼓励保险机构创新保险品种和保险业务，开展知识产权侵权险，演艺、会展、动漫游戏、出版物印刷复制发行和广播影视产品完工险和损失险，团体意外伤害保险、特定演职人员人身意外伤害保险等新型险种和业务。对国家文化出口重点企业

---

① 对文化出口 500 万（含）~1000 万美元的企业，每家奖励 100 万元；对文化出口 100 万（含）~500 万美元的企业，每家奖励 50 万元；对文化出口 50 万（含）~100 万美元的企业，每家奖励 25 万元。

和项目，鼓励保险机构提供出口信用保险服务，在风险可控的前提下采取灵活承保政策，优化投保手续。支持符合条件的国家文化出口重点企业通过发行企业债券、公司债券、非金融企业债务融资工具等方式融资。

此外，政府还通过其他方式为对外文化贸易提供支持。

一是便利通关。近年来，中国海关大力支持对外文化贸易，帮助企业享受通关便捷措施。2012 年 3 月，北京海关与中国国际图书贸易集团有限公司签署了 AA 企业担保验放通关程序责任书，后者将享受到海关最高级别的通关便捷措施。此外，北京、上海、福建、湖南等地都出台了文化企业便利通关的政策，其中 2014 年 3 月福建还专门出台了《关于推动福建对外文化贸易通关便利化的若干措施》。

二是建设国家对外文化贸易基地。在各地建设对外文化服务贸易公共服务平台的基础上，文化部会同地方政府尝试建立了实施文化走出去国家战略的"试验田"。目前中国已拥有北京、上海、深圳三个国家级对外文化贸易基地。

三是完善服务保障方面，《意见》强调，加强相关知识产权保护，研究开展文化知识产权价值评估，及时提供海外知识产权、法律体系及适用等方面咨询，支持文化企业开展涉外知识产权维权工作。加强对外文化贸易公共信息服务，及时发布国际文化市场动态和国际文化产业政策信息。着力培养对外文化贸易复合型人才，积极引进各类优秀人才。建立健全行业中介组织，发挥其在出口促进、行业自律、国际交流等方面的作用。

四是促成企业合作。2013 年底，由北京市商务委员会和北京市贸促会共同主办的第八届文博会"文化贸易政策与项目推介暨签约仪式"上，41 家机构和企业集中签订了 21 个合作项目，签约金额超过 300 亿元人民币。

（二）中国文化贸易支持政策的转型趋势

"十二五"以来，中共中央一系列重要文件对进一步发展对外文化贸易提出了新要求。中共十七届六中全会通过的《中共中央关于深化文化体制改革　推动社会主义文化大发展大繁荣若干重大问题的决定》提出要实施文化"走出去"工程，完善支持文化产品和服务走出去政策措施。中共十八大报告提出要推动文化产业成为国民经济支柱性产业、增强文化贸易的整体实力和国际竞争力。中共十八届三中全会通过的《中共中央关于全面深化改革若干重大问题的决定》进一步要求提高文化开放水平，培育外向型文化企业，支持文化企业到境外开拓市场。在此背景下，北京、上海、广东等文化贸易突出的省市，地方政府曾出台扶持文化贸易的政策。2014 年 3 月，国务院印发《国务院关于加快发展对外文化贸易的意见》，多个部门联合在中央层面制定对外文化贸易的扶持政策，旨在统筹规划，集中各方力量，形成政策体系，标志着对外文化贸易被提升到国家战略的高度。

透过这一政策，从消极的"文化安全"到积极的文化"走出去"的文化贸易升级轨迹隐约可见。中国政府现在强调文化提升软实力，强调文化"走出去"，不仅从宣传层面而且开始用经济的手段，从贸易的视角来推动文化"走出去"。事实证明，只有用经济的方式，只有用贸易的方式，文化才能真正"走出去"，才能真正被世界接受，这是最好的"走出去"方式。

从宣传性质的文化"走出去"到市场化的文化贸易升级，尤为值得关注的是，来自上海自贸区的文化试验：一是国家对外文化贸易基地在文化产品交易、仓储运输、提供服务等方面探索的基础上，利用自贸区的开放政策，实现走出去和请进来的有机结合，推动国家文化产品的生产，如通过文化设备租赁，将文化产品的生产流程纳入保税区，并实现产品外销；二是负面清单，目前在文化领域已开放游戏机生产和销售、演艺经纪、娱乐场所三项内容，2014 年版负面清单将探索在影视出版、建筑设计等多个领域扩大开放；三是创新保税区发展模式，如与文化产业园区互动，将监管区域扩大。

国务院出台的《关于加快发展对外文化贸易的意见》还提出了中国文化贸易支持政策的短期发展目标：力争到 2020 年，培育一批具有国际竞争力的外向型文化企业，形成一批具有核心竞争力的文化产品，打造一批具有国际影响力的文化品牌，搭建若干具有较强辐射力的国际文化交易平台，使核心文化产品和服务贸易逆差状况得以扭转，对外文化贸易额在对外贸易总额中的比重大幅提高，中国文化产品和服务在国际市场的份额进一步扩大，中国文化整体实力和竞争力显著提升。

（三）关于中国文化贸易的三个建议

发展对外文化贸易是一个系统性的战略工程，绝不可能靠几个文件就能快速产生效益。至关重要的是要尊重文化产业和市场发展的规律，积极扶持中国文化企业做大做强，促进对外文化贸易与投资的活跃，从根本上提升中国文化产品和服务的国际竞争力和生命力。

首先，要大力发展文化产业，繁荣文化内需，这是中国文化贸易竞争力的重要基础。由于文化折扣的存在，文化产业的国内市场越大国家竞争优势越显著。美国及日本等大部分主要文化输出国以其强大的国内需求为基础，在文化内容产业生产和消费的过程中，产业的竞争力得到保证，自然带动出口形成良性循环。中国有世界上最大的人口规模和最有潜力的消费市场，中国文化贸易的基础一定要建立在本国文化产业的发展和文化市场的繁荣上。

其次，要大力扶持文化企业，这是中国文化贸易能力建设的核心。企业是市场经济的主体，文化企业自然也应当成为市场化文化贸易的发动机和受益者。这既是提升文化贸易长期发展能力的根本，也是避免宣传式文化"走出去"模式并真正增强中国文化软实力的有效途径。笔者建议采取以下扶持政策：一是以财税金融政策为抓手，不断加大对文化出口企业的支持力度，让企业有能力、有实力、有条件走出去；二是以扶优扶强为原则，通过多种政策手段，力争在短时间内重点支持、打造一批大型骨干文化企业，尤其要提升国有文化企业的国际竞争力；三是以支持关键环节为重点，让企业不仅能"走出去"，还能"走进去""立得住"。

最后，要大力促进对外文化金融，这是中国文化贸易提速增效的关键。文化有"折扣"，资本无"芥蒂"。在现代全球化的语境中，资本是经济发展的高级形态，文化"走出去"最好的载体是资本，通过文化投资实施的"走出去"战略，不仅经济效益更显著，也可以有效克服文化"走出去"水土不服的问题。目前，中国已成为全球第三大对外投资国，对外文化投资的基础和条件已经比较成熟。政策建议：一是鼓励文化企业的国际合资，推动中国文化企业与有实力的海外同业公司采取合作、合资的方式逐步融入国际文化市场；二是支持中国资本对外直接投资、并购重组文化企业，弥补并增强中国文化产业发展中相对较弱的产业链环节；三是扶持对外文化金融创新，探索中国的文化产权交易市场国际化的路径，积极发展文化创意类的互联网金融，充分利用国际资本支持中国内容与创意产生发展同时开拓国际市场。

第三节 中国文化产业国际投融资状况

当前中共中央高度重视发扬中华优秀文化传统并提出要提高对外开放水平，中共中央宣传部部长刘奇葆在 2014 年 5 月 22 日《光明日报》发表的文章《大力推动中华文化走向世界》中强调：

> 要大力发展对外文化贸易与投资。经验表明，文化产品卖出
> 去比送出去效果更好。现在，世界主要国家普遍采用贸易和投资
> 的方式，推动本国文化走出去。要认真落实国务院《关于加快
> 发展对外文化贸易的意见》，通过市场和企业的手段，推动更多
> 文化产品和服务走出去。

中国的文化贸易显然已经成为提升中华文化软实力的重要国家战略。中国的对外文化投资能力已经形成，这必将成为中国对外文化贸易最重要的方式之一，也会成为中国文化产业最重要的经济增长源之一。

一 国际投资主要类型

依据投资主体是否拥有对海外企业的实际经营管理权，文化产业的国际投资可以分为国际直接投资和国际间接投资。

文化产业的国际直接投资是指投资者在国外直接经营文化企业的投资行为，即通过合营、合资及独资的方式，把资本投放到文化产业的生产经营中去。大部分投资方按照股权式合营原则，在海外建立不同形式的企业，以取得企业经营控制权为手段，最终达到资本的增值。

文化产业的国际间接投资是指投资者在国际资本市场（股票市场、债券市场）间接投资海外文化企业，最终通过获得股息、证券差价等证券收益，达到文化资本增值的投资行为。国际间接投资的资金主要来源于股票市场、债券市场两方面。此外，国际信贷也是资本间接流动的形式。尤其是20世纪90年代后，经济全球化的浪潮使得各国的资本市场逐渐融入世界性的信息共享、互通交易的资本市场网

络。文化产业由于其高额附加值的特点，备受众多投资者的瞩目。

这两种投资方式的区别在于投资者对于文化企业是否拥有"有效控制权"。直接投资一般需要直接控制权，并且各国对于有效权的定义都不一致，一般按照国际惯例超过企业10%股权的外资即被认为是国际直接投资。

下文主要介绍一下文化产业的国际直接投资的具体方式。

（一）文化产业国际直接投资的股权参与

对国外投资文化企业具有有效控制权，决定了文化产业国际直接投资一般采用股权参与的形式。股权参与是参与制的基本方式，母公司通过持有国外子公司具有投票表决权的股票份额，从而达到控制其生产经营活动的目的。主要有独资经营和合资经营两种。

独资经营是指完全由外商出资并独立经营的一种国际直接投资方式，即外国投资者按照东道国法律，经东道国政府批准，在该国境内兴办的资本全部为外国投资者所有的企业（Fully-owned Subsidiary）。在文化产业的国际投资实践中，独资经营的方式已经比较少了，因为它不利于发挥资本的最大效益，国际直接投资往往采用合资控股的方式。

合资经营是指两国或者两国以上的文化企业、文化组织或个人，在平等互利的原则基础上共同商议各自投资股份，依据被投资国的法律，共同投资、共同经营、共担风险的股权式合营企业。除了资金投入外，各方也可以将固定资产、无形资产折价作为股本。合资经营能够最大限度凝聚各方的能力，引进运用先进的技术，明确各方的权责。合资企业的整体利益和投资方的局部利益是一致的，各方之间的配合相对默契，有利于各方之间管理经验的深入交流、借鉴。这是当今国际直接投资的主流，通过合作控股，投资方可以用相对较少的资本实现投资的目标。

以新闻集团为例。默多克把收购美国卫星电视公司作为新闻集团在美国传媒市场立足的基本条件，2002年，默多克将收购的重点放在了美国最大的卫星电视公司美国休斯电子公司旗下的Direct TV身上。2003年4月9日，默多克梦想成真，新闻集团宣布同休斯电子公司达成协议，以每股14美元的价格收购通用汽车公司持有的Direct TV母公司休斯电子公司19.9%的股份，当天默多克再以该日收盘时每股11.3美元的价格从股民手中购买休斯公司14.4%的股份，随后休斯公司34%的股份转入新闻集团控股的美国FOX电视公司。

（二）文化产业国际直接投资的非股权参与

1. 互利合作经营

不同于合资经营中双方共同投资必须按照同一币值计算投资比例，互利合作经营的方式可以突破国际投资有关政策法规的限制，具有简便、灵活、加强合作等优点，并且其审批程序及手续十分简便。新闻集团进入中国市场主要就是采用这种互利合作的方式来巧妙规避中国政府文化传媒政策对国际投资的严格规制的。

2001年12月19日，STAR宣布，其一个全新的综艺频道已获中国政府批准在广东地区落地。这是中国首次将有线电视网落地权授予一个境外全新频道。根据STAR集团与中国中央电视台、中国国际电视总公司、广东有线电视网络公司签署的协议，STAR于2002年初通过有线系统，向广东地区播放一个全新的24小时包括娱乐、音乐和影视剧的综艺频道；作为对等条件，STAR集团的姊妹公司FOX有线电视网将安排中央电视台的英语频道CCTV－9在美国播出。中国中央电视台第9套英语频道通过新闻集团旗下的福克斯有线电视网和直播电视集团在美国各大城市落地，通过英国天空广播公司在英国拥有了720万收视用户。2002年12月20日，新闻集团下属星空传媒集团与湖南广播影视集团结成战略联盟，约定今后在节目拍摄、世界性发行以及节目交流等方面进行广泛合作。

2. 文化资源的国际承包

文化资源的承包类似于国际工程的承包，是指一国投资者按照国外政府、组织等文化资源所有者提出的条件，同意对某种文化资源进行开发、利用，并取得一定报酬的跨国经济活动。虽然文化资源本身具有浓厚的本土性，但是伴随着国际贸易的全球化，文化经济形态的资源出现了许多可以合作开发的空间。当本国的文化资本规模较弱，并在不破坏该文化资源的前提下，承包开发成为新型的文化国际投资方式。

据报道，以国内著名舞蹈家杨丽萍为艺术总监的大型音乐原生态歌舞集《香格里拉》（《云南印象》），由国内的派格太合传媒公司联合欧洲最大的演出公司 STAGE 重新以国际理念制作，在 2006～2010 年上演数千场之多；由郑州歌舞剧院精心打造的大型原创舞剧《风中少林》，与美国蓝马克娱乐集团签约两年，赴美巡演 800 场。中国的文化资源在两国文化企业的共同开发、制作后对外输出，就是文化资源国际承包的模式。

二 中国的对外文化产业投资

文化产业被视为"黄金产业"和"朝阳产业"，由于它是融合文化、科技与创意的具有可持续发展品质和高附加值的新兴经济领域，英国、美国、法国、韩国、日本等已经把它作为一种战略性新兴产业来发展，积极扶持本国文化产业的国际资本扩张，谋求国际文化产业的主导地位，提升其文化影响力。

改革开放释放出巨大红利，中国经济高速发展，但是在文化产业方面却远远落后于世界进程。由于我国的文化产业相对落后，国际文化产业纷纷进入，不断蚕食和占领中国文化市场。对于中国来说，这种局面已不仅是经济问题，同时也已经成为影响文化和社会发展的问题。在这样一种严峻的国际形势下，中央适时提出了文化"走出去"的战略。如何实现这一战略，仁者见仁，智者见智，但越来越多的实践显示，文化产业的国际投资是推进和实现这一战略目标的最基本、最有效的途径之一。

根据联合国贸易和发展组织的《2013年世界投资报告——全球价值链：投资和贸易促进发展》①，中国海外直接投资的增长令人瞩目。2012年，中国对外直接投资创下了840亿美元的历史纪录。中国已经成为世界第三大对外投资国，仅次于美国和日本。受寻求市场、提高绩效、获取自然资源和战略资产等多元目标驱动，中国公司对外投资的行业和国家范围非常广泛。对各国投资促进机构的调查表明，中国被列为最有前途的外国直接投资来源地。

中共中央宣传部部长刘奇葆撰文指出：中国已成为全球第三大对外投资国，但文化类投资占比还很小。要鼓励文化企业创新投资方式，走出去开展绿地投资②、并购投资、联合投资，扩大境外优质文化资产规模。要加强文化出口平台和渠道建设，通过"买船出海""借船出海"等方式，进一步拓展国际营销网络，完善海外网点布局，推动我国文化产品更多地进入国际市场。③

随着中国经济的壮大以及政府对于文化产业"走出去"的激励，

---

① 《世界投资报告》是联合国贸发组织在分析和研究各国（地区）FDI统计数据基础上，发布的全球FDI最新趋势及前景预测年度报告。该报告供世界各国免费共享，是各国政府进行外资管理和决策的重要参考依据，也是备受全球金融界和投资界人士关注的权威性研究成果。

② 绿地投资（Green Field Investment）又称创建投资，是指跨国公司等投资主体在东道国境内依照东道国的法律设置的部分或全部资产所有权归外国投资者所有的企业。

③ 刘奇葆：《大力推动中华文化走向世界》，《光明日报》2014年5月22日。

中国资本的海外文化产业投资并购案例日益增多。比如，俏佳人传媒集团 2009 年用 2 亿多元人民币成功收购了美国国际卫视，改名为 ICN 国际中国联播网，在美国拥有 12 个电视频道，覆盖美国 5000 万人口。在 2011 年 2 月又并购了美国大纽约侨声广播电台。西京集团在 2009 年温家宝访英期间以 3000 万元人民币全资收购了英国普罗派乐卫视（Propeller TV）。中国民营电视台蓝海电视（Blue Ocean Network，BON）2010 年 5 月在美国正式开播，创始人顾亦凡、诸葛虹云占股 68%，鼎晖创投投入 1000 万元占股 32%。据《凤凰周刊》2012 年第 31 期报道，香港卫视、亚太第一卫视等都是内地资本投资的产物。

从上述案例可以看出，中国的文化产业类海外投资主要集中在传媒渠道领域，如何借助渠道来实现中国文化的内容传播，这是下一步中国文化产业海外拓展的重点。下面两个案例在这个问题上都值得借鉴。

2009 年 12 月 14 日，中国港中旅集团所属天创国际演艺制作交流有限公司，以 354 万美元购买了美国第三大演艺中心布兰森市的白宫剧院，对其实行交叉管理，总经理在美国聘任，CEO 则由中国人担任，中方管理人员主要负责演出和对演员的管理。天创公司运营白宫剧院的前期投入达 550 万美元。根据布兰森市的演艺市场需求，天创公司计划每年演出 600 场，每场平均上座率按 60% 计算，每年将有 43.2 万人观看纯正的中国剧目，10 年间将有 432 万美国观众直接领略到中国的文化艺术魅力，由此感受认知中国。2010 年 7 月 1 日，中国品牌剧目《功夫传奇》落地美国，在白宫剧院内举行了驻美演出的首次公演。该剧自 2004 年 7 月 15 日在北京红剧场首演后一直驻场演出，到 2012 年 7 月，已达到国内驻场演出 3887 场、国内外演出总共 5100 场场次，是目前中国一个剧目出口商演次数最多且具有中国自主知识产权的国家品牌剧目。从 2013 年 8 月开始，呼和浩特民族演艺集团与北京市文化局联合制作和排演的大型原创舞台剧《马可·波罗传奇》准备在白宫剧院演出 110 场。

2012 年 5 月 21 日，大连万达集团和全球排名第二的美国 AMC 影院公司终于签署并购协议。万达集团的国际化战略迈出实质性的一步。此次并购总交易金额 26 亿美元，包括购买 AMC 影院公司 100% 股权和承担债务两部分。同时万达承诺，并购后投入运营资金不低于 5 亿美元，万达集团总共为此次交易支付 31 亿美元。这是近年来中国文化产业对外投资最大、最有影响力的一次并购，虽然也只是渠道意义的拓展，但中国电影业显然也希望能借助这个重要的院线通道推动中国电影走入美国。2013 年 2 月 8 日，在中国创下 13 亿元人民币票房奇迹的喜剧电影《泰囧》被安排在北美 AMC 影院所属的 29 家影院进行点映。但是，该片在美国上映时的海报并没有任何英文简介及演职员介绍，反映出该片面向的依然是海外华人观众。《泰囧》首日票房惨淡，只有 9098 美元（约合 5.6 万元人民币）。美国专门报道电影等娱乐界活动的周刊《综艺》（VARIETY）杂志网站上 2 月 10 日刊登的票房新闻报道说，《泰囧》在 2 月 10 日结束的这个周末票房收入是 29143 美元，上演这部电影的 29 个 AMC 电影院平均每个影院的票房为 833 美元（美国平均电影票价 10 美元）。[①]

上述两个案例可以说是中国文化产业"买船出海"的典范，从内容传播的角度来看，剧场加剧目的方式相对而言更可行。演艺是一个相对小众的市场，成本也比较低，因此较为适合进行文化的尝试性植入和细分市场开拓。电影不仅是一个文化创意的软创新行业，在当今更是在朝着高科技、大制作的硬创新竞争方向发展。中国电影创意

---

① 《〈泰囧〉美国上映遇冷 观众：情节俗套 搞笑用力过度》，《人民日报》2013 年 2 月 28 日。

与制作水准与国际前沿还有不小的差距，要想真正进入国际市场，光有渠道的便利还远远不够，必须大力提升科技制作水平，培育核心竞争力。中国近期的文化产业对外投资已经开始有针对性地进行有助于中国电影产业技术升级的并购。

2012 年 9 月 25 日，据美国媒体报道，好莱坞最知名的特效公司之一——詹姆斯·卡梅隆创办的数字领域公司，被中国的小马奔腾和一家印度信实媒体公司以 3020 万美元联合收购，小马奔腾出资 2000 多万美元持股 70%，成为真正的老板，这 2000 多万美元由北京市广播电影电视局提供的无息贷款来支付。通过联合收购，小马奔腾将获得数字领域公司及其子公司航母传媒（Mothership）旗下的所有核心业务，包括电影、视觉特效，广告制作，虚拟人合成技术，位于美国加州和加拿大温哥华的工作室，以及一部科幻大片的制作权。小马奔腾的这次并购显示了中国文化企业的前瞻视野和更大的国际化野心。

三 中国对外文化投资的问题与策略

长期以来，中国的对外文化投资大多数是以外宣资金的方式花出去的，比如在国外投资办中国文化展示会、个别演艺人员的专场音乐会、艺术品展览等众多非市场化运作的宣传活动，很少考虑市场机制。这种对外宣传的文化"走出去"方式，往往不但无法真正实现文化输出的目标，让大量的文化资金浪费掉，还会引发负面效应，甚至引起国际社会对中国文化"走出去"的政治警惕及社会反感。不按市场规律进行的文化投资，很容易被认为是别有用心的，而且对于正常的文化市场秩序是一种干扰和破坏，让这样的文化投资变得不受欢迎。

据新华网的报道，2013 年 1 月至 8 月中旬，中国各类文艺团体在金色大厅共租用场地 27 场，至少有 133 个院校和团体参加了在这里举办的各类音乐会和演出。与此相对的是，金色大厅的中国音乐会上座率普遍不高，部分观众对待演出的态度很随便。一些演出被媒体称为是演员们的自娱自乐：一场上座率不错的演出，台上正唱着，台下观众却忽然少了一片，原来这是下一个节目的"演员"去候场。大家"你刚唱罢我登场"，互为观众与演员，让在场的奥地利观众目瞪口呆。每年年初到春节前后，大量中国音乐团体到金色大厅演出"新年音乐会"，金色大厅"生意兴隆"，甚至出现过一天之内有两场"中国新年音乐会"的"盛况"。①

在 2014 年中国的"两会"（即全国人民代表大会和全国政协代表大会）期间，部分文艺界的代表对于中国文化"走出去"问题进行了批判和反思。据《中国青年报》报道，全国政协委员、北京交响乐团团长谭利华发言提出"我们现在很多'走出去'的演出就是自娱自乐，被人家当笑话看"。有人甚至说金色大厅已经被中国人改造成"金钱大厅"。"这种乱象跟文化政绩观有很大关系。"谭利华对《中国青年报》记者说，"其实是自欺欺人。文化'走出去'是为了赢得文化尊重。像这样的话，久而久之，'走出去'走的就是一条死路"。在谭利华看来，文化"走出去"更重要的是专业化和职业化。"按照国际惯例，旅费自理，落地由经纪公司负责。我们现在除了几家艺术团是按照国际惯例（运作），大多数是自己花几百万几千万元（投资），还沾沾自喜地说，我们的文化'走出去'了，我们成功了。其实都是假的，假的太多太多了。"②

上述媒体对于中国文化"走出去"的典型症结"金色大厅情结"的分析形象生动、鞭辟入里，也反映了中国很大一部分对外文化投资

---

① 《维也纳金色大厅成中国演员卡拉 OK 厅　观者寥寥》，新华网，2013 年 9 月 26 日。
② 《宋祖英谈中国演出扎堆"金色大厅"：我开了坏头》，《中国青年报》2014 年 3 月 10 日。

的无聊、无效与荒诞。正本清源，中国文化产业的国际投资一定要充分发挥市场机制，以文化企业为主体，优化国家扶持政策与资金，以文化效益和经济效益最大化为目标，有效推进和实现中国文化"走出去"战略，笔者特提出以下四个方面的建议。

（一）培育和扶持一批中国文化产业国际化的战略投资人

一方面需要进一步深化文化体制改革，支持政府出资的文化产业私募投资基金参与对国有文化企业的兼并重组，同时以此为依托，加快培育一批具有国际拓展能力的国有文化产业战略投资人；另一方面要支持更多有实力、有丰富国际投融资经验的民间文化产业投资基金，借鉴和学习其他国家在扶持本国文化产业国际资本扩张上的做法，以合理的财税政策、陪同资助等灵活多元的文化"走出去"激励机制代替单一的国家直接投资，比如出台"企业投资海外文化产业优惠办法"，为文化产业投资海外提供税收、信贷、保险支持。

（二）通过积极的对外文化贸易拓展强化文化产业国际投资的能力

中国经过多年的努力，文化产品的国际贸易已经有了不少成就。现在需要进一步利用各种条件发展中国文化产品的国际贸易，通过发展实物贸易和完善市场网络来建立和提升中国文化产业的国际市场竞争实力，进而实现由文化产品"走出去"到文化资本"走出去"的升级。比如可以借助现有海外华人文化传播资源，由龙头企业采取投资、合作、参股等方式，经营各类海外"中国文化城""中国音像城""中国书城"等，建立文化产品国际连锁经营网络和文化产业国际投资体系。

（三）建立政府性的对外文化投资服务体系

韩国遍布全球的文化产业振兴服务机构为韩国文化产业的国际化做出了卓越的贡献。中国在这个方面也要依托驻外文化机构，在从事文化交流的同时，发挥对外文化投资服务功能。研究对象国家的文化产业相关政策法规，充分利用国际规则，保障中国对外文化投资的安全和有效。定期出台"企业投资海外文化产业指导目录"，为文化企业投资海外提供导向和指南，等等。

（四）在自贸区或文化保税区建立对外文化投资的蓄水池

2013年9月29日，上海自由贸易区的正式揭牌为全国文化贸易与投资发展带来了新机遇。同时，北京在文化保税区建设方面已经有很丰富的经验，可以抓住国家发展自贸区的契机，在北京抓紧建设国家文化艺术贸易口岸，加速文化产业"走出去"的进程，提升文化产品、文化资本进入国际文化市场的影响力与能力。各地应充分利用这些对外贸易的特殊区域政策优势，推动对外文化贸易服务平台与文化产业金融服务平台的衔接与配套，完善并落实金融服务文化产业的相关政策，建立中国对外文化投资的蓄水池，在为优秀的文化出口企业与文化出口项目引入战略投资者的同时，也为中国的对外文化投资资本提供配套专业服务。

四　文化产业国际融资的基本模式

国际融资（International financing）是指在国际金融市场上，运用各种金融手段，通过各种相应的金融机构进行的资金融通。[1] 真正意义上的大规模国际融资开始于二战以后，随着战后各国经济的恢复和增长，国际经贸往来迅速发展，国际资金融通规模也随之日益扩大。在日趋全球化的现代经济中，各国间资金的流通也更加国际化、自由化，国际融资也越来越活跃、国际融资的模式也越来越多样化。

根据融资过程中形成的债权关系、融资主体与融资对象的不同，国

---

[1]　史燕平、章昌裕主编《国际融资学教程》，中国对外经济贸易出版社，2001，第1页。

际融资又分为直接融资和间接融资。直接融资是指资金供给者与资金需求者运用一定的金融工具直接形成债权债务关系的行为；间接融资是指资金供给者与资金需求者通过金融中介机构间接实现融资的行为。

由于各国的金融体系、金融法律和制度不同，文化产业的国际融资相对来说要复杂一些。要想成功地进行国际融资，同时降低融资成本，就必须熟悉国际融资模式特点及操作程序。目前普遍使用的国际融资方式主要有利用外商直接投资、国际商业贷款、发行国际债券、进出口信贷、境外资本市场上市等。

（一）利用外商直接投资

利用外商直接投资是当前中国国际融资的重要组成部分，且融资的金额相当大。外商直接投资（FDI），指的是以控制国（境）外企业的经营管理权为核心的对外投资。这种控制权是指拥有一定数量的股份，因而能行使表决权并在企业的经营决策和管理中享有发言权。[①]

当前中国利用 FDI 融资主要有中外合资经营企业、中外合作经营企业以及中外合资股份有限企业三种形式。目前，文化产业可以利用外商直接投资的行业主要在广告、影视制作、主题公园等领域。比较典型的如上海迪士尼度假区项目合作模式。

根据双方在 2011 年项目正式开始时达成的协议，上海迪士尼度假区由上海申迪（集团）有限公司（简称"申迪集团"）与华特·迪士尼公司共同投资、建设和运营，上海申迪集团将持有业主公司 57% 的股份，迪士尼公司将持有剩余的 43% 股份。合作双方将按照持股比例为项目出资。此外，申迪集团与迪士尼公司将成立一家合资管理公司，迪士尼公司持股 70%，上海申迪集团持股 30%。管理公

---

① 史燕平、章昌裕主编《国际融资学教程》，中国对外经济贸易出版社，2001，第 1 页。

司将负责度假区创意、发展和运营。这种相互参股的合资模式意味着，合作双方将按持股比例共同分享与承担上海迪士尼项目的利润与风险。相对于以往全球迪士尼项目管理公司迪士尼一家独大的局面，中方所持有的 30% 股份，不仅意味着利益的分享，也意味着在迪士尼度假区的日常经营中拥有一定的话语权，避免像其他迪士尼乐园一样出现风险与利益不对等的局面。这种合资管理模式在全球迪士尼乐园中是首次运用。全球迪士尼主题公园大致分为三大模式：一是迪士尼在美国本土采取的独资投资、管理模式；二是在巴黎推行的双方合资投建但由迪士尼独资管理模式；三是东京迪士尼乐园的特许经营模式，由迪士尼输出技术和授权，日方投资并管理。

（二）国际债券融资

国际债券融资，即发行境外外币债券，是指一国政府及其所属机构、企业、银行或国际金融机构等在国际债券市场上以外国货币面值发行的债券。[①] 中国发行国际债券开始于 1982 年 1 月 22 日，中国国际信托投资公司在日本债券市场首次发行了 100 亿日元私募债券，期限 12 年，宽限期 5 年。目前，文化领域内企业在国际债券市场发行国际债券主要集中在新媒体行业，如搜狐、新浪等门户网站，传统类文化企业利用国际债券融资的几乎没有。2003 年，搜狐、新浪分别在美国纳斯达克资本市场上发行了可转换债券（可转换为普通股股票的特殊企业债券，简称为可转换债券，具有债券和股票的特征）。它介于债券和股票之间，将债券和股票期权结合在一起的金融工具。新媒体类公司走在中国文化产业国际融资的前列，同时也为其他文化企业提供国际融资的经验。

2003 年 7 月 15 日，搜狐（纳斯达克代号：SOHU）宣布本金总

---

① 程剑明、孙晓玲编著《中小企业融资》，清华大学出版社，2006，第 164 页。

计 9000 万美元的 2023 年到期零券息可转换优先债券发行项目圆满结束。按照规章，除非发生注册权利协议中所注明的对债券持有人有利的具体违约事件，否则债券无须支付利息。债券的到期收益率为零，并可以按每股 44.76 美元的转换价转换为 SOHU 的普通股，但将来可能需要调整转换价。在到期日，每 1000 美元本金的债券初步将可转换为 22.3414 股 SOHU 普通股。搜狐发行可转换债券可以降低融资成本，可以减轻公司的财务负担。由于可转换债券是普通债券与看涨期权的结合，具有股票、债券、期权的三重属性。可转换债券利率水平一般低于普通债券，可以极大地减轻公司财务上的负担，进而有助于提高公司的经营业绩。转换期权的存在，使得投资者愿意接受较低的债务利息，意味着转债是一种"廉价"融资渠道，进而可以减轻公司的财务负担。

（三）国际商业银行贷款

根据中国加入世界贸易（WTO）的协议，2006 年中国对外资银行全面开放。2006 年 11 月 15 日，国务院正式颁布《外资银行管理条例》；11 月 28 日，银监会又颁布了《外资银行管理条例实施细则》（以下简称《细则》），《细则》明确了外资银行设立机构、开展业务（包括从事人民币业务）的条件、申请程序和审批时限。根据《细则》规定，希望从事人民币业务的外资银行，在满足"开业三年、连续两年赢利"的条件后，可以向中国银监会提出申请，在获得相关批准后，即可全面经营人民币业务，包括允许外资银行分行吸收中国境内公民每笔不少于 100 万元人民币的定期存款。《外资银行管理条例》发布后，英国渣打银行（Standard Chartered Bank）第一时间向银监会提交了申请，成为首家申请筹建本地子银行及人民币零售业务牌照的外资银行。

根据中国银监会 2012 年年报的统计数据显示，截至 2012 年底，在中国注册的外资金融机构共有42家，从业人员达到44560人。数据还显示，2012年底在华外资银行的资产总额达到23804亿元，占中国银行业金融机构总资产的1.8%（见图1-6）。

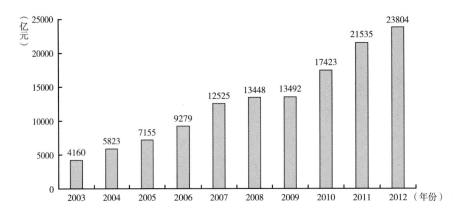

图1-6 在华外资银行总资产情况（2003～2012年）

数据来源：银监会2012年年报。

(四)境外资本市场上市融资

境外上市融资，即企业根据国家的相关法律在境外资本市场上发行股票融资的一种融资模式。目前，国内企业海外首次公开发行（IPO）主要选择的资本市场是美国纽约交易所和纳斯达克（NASDAQ）股票市场、新加坡交易所股票市场、香港交易所主板和创业板股票市场。

1999年7月14日，证监会发布《关于企业申请境外上市有关问题的通知》，明确提出国有企业、集体企业及其他所有制的企业经重组改制成股份有限公司后，凡符合境外上市条件的，均可向证监会提出境外上市申请。具体申请条件：符合中国有关境外上市的法律、法规和规则；筹资用途符合国家产业政策、利用外资政策及国家有关固定资产投资立项的有关规定；净资产不少于4亿元人民币，过去一年税后利润不少于 6000 万元人民币，并有增长的能力，按合理预期市盈率计算，筹资额不少于 5000 万美元；具有规范的法人治理结构及完善的内部管理制度，有较稳定的高级管理层及较高的管理水平；上市后分红派息有可靠的外汇来源，符合国家外汇管理的有关规定；证监会规定的其他条件。

汤森路透数据显示，2013 年迄今中国企业全球股权发行总金额达到 700 亿美元，较上年的 587 亿美元增长 19.2%。[①] 早期的中国新媒体企业在国际资本市场的上市主要集中在美国的纳斯达克市场，但第一个在境外上市的传统传媒公司却出现在香港。

北青传媒成立于 2001 年 5 月 28 日，是北京青年报社控股的下属企业，是北京青年报社 2001 年将广告、印务等经营性资产剥离成立的股份公司，主营《北京青年报》的广告版面销售及印刷业务。2004 年 12 月 22 日，被称为"国内传媒境外上市第一股"的北青传媒在香港正式挂牌上市，代码 1000。作为稀有的中国文化传媒概念股，其公开发售部分获约 400 倍超额认购，创下当时半年来香港新股超额认购倍数新高。主要依赖广告收入的北青传媒上市后业绩始终表现不佳，受国内传媒政策的制约，也无法通过资本市场做产业链的整合。现在来看，作为"报业第一股"，北青传媒海外上市的象征意义要大于实际意义。

（五）风险基金融资模式

"风险投资"是在 20 世纪 60 年代前后随着美国新经济的兴起而发展起来的一种投资于高科技、高成长行业，以高风险换取高回报的资本行为。风险投资在美国很发达，是美国创新经济发展的重要基础。大部分风险投资是通过海归或海归工作的外企带进国内的。这些

---

① 《2013 年中国股权资本市场报告》，和讯网，2013 年 12 月 24 日。

投资促进了国内对创业的热情，促进了一大批海归企业和国内中小企业的发展，同时也带动了国内风险投资行业的进步。

1996年，搜狐总裁张朝阳在美国MIT媒体实验室主任尼葛洛庞帝先生和美国风险投资专家爱德华·罗伯特先生的风险投资支持下建立搜狐公司。从此风险投资不断出现在国人的视野里，风险投资也逐渐在中国落地生根。随着中国文化产业对外资的开放，国内巨大的消费市场和利润空间，强烈吸引着国外风险投资人的目光。

五　中国文化产业国际融资的制约因素

联合国贸易和发展组织的《2013年世界投资报告——全球价值链：投资和贸易促进发展》提到，虽然2012年中国吸引外资下跌2%，但仍是外资流入量最大的发展中国家，吸收外资保持在1210亿美元的高水平，在全球范围内仅次于美国，排名第二。从中期看，中国仍是跨国公司首选的投资目的地。有关调查显示，在跨国公司看好的前五大投资东道国中，中国排名第一，美国紧随其后。随着中国经济结构的调整以及产业的升级，流入中国的外国直接投资的结构也发生了相应的变化。由于生产成本上升，出口市场疲弱，一些外资公司特别是服装、鞋类等劳动密集型低端制造业，开始将生产基地迁往东南亚低收入国家。与此同时，流入高科技产业和高端制造业（如先进电子元器件生产）的外国投资快速增长。外资研发中心总数在过去五年翻了一番，在2012年底达到约1800家。中国吸收外资的质量和结构不断改善。

《2013年世界投资报告》指出，随着中国吸引外资的水平和质量的不断提高，中国参与全球价值链的广度和深度不断拓展。中国企业已经成为诸多行业全球价值链的重要一环。中国成为通过吸引外资在全球价值链中不断升级，进而创造更多国内增值的成功范例之一。例如，中国已成功地扩展到越来越多以高科技出口为导向的经济活动中。基于知识的高端服务业的出口 2000～2010 年增加了 8 倍。中国出口的增长以及在高技术全球价值链中生产能力的扩张，得益于外国投资的涌入以及跨国公司建立。

文化产业是中国调整经济增长方式、优化经济结构的重要战略性支柱产业，对于外资的吸引力很大。但比起一般的技术性领域，文化产业的外资准入的制约性因素在中国更多也更复杂。

文化产业在中国依然是一个政府高度管制的领域，受文化体制的影响，中国文化产业的国际融资约束性很强。世界上许多国家对于文化产业中的广电、传媒等行业的外资股份实行相应比例限制。相比而言，中国在这方面的限制更严，随着对外开放的深化，目前已经有所放开，但即使在对外资开放的领域，也要求国有资本绝对控股。例如，2005 年 5 月，由辽宁出版集团与贝塔斯曼合资组建的辽宁贝塔斯曼图书发行有限公司成立。这是中国加入 WTO 之后，第一家完全由国有资本与外资共同组建的图书发行公司。其中，中方占有 51%的股份，外方占有 49%的股份。

具体来看，制约中国文化产业国际融资的主要要素在以下三个方面。

第一，在资本准入方面，非公有制资本，尤其是国际资本进入文化产业的限制很严格，即使是开放的领域，也有比较严格的约束性条件。

第二，在融资主体方面，中国的文化单位的市场主体地位还不太明确，而且习惯于依赖政府，积极寻求国际资本市场的动力和能力都不足。

第三，从融资手段来看，虽然国际资本商业银行和风险投资已经被允许进入中国，但由于时间还比较短，尚处于文化体制改革旋涡中的中国文化企业，由于剥离改制的问题，还不能适应新的国际融资方式。

六 中国文化产业国际融资的前景与出路

虽然制约中国文化产业国际融资的要素很多也很复杂，但中国文化产业与国际相关产业融合发展是大势所趋，是中国改革开放的题中之意。中国文化产业国际融资，其意义一方面在于资本合作，另一方面在于文化交融，这一定是双向互利的。其实，提升中国文化产业的国际融资能力，对于中国文化产业的发展意义非常深远，在经历近代百余年的落后封闭之后，中国文化融入世界、中国文化产业走向国际是中华民族伟大复兴的重要部分，国际融资是实现这个文化"中国梦"的国际通行机制。

与上海迪士尼十多年的艰难谈判相比，东方梦工厂落地中国只用了一年左右的时间，这表面上是资本纽带的直接作用产物，但深层次上是中国改革开放不断深化的成果。北京时间 2012 年 2 月 18 日在美国洛杉矶"中美经贸合作论坛"上，华人文化产业投资基金（CMC）牵头中方公司与美国梦工厂动画公司双方签署协议，正式宣布华人文化产业投资基金将联合上海东方传媒集团有限公司（SMG）、上海联合投资有限公司（SAIL）与美国梦工厂动画公司在中国上海合资组建上海东方梦工厂影视技术有限公司。这正好发生在时任国家副主席习近平首次访美期间。

上海东方梦工厂影视技术有限公司被媒体称为"东方梦工厂"，合资项目由中方控股 55%、美方持股 45%，首轮投资达 3.3 亿美元。"东方梦工厂"将以自营及与相关伙伴合作的形式。作为迄今为止最大的中外合作文化交流投资项目之一，"东方梦工厂"的目标是从中国出发迈向国际市场。公司将引进消化美国梦工厂的核心制作技术和创意管理经验，发掘中华传统文化题材和当代中国价值追求，打造国际水准的原创动画影视及各类衍生产品和互动娱乐形式，实现全球发行和推广，推动中国文化融入世界。美国梦工厂动画公司创始人、董事长兼首席执行官杰弗瑞·卡森伯格说，"在5～7年内，中国将成为世界上最大的电影市场，（这次合作）对我们来说是一个巨大的机遇"。他还透露，合资公司的雇员人数（2100人左右）最终可能超过梦工厂洛杉矶总部。东方梦工厂的成功合作为中国文化产业的国际融资提供了信心和方向。

加快深化文化体制改革，创造良好的国际融资环境。中共十八届三中全会提出发挥市场在资源配置方面的决定性作用的深化改革总体思路，提出建立统一开放、竞争有序的现代市场体系的要求。文化产业虽然有一定的特殊性，但这无论如何都是一个有别于公共文化建设的市场化领域，发挥市场的积极作用、建立开放有竞争活力的现代文化市场体系，应当是中国文化产业发展深化的基本方向。文化市场的开放，既有对内、对民间资本开放的问题，也有对外、对国际资本开放的问题。文化市场开放，既要谨慎稳妥，也要积极尝试探索。加强文化自觉和自信，从解放思想的高度打破条条框框的限制，积极探索和改变中国条块化管理和多头管理的局面，提高资源配置的效率，逐步加大市场开放的幅度与深度，为国际资本在文化产业领域的健康发展提供良好的硬件和软件环境。

积极培育具有国际资本整合能力的中国文化产业战略投资人。资本运营是市场配置资源的高级形态，是进行跨国的产业投融资最直接、最有效的纽带。比起一般的实业主体，资本运营主体更具灵活性和综合资源整合能力。东方梦工厂的中外合作方之所以能在短期内实现高效对接并快速达成共识，这显然与华人文化产业投资基金的运作有密切关系。这样的文化产业投资基金，本身属于国有资本体系，在国家文化经济政策的把握与运用方面有其独特优势；有很好的国际化资本运营能力，不拘泥于特定的文化行业思维，容易发挥文化产业国际融资的桥梁作用。中国需要培育和扶持更多像华人文化产业投资基金这样的具备融通国内国际两个市场能力的战略投资人。

提升中国文化产业领域综合运用国际融资工具的能力。在发达的市场经济环境中，融资的手段和工具日益丰富复杂，为了规避和降低融资的风险，最大限度地实现融资的效益，学会灵活运用多种融资工具，进行组合融资，这已经成为国际融资发展的基本方向。当前随着中国金融市场对国际资本的开放程度越来越大，文化产业国际融资的途径和工具也越来越丰富复杂，如何灵活运用各种国际融资手段和工具，有效地降低国际融资的成本，这是中国文化产业国际融资所面临的一个紧迫任务。

提高文化产业人才的素质，积极培养复合型的文化产业投融资人才。人才的短缺是制约文化发展的主要瓶颈之一，也是制约文化产业国际融资的主要障碍。很大一部分文化单位原来都是事业单位，原来的用人制度造成文化单位冗员多、产业人才匮乏的现象，既懂文化又懂企业经营管理、具有国际投融资运作能力的复合型人才稀缺，这样就增加了文化产业的融资难度和风险，也增加了国际融资的成本。因此，中国应该加强复合型人才的培养，高校应多开设文化、经济、管理等协同融合的专业。文化产业领域加大对金融、管理类专业人才的吸收，对这些专业人才进行培训，让他们了解文化产业及其资本市场的特征，使他们将专业知识充分地运用到文化产业上来，使中国文化产业的投融资真正运作起来。

第四节　中国文化贸易竞争力总体情况

本研究报告借鉴传统贸易产品的竞争力指标，测量了各国的文化贸易竞争力，以及我国各地区的文化贸易竞争力。主要采用的指标有三个，国际市场占有率、显示性比较优势和贸易竞争力指数。

国际市场占有率包括在开放的国际市场上，某个国家某种产品的销售额在全世界该类产品销售总额中所占的比重。国际市场占有率反映了一国某产品在国际市场上的竞争力大小。比例越高表示产品的国际竞争力越强，反之则越弱。国际市场占有率的变化可以反映一国某产品国际竞争力的变化，比例上升则反映国际竞争力增强。

显示性比较优势指数（RCA 指数）是指一个国家的某种商品或者某个产业的出口数额占整个国家出口数额的比例与全世界同种商品或者同种产业的出口数额占全世界总出口数额的比例之比，用公式表示为：

$$RCA = \frac{X_{ij} / \sum_{i=1}^{n} X_{ij}}{\sum_{j=1}^{m} X_{ij} / \sum_{i=1}^{n} \sum_{j=1}^{m} X_{ij}} \tag{1}$$

其中，X_{ij} 表示国家 j 出口产品 i 的出口值，$\sum_{i=1}^{n} X_{ij}$ 表示国家 j 的总出口值；$\sum_{j=1}^{m} X_{ij}$ 表示世界出口产品 i 的出口值；$\sum_{i=1}^{n} \sum_{j=1}^{m} X_{ij}$ 表示世界总出口值。其中，RCA < 0.8 时，产业的国际竞争力较弱。0.8 < RCA < 1.25 时，产业国际竞争力较强。1.25 < RCA < 2.5 时，产业国际竞争力很强。RCA > 2.5 时，产业的国际竞争力极强。

贸易竞争力指数，即 TC 指数，剔除了经济膨胀、通货膨胀等宏观因素方面波动的影响，在分析产业国际竞争力时较常用。其意义为一国的出口额减去进口额再除以总的进出口数额。其公式为：

$$TC_{ij} = (X_{ij} - M_{ij}) / (X_{ij} + M_{ij}) \tag{2}$$

其中，TC_{ij} 表示 j 经济体在 i 产业上的贸易竞争指数，X_{ij} 表示 j 经济体在 i 产业上的贸易竞争指数，M_{ij} 表示 j 经济体 i 产业的进口额。贸易竞争指数介于 −1 与 1 之间。

这三个指标都是用来测量一国或者一个地区某种产品的贸易竞争力的指标，但是侧重点有所不同。市场占有率是一个比较直观的指标，通常也是最为广泛使用的一个指标，但是这个指标直接与一国或者一个地区的规模有关，大国自然会获得较大的市场份额，但是并不意味着其就有竞争力，尤其不适用于国家之间的比较。显示性比较优势指数（RCA指数）则克服了这一问题，是一个相对概念，测量的是一国或一个地区某种产品的相对出口份额，这样就消除了国家规模的差异，比较适用于国家之间的比较。但是这一指标只是考虑了出口，没有考虑到进口的作用，如果某国某产品的出口额远远小于其进口额，即使这种产品出口得再多、份额再大，我们也很难说这个国家在生产这种产品方面具有很强的竞争力。所以，我们又采用了同时考虑出口和进口两个方面因素的竞争力指标——贸易竞争力指数。

本报告通过计算这三个指标，测量了中国整体上的文化贸易竞争力，以及中国各地区的文化贸易竞争力。

一　中国文化贸易竞争力的世界排名

（一）中国的创意产品状况

中国的创意产品进、出口额一直处于增长趋势，只是在金融危机之后的2009年有过短暂的下降（见图1-7），并且出口额远远大于进口额，从而形成很大的贸易顺差（见图1-8）。根据我们使用联合国贸发组织的数据计算，可以发现我国的创意产品（手工业品、音像制品、设计、新媒体、表演艺术、印刷品、视觉艺术）国际市场占有率呈上升趋势，2003～2012年一直保持第一；贸易竞争力指数处于-1与1之间，取值越高，说明国际竞争力越强。TC指数小于0，表示该产业的进口大于出口，在国际市场的竞争力较弱；TC指数大于0，表明该产业的出口大于进口，在国际市场的竞争力较强。我国贸易竞争力指数先下降后上升，2008年金融危机以后呈缓慢增长态势，一直在0.8左右，而且排名一直靠前，一直在前三名内。显示比较优势指数表示的是一个国家的某种产品出口值占该国出口总值的份额与该种产品的世界总值占所有产品的世界出口总值的份额的比率，相对优势指数越大表明该种产品的国际竞争比较优势越明显。我国的创意商品的比较优势可以分为三类：RCA 指数在 2.5 以上具有极强比较优势的手工业品、设计、新媒体、表演艺术；RCA 指数在 1.5～2.5 的具有较强的国际竞争力优势的视觉艺术；RCA 指数小于 0.8 的处于比较劣势的音像制品和印刷品。

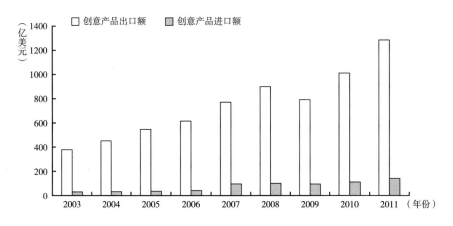

图 1-7　中国创意产品进、出口额

数据来源：UNCTAD。

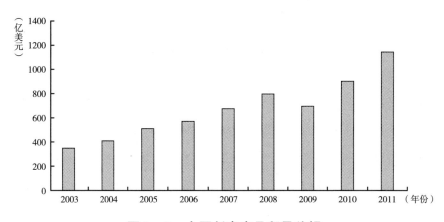

图 1-8　中国创意产品贸易差额

数据来源：UNCTAD。

仅仅依靠上文的数据，我们得出的结论是，中国的创意产品总体上具有很强的国际竞争力，为了更准确地分析我国创意产品的国际竞争力，笔者采用两种方法进一步把创意产品分为文化器具与文化内容两组。一种方法是将手工业品、设计、表演艺术用品划分为文化器具，将音像制品、新媒体、印刷品、视觉艺术划分为文化内容；另一种划分方法是将设计也划入文化内容，也就是说将手工业品、表演艺术用品划分为文化器具，而将音像制品、新媒体、印刷品、视觉艺术、设计划分为文化内容。这两种划分方法中的文化器具中国都具有很大的国际市场占有率、较强的相对竞争优势和较高的贸易竞争力。文化内容则与之不同，把设计包含在内时，我国的文化内容的市场占有率世界第一，相对竞争优势指数在 2.5～3 之间波动，有极强的相对竞争优势和很强的贸易竞争力，当文化内容不包括设计时，其相对竞争优势指数在 1.5～2 之间波动，且市场占有率和贸易竞争力指数都有所下降，而文化创意产品中设计有很大一部分不是由中国来完成的，因此我国的创意产品的竞争力很可能被夸大了。

（二）中国的创意服务状况

随着创意产业日益成为世界各国经济发展的战略重点，创意服务贸易也得以快速发展，成为全球服务贸易增长的重要推动力，中国创意服务贸易增速远远高于世界平均水平，自 2005 年起由贸易逆差转为贸易顺差（见图 1－9、图 1－10），但是在国际市场上的占有率不高，例如，2008 年中国的广告、市场调研和民意测验服务，个人文化和休闲服务两项服务产品出口年均增长率分别达到 33.4% 和 55.4%，但出口份额仅分别占世界的 7.8% 和 1%[1]。

---

① 曲国明：《中美创意产业国际竞争力比较——基于 RCA、TC 和"钻石"模型的分析》，《国际贸易问题》2012 年第 3 期。

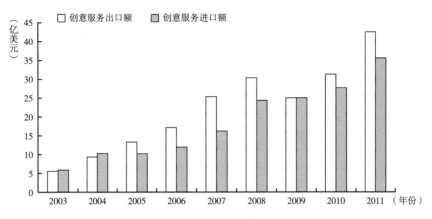

图 1 - 9　中国创意服务贸易进出口额（2003～2011 年）

数据来源：UNCTAD。

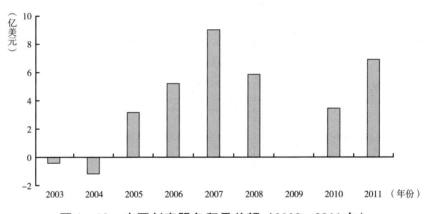

图 1 - 10　中国创意服务贸易差额（2003～2011 年）

数据来源：UNCTAD。

2003 年我国创意服务出口额为 5.53147 亿美元，2011 年为 42.6349 亿美元（见表 1 - 3），年均出口增长率达到 27.72%，其中，广告、市场调研和民意测验服务 2003～2011 年年均增长率为 26.4286%，文化娱乐服务和视听及相关服务年均增长率为 16.125%，电子计算机和信息服务年均增长率为 35.174%，版税和许可费为 27.459%。在创意服务进口方面，2003 年和 2011 年创意服

中国文化贸易研究报告（2014～2015）

表 1-3　中国创意服务贸易出口额

单位：百万美元

年份	2003	2004	2005	2006	2007	2008	2009	2010	2011
创意服务	553.147	930.614	1343.448	1719.896	2544.84	3038.206	2507.076	3131.08	4263.49
广告、市场调研和民意测验服务	486.261	848.628	1075.73	1445.03	1912.27	2202.32	2312.55	2885.25	4017.938
个人文化和休闲服务	33.443	40.993	133.859	137.433	316.285	417.943	97.263	122.915	122.776
视听及相关服务	33.443	40.993	133.859	137.433	316.285	417.943	97.263	122.915	122.776

数据来源：UNCTAD。

表 1-4　中国创意服务贸易进口额

单位：百万美元

年份	2003	2004	2005	2006	2007	2008	2009	2010	2011
创意服务	596.951	1049.997	1023.116	1197.92	1644.352	2449.904	2510.252	2781.94	3572.405
广告、市场调研和民意测验服务	457.881	698.335	715.208	954.96	1336.92	1940.66	1953.36	2040.3	2773.281
个人文化和休闲服务	69.535	175.831	153.954	121.48	153.716	254.622	278.446	370.82	399.562
视听及相关服务	69.535	175.831	153.954	121.48	153.716	254.622	278.446	370.82	399.562

数据来源：UNCTAD。

务贸易进口额分别为 5.96951 亿美元和 35.72405 亿美元（见表 1 - 4），保持年均 23.2% 的增长率，其中广告、市场调研和民意测验服务 2003～2011 年年均增长率为 24.4826%，文化娱乐服务和视听及相关服务年均增长率为 20.438%，电子计算机和信息服务年均增长率为 17.765%，版税和许可费为 19.687%[①]。其中的原因有可能是我国的创意服务起步晚，还有很大的发展空间。

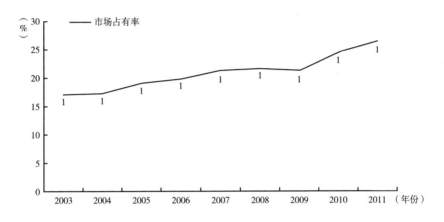

图 1 - 11　中国创意产品出口市场占有率及排名

说明：表中数字为指标排名。全书同。
数据来源：UNCTAD。

仅从这些数据表面来看，我国的文化服务贸易具有很强的增长态势，但是用衡量行业国际贸易竞争力指数来测算，国际贸易竞争力相关的指数及排名均显示我国的创意服务贸易的竞争力在全球所处水平仍然偏低，具有巨大的市场发展空间。图 1 - 14 显示我国创意服务的国际出口市场占有率在 2003～2011 年一直比较小，发展缓慢。由图 1 - 15 可以看出我国创意服务的相对竞争优势指数基本上接近于零，除广告、市场调研和民意测验服务部门在一些年份呈现出微弱的

---

① 数据来源：UNCTAD。

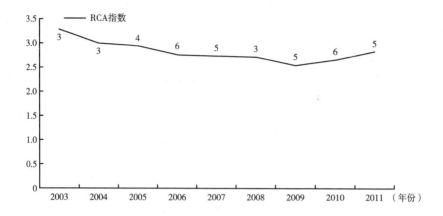

图 1 – 12　中国创意产品显示性比较优势指数及排名

数据来源：UNCTAD。

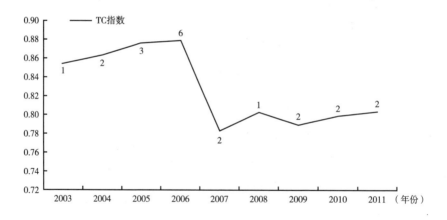

图 1 – 13　中国创意产品贸易竞争力指数及排名

数据来源：UNCTAD。

国际竞争力以外，其余版税及许可费、视听及相关服务、研发服务、
个人文化及娱乐服务等都显现出明显的竞争劣势，这与我国创意产品
整体很强的国际竞争力形成鲜明对比。由图 1 – 16 显示的创意服务的

贸易竞争力指数在波动中变化，并且在某些年份呈现出负值，可以得出和相对竞争优势指数一致的结论。

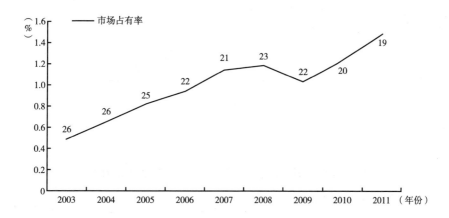

图 1 - 14　中国创意服务出口市场占有率及排名

数据来源：UNCTAD。

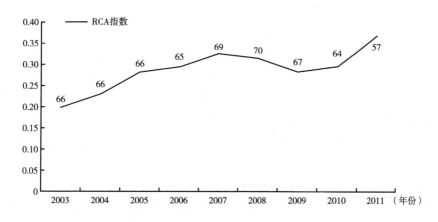

图 1 - 15　中国创意服务显示性比较优势指数及排名

数据来源：UNCTAD。

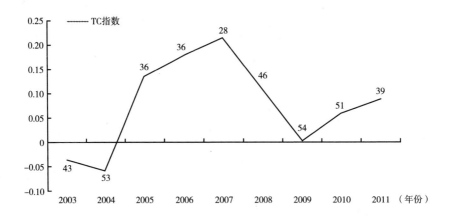

图1-16 中国创意服务贸易竞争力指数及排名

数据来源：UNCTAD。

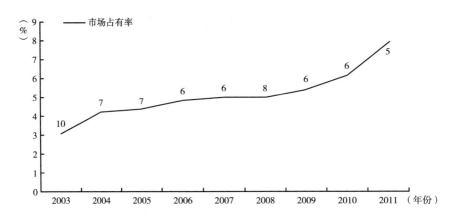

**图1-17 广告、市场调研与民意测验服务
出口市场占有率及排名**

数据来源：UNCTAD。

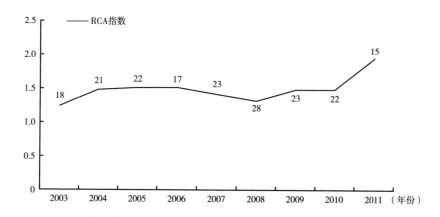

**图 1 – 18 广告、市场调研与民意测验服务显示性
比较优势指数及排名**

数据来源：UNCTAD。

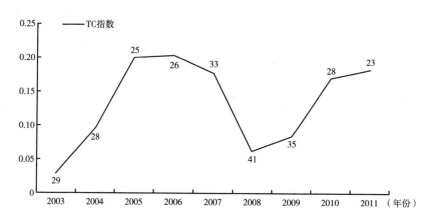

**图 1 – 19 广告、市场调研与民意测验
服务贸易竞争力指数及排名**

数据来源：UNCTAD。

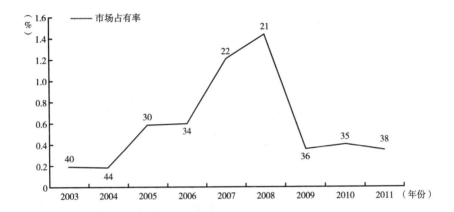

图1-20 个人文化和休闲服务出口市场占有率及排名

数据来源：UNCTAD。

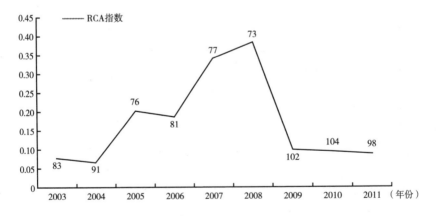

图1-21 个人文化和休闲服务显示性比较优势指数及排名

数据来源：UNCTAD。

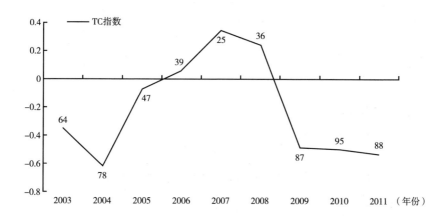

图 1-22 个人文化和休闲服务贸易竞争力指数及排名

数据来源：UNCTAD。

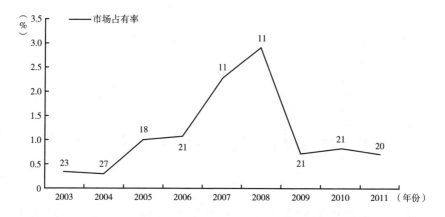

图 1-23 视听及相关服务出口市场占有率指数及排名

数据来源：UNCTAD。

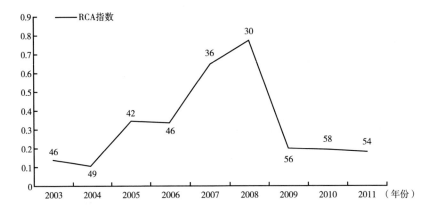

图 1 - 24　视听及相关服务显示性比较优势指数及排名

数据来源：UNCTAD。

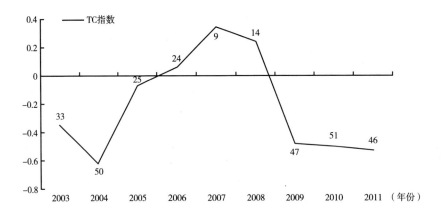

图 1 - 25　视听及相关服务贸易竞争力指数及排名

数据来源：UNCTAD。

进一步地把创意服务分为生产性创意服务（广告、市场调研与民意测验服务，建筑、工程、其他技术服务，研发服务）和消费性创意服务（个人文化和娱乐服务，视听及相关服务，其他个人文化和娱乐服务），中国生产性创意服务的出口市场占有率高于消费性创意服务的出口市场占有率，在国际上的排名较消费性创意服务靠前；

生产性创意服务的显示性比较优势指数在 2 左右，属于竞争力较强的范围，而消费性创意服务的显示性比较优势指数小于 0.8，因此处于相对竞争劣势；在贸易竞争力方面，生产性创意服务贸易竞争力指数为正，消费性创意服务为负，由此得出前者的贸易竞争力强于后者。

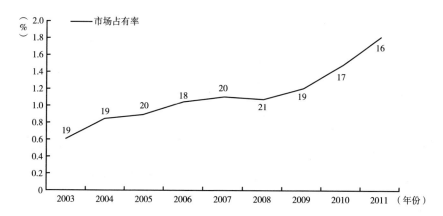

图 1－26　中国生产性创意服务出口市场占有率指数及排名

数据来源：UNCTAD。

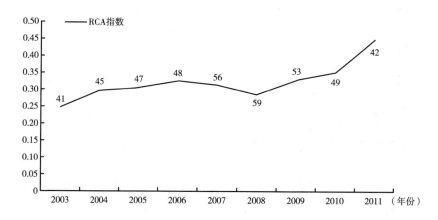

图 1－27　中国生产性创意服务显示性比较优势指数及排名

数据来源：UNCTAD。

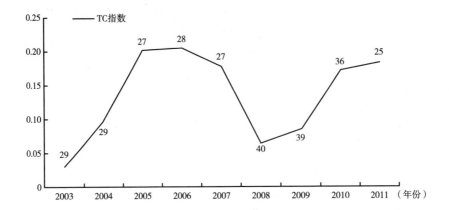

图1-28 中国生产性创意服务贸易竞争力指数及排名

数据来源：UNCTAD。

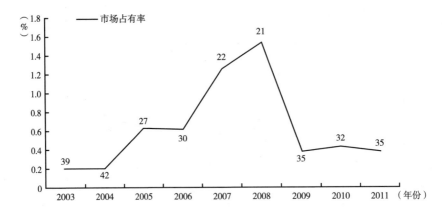

图1-29 中国消费性创意服务出口市场占有率及排名

数据来源：UNCTAD。

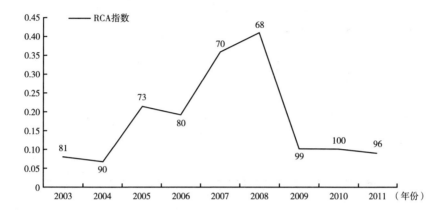

图 1 - 30 中国消费性创意服务显示性比较优势指数及排名

数据来源：UNCTAD。

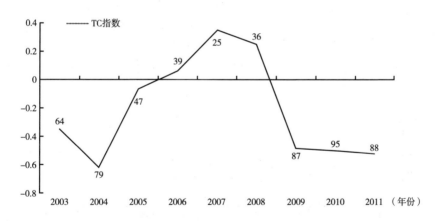

图 1 - 31 中国消费性创意服务贸易竞争力指数及排名

数据来源：UNCTAD。

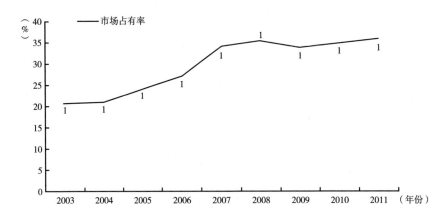

图 1 - 32　中国手工业品市场占有率及排名

数据来源：UNCTAD。

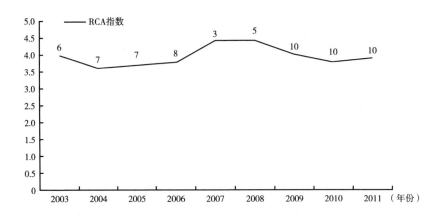

图 1 - 33　中国手工业品显示性比较优势指数及排名

数据来源：UNCTAD。

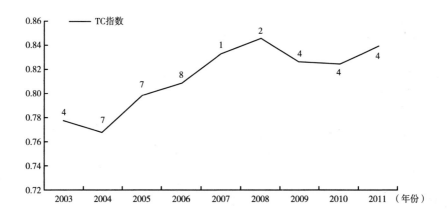

图1-34 中国手工业品贸易竞争力指数及排名

数据来源：UNCTAD。

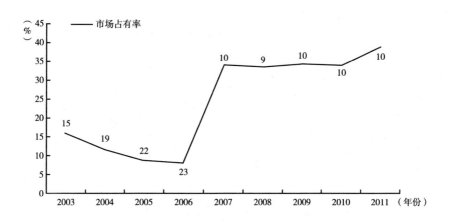

图1-35 中国音像制品市场占有率及排名

数据来源：UNCTAD。

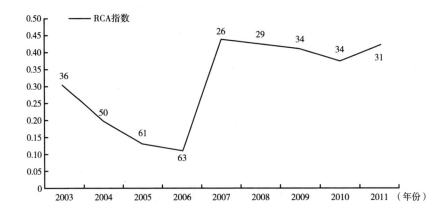

图1－36　中国音像制品显示性比较优势指数及排名

数据来源：UNCTAD。

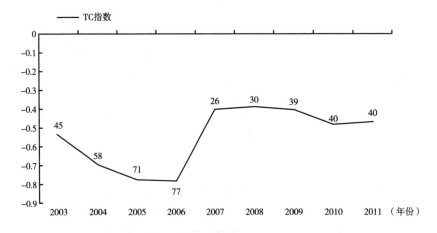

图1－37　中国音像制品贸易竞争力指数及排名

数据来源：UNCTAD。

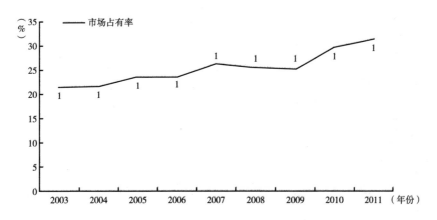

图 1 -38 中国设计市场占有率及排名

数据来源：UNCTAD。

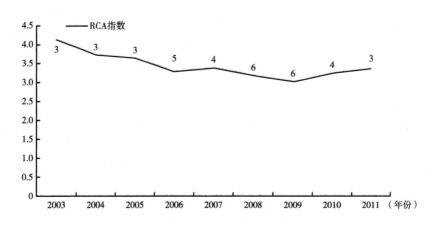

图 1 -39 中国设计显示性比较优势指数及排名

数据来源：UNCTAD。

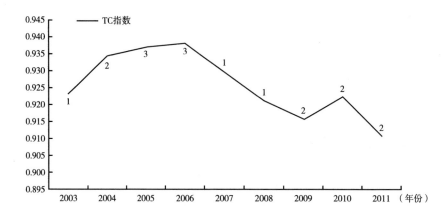

图1-40 中国设计贸易竞争力指数及排名

数据来源：UNCTAD。

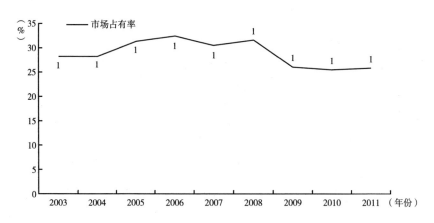

图1-41 中国新媒体市场占有率及排名

数据来源：UNCTAD。

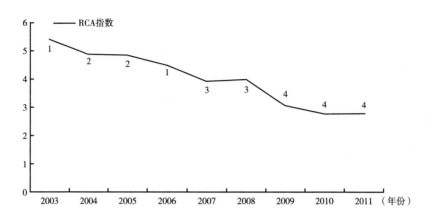

图 1 – 42 中国新媒体显示性比较优势指数及排名

数据来源：UNCTAD。

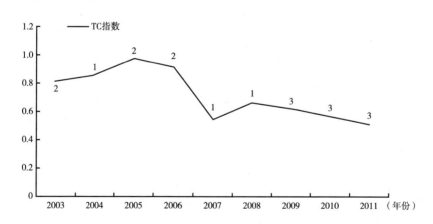

图 1 – 43 中国新媒体贸易竞争力指数及排名

数据来源：UNCTAD。

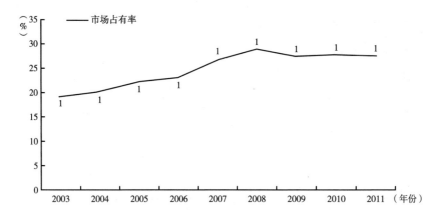

图 1 - 44　中国表演艺术产品市场占有率及排名

数据来源：UNCTAD。

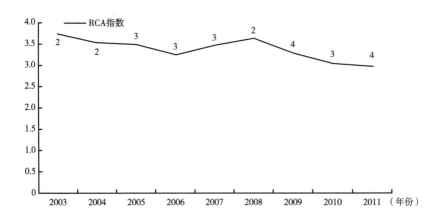

图 1 - 45　中国表演艺术产品显示性比较优势指数及排名

数据来源：UNCTAD。

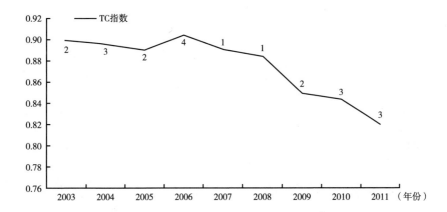

图1-46 中国表演艺术产品贸易竞争力指数及排名

数据来源：UNCTAD。

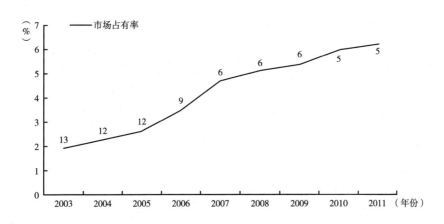

图1-47 中国印刷品市场占有率及排名

数据来源：UNCTAD。

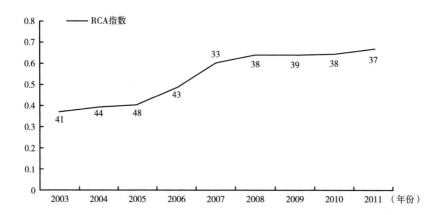

图1-48 中国印刷品显示性比较优势指数及排名

数据来源：UNCTAD。

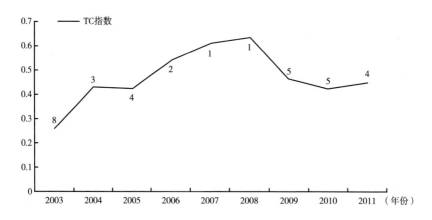

图1-49 中国印刷品贸易竞争力指数及排名

数据来源：UNCTAD。

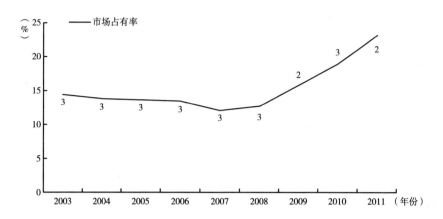

图 1-50　中国视觉艺术市场占有率及排名

数据来源：UNCTAD。

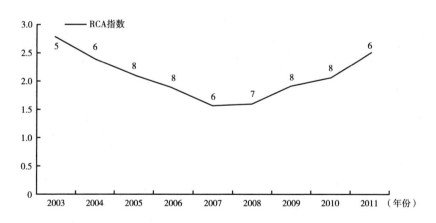

图 1-51　中国视觉艺术显示性比较优势指数及排名

数据来源：UNCTAD。

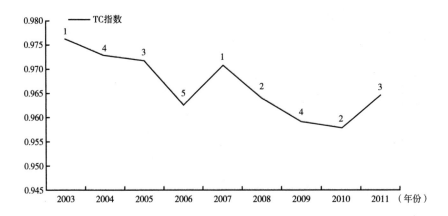

图1-52 中国视觉艺术贸易竞争力指数及排名

数据来源：UNCTAD。

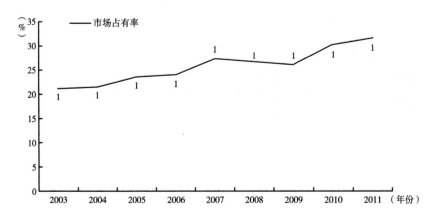

图1-53 中国文化器具市场占有率及排名

数据来源：UNCTAD。

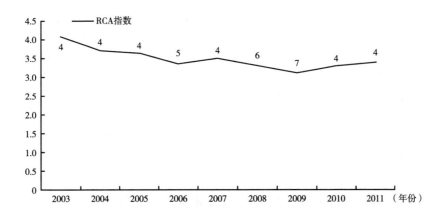

图1-54 中国文化器具显示性比较优势指数及排名

数据来源：UNCTAD。

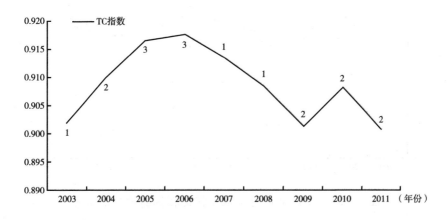

图1-55 中国文化器具贸易竞争力指数及排名

数据来源：UNCTAD。

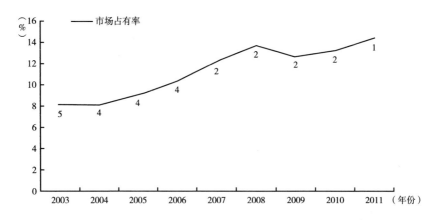

图 1－56　中国文化艺术市场占有率及排名

数据来源：UNCTAD。

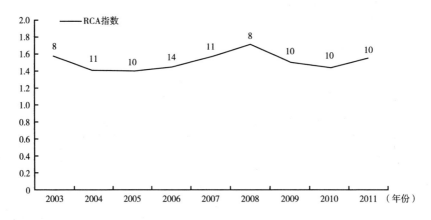

图 1－57　中国文化艺术显示性比较优势指数及排名

数据来源：UNCTAD。

　　总之，中国的文化产品的贸易竞争力是很强的，而且还呈不断上升的趋势，但是在文化服务贸易方面的竞争力还比较弱，虽然也呈不断上升的趋势，发展的潜力依然很大。再细分产品与行业来看，与文

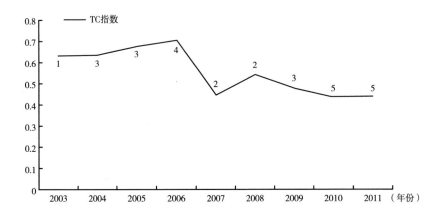

图1－58　中国文化艺术贸易竞争力指数及排名

数据来源：UNCTAD。

化内容联系紧密的产品与服务的贸易竞争力是最弱的，而文化器具的生产和与生产相关的服务的竞争力相对比较强。也就是说，我们的文化产品与文化服务贸易还都没有占据文化核心的位置，还处于为文化核心提供产品与服务的外围阶段。

二　中国分地区文化产品贸易竞争力

对于文化贸易的研究，大多关注的是总体层面，而对于地区事实的聚焦寥寥无几。中国幅员辽阔，地区之间的地理、人文、经济发展等差异巨大，这一方面造就了中国文化多样性，另一方面也带来了研究中国文化贸易的困难，或者说我们如果简单使用整体的文化贸易状况来描述中国的文化贸易现状，就有以偏概全的嫌疑。为此，笔者详细考察了不同地区的文化贸易状况。

为了计算分地区的文化产品贸易竞争力，笔者使用了海关提供的细分地区与产品类别的数据，按照海关 HS 编码将文化产品的贸

75 页易数据提取出来，并且将这些产品分为核心层文化产品与相关层文化产品。

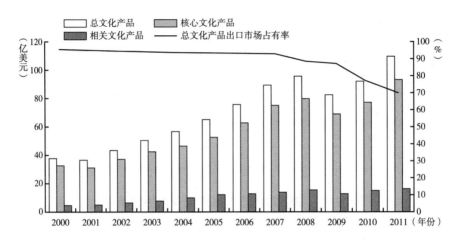

图 1-59　东部地区文化产品出口

数据来源：笔者根据海关数据计算。

由图 1-59 可以看出，东部地区的文化产品出口额呈总体增长趋势，在 2009 年出现下滑以后，又逐渐恢复增长，2011 年总文化产品出口额首次突破 100 亿美元大关。其核心文化产品出口额紧紧跟随着总文化产品出口额增长，而相关文化产品出口则平稳扩大。然而，东部地区总文化产品市场占有率却逐年下降，可以认为是中西部地区近年加速发展导致的。尽管如此，东部地区所占市场份额仍很大，约 70%。

由图 1-60 可以看出，中部地区文化产品出口增长更迅猛，至 2011 年已接近 30 亿美元。核心文化产品与相关文化产品的力量对比明显，起初在 2000 年，前者出口额小于后者；至 2008 年，前者首次赶超后者；到 2011 年，中部地区核心文化产品已经成为该区域文化出口的中坚力量。从总体出口市场份额来看，中部地区也是稳步上升的，至 2011 年已占有接近 20% 的文化产品出口市场。

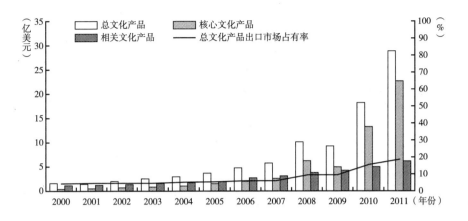

图1-60 中部地区文化产品出口

数据来源：笔者根据海关数据计算。

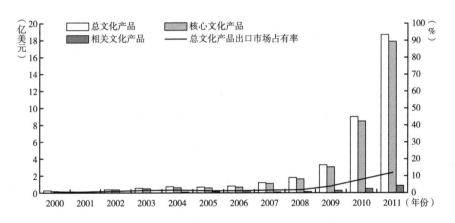

图1-61 西部地区文化产品出口

数据来源：笔者根据海关数据计算。

图1-61展示了西部地区文化产品出口的状况。在2000年和2001年两年，该地区几乎无文化产品出口。到2002年，其出口额缓慢增长。2009~2011年是西部地区文化贸易突飞猛进的三年，从2亿元跃升至18亿美元的水平。该地区总文化贸易出口市场占有率也在连续8年不见起色之后，逐渐突破3%。

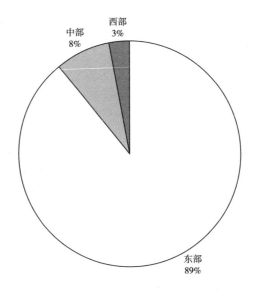

图1－62A　各区域总文化产品出口市场占有率

数据来源：笔者根据海关数据计算。

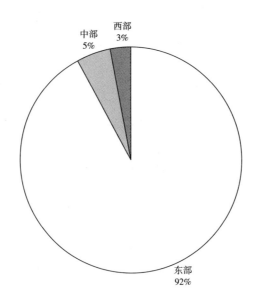

图1－62B　各区域核心文化产品出口市场占有率

数据来源：笔者根据海关数据计算。

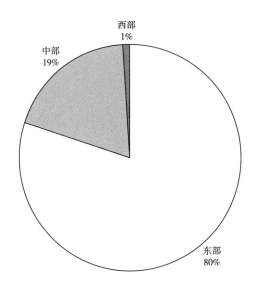

图 1 – 62C　各区域相关文化产品出口市场占有率

数据来源：笔者根据海关数据计算。

从不同文化层面来看，东部地区的核心文化产品出口市场最大，约占 92%。而中部地区的相关文化层面较强，平均出口市场份额约占 19%。西部地区一直表现欠佳，平均文化产品出口市场占有率不超过 3%。

三　中国文化贸易主要贸易伙伴

（一）贸易伙伴的地理分布

图 1 – 63 单独列出了与中国文化产品贸易额最大的 10 个国家及地区，分别是中国香港、美国、日本、韩国、印度、比利时、新加坡、英国、德国、荷兰。

从图 1 – 63 可以看出，在与中国内地进行文化产品贸易的国家和地区中，香港地区占比达到 41%。综合各方面因素分析，笔者发现，由于香港与内地的政治、经济、文化联系密切，文化相容性较好，中国政府在"一国两制"的基本国策指导下，相关贸易政策措施也在

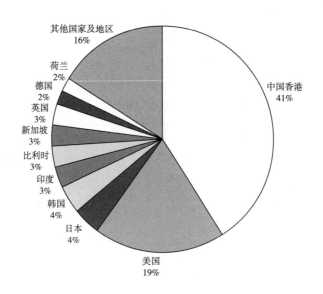

图 1-63　2013 年中国文化贸易额主要地理分布

数据来源：根据 2013 年 UN Comtrade 数据库 HS96 分类法项
下中国与世界各国文化贸易数据测算。

一定程度上向香港倾斜，而且香港作为自由港和世界重要的离岸金融中心，相对优惠的税收政策、汇率政策以及自由竞争的市场经济，都使之成为我国对外贸易包括文化贸易在内的重要中转站。

美国作为世界上最大的文化产品输出国，与中国文化贸易量占比居第二位，达到 19%，与中国内地的文化产品贸易额仅次于中国香港地区。不难发现，其中最主要的原因是美国强大的经济实力和国际影响力，以及如好莱坞等国际知名电影公司的大力推动作用。

此外，在亚洲，中国与韩国、日本、新加坡的文化产品贸易额较大，这不仅是因为地理距离近、运输成本较低，更重要的是我国与上述国家间的文化距离相对较近。当然，不容忽视的原因还有韩国、日本的经济都较为发达，对文化产品的需求量较大。其中，在与韩国的贸易中，韩国"文化立国"的战略也是一个不容小觑的重要因素。

最后，我国与欧洲经济较为发达的国家如英国、德国、荷兰也有数额较大的文化产品贸易。这些国家虽然与我国地理距离较远，文化距离较大，但由于与我国经济交往密切且历史悠久，在很大程度上也带动了文化贸易的发展。

（二）文化贸易进出口情况

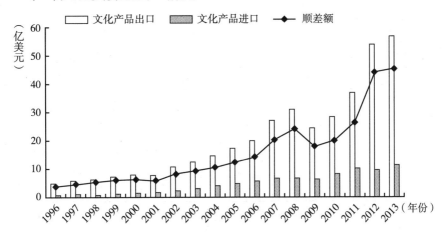

图 1 - 64　1996 ~ 2013 年中国与主要文化贸易国的文化产品进出口状况

数据来源：根据 UN Comtrade 数据库 HS96 分类项下的中国 1996 ~ 2013 年文化产品贸易相关数据计算得出。

自 1996 年至 2007 年，我国文化产品出口呈现逐步上升的趋势，虽然文化产品的进口也在上升，但文化产品的进口增长幅度不如出口的增长幅度大。在此期间，文化产品贸易顺差额稳步提高。2008 年过后，文化产品的出口明显下降，由 31.1 亿美元的出口额下降至 24.4 亿美元，顺差额由 24.2 亿美元降至 17.9 亿美元，文化产品的出口出现短时的寒冬。2010 年后，文化产品贸易逐渐"解冻"，出口额一路攀升，尤其在 2012 年，文化产品的出口额达到 53.8 亿美元，比上一时期增长 17 亿美元，增长率高达 46.2%。

总的来说，我国的文化产品贸易虽然在发展过程中受到全球经济、金融环境的影响，出现小幅度的波动，但从长期来看，文化产品的贸易顺差呈现不断扩大的趋势。上述统计只代表了中国文化货物产品的贸易情况，其他文化服务贸易，则出现了图书版权存在长期的逆差、作品分布不均匀等问题（曲如晓、韩丽丽，2010）。

（三）主要文化贸易伙伴的贸易结构

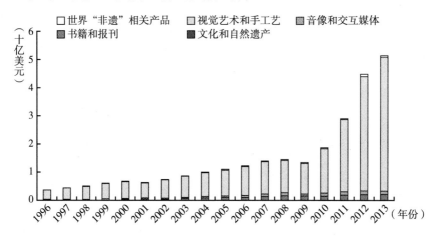

图 1-65　文化产品贸易结构

数据来源：根据 UN Comtrade 数据库 HS96 分类项下的中国 1996～2013 年文化产品贸易相关数据计算得出。

表 1-5　各类文化产品占比

单位：%

年份	文化和自然遗产	书籍和报刊	音像和交互媒体	视觉艺术和手工艺	世界"非遗"相关产品
1996	0.95	5.28	6.11	82.48	5.18
1997	1.25	5.77	5.60	83.24	4.14
1998	0.84	6.34	5.53	84.09	3.20
1999	0.48	5.73	5.39	86.02	2.38
2000	0.18	6.44	5.06	85.82	2.50
2001	0.11	7.32	5.50	84.84	2.23
2002	0.07	7.55	5.60	84.57	2.20

年份	文化和 自然遗产	书籍和报刊	音像和 交互媒体	视觉艺术和 手工艺	世界"非遗" 相关产品
2003	0.06	7.65	5.72	84.29	2.27
2004	0.07	8.38	6.13	82.78	2.65
2005	0.04	9.16	6.09	81.72	2.99
2006	0.03	9.55	5.72	81.90	2.80
2007	0.03	10.59	6.17	80.42	2.79
2008	0.04	11.71	7.08	78.80	2.38
2009	0.04	12.17	6.21	79.53	2.04
2010	0.05	10.06	5.18	82.69	2.02
2011	0.03	7.06	3.67	87.42	1.82
2012	0.03	4.87	2.46	91.21	1.43
2013	0.09	4.32	2.04	92.27	1.29
平均值	0.24	7.77	5.29	84.12	2.57

数据来源：根据 UN Comtrade 数据库 HS96 分类项下的中国 1996～2013 年文化产品贸易相关数据计算得出。

根据文化产品进出口额的比重划分，中国核心文化五大类别产品依次为视觉艺术和手工艺（84.12%）、书籍和报刊（7.77%）、音像和交互媒体（5.29%）、世界"非遗"相关产品（2.57%）及文化和自然遗产（0.24%），即视觉艺术和手工艺是中国在世界范围内进行文化内容宣传的主要载体，该类产品 2013 年的进出口额为 475.6 亿美元。

各类文化产品贸易额对于时间趋势的波动、增减有所差别。在五类文化产品中，占比最大的为视觉艺术和手工艺，从趋势上看，占比在不断提升，从 1996 年占文化产品贸易总额的 82.48% 逐步上升到 2013 年的 92.27%。而文化和自然遗产、世界"非遗"相关产品、音像和交互媒体在文化产品贸易中的比重逐年下降。其中，文化和自然遗产的比重最小，在 1996～2013 年，比例至多达到 1.25%。书籍和报刊在 2010 年之前比重上涨，但信息网络、电子阅读的发展使其受到严重影响。

（四）文化贸易与总贸易的关系

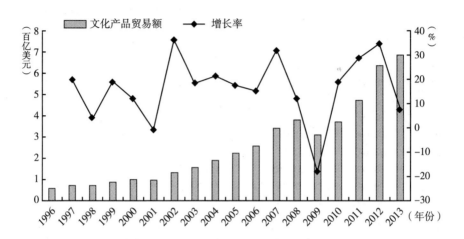

图 1 - 66　文化产品贸易额及增长率

数据来源：根据 UN Comtrade 数据库中中国 1996～2013 年相关数据计算得出。

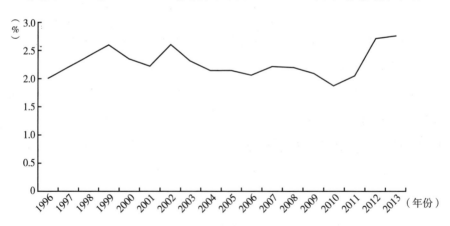

图 1 - 67　文化产品贸易占总贸易比例

数据来源：根据 UN Comtrade 数据库 HS96 分类项下的中国 1996～2013 年贸易相关数据计算得出。

　　与主要贸易国家的文化贸易额（仅限于本文的文化商品贸易，不包括文化服务贸易）从 1996 年的 59.8 亿美元上升到 2013 年的

682.5 亿美元，文化贸易额增长迅速。自 1996 年至 2007 年，文化贸易额呈现逐年上升的趋势，增长率基本维持在 15% 左右。2008 年受全球金融危机的影响，文化贸易额下降幅度较大，呈现 18.3% 的负增长。之后文化贸易额逐步回升，尤其在 2012 年增长幅度较大，达到了 34.3%。由图 1-67 可知，文化产品贸易占总贸易比例非常小，占 2%~2.5%。1996~2009 年，除 1999 年和 2002 年超过 2.5% 外，其他年份均稳定于 2%~2.5%。2010 年，其数值第一次低于 2%，随后逐年回升，截至 2013 年达到历史最高水平，约 2.8%。文化产品贸易占总贸易的较小比重体现了我国经济发展的不平衡性。

总贸易（与主要文化贸易的国家间进行的文化、非文化贸易总额）与文化产品贸易的增长趋势基本一致，自 1996 年至 2007 年，总贸易额逐步上升，增长率较大，平均增长率基本维持在 15% 左右。2008 年金融危机后，总贸易额下降。可以看出文化贸易额与总贸易额存在较强的一致性，说明总贸易额在一定程度上制约文化贸易的发展。

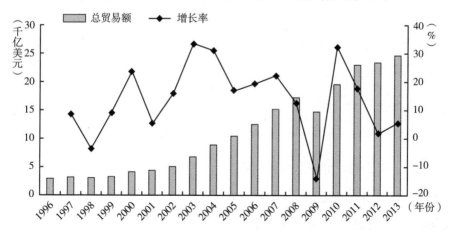

图 1-68 总贸易额及增长率

数据来源：根据 UN Comtrade 数据库 HS96 分类项下的中国 1996~2013 年相关数据计算得出。

第五节　关于双边文化贸易影响因素的专门量化分析

一　模型构造

在文化产品贸易的相关研究中，一些学者采用 Dixit-Stiglitz 垄断竞争模型，通过效用与收入的均衡来找到可能影响文化贸易的因素；大部分学者采用的是引力模型，引力模型于 1962 年由丁伯根（Tinbergen）首次提出，后又由安德森（Anderson）发展及阐述理论基础，标准引力模型选取贸易两国的人均 GDP 和地理距离作为变量，构建了双边贸易引力方程，并进行回归分析，发现两国的贸易量与双方的经济规模成正比，与两国之间的地理距离成反比，即

$$T_{ijt} = k \left(\frac{Y_{it} Y_{jt}}{GD_{ij}} \right) \tag{1}$$

Yit 和 Yjt 分别表示 i、j 两国在 t 时期的 Gdp 总量；GD_{ij} 表示 ij 两国之间的地理距离；T_{ijt} 即是 t 时期 ij 两国的贸易量。

其对数形式为：

$$\ln T_{ijt} = \alpha + \beta_1 \ln Y_{it} + \beta_2 \ln Y_{jt} + \beta_3 \ln GD_{ij} + \varepsilon \tag{2}$$

由于引力模型的有效性及间接性，它多次被用于实证分析，后来的学者对引力模型进行了不同方式的修正和扩展。Soloaga 和 Winters（2001）对解释变量进行了重新定义，将"地理距离"调整为"经济距离"，即产品在贸易两国之间的移动成本。而更多学者则选择通过增设解释变量来对标准引力模型进行扩展。新增解释变量主要包括两类：一是考虑其他可能影响或限制贸易的因素，Bergstrand（1985）、

Helpman（1987）、Wei（1996）、Park（2002）、Van Wincoop（2008）等人的研究都将一些可能影响贸易流量的因素纳入解释变量，比较典型的如 Soloaga 和 Winters（1999）分析了 20 世纪 90 年代经济区域化对双边贸易流量的影响；二是具体情况具体分析，根据不同贸易国的经济情况，增设虚拟变量，如共同语言、共同边界、共同殖民历史、共同宗教等因素，如 Kimura 和 Lee（2004）引入虚拟变量扩展了引力模型，分析有无共同语言、地域是否毗邻等因素对双边服务贸易的影响。

二 变量选取

（一）文化距离

对于文化距离，已有很多学者提出了不同的测量方法。第一，用语言相似性作为虚拟变量来衡量文化相似性（Dunlevy，2006；Hutchinson，2002）；第二，用欧洲电视网的歌曲比赛得分来衡量欧洲国家之间的文化相似性（Gabriel J. Felbermay and Farid Toubal，2009）；第三，利用世界价值调查（WVS）和欧洲价值调查（EVS）的数据来构造文化距离指标（Tadesse and White，2007）；第四，在对商品总贸易的研究中使用已发生的文化贸易额作为文化距离的工具变量（Disdier and Mayer，2010）；第五，霍夫斯泰德提出的国家文化维度模型（Hofstede，1980）。

考虑到数据的可获得性，本文采用霍夫斯泰德的国家文化维度模型。霍夫斯泰德在 1967~1973 年通过收集 IBM 公司 116000 名员工的价值得分而得到这个涵盖 70 个国家的文化维度体系。该体系主要包括以下几个维度。

1. 权利距离（PDI）

一个社会中最不具有权利的人所能接受的权利的不平等分配程度。它体现了一个社会中的不平等程度。权利距离大的社会中人与人之间会存在等级秩序，而权利距离小的团体中人们会去争取平等的实现。

2. 个人集体主义（IDV）

此项得分越高，该社会个人主义越强烈，体现为该社会中的人偏向一个松散的结构组织，个人会更看中自己和亲近的人。相反，此项得分越低，该社会集体主义越强烈，体现为人偏向一个紧凑的组织，个人会更看中某一个大团体的利益来换取对方的忠诚。个人集体主义衡量了一个社会更看中"I"还是"we"。

3. 男性主义（MAS）

男性主义的反向为女性主义。男性主义的社会更偏好成就感、英雄主义、决断性和对成功的物质奖励，体现出竞争性；而女性主义则代表了合作、中庸、对弱者的照顾和生活的质量，体现了协商一致的导向性。

4. 不确定性回避（UAI）

这一指数代表了社会中成员对不确定性和模糊性的感受。它展现了一个社会怎么应对未知的未来：是应该控制未来还是应该顺其自然？得分高的国家倾向固定的行为和信仰，对正统的行为和想法有抵触心理。得分低则表现为更看重实践而不是规则。

5. 长短期导向（LTO）

其对立面是短线思维。长期思维模式所对应的价值观是节省和坚持不懈；而短期思维模式所对应的价值观是尊重传统，尽社会义务，以及保护某人的面子。这个维度其实更倾向于衡量东方文化。

表1-6为本文所考察国家（地区）的维度得分。

表1-6　各国家（地区）文化距离的五个维度得分

国家（地区）	PDI	IDV	MAS	UAI	LTO
阿根廷	49	46	56	86	20
澳大利亚	36	90	61	51	21
奥地利	11	55	79	70	60

续表

国家（地区）	PDI	IDV	MAS	UAI	LTO
孟加拉国	80	20	55	60	47
比利时	65	75	54	94	82
巴西	69	38	49	76	44
保加利亚	70	30	40	85	69
加拿大	39	80	52	48	36
智利	63	23	28	86	31
中国内地	80	20	66	30	87
哥伦比亚	67	13	64	80	13
克罗地亚	73	33	40	80	58
捷克共和国	57	58	57	74	70
丹麦	18	74	16	23	35
萨尔瓦多共和国	66	19	40	94	20
爱沙尼亚	40	60	30	60	82
芬兰	33	63	26	59	38
法国	68	71	43	86	63
德国	35	67	66	65	83
英国	35	89	66	35	51
希腊	60	35	57	112	45
中国香港	68	25	57	29	61
匈牙利	46	80	88	82	58
印度	77	48	56	40	51
印度尼西亚	78	14	46	48	62
伊朗	58	41	43	59	14
爱尔兰	28	70	68	35	24
以色列	13	54	47	81	38
意大利	50	76	70	75	61
日本	54	46	95	92	88
韩国	60	18	39	85	100
拉脱维亚	44	70	9	63	69
立陶宛	42	60	19	65	82

续表

国家(地区)	PDI	IDV	MAS	UAI	LTO
马来西亚	104	26	50	36	41
墨西哥	81	30	69	82	24
摩洛哥	70	46	53	68	14
荷兰	38	80	14	53	67
新西兰	22	79	58	49	33
挪威	31	69	8	50	35
巴基斯坦	55	14	50	70	50
秘鲁	64	16	42	87	25
菲律宾	94	32	64	44	27
波兰	68	60	64	93	38
葡萄牙	63	27	31	104	28
罗马尼亚	90	30	42	90	52
俄罗斯	93	39	36	95	81
新加坡	74	20	48	8	72
西班牙	57	51	42	86	48
瑞典	31	71	5	29	53
瑞士	34	68	70	58	74
泰国	64	20	34	64	32
土耳其	66	37	45	85	46
美国	40	91	62	46	26
乌拉圭	61	36	38	100	26

数据来源：http：//www. geerthofstede. nl。

对于这五个维度得分，Kogut 和 Sigh（1988）提出一种跨国文化距离测量方法，即

$$CD_j = \sum_{i=1}^{5} [(C_{ij} - C_{im})^2 / CV_i] / 5 \qquad (3)$$

在式（3）中，CD_j 代表国家或地区 j 与被考察国家或地区之间

的文化距离，C_{ij} 代表国家或地区 j 在第 i 个文化维度上的得分，C_{im} 代表被考察国家或地区在第 i 个文化维度上的得分，CV_i 代表第 i 个文化维度指数的方差，5 代表文化维度的数量。随着国家之间交往的增加，受到对方国家价值观的冲击，两者间的文化差距应呈现一定的减小趋势，但是这一模型并不能反映这一可能的现象，所以借鉴綦建红等（2012）的研究成果，在上述测量方法的基础上，笔者增加建交年份这一变量来调整文化距离，其公式如下：

$$CD_j = \sum_{i=1}^{n} \left[(C_{ij} - C_{im})^2 / CV_i \right] / n + (1/Y_{jt}) \qquad (4)$$

Y_{jt} 表示 j 国家或地区在 t 年份与中国建交的年数，建交时间的长短与两者之间的文化距离呈负向关系。

表 1−7　各国家（地区）与中国建交年份

国家（地区）	建交年份	国家和地区	建交年份	国家和地区	建交年份
阿根廷	1972	英国	1972	新西兰	1972
澳大利亚	1972	希腊	1972	挪威	1954
奥地利	1971	中国香港	1997[①]	巴基斯坦	1951
孟加拉国	1975	匈牙利	1949	秘鲁	1971
比利时	1971	印度	1950	菲律宾	1975
巴西	1974	印度尼西亚	1950	波兰	1949
保加利亚	1949	伊朗	1971	葡萄牙	1979
加拿大	1970	爱尔兰	1979	罗马尼亚	1949
智利	1970	以色列	1992	俄罗斯[②]	1949
哥伦比亚	1980	意大利	1970	新加坡	1990
克罗地亚	1992	日本	1972	西班牙	1973
捷克共和国	1993	韩国	1992	瑞典	1950
丹麦	1950	拉脱维亚	1991	瑞士	1950
萨尔瓦多共和国	未建交	立陶宛	1991	泰国	1975
爱沙尼亚	1991	马来西亚	1974	土耳其	1971

国家（地区）	建交年份	国家和地区	建交年份	国家和地区	建交年份
芬兰	1950	墨西哥	1972	美国	1979
法国	1964	摩洛哥	1958	乌拉圭	1988
德国	1972	荷兰	1972		

注：①中华人民共和国在1997年7月1日正式收回香港主权。笔者认为香港正式回归之后与内地经贸关系更加紧密，所以选择了这个时间点。

②我国与苏联建交时间为1949年。苏联解体之后，俄罗斯继承了苏联与我国的外交关系，所以笔者采用1949年作为建交时间。

数据来源：笔者收集整理。

截至目前，学术界尚未就文化距离对贸易的影响达成一致。一些学者认为文化距离对贸易产生负的影响，认为文化距离大代表了沟通成本高（Jannice等），不同的文化习惯可能导致两国的合作伙伴陷入对对方的不了解，造成合作的失败；文化距离过大也可能说明一国与对方文化的差异过大，难以接受。而另一些学者则认为文化距离对贸易产生正的影响：一是认为出于对新鲜事物的好奇，一国会进口与其文化距离大的国家的产品（曲如晓、韩丽丽，2010）；二是认为文化距离过大，会增大一国到另一国投资的成本，故换用贸易这样的方式可以节约投资（FDI）可能产生的费用和沟通成本（Linders等）。笔者则对文化距离对贸易的影响不确定。

（二）制度距离

两国间制度的差异可能成为阻碍两国间贸易的一个重要因素，所以本文引入制度距离这一变量。制度距离的数据来源于世界银行全球治理指数（WGI），该指数由六个子维度指数构成，分别为话语权和问责制（Voice and Accountability）、政治稳定和暴力预防（Political Stability and Absence of Violence）、政府效能（Government Effectiveness）、管制质量（Regulatory Quality）、法治（Rule of Law）、腐败控制（Control of Corruption）。

$$ID_j = \sum_{i=1}^{6}\left[\left(I_{ij} - I_{im}\right)^2 / IV_i\right]/6 \tag{5}$$

在式（5）中，ID_j 代表国家或地区 j 与被考察国家或地区之间的制度距离，I_{ij} 代表国家或地区 j 在第 i 个 WGI 子维度上的得分，I_{im} 代表被考察国家或地区在第 i 个子维度上的得分，IV_i 代表第 i 个子维度指数的方差，6 代表子维度的数量。

（三）地理距离

对于这一指标，有学者采用 World Atlas 软件计算的结果，也有采用 INDO 等网站上的每个国家首都之间的距离。笔者本次将采用 CEPII 数据库中的加权地理距离。通过测量每个国家城市的人口分布，按人口权重来计算两国之间大城市的加权距离（Head and Mayer，2002）。与直接采用两国首都的直线距离和飞行距离相比，考虑人口比重更能反映地理距离的影响。学术界目前认为地理距离对贸易会产生负的影响，地理距离越大，会产生越高的运输成本，致使贸易的难度加大。所以，笔者认为，地理距离对文化产品贸易会产生负的影响。

（四）是否采用共同边界

接壤的国家具有天然的地缘优势，易导致国家间贸易的产生。笔者认为共同边界对文化产品贸易有正的影响。当贸易双方有共同边界时，该项取值为 1，反之取值为 0。共同边界的数据来源于 CEPII 数据库。

（五）是否采用共同语言

共同语言可以减少两国之间沟通的成本，对贸易可能具有促进作用。具体表现在共同的语言对信息收集、建立合作关系、签订合同、维持业务联系有正向的促进作用，达到减小贸易成本的作用。同时，语言本来就是广义文化定义中的一项内容，共同的语言意味着贸易双方的语言环境有相似之处，因而在文化上更具有相通之处。共同语言为虚拟变量。当贸易双方存在共同语言时，该项取值为1；当贸易双方不存在共同语言时，该项取值为0。该数据来源于CEPII数据库。

（六）是否同一自由贸易区

自由贸易区的建立可以为成员国带来一系列的政策优惠，诸如关税削减、手续简化等。此外，由于文化贸易涉及民族文化主权的独立性，贸易对象国采取的保护性政策将严重阻碍中国文化商品的出口（曲如晓、韩丽丽，2010）。所以将此变量列入方程可以更好地涵盖国与国之间的互惠经济政策。本文以APEC作为贸易区标准，加入APEC取值为1，其余皆为0，该数据来源于CEPII数据库。

（七）贸易两国的GDP

众多学者证明贸易两国的GDP，即经济规模对两国之间的贸易有正向的影响，GDP越大，贸易也会随之增加。本国的GDP在一定程度上代表着本国文化产品的供给能力和对外国文化产品的需求能力。GDP的数据来源于UN统计司。

（八）人均GDP

本文采用了人均GDP作为变量，以此变量作为国民消费能力的代表，人均GDP越高的国家，消费能力越大，其对文化产品的需求应该会大于人均GDP低的国家。该数据来源于UN统计司。以上变量均以美元计数，且以2005年美国CPI作为基期。

（九）文化产品滞后变量

Frank（1991）提出了一篇关于吸烟成瘾性行为的文章，第一次提出了成瘾模型，认为教育背景等因素会使得消费者对时间的偏好不同，且分析了不同时期的效用大小关系。后来的学者在此基础上认为文化产品的消费可能也具有一定的成瘾性。刘杨等（2013）分析消费成瘾性对文化产品贸易的影响。所以考虑到文化产品贸易可能存在的内生性，笔者采用文化产品滞后一期作为工具变量，采用系统GMM方法回归。

（十）贸易条件

该变量是一国出口商品价格指数与进口商品价格指数的比值。进出口价格的变动会直接影响一国的进出口，对象国贸易条件不变时，我国贸易条件的改善有利于我国文化产品的出口，反之则会有利于进口，阻碍出口。该数据来源于世界银行。

（十一）时间变量

在上述变量之外，还加入了时间变量。

所以综上所述，考虑上述变量以后，式（6）为一般回归方程，式（7）为考虑了文化贸易成瘾性的回归方程，式（8）则是核心层产品回归方程，新的计量模型如下：

$$\ln wtrade = \alpha + \beta_1 \ln gdpmil + \beta_2 \ln gdpper + \beta_3 \ln gdpchn + \beta_4 \ln gdpchnper + \beta_5 \ln dist$$
$$+ \beta_6 comlang + \beta_7 conting + \beta_8 culdist + \beta_9 fta + \beta_{10} inst + \beta_{11} \ln term + \varepsilon \tag{6}$$

$$\ln wtrade = \alpha + \beta_1 \ln gdpmil + \beta_2 \ln gdpper + \beta_3 \ln gdpchn + \beta_4 \ln gdpchnper + \beta_5 \ln dist$$
$$+ \beta_6 comlang + \beta_7 conting + \beta_8 culd + \beta_9 fta + \beta_{10} inst + \beta_{11} \ln term \tag{7}$$
$$+ \beta_{12} l.\ln ctrade + \beta_{13} i.\, year + \varepsilon$$

$$\ln coretrade = \alpha + \beta_1 \ln gdpmil + \beta_2 \ln gdpper + \beta_3 \ln gdpchn + \beta_4 \ln gdpchnper$$
$$+ \beta_5 \ln dist + \beta_6 comlang + \beta_7 conting + \beta_8 culd + \beta_9 fta + \beta_{10} inst \tag{8}$$
$$+ \beta_{11} \ln term + \beta_{12} l.\ln coretrade + \beta_{13} i.\, year + \varepsilon$$

三 计量结果及分析

（一）一般回归结果

表1-8中（1）～（3）为文化产品的拟合结果。随着变量的

逐渐递增，我们可以发现贸易两国的 GDP、人均 GDP、共同语言、共同边界、文化距离对文化产品的贸易均具有显著的影响，而地理距离、东道国人均 GDP、贸易条件、制度距离和自由贸易区的影响并不显著。表 1-8（3）中，对象国 GDP、人均 GDP 每提高 1% 会分别带来文化产品贸易增加 1.004%、0.617%；共同语言和共同边界的存在也会促进文化产品的贸易。但是，文化距离对文化产品的影响为负，说明文化距离越大，两国间文化产品的贸易越少。FTA 系数均未通过检验，说明其对于文化贸易无大的促进作用，可能的原因是亚太经济合作组织只是一个松散的经济合作论坛，区域贸易障碍的减少对文化贸易的影响并不强（臧新、林竹、邵军，2012）。

此外，笔者对文化产品贸易和非文化产品贸易进行了对比〔见表 1-8（3）~（4）〕。如同基础引力模型所证明的，我们可以看出 GDP、人均 GDP 等传统变量对非文化产品贸易均有显著的正向影响，地理距离对非文化产品贸易有负向影响，说明地理距离越大，两国之间非文化产品的贸易量越小。但是较之文化产品贸易，地理距离对非文化产品贸易的影响更为显著。地理距离对文化产品贸易和非文化产品贸易的影响存在一定的差别，笔者认为可能有如下原因：地理距离是运输成本的一种代表，地理距离越大，运输成本越大。一般情况下，非文化产品和文化产品相比，文化产品的价值重量比大于非文化产品，说明同等价值的文化产品承担的运输成本小于非文化产品，使得地理距离对非文化产品的影响远大于对文化产品的影响。此回归结果也表明贸易条件对非文化产品的贸易具有正向促进作用，贸易条件每提高 1% 会为非文化贸易带来 0.53% 的增长。

表 1 - 8 不考虑内生性回归结果

VARIABLES	(1) lntw	(2) lntw	(3) lntw	(4) lnnon-tw
lngdpchn	7.283 (13.20)	8.196 (13.30)	7.984 (13.29)	-61.29* (34.69)
lngdpmil	1.005*** (0.105)	1.001*** (0.106)	1.004*** (0.107)	0.745*** (0.163)
lngdpper	0.547*** (0.135)	0.595*** (0.158)	0.617*** (0.160)	0.596*** (0.211)
lngdpchnper	-5.159 (14.34)	-6.148 (14.44)	-5.908 (14.43)	69.42* (37.81)
culdist	-0.257* (0.151)	-0.257* (0.152)	-0.260* (0.153)	-0.223 (0.232)
comlang	1.034** (0.515)	1.060** (0.521)	1.105** (0.526)	0.804 (0.837)
fta	0.0546 (0.304)	0.0522 (0.306)	0.0693 (0.309)	-0.0508 (0.493)
conting	1.768** (0.702)	1.748** (0.708)	1.728** (0.713)	0.814 (1.123)
lndist	-0.211 (0.237)	-0.214 (0.239)	-0.187 (0.242)	-1.067*** (0.385)
insdist		-0.0285 (0.0526)	-0.0341 (0.0529)	-0.00192 (0.0527)
lnterm			-0.159 (0.138)	0.531*** (0.116)
Constant	-65.37 (86.41)	-71.66 (87.12)	-70.05 (87.05)	394.3* (226.0)
Observations	685	685	685	688
Number of country	53	53	53	53
Overall R^2	0.80	0.80	0.80	0.49

(二)模型回溯

借鉴曲如晓等（2010）、曲如晓等（2011）、臧新等（2012）、张望等（2013）提出的模型以及所考虑的变量，笔者利用自己所收集的数据对模型进行了再次回归，得到了如下结果（见表1-9）。上述学者分别考虑了文化距离对文化贸易出口量、文化贸易总量和非文化贸易总量的影响。虽然数据的获得方式或处理方式有所不同，但是除了曲如晓等（2010）以外，其他回归均得到了与他们较为一致的结果。曲如晓等（2010）指出地理距离和文化距离分别对出口产生显著的负面和正面影响，本文却得到了与之不一致的结果，笔者认为造成这种差异的原因可能在于我们所选取的贸易对象国、时间跨度、文化距离的测度以及文化产品的分类有所不同。张望等（2013）实证结果显示文化距离对文化产品的出口具有显著的负向影响，对象国GDP、人均GDP、共同语言则带来正向的作用；而地理距离、自贸区等却影响甚微，上述结果与本文所得到的回归结果有很高的一致性。臧新等在《文化亲近、经济发展与文化产品的出口——基于中国文化产品出口的实证研究》一文中注重分析了共同语言、地理距离、文化距离三种文化亲近因素对文化产品出口的影响，分析得出两国地理距离/文化距离越大，出口的文化产品就越少；共同语言这一语言因素对文化出口具有正向促进作用。此外，文化距离和是否使用同一种语言这两个因素的影响最大。从表1-9（3）笔者得到的结果中，文化距离、地理距离每变动1%会分别带来文化产品出口0.512%、0.949%的下降，使用共同语言则会使文化产品出口增长1.09%~1.26%，文化距离和共同语言的影响作用最为显著，与臧新等所得结果相吻合。曲如晓等（2011）通过分析41个贸易伙伴研究了文化距离对中国文化产品贸易的影响，表明文化距离对文化产品的贸易流量具有显著的负面影响，与贸易国之间大的文化距离会阻碍中国文化产品的出口，而文化距离对非文化产品贸易的影响不显著；同时，地理距离对文化产品的影响大于非文化产品。表1-9第（4）列中通过对文化产品和非文化产品回归，我们也得到了相似的结论。通过对比下述模型，我们可以发现文化距离对文化产品贸易总量和文化贸易出口都具有十分显著的作用，而对非文化贸易并非如此显著。传统变量诸如 GDP 总量、人均 GDP、共同语言等对文化贸易作用十分明显；土地面积、贸易条件、互联网使用率等拓展引力变量也对文化产品贸易起到举足轻重的作用；且自由贸易区、地理距离对文化产品贸易的影响在逐渐降低。

表 1-9　模型回溯

	曲（1）	张（2）	藏（3）	藏（3）	曲（4）	曲（4）
	lntwex	lntwex	lntwex	lntwex	lntw	lnnon-tw
lngdpchn	-3.451***	13.99	-4.883	-4.479	7.639	-13.35
	(0.413)	(13.56)	(13.70)	(13.64)	(13.16)	(11.97)
lngdpmil	1.100***	0.932***	0.946***	0.919***	0.939***	0.839***
	(0.145)	(0.101)	(0.103)	(0.101)	(0.0987)	(0.155)
lngdpper	0.450**	0.722***	0.308**	0.413***	0.689***	0.755***
	(0.180)	(0.123)	(0.130)	(0.132)	(0.120)	(0.177)
lngdpchnper	6.927***	-12.42	7.557	7.105	-5.551	17.14
	(0.553)	(14.73)	(14.87)	(14.82)	(14.30)	(13.00)
lndist	0.00683	-0.115	-0.512**		-0.231	-1.157***
	(0.267)	(0.260)	(0.234)		(0.253)	(0.404)
lnculdist	-0.409	-0.867***		-0.949***	-0.972***	-0.254
	(0.326)	(0.313)		(0.274)	(0.305)	(0.437)
lnland	-0.249**					
	(0.113)					
lnterm	0.330**		0.277**	0.279**		
	(0.139)		(0.140)	(0.139)		
lntel	-0.00707**					
	(0.00276)					
Comlang	1.117**	1.136**	1.261**	1.087**	1.151**	1.239
	(0.516)	(0.563)	(0.570)	(0.549)	(0.548)	(0.895)

续表

	曲（1）	张（2）	臧（3）	臧（3）	曲（4）	曲（4）
	lntwex	lntwex	lntwex	lntwex	lntw	lnnon-tw
Fta	0.602*	0.263	0.312	0.238	0.249	0.0158
	(0.309)	(0.310)	(0.315)	(0.306)	(0.302)	(0.492)
lnintel			0.304***	0.304***		
			(0.0503)	(0.0501)		
时间效应	yes	no	no	no	no	no
_cons	0	-111.1	20.29	13.51	-67.77	82.67
	(.)	(88.77)	(89.74)	(89.37)	(86.18)	(78.48)
N	628	685	628	628	685	688
Overall R^2	0.80	0.75	0.75	0.76	0.78	0.46

注：Standard errors in parentheses.

*$p < 0.1$, **$p < 0.05$, ***$p < 0.01$。

（三）Hausman 检验结果

表1-10　Hausman 检验

VARIABLES	（1）	（3）	（5）
	fe	fe	fe
	lntotwtrade	lnrelatedall	lncoreall
lngdpmil	1.592***	1.276**	1.612***
	(0.547)	(0.627)	(0.593)
lngdpper	1.512***	2.575***	1.499**
	(0.576)	(0.648)	(0.625)
lngdpchn	2.541***	2.739***	2.571***
	(0.113)	(0.132)	(0.123)
culdist	-0.745	-2.386	0.413
	(1.418)	(1.675)	(1.540)
insdist	0.00538	-0.214***	0.0727
	(0.0646)	(0.0763)	(0.0701)

续表

VARIABLES	(1) fe lntotwtrade	(3) fe lnrelatedall	(5) fe lncoreall
o. lndist	—	—	—
lntermsoftrade	- 0. 345 *** (0. 133)	0. 0298 (0. 157)	- 0. 388 *** (0. 144)
时间效应	yes	yes	yes
o. lngdpchnper	—	—	—
o. fta	—	—	—
o. comlang	—	—	—
o. conting	—	—	—
Constant	- 49. 38 *** (5. 475)	- 56. 39 *** (6. 481)	- 53. 52 *** (5. 945)
Hausman	62. 42 (0. 000)	102. 71 (0. 000)	52. 92 (0. 000)
Observations	685	689	685
R-squared	0. 812	0. 787	0. 786
Number of country	53	53	53

注：Standard errors in parentheses.

*** $p < 0.01$, ** $p < 0.05$, * $p < 0.1$。

在面板数据的回归中，Hausman 检验常被用来分析模型适用于固定效应模型还是随机效应模型。Hausman 检验的假设为，非观测效应究竟应假设为固定效应还是随机效应，关键看这部分不随时间变化的非观测效应对应的因素是否与模型中观测到的解释变量相关，如果该效应与可观测的解释变量不相关，则采用随机模型。反之，如果该效应与解释变量存在相关的话，通过采用固定模型，利用差分的处理就可以消除该问题。但是该检验的运用具有一定的前提假设。Bond（2002）利用一个简单的 AR（1）模型证明了，在 N > T

的面板中，当不随时间变化的非观测效应与解释变量相关且扰动项与个体不相关时，该回归方程的系数不再满足 OLS 的基本假设，使得 OLS 统计量不是一致估计量，会高估该系数；但是如果采用差分剔除该效应的话，处理后的解释变量与扰动项之间存在相关性，也使得估计量不一致且低估该系数。上述说明了当模型中存在内生性时，简单地利用固定效应模型会存在对方程系数的不准确估计。此外，运用固定效应模型有时会省略掉相关的解释变量，会对经济模型的意义产生一定影响。虽然本文利用 Hausman 检验得出了采用固定效应模型的结论，但是考虑到模型的内生性所存在的问题以及相关的经济意义，本文将进一步运用系统 GMM 方法对模型进行更深层次的论证。

（四）考虑内生性回归结果

文化距离对双边文化产品贸易产生影响，同时，又由于双边文化产品的贸易，使得国家间的交流日益频繁、关系日益密切，这也有助于双边文化的交流与融合，在一定程度上起到减小文化距离的作用（刘杨、曲如晓、曾艳萍，2013）。这种反向作用成为内生性的来源之一，而严重的内生性问题会导致估计结果的有偏和非一致性。系统GMM 估计法最初是为了估计动态面板而提出来的，它可以利用内生解释变量的水平值和差分值作为工具变量来克服解释变量的内生性问题。Arellano 和 Bond（1991）最先提出了一阶差分 GMM 估计法，它可以较好地解决由内生解释变量带来的估计有偏和非一致性问题，这种估计方法先将原始的水平方程进行差分，而后将内生解释变量滞后两阶及滞后两阶以上的水平值作为内生解释变量差分项的工具变量，因其与随机项的差分项不相关，但是与内生解释变量的差分项相关。虽然一阶差分 GMM 估计法可以很好地解决解释变量的内生性问题，但是有可能产生由于工具变量不足而导致的弱工具变量问题，为此

Arellano 和 Bover（1995）、Blundell 和 Bond（1998） 又提出了系统 GMM 估计法来解决这个问题，其基本思路就是通过增加新的有效工具变量来解决工具变量较弱带来的问题，具体做法就是将内生解释变量的差分滞后项作为水平方程中内生解释变量的工具变量，因其与内生解释变量相关，但是与随机项不相关，即将水平回归方程和差分回归方程结合起来进行估计，在这种估计方法中，滞后水平作为一阶差分的工具变量，而一阶差分又作为水平变量的工具变量。Blundell 和 Bond（1998）证明系统 GMM 估计法比一阶差分 GMM 估计法有更好的有限样本性质，在很大程度上可以降低由一阶差分 GMM 估计法带来的偏误，因此本文选用系统 GMM 估计法来解决文化贸易影响因素研究中的内生性问题。

考虑到文化产品贸易中可能存在的连续消费行为，所以采用系统 GMM 方法对其进行检验，表 1 – 11 为回归所得结果。结合系统 GMM Ⅰ式可知，文化距离对文化产品贸易影响比较显著，文化距离每增加 1%，会致使文化产品贸易减少 0.15 个百分点，但是此数值小于一般回归中的 0.25%，说明未考虑文化内生性的回归方法可能存在对文化距离影响的高估。此外，文化产品滞后一期对本期文化产品贸易具有十分显著的正向影响，文化产品滞后一期增加 1%，本期文化产品贸易增加约 0.9 个百分点，说明了前期文化产品的消费对当期有直接的影响，说明文化贸易可能存在一定的成瘾性。笔者认为，该成瘾性可能是因为文化产品的消费具有一定的连续性，对一国文化的逐渐熟悉与了解会增加民众对该国文化的包容性和接受度，形成对该国文化产品长期的消费行为。以媒体产品为例，影视作品的系列剧集可能会导致连续的消费行为；"韩流"的侵入使得中国大众对韩国文化有很高的认可度，也导致了中国长期对韩国文化的消费现象。共同语言、贸易条件和 GDP 等也对文化产品贸易存在显著的正向影响，但是地理距离却不再起到重要作用。此外，系统 GMM Ⅱ式对非文化产品贸易也进行了系统 GMM 回归，与文化产品贸易截然不同的是，文化距离对非文化产品贸易的作用不显著，但是地理距离却呈现出显著的负面影响，1% 地理距离的增加，会导致非文化产品贸易0.14% 左右的降低，此结论与普通回归中的结果相一致，即地理距离对非文化产品贸易的影响远大于文化贸易，而文化距离会更多地作用于文化产品贸易。与文化贸易一样，共同语言、贸易条件、GDP、前期非文化产品消费也对当期非文化产品贸易具有直接而显著的影响。虽然非文化产品贸易也存在前期贸易的影响，但是笔者认为它与文化产品贸易的机理有所不同，非文化产品消费看中物质消费所带来的便利与效用，它是一种基础消费和必要消费；而文化产品消费则强调精神上的满足，是一种上层消费。所以，非文化贸易更容易成为刚性需求品，致使前期的消费直接作用于后期的消费行为。

表1-11 中Ⅲ和Ⅳ分别对中国文化产品中的核心层产品和相关层产品进行了系统 GMM 分析。核心层和相关层产品的滞后量、自贸区、GDP、贸易条件等也会分别对核心层产品或是相关层产品带来显著影响。在该回归中值得注意的是，文化距离对核心层产品贸易的影响十分显著，文化距离每增加百分之1 会带来核心层产品贸易百分之0.076 的减少。与之相反，文化距离对相关层产品的影响却不显著。该结果说明了文化距离主要是通过影响核心层产品的贸易来影响文化产品贸易。较之相关层产品，文化元素更多地包含于一国的核心层产品中，在国际市场文化产品的选择中，由于文化距离的存在，文化产品中所蕴含的文化元素才是促使他国购买者做出选择的决定性因素。核心层产品较之相关层产品，其文化元素含量多，因此受文化距离的影响更加显著。

表1-11 考虑内生性回归结果

VARIABLES	系统 GMM I	系统 GMM II	核心层 III	相关层 IV
	lntw	lnnon-tw	ln$corewt$	ln$relatedwt$
L. lntw	0. 924 ***			
	(0. 0814)			
L. ln$coreall$			0. 865 ***	
			(0. 0222)	
$Culdist$	-0. 146 *	0. 0566	-0. 0757 ***	-0. 246
	(0. 0790)	(0. 0696)	(0. 0252)	(0. 159)
ln$dist$	-0. 0175	-0. 144 *	-0. 0189	-0. 0491
	(0. 0404)	(0. 0783)	(0. 0223)	(0. 105)
$Comlang$	0. 0113	0. 00529	0. 0810 **	-0. 0968
	(0. 154)	(0. 0489)	(0. 0383)	(0. 0686)
$Conting$	-0. 124	0. 273 *	0. 192 **	0. 342
	(0. 189)	(0. 144)	(0. 0907)	(0. 318)
fta	0. 0141	-0. 0594	0. 0345	0. 222 **
	(0. 0531)	(0. 0947)	(0. 0239)	(0. 102)
ln$term$	0. 170 **	0. 228 **	0. 115 ***	0. 0203
	(0. 0808)	(0. 1000)	(0. 0435)	(0. 213)
ln$gdpmil$	0. 0276	0. 0799 ***	0. 113 ***	0. 215 ***
	(0. 0728)	(0. 0203)	(0. 0261)	(0. 0435)
ln$gdpper$	0. 0418	-0. 0637	0. 0100	0. 0303
	(0. 0521)	(0. 0403)	(0. 0184)	(0. 0807)
ln$sdist$	0. 0201	0. 0160	0. 0187 ***	0. 0351
	(0. 0229)	(0. 0177)	(0. 00697)	(0. 0216)
L. ln$tottotw$		0. 905 ***		
		(0. 0200)		
L. ln$relatedall$				0. 689 ***
				(0. 0258)
时间效应	Yes	Yes	Yes	Yes

VARIABLES	系统 GMM I	系统 GMM II	核心层 III	相关层 IV
	lntw	lnnon-tw	lncorewt	lnrelatedwt
Constant	0. 640 (0. 874)	1. 768*** (0. 512)	0. 521** (0. 265)	2. 730*** (0. 722)
AR(1)	0. 00	0. 21	0. 01	0. 00
AR(2)	0. 09	0. 31	0. 062	0. 892
Hansen	0. 66	0. 93	0. 963	1. 00
Observations	484	578	576	580
Number of country	52	53	53	53

注：Standard errors in parentheses.

*p < 0. 1, **p < 0. 05, ***p < 0. 01。

通过追溯前人模型以及建立分析自己的模型，笔者发现传统变量如 GDP、人均 GDP、共同语言等变量对文化产品和非文化产品具有一致影响；文化距离对文化产品贸易具有十分显著的负向影响，而对非文化产品贸易影响甚微；地理距离则相反，其极大地反向作用于非文化产品贸易而对文化产品贸易作用不显著。此外，利用系统 GMM 方法证明了文化产品贸易的内生性，即前期消费对当期消费的影响，说明了文化产品消费可能具有的连续消费及依赖行为。此外，上述结果也表明文化距离主要影响文化产品中核心层产品，而对相关层产品影响甚微。

四　结论与建议

我们选取 2000～2012 年中国与 53 个国家和地区的文化产品贸易流量以及相关自变量的面板数据进行回归分析，目的在于确定经济规模、居民人均收入、地理距离、文化距离、共同语言、共同边界等变量是否以及会在什么程度上影响中国的文化贸易流量。

结果表明，贸易双方的经济规模对于文化贸易有正向的影响，当其他条件一定时，贸易双方的国内生产总值越大，与中国的文化贸易额也越大。此外，共同语言、共同边界对于文化贸易额有正向的影响，共同语言、共同边界能够有效节省交易成本，从而有利于文化贸易量的提高。地理距离、东道国人均 GDP、贸易条件、制度距离和自由贸易区的影响却不显著。

相较于非文化产品贸易，地理距离对于文化产品贸易的影响不显著。与地理距离相反，文化距离对非文化产品贸易影响甚小，但是对文化贸易却是显著的负向影响，即文化距离越大，文化产品的交易越少。当考虑文化内生性时，文化距离每增加百分之1，文化产品贸易会减少百分之 0.15，小于一般回归中的百分之 0.25，说明未考虑文化内生性的回归方法可能存在对文化距离影响的高估。此外，通过引入文化产品贸易滞后一期变量，笔者发现文化贸易存在明显的成瘾性和消费的连续性，即当期的消费会显著受到前期消费的影响。同时，文化距离对相关层产品的影响不显著，说明了文化距离主要是通过影响核心层产品的贸易来影响文化产品贸易。

由于贸易对象国的经济规模对于文化贸易额有显著的影响，在促进文化贸易发展的目标前提下，中国宜注重与经济实力强大、人民生活水平高、科技发达的大国间的文化贸易，同时，也不应忽视与具有市场潜力的新兴国家间的文化贸易。

加强自身文化产业的发展，引进高素质的文化产业人才，建立健全文化产业的各项法律法规，使企业在有序的环境中提升自身的竞争实力，形成良性竞争。政府在其中并非起决定性作用，而是引导、规范作用，使文化贸易的各个参与个体尽量实现自身的效益最大化，进而使整体的福利提高。考虑到文化贸易的特性，制定多种鼓励政策措施，构建文化产业发展平台，扶持中国文化企业，形成中国的文化产业链，培育具有延续性的自主文化品牌。

此外，在对贸易对象国文化产业做出了解调研的基础上，应该坚持重点与全面相结合，针对与我国文化距离较远的国家，在重视核心产品发展的同时，充分利用相关层产品和非文化产品受文化距离限制较小的优势，加大政策支持力度。

同时加强对文化遗产的保护，发扬我国优秀传统文化，同时利用传统文化，使之尽可能与现代文化产业接轨，进一步提高文化软实力。

积极加强对外文化交流，减小与其他国家的文化隔阂。在世界经济一体化的过程中，国与国之间的交流与影响日益加深，各国在潜移默化中都会受到外来文化的影响。中国应在对外文化贸易中掌握主动权，积极展示我国的优秀文化，做好文化产品的包装与宣传，促进文化及文化产品的传播与发展。

参考文献

[1] Andreu mas-colell, Should Cultural Goods be Treated Differently, *Journal of Cultural Economics* (1999).

[2] Anne-Célia Disdier, Bilateral Trade of Cultural Goods, *CEPII* 2007.

[3] Bedassa Tadesse, Roger White, Cultural Distance as a Determinant of Bilateral Trade Flows: Do Immigrants Counter the Effect of Cultural Differences?" *Applied Economics Letters* (2010).

[4] Bedassa Tadesse, Does Cultural Distance Hinder Trade in Goods, A Comparative Study of Nine OECD Member Nations, *Open Economics Reviews* (2010): 237 – 261.

[5] Frank J. Chaloupka, Rational Addictive Behavior and Cigarette Smoking, *Journal of Political Economy* (1991): 722 – 742.

[6] Gert-Jan M. Linders, cultural and institutional determinants of bilateral trade flows, *Tinbergen Institute Discussion Paper* (2005): 12.

［7］Oded Shenkar, Cultural Distance Revisited：Towards a more rigorous conceptualization and measurement of cultural differences, *Journal of International Business Studies*（2001）.

［8］Stephen R. Bond, Dynamic panel data models：a guide to micro data methods and practice, *Portuguese Economic Journal*（2002）.

［9］白玲、吕东峰：《国际贸易中的文化互补理论》，《北京工商大学学报》2001年第16期。

［10］陈昊、陈小明：《文化距离对出口贸易的影响——基于修正引力模型的实证检验》，《中国经济问题》2011年第6期。

［11］刘杨、曲如晓、曾艳萍：《哪些关键因素影响了文化产品贸易——来自OECD国家的经验证据》，《国际贸易问题》2013年第11期。

［12］綦建红、李丽、杨丽：《中国OFDI的区位选择：基于文化距离的门槛效应与检验》，《国际贸易问题》2012年第12期。

［13］曲如晓、韩丽丽：《文化距离对中国文化产品贸易影响的实证研究》，《黑龙江社会科学》2011年第4期。

［14］曲如晓、韩丽丽：《中国文化商品贸易影响因素的实证研究》，《中国软科学》2010年。

［15］尚宇红、崔慧芳：《文化距离对中国和中东欧国家双边贸易的影响——基于修正贸易引力模型的实证分析》，《江汉论坛》2014年第7期。

［16］田晖、蒋辰春：《国际文化距离对中国对外贸易的影响——基于31个国家和地区贸易数据的引力模型分析》，《国际贸易问题》2012年第3期。

［17］万伦来、高翔：《文化、地理与制度三重距离对中国进出口贸易的影响》，《国际经贸探索》2014年第5期。

［18］臧新、林竹、邵新：《文化亲近、经济发展与文化产品的出口——基于中国文化产品出口的实证研究》，《财贸经济》2012年第10期。

［19］张望、徐成江：《影响中国文化产品出口因素的实证研究——使用引力模型测度文化距离对文化贸易影响的实证检验》，《经济》2013年第2期。

附表1-1　文化产品分类与海关编码对照

文化产品分类	海关编码代码	海关统计商品名称
核心层：文化和自然遗产的收藏	9705000010	含濒危动植物的收藏品
	9705000090	具有动、植、矿物学意义的收藏品
	9706000010	超过一百年的濒危野生动植古物
	9706000090	其他超过一百年的古物

文化产品分类	海关编码代码	海关统计商品名称
相关层：文化和自然遗产的纪念	97040010	邮票
	97040090	印花税票及类似票证等（指使用过的或虽未使用过但不是指运国流通及新发行的）
核心层：书籍出版活动	49011000	单张的书籍、小册子及类似印刷品
	49019100	字典、百科全书
	49019900	其他书籍、小册子及类似的印刷品
	49030000	儿童图画书、绘画或涂色书
	49059900	其他各种印刷的地图及类似图表
	49090010	印刷或有图画的明信片
报纸、杂志和期刊出版	49021000	每周至少出版四次的报纸、杂志
	49029000	其他报纸、杂志及期刊
相关层：文化用纸生产	48025400	书写、印刷等用未涂布薄纸或纸板
	48025800	书写、印刷等用未涂布厚纸（板）
	48026110	成卷新闻纸
	48026190	其他成卷书写、印刷用未涂布纸
	48026200	成张书写、印刷用未涂布纸
	48026910	其他新闻纸
	48026990	其他书写、印刷用未涂布纸
颜料生产	32131000	成套的颜料
	32139000	非成套颜料、调色料及类似品
	34070090	其他塑型用膏
核心层：音频录制	85232120	已录制的磁条卡
	85232919	已录制磁盘
	85232928	重放声音或图像信息的磁带
	85232929	已录制的其他磁带
	85232990	其他磁性媒体
	85234910	仅用于重放声音信息的已录制光学媒体
	85234990	其他已录制光学媒体
	85235120	已录制的固态非易失性存储器件
	85235290	其他"智能卡"

续表

文化产品分类	海关编码代码	海关统计商品名称
核心层:音频录制	85235920	其他已录制的半导体媒体
	85238011	已录制唱片
	85238019	其他唱片
动画、视频和电视节目制作	37061010	已冲洗的教学专用中宽电影胶片
	37061090	已冲洗的其他中宽电影胶片
	37069010	教学专用其他已冲洗的电影胶片
	37069090	其他已冲洗的电影胶片
游戏制作	95045010	视频游戏控制器及设备(电视用)
	95045090	其他视频游戏控制器及设备
	95049010	其他电子游戏机
相关层:乐器生产	83061000	非电动铃、钟、锣及其类似品
	92011000	竖式钢琴
	9201200001	完税价格≥5万美元的大钢琴
	9201200090	其他大钢琴
	92019000	其他钢琴
	9202100011	完税价格≥1.5万美元的含濒危动物皮及濒危木的弓弦乐器
	9202100019	其他含濒危动物皮的弓弦乐器
	9202100091	完税价格≥1.5万美元的不含野生动物皮弓弦乐器
	9202100099	其他弓弦乐器
	9202900010	含濒危动物成分的其他弦乐器
	9202900090	其他弦乐器
	9205100001	完税价格≥2000美元的铜管乐器
	9205100090	其他铜管乐器
	92059010	键盘管风琴、簧风琴及类似乐器
	92059020	手风琴及类似乐器
	92059030	口琴
	9205909001	完税价格≥1万美元的其他管乐器
	9205909090	其他管乐器
	9206000010	含濒危动物皮的打击乐器

文化产品分类	海关编码代码	海关统计商品名称
相关层：乐器生产	9206000090	其他打击乐器
	92071000	通过电产生或扩大声音的键盘乐器
	92079000	其他通过电产生或扩大声音的乐器
	92081000	百音盒
	92089000	第92章其他编号未列名的其他乐器
	92093000	乐用用的弦
	92099100	钢琴的零件、附件
	92099200	品目9202所列乐器的零件、附件
	92099400	品目9207所列乐器的零件、附件
	92099910	节拍器、音叉及定音管
	92099920	百音盒的机械装置
	92099990	本章其他编号未列名的乐器零件
物理音频媒体生产	85232110	未录制的磁条卡
	85232911	未录制磁盘
	85232921	未录制的宽度不超过4毫米的磁带
	85232922	未录制的宽度超过4毫米，但不超过6.5毫米的磁带
	85232923	未录制的宽度超过6.5毫米的磁带
	85235110	未录制的固态非易失性存储器件
	85235210	未录制的"智能卡"
核心层：视觉艺术创作	4420101110	拉敏木制的木刻
	4420101120	濒危木制的木刻
	4420101190	其他木刻
	44201012	竹刻
	4420102010	拉敏木制的木扇
	4420102020	濒危木制的木扇
	4420102090	木扇
	4420109010	拉敏木制其他小雕像及其他装饰品
	4420109030	沉香木及拟沉香木制其他小雕像及其他装饰品
	4420109040	濒危木制其他小雕像及其他装饰品

续表

文化产品分类	海关编码代码	海关统计商品名称
核心层：视觉艺术创作	4420109090	其他木制小雕像及其他装饰品
	4420901010	拉敏木制的镶嵌木
	4420901020	濒危木制的镶嵌木
	4420901090	镶嵌木
	48239020	神纸及类似用品
	48239030	纸扇
	57021000	开来姆、苏麦克、卡拉马尼及类似的手织地毯
	5805001020	棉制手工针绣嵌花其他装饰毯
	5805001030	化纤制手工针绣嵌花其他装饰毯
	5805001090	其他纺织料制手工针绣嵌花装饰毯
	5805009010	毛制非民间工艺的手织装饰毯
	5805009020	棉制"哥白林"等手织装饰毯
	5805009030	化纤制"哥白林"等手织装饰毯
	5805009090	其他纺织料制"哥白林"等手织装饰
	5901901030	聚酯短纤与棉混纺织物制油画
	58109100	棉制见底布的刺绣品
	5810920010	化学纤维制见底布刺绣标签
	5810920090	其他化学纤维制见底布刺绣品
	5810990010	羊毛或动物细毛制见底布刺绣品
	67021000	塑料制花、叶、果实及其制品
	6702901010	野禽羽毛制花、叶、果实及其制品
	6702901090	其他羽毛制花、叶、果实及其制品
	67029020	丝或绢丝制花、叶、果实及其制品
	67029030	化学纤维制花、叶、果实及其制品
	67029090	其他材料制花、叶、果实及其制品
	69131000	瓷塑像及其他装饰用瓷制品
	69139000	陶塑像及其他装饰用陶制品
	70181000	玻璃珠、仿珍珠及类似小件玻璃品
	70189000	灯工方法制的玻璃塑像及玻璃饰品
	83062100	镀贵金属的雕塑像及其他装饰品

续表

文化产品分类	海关编码代码	海关统计商品名称
核心层：视觉艺术创作	83062910	景泰蓝雕塑像及其他装饰品
	83062990	其他雕塑像及其他装饰品
	9505100010	含动植物性材料的圣诞用品
	9505100090	其他圣诞节用品
	95059000	其他节日用品或娱乐用品
	9601100010	已加工的濒危兽牙及其制品
	9601100090	其他已加工的兽牙及其制品
	9601900010	其他已加工濒危动物质雕刻料
	9601900090	其他已加工动物质雕刻料及其制品
	97011010	手绘油画、粉画及其他画的原件
	97011020	手绘油画、粉画及其他画的复制品
	9701900010	含濒危动物成分的拼贴画
	9701900020	用其他动植物材料制作的拼贴画
	9701900090	其他拼贴画及类似装饰板
	97020000	雕版画、印制画、石印画的原本
	9703000010	濒危动植物材料制的雕塑品原件
	9703000090	其他各种材料制的雕塑品原件
	39264000	塑料制小雕塑品及其他装饰品
摄影	37040090	其他已曝光未冲洗的摄影硬、软片
	37051000	已冲洗供复制胶版用摄影硬、软片
	37059010	已冲洗的教学专用幻灯片
	37059021	书籍、报刊用的已曝光已冲洗的缩微胶片
	37059029	已曝光已冲洗的其他缩微胶片
	37059090	已冲洗的其他摄影硬、软片
其他视觉出版	49059100	成册的各种印刷的地图及类似图表
	49090090	其他致贺或通告卡片
	49100000	印刷的各种日历
	49111090	其他商业广告品及类似印刷品
	49119100	印刷的图片、设计图样及照片

续表

文化产品分类	海关编码代码	海关统计商品名称
珠宝及相关物品的生产	71011011	未分级的天然黑珍珠
	71011019	其他未分级的天然珍珠
	71011091	其他天然黑珍珠
	71011099	其他天然珍珠
	7101211001	未分级、未加工的养殖黑珍珠
	7101211090	其他未分级、未加工的养殖珍珠
	7101219001	其他未加工的养殖黑珍珠
	7101219090	其他未加工的养殖珍珠
	71023100	非工业用钻石
	71023900	非工业用其他钻石
	71031000	未加工宝石或半宝石
	71039100	经其他加工的红、蓝、绿宝石
	71039910	经其他加工的翡翠
	71039990	经其他加工的其他宝石或半宝石
	71042010	未加工合成或再造钻石
	71042090	未加工合成或再造其他宝石半宝石
	71049011	其他工业用合成或再造的钻石
	7104901201	蓝宝石衬底（由人造刚玉加工而成）
	71049091	其他非工业用合成钻石
	71049099	其他非工业用合成宝石或半宝石
	71051010	天然的钻石粉末
	71051020	人工合成的钻石粉末
	71059000	其他天然或合成宝石或半宝石粉末
	71131110	镶嵌钻石的银首饰及其零件
	7113119010	镶嵌濒危物种制品的银首饰及零件
	7113119090	其他银首饰及其零件
	71131911	镶嵌钻石的黄金制首饰及其零件
	7113191910	镶嵌濒危物种制品的金首饰及零件
	7113191990	其他黄金制首饰及其零件
	71131921	镶嵌钻石的铂金制首饰及其零件

续表

文化产品分类	海关编码代码	海关统计商品名称
珠宝及相关物品的生产	7113192910	镶嵌濒危物种制品的铂金首饰及零件
	7113192990	其他铂金制首饰及其零件
	71131991	其他镶嵌钻石贵金属首饰及其零件
	7113199910	镶嵌濒危物种制品其他贵金属首饰
	7113199990	其他贵金属制首饰及其零件
	71132010	镶嵌钻石贱金属为底包贵金属首饰
设计创意	49060000	设计图纸原稿或手稿及其复制件
相关层:烟花爆竹生产	36041000	烟花、爆竹
核心层:宣纸传统制作技艺	48021010	宣纸
中国书法	9603302090	其他毛笔
相关层:中国传统桑蚕丝织技艺	50072011	未漂白或漂白的桑蚕丝机织物
	50072019	其他桑蚕丝机织物
中国剪纸	48239090	其他纸及纸制品
南京云锦织造技艺	5007109010	其他绅丝机织物
	58101000	不见底布的刺绣品
	5810990090	其他纺织材料制见底布刺绣品

第二章　中国文化贸易竞争力区域分析

第一节　研究意义

对于文化贸易的研究，大多关注的是总体层面，而对于地区事实的聚焦寥寥无几。通过本书第一章的介绍，读者已经了解我国文化贸易呈总体增长趋势。本章将重点分析地区文化竞争力的发展状况，让读者进一步把握各个区域、省、市的文化构成与变化情况，以及各地的发展趋势。具体的产品分类标准可以参见附表 1 – 1。

第二节　测量指标

本章所用的测量指标与前文计算方法相同，但是所用数据和指标含义稍有不同。

一　出口市场占有率

本章所指的出口市场占有率，是指一地区文化产品出口额占全国

117

文化产品出口总额的比重。用公式表示为：

$$某地区总文化产品出口市场占有率 = \frac{该地区总文化产品出口额}{全国文化产品出口总额}$$

$$某地区核心文化产品出口市场占有率 = \frac{该地区核心文化产品出口额}{全国文化产品出口总额}$$

$$某地区相关文化产品出口市场占有率 = \frac{该地区相关文化产品出口额}{全国文化产品出口总额}$$

二 显示性比较优势指数

显示性比较优势指数，又叫 RCA 指数，是指一地文化产品贸易相对于全国来说的比较优势程度。用公式表示为：

$$某地区总文化产品 RCA 指数 = \frac{该地区总文化产品出口额/该地区贸易出口额}{全国总文化产品出口额/全国贸易出口额}$$

$$某地区核心文化产品 RCA 指数 = \frac{该地区核心文化产品出口额/该地区贸易出口额}{全国核心文化产品出口额/全国贸易出口额}$$

$$某地区相关文化产品 RCA 指数 = \frac{该地区相关文化产品出口额/该地区贸易出口额}{全国相关文化产品出口额/全国贸易出口额}$$

三 贸易竞争力指数

贸易竞争力指数，又称 TC 指数，是指一地区文化产品出口的竞争力，通常在 -1～1 之间。用公式表示为：

$$某地区总文化产品 TC 指数 = \frac{该地区总文化产品出口额 - 该地区总文化产品进口额}{该地区总文化产品出口额 + 该地区总文化产品进口额}$$

$$某地区核心文化产品 TC 指数 = \frac{该地区核心文化产品出口额 - 该地区核心文化产品进口额}{该地区核心文化产品出口额 + 该地区核心文化产品进口额}$$

$$某地区相关文化产品 TC 指数 = \frac{该地区相关文化产品出口额 - 该地区相关文化产品进口额}{该地区相关文化产品出口额 + 该地区相关文化产品进口额}$$

第三节　数据来源及数据可靠性检测

　　本书数据来源于中国海关数据。该数据与《中国统计年鉴》中的数据存在差异，主要原因是四舍五入以及统计口径的不一致。表2-1列出了本书数据与国家统计局数据的差异。可以看出，二者差异不大，波动幅度不超过0.5%，平均为0.01%，多数情况下本书所用的数据较小。总体而言，本书数据可靠程度高。

表2-1　数据差异

单位：亿美元，%

年份	海关数据进出口总额	年鉴进出口总额	差异
2000	4740.00	4742.90	-0.06
2001	5110.00	5096.50	0.26
2002	6210.00	6207.70	0.04
2003	8520.00	8509.90	0.12
2004	11500.00	11545.50	-0.39
2005	14200.00	14219.10	-0.13
2006	17600.00	17604.00	-0.02
2007	21800.00	21737.30	0.29
2008	25600.00	25632.60	-0.13
2009	22100.00	22075.35	0.11
2010	29700.00	29739.98	-0.13
2011	36400.00	36418.60	-0.05

　　数据来源：中国海关、国家统计局。

第四节　分区域文化贸易竞争力状况

本书将全国分成东部、中部、西部三大地理区域，分别进行统计计量。各地区测量指标与排名情况如表 2-2~表 2-37 所示。

表 2-2　2000 年各区域总文化产品出口竞争力测量指标及排名

单位：%

区域	出口市场占有率排序 Export Market Share Ranking	出口市场占有率 Export Market Share	显示性比较优势指数排序 RCA Ranking	显示性比较优势指数 RCA	贸易竞争力指数排序 TC Ranking	贸易竞争力指数 TC
东部	1	95.28	1	1.04	2	0.83
中部	2	4.16	2	0.78	1	0.87
西部	3	0.56	3	0.19	3	0.83

数据来源：笔者根据海关数据计算。

表 2-3　2000 年各区域核心文化产品出口竞争力测量指标及排名

单位：%

区域	出口市场占有率排序 Export Market Share Ranking	出口市场占有率 Export Market Share	显示性比较优势指数排序 RCA Ranking	显示性比较优势指数 RCA	贸易竞争力指数排序 TC Ranking	贸易竞争力指数 TC
东部	1	97.99	1	1.07	1	0.85
中部	2	1.44	2	0.27	3	0.61
西部	3	0.58	3	0.19	2	0.81

数据来源：笔者根据海关数据计算。

表 2 – 4　2000 年各区域相关文化产品出口竞争力测量指标及排名

单位：%

区域	出口市场占有率排序 Export Market Share Ranking	出口市场占有率 Export Market Share	显示性比较优势指数排序 RCA Ranking	显示性比较优势指数 RCA	贸易竞争力指数排序 TC Ranking	贸易竞争力指数 TC
东部	1	80.90	2	0.88	3	0.75
中部	2	18.61	1	3.47	1	1.00
西部	3	0.49	3	0.16	2	0.99

数据来源：笔者根据海关数据计算。

表 2 – 5　2001 年各区域总文化产品出口竞争力测量指标及排名

单位：%

区域	出口市场占有率排序 Export Market Share Ranking	出口市场占有率 Export Market Share	显示性比较优势指数排序 RCA Ranking	显示性比较优势指数 RCA	贸易竞争力指数排序 TC Ranking	贸易竞争力指数 TC
东部	1	95.03	1	1.03	3	0.80
中部	2	4.56	2	0.88	1	0.96
西部	3	0.41	3	0.15	2	0.88

数据来源：笔者根据海关数据计算。

表 2 – 6　2001 年各区域核心文化产品出口竞争力测量指标及排名

单位：%

区域	出口市场占有率排序 Export Market Share Ranking	出口市场占有率 Export Market Share	显示性比较优势指数排序 RCA Ranking	显示性比较优势指数 RCA	贸易竞争力指数排序 TC Ranking	贸易竞争力指数 TC
东部	1	97.83	1	1.06	3	0.82
中部	2	1.73	2	0.33	1	0.87
西部	3	0.44	3	0.16	2	0.86

数据来源：笔者根据海关数据计算。

表2-7 2001年各区域相关文化产品出口竞争力测量指标及排名

单位：%

区域	出口市场占有率排序 Export Market Share Ranking	出口市场占有率 Export Market Share	显示性比较优势指数排序 RCA Ranking	显示性比较优势指数 RCA	贸易竞争力指数排序 TC Ranking	贸易竞争力指数 TC
东部	1	81.21	2	0.88	3	0.75
中部	2	18.51	1	3.57	1	1.00
西部	3	0.28	3	0.10	2	0.99

数据来源：笔者根据海关数据计算。

表2-8 2002年各区域总文化产品出口竞争力测量指标及排名

单位：%

区域	出口市场占有率排序 Export Market Share Ranking	出口市场占有率 Export Market Share	显示性比较优势指数排序 RCA Ranking	显示性比较优势指数 RCA	贸易竞争力指数排序 TC Ranking	贸易竞争力指数 TC
东部	1	94.74	1	1.03	2	0.82
中部	2	4.41	2	0.91	1	0.87
西部	3	0.85	3	0.29	3	0.72

数据来源：笔者根据海关数据计算。

表2-9 2002年各区域核心文化产品出口竞争力测量指标及排名

单位：%

区域	出口市场占有率排序 Export Market Share Ranking	出口市场占有率 Export Market Share	显示性比较优势指数排序 RCA Ranking	显示性比较优势指数 RCA	贸易竞争力指数排序 TC Ranking	贸易竞争力指数 TC
东部	1	97.14	1	1.05	1	0.87
中部	2	1.91	2	0.40	3	0.68
西部	3	0.95	3	0.33	2	0.74

数据来源：笔者根据海关数据计算。

表 2 – 10　2002 年各区域相关文化产品出口竞争力测量指标及排名

单位：%

区域	出口市场占有率排序 Export Market Share Ranking	出口市场占有率 Export Market Share	显示性比较优势指数排序 RCA Ranking	显示性比较优势指数 RCA	贸易竞争力指数排序 TC Ranking	贸易竞争力指数 TC
东部	1	83.09	2	0.90	2	0.61
中部	2	16.59	1	3.43	1	0.99
西部	3	0.32	3	0.11	3	0.45

数据来源：笔者根据海关数据计算。

表 2 – 11　2003 年各区域总文化产品出口竞争力测量指标及排名

单位：%

区域	出口市场占有率排序 Export Market Share Ranking	出口市场占有率 Export Market Share	显示性比较优势指数排序 RCA Ranking	显示性比较优势指数 RCA	贸易竞争力指数排序 TC Ranking	贸易竞争力指数 TC
东部	1	94.30	1	1.02	3	0.85
中部	2	4.68	2	0.99	1	0.96
西部	3	1.02	3	0.34	2	0.87

数据来源：笔者根据海关数据计算。

表 2 – 12　2003 年各区域核心文化产品出口竞争力测量指标及排名

单位：%

区域	出口市场占有率排序 Export Market Share Ranking	出口市场占有率 Export Market Share	显示性比较优势指数排序 RCA Ranking	显示性比较优势指数 RCA	贸易竞争力指数排序 TC Ranking	贸易竞争力指数 TC
东部	1	96.88	1	1.05	3	0.88
中部	2	2.00	2	0.42	1	0.92
西部	3	1.12	3	0.37	2	0.89

数据来源：笔者根据海关数据计算。

表 2 - 13　2003 年各区域相关文化产品出口竞争力测量指标及排名

单位：%

区域	出口市场占有率排序 Export Market Share Ranking	出口市场占有率 Export Market Share	显示性比较优势指数排序 RCA Ranking	显示性比较优势指数 RCA	贸易竞争力指数排序 TC Ranking	贸易竞争力指数 TC
东部	1	82. 87	2	0. 90	2	0. 71
中部	2	16. 57	1	3. 49	1	0. 99
西部	3	0. 56	3	0. 19	3	0. 68

数据来源：笔者根据海关数据计算。

表 2 - 14　2004 年各区域总文化产品出口竞争力测量指标及排名

单位：%

区域	出口市场占有率排序 Export Market Share Ranking	出口市场占有率 Export Market Share	显示性比较优势指数排序 RCA Ranking	显示性比较优势指数 RCA	贸易竞争力指数排序 TC Ranking	贸易竞争力指数 TC
东部	1	93. 82	2	1. 01	2	0. 86
中部	2	4. 98	1	1. 08	1	0. 92
西部	3	1. 20	3	0. 42	3	0. 83

数据来源：笔者根据海关数据计算。

表 2 - 15　2004 年各区域核心文化产品出口竞争力测量指标及排名

单位：%

区域	出口市场占有率排序 Export Market Share Ranking	出口市场占有率 Export Market Share	显示性比较优势指数排序 RCA Ranking	显示性比较优势指数 RCA	贸易竞争力指数排序 TC Ranking	贸易竞争力指数 TC
东部	1	96. 44	1	1. 04	1	0. 89
中部	2	2. 20	2	0. 48	3	0. 80
西部	3	1. 36	3	0. 48	2	0. 82

数据来源：笔者根据海关数据计算。

表 2 – 16   2004 年各区域相关文化产品出口竞争力测量指标及排名

单位：%

区域	出口市场占有率排序 Export Market Share Ranking	出口市场占有率 Export Market Share	显示性比较优势指数排序 RCA Ranking	显示性比较优势指数 RCA	贸易竞争力指数排序 TC Ranking	贸易竞争力指数 TC
东部	1	83.49	2	0.90	3	0.74
中部	2	15.95	1	3.47	1	1.00
西部	3	0.56	3	0.20	2	0.93

数据来源：笔者根据海关数据计算。

表 2 – 17   2005 年各区域总文化产品出口竞争力测量指标及排名

单位：%

区域	出口市场占有率排序 Export Market Share Ranking	出口市场占有率 Export Market Share	显示性比较优势指数排序 RCA Ranking	显示性比较优势指数 RCA	贸易竞争力指数排序 TC Ranking	贸易竞争力指数 TC
东部	1	93.66	1	1.01	2	0.86
中部	2	5.36	2	1.18	1	0.97
西部	3	0.98	3	0.36	3	0.82

数据来源：笔者根据海关数据计算。

表 2 – 18   2005 年各区域核心文化产品出口竞争力测量指标及排名

单位：%

区域	出口市场占有率排序 Export Market Share Ranking	出口市场占有率 Export Market Share	显示性比较优势指数排序 RCA Ranking	显示性比较优势指数 RCA	贸易竞争力指数排序 TC Ranking	贸易竞争力指数 TC
东部	1	96.10	1	1.04	2	0.87
中部	2	2.85	2	0.63	1	0.93
西部	3	1.05	3	0.38	3	0.80

数据来源：笔者根据海关数据计算。

表 2 - 19　2005 年各区域相关文化产品出口竞争力测量指标及排名

单位：%

区域	出口市场占有率排序 Export Market Share Ranking	出口市场占有率 Export Market Share	显示性比较优势指数排序 RCA Ranking	显示性比较优势指数 RCA	贸易竞争力指数排序 TC Ranking	贸易竞争力指数 TC
东部	1	84.62	2	0.91	3	0.80
中部	2	14.64	1	3.21	1	0.99
西部	3	0.74	3	0.27	2	0.93

数据来源：笔者根据海关数据计算。

表 2 - 20　2006 年各区域总文化产品出口竞争力测量指标及排名

单位：%

区域	出口市场占有率排序 Export Market Share Ranking	出口市场占有率 Export Market Share	显示性比较优势指数排序 RCA Ranking	显示性比较优势指数 RCA	贸易竞争力指数排序 TC Ranking	贸易竞争力指数 TC
东部	1	93.13	2	1.01	3	0.86
中部	2	5.89	1	1.23	1	0.96
西部	3	0.98	3	0.33	2	0.87

数据来源：笔者根据海关数据计算。

表 2 - 21　2006 年各区域核心文化产品出口竞争力测量指标及排名

单位：%

区域	出口市场占有率排序 Export Market Share Ranking	出口市场占有率 Export Market Share	显示性比较优势指数排序 RCA Ranking	显示性比较优势指数 RCA	贸易竞争力指数排序 TC Ranking	贸易竞争力指数 TC
东部	1	95.76	1	1.04	2	0.88
中部	2	3.17	2	0.66	1	0.92
西部	3	1.07	3	0.37	3	0.87

数据来源：笔者根据海关数据计算。

表 2 – 22　2006 年各区域相关文化产品出口竞争力测量指标及排名

单位：%

区域	出口市场占有率排序 Export Market Share Ranking	出口市场占有率 Export Market Share	显示性比较优势指数排序 RCA Ranking	显示性比较优势指数 RCA	贸易竞争力指数排序 TC Ranking	贸易竞争力指数 TC
东部	1	95.76	2	0.89	3	0.80
中部	2	3.17	1	3.60	1	1.00
西部	3	1.07	3	0.20	2	0.84

数据来源：笔者根据海关数据计算。

表 2 – 23　2007 年各区域总文化产品出口竞争力测量指标及排名

单位：%

区域	出口市场占有率排序 Export Market Share Ranking	出口市场占有率 Export Market Share	显示性比较优势指数排序 RCA Ranking	显示性比较优势指数 RCA	贸易竞争力指数排序 TC Ranking	贸易竞争力指数 TC
东部	1	92.74	2	1.01	3	0.86
中部	2	6.03	1	1.16	1	0.97
西部	3	1.23	3	0.39	2	0.93

数据来源：笔者根据海关数据计算。

表 2 – 24　2007 年各区域核心文化产品出口竞争力测量指标及排名

单位：%

区域	出口市场占有率排序 Export Market Share Ranking	出口市场占有率 Export Market Share	显示性比较优势指数排序 RCA Ranking	显示性比较优势指数 RCA	贸易竞争力指数排序 TC Ranking	贸易竞争力指数 TC
东部	1	95.26	1	1.04	3	0.88
中部	2	3.36	2	0.65	1	0.94
西部	3	1.38	3	0.43	2	0.93

数据来源：笔者根据海关数据计算。

表2-25　2007年各区域相关文化产品出口竞争力测量指标及排名

单位：%

区域	出口市场占有率排序 Export Market Share Ranking	出口市场占有率 Export Market Share	显示性比较优势指数排序 RCA Ranking	显示性比较优势指数 RCA	贸易竞争力指数排序 TC Ranking	贸易竞争力指数 TC
东部	1	81.45	2	0.89	3	0.78
中部	2	18.00	1	3.48	1	0.99
西部	3	0.55	3	0.17	2	0.88

数据来源：笔者根据海关数据计算。

表2-26　2008年各区域总文化产品出口竞争力测量指标及排名

单位：%

区域	出口市场占有率排序 Export Market Share Ranking	出口市场占有率 Export Market Share	显示性比较优势指数排序 RCA Ranking	显示性比较优势指数 RCA	贸易竞争力指数排序 TC Ranking	贸易竞争力指数 TC
东部	1	88.90	2	0.98	3	0.85
中部	2	9.43	1	1.60	1	0.99
西部	3	1.66	3	0.44	2	0.95

数据来源：笔者根据海关数据计算。

表2-27　2008年各区域核心文化产品出口竞争力测量指标及排名

单位：%

区域	出口市场占有率排序 Export Market Share Ranking	出口市场占有率 Export Market Share	显示性比较优势指数排序 RCA Ranking	显示性比较优势指数 RCA	贸易竞争力指数排序 TC Ranking	贸易竞争力指数 TC
东部	1	90.94	2	1.01	3	0.87
中部	2	7.19	1	1.22	1	0.98
西部	3	1.87	3	0.49	2	0.96

数据来源：笔者根据海关数据计算。

表 2 – 28　2008 年各区域相关文化产品出口竞争力测量指标及排名

单位：%

区域	出口市场占有率排序 Export Market Share Ranking	出口市场占有率 Export Market Share	显示性比较优势指数排序 RCA Ranking	显示性比较优势指数 RCA	贸易竞争力指数排序 TC Ranking	贸易竞争力指数 TC
东部	1	79.85	2	0.88	3	0.77
中部	2	19.40	1	3.29	1	1.00
西部	3	0.75	3	0.20	2	0.88

数据来源：笔者根据海关数据计算。

表 2 – 29　2009 年各区域总文化产品出口竞争力测量指标及排名

单位：%

区域	出口市场占有率排序 Export Market Share Ranking	出口市场占有率 Export Market Share	显示性比较优势指数排序 RCA Ranking	显示性比较优势指数 RCA	贸易竞争力指数排序 TC Ranking	贸易竞争力指数 TC
东部	1	86.84	3	0.95	3	0.83
中部	2	9.72	1	2.03	1	0.97
西部	3	3.44	2	1.00	2	0.95

数据来源：笔者根据海关数据计算。

表 2 – 30　2009 年各区域核心文化产品出口竞争力测量指标及排名

单位：%

区域	出口市场占有率排序 Export Market Share Ranking	出口市场占有率 Export Market Share	显示性比较优势指数排序 RCA Ranking	显示性比较优势指数 RCA	贸易竞争力指数排序 TC Ranking	贸易竞争力指数 TC
东部	1	89.73	3	0.98	3	0.84
中部	2	6.33	1	1.32	2	0.96
西部	3	3.94	2	1.15	1	0.96

数据来源：笔者根据海关数据计算。

表2-31　2009年各区域相关文化产品出口竞争力测量指标及排名

单位：%

区域	出口市场占有率排序 Export Market Share Ranking	出口市场占有率 Export Market Share	显示性比较优势指数排序 RCA Ranking	显示性比较优势指数 RCA	贸易竞争力指数排序 TC Ranking	贸易竞争力指数 TC
东部	1	74.41	2	0.81	3	0.75
中部	2	24.32	1	5.09	1	0.99
西部	3	1.28	3	0.37	2	0.86

数据来源：笔者根据海关数据计算。

表2-32　2010年各区域总文化产品出口竞争力测量指标及排名

单位：%

区域	出口市场占有率排序 Export Market Share Ranking	出口市场占有率 Export Market Share	显示性比较优势指数排序 RCA Ranking	显示性比较优势指数 RCA	贸易竞争力指数排序 TC Ranking	贸易竞争力指数 TC
东部	1	77.23	3	0.85	3	0.81
中部	2	15.28	1	2.75	1	0.98
西部	3	7.49	2	2.00	2	0.97

数据来源：笔者根据海关数据计算。

表2-33　2010年各区域核心文化产品出口竞争力测量指标及排名

单位：%

区域	出口市场占有率排序 Export Market Share Ranking	出口市场占有率 Export Market Share	显示性比较优势指数排序 RCA Ranking	显示性比较优势指数 RCA	贸易竞争力指数排序 TC Ranking	贸易竞争力指数 TC
东部	1	78.01	3	0.86	3	0.83
中部	2	13.42	1	2.42	1	0.98
西部	3	8.57	2	2.29	2	0.98

数据来源：笔者根据海关数据计算。

表 2 - 34　2010 年各区域相关文化产品出口竞争力测量指标及排名

单位：%

区域	出口市场占有率排序 Export Market Share Ranking	出口市场占有率 Export Market Share	显示性比较优势指数排序 RCA Ranking	显示性比较优势指数 RCA	贸易竞争力指数排序 TC Ranking	贸易竞争力指数 TC
东部	1	73.49	2	0.81	3	0.72
中部	2	24.21	1	4.36	1	1.00
西部	3	2.29	3	0.61	2	0.95

数据来源：笔者根据海关数据计算。

表 2 - 35　2011 年各区域总文化产品出口竞争力测量指标及排名

单位：%

区域	出口市场占有率排序 Export Market Share Ranking	出口市场占有率 Export Market Share	显示性比较优势指数排序 RCA Ranking	显示性比较优势指数 RCA	贸易竞争力指数排序 TC Ranking	贸易竞争力指数 TC
东部	1	69.80	3	0.79	3	0.81
中部	2	18.33	1	2.89	1	0.99
西部	3	11.86	2	2.48	2	0.96

数据来源：笔者根据海关数据计算。

表 2 - 36　2011 年各区域核心文化产品出口竞争力测量指标及排名

单位：%

区域	出口市场占有率排序 Export Market Share Ranking	出口市场占有率 Export Market Share	显示性比较优势指数排序 RCA Ranking	显示性比较优势指数 RCA	贸易竞争力指数排序 TC Ranking	贸易竞争力指数 TC
东部	1	69.75	3	0.78	3	0.83
中部	2	16.93	2	2.67	1	0.99
西部	3	13.33	1	2.79	2	0.96

数据来源：笔者根据海关数据计算。

表2-37　2011年各区域相关文化产品出口竞争力测量指标及排名

单位：%

区域	出口市场占有率排序 Export Market Share Ranking	出口市场占有率 Export Market Share	显示性比较优势指数排序 RCA Ranking	显示性比较优势指数 RCA	贸易竞争力指数排序 TC Ranking	贸易竞争力指数 TC
东部	1	70.12	2	0.79	3	0.70
中部	2	26.34	1	4.15	1	1.00
西部	3	3.54	3	0.74	2	0.98

数据来源：笔者根据海关数据计算。

一　出口市场占有率状况

由图2-1可以看出，东部地区的文化产品出口额呈总体增长趋势，在2009年出现下滑以后，又逐渐恢复增长，2011年总文化产品出口额首次突破100亿美元大关。其核心文化产品紧紧随着总文化产品出口增长，而相关文化产品出口则平稳扩大。然而，其总体出口市场占有率却逐年下降，可以认为是中西部地区近年加速发展导致的。尽管如此，东部地区所占市场份额仍很大，约70%。

由图2-2可以看出，中部地区文化产品出口增长更迅猛，至2011年已接近30亿美元。核心文化产品与相关文化产品的力量对比明显，起初在2000年，前者出口额小于后者；至2008年，前者首次赶超后者；到2011年，中部地区核心文化产品已经成为该区域文化出口的中坚力量。从总体出口市场份额来看，中部地区也是稳步上升的，至2011年已占有接近20%的文化产品出口市场。

图2-3展示了西部地区文化产品出口的状况。在2000年和2001年两年，该地区几乎无文化产品出口。到2002年，其出口额缓慢增

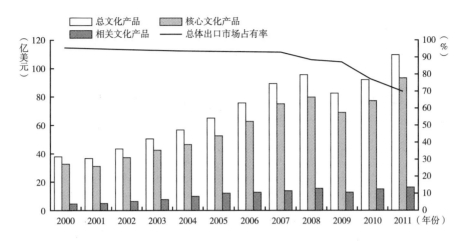

图2-1 东部地区文化产品出口情况

数据来源：笔者根据海关数据计算。

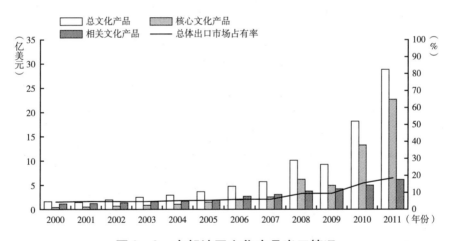

图2-2 中部地区文化产品出口情况

数据来源：笔者根据海关数据计算。

长。2009～2011年是西部地区文化贸易突飞猛进的三年，从2亿美元跃升至18亿美元的水平。该地区总文化贸易出口市场占有率也在连续8年不见起色之后，逐渐突破3%。从不同文化层面来看，东部地区的核心文化产品出口市场最大，约占92%。而中部地区的相关文化层面较强，平均出口市场份额约占19%。西部地区一直表现欠佳，平均文化产品出口市场占有率不超过3%。

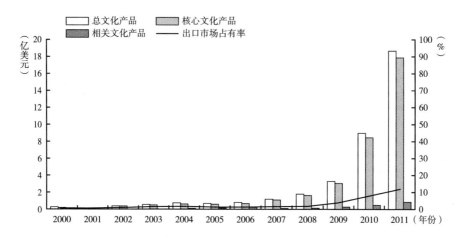

图2-3　西部地区文化产品出口情况

数据来源：笔者根据海关数据计算。

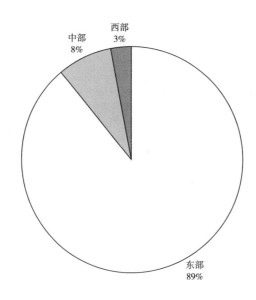

图2-4　各区域总文化产品出口市场占有率（历年平均）

数据来源：笔者根据海关数据计算。

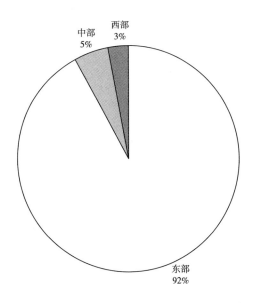

图 2 – 5　各区域核心文化产品出口市场占有率

数据来源：笔者根据海关数据计算。

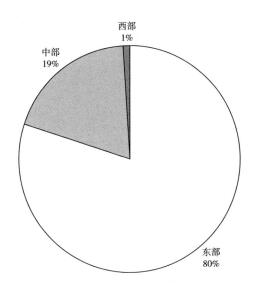

图 2 – 6　各区域相关文化产品出口市场占有率

数据来源：笔者根据海关数据计算。

二 显示性比较优势状况

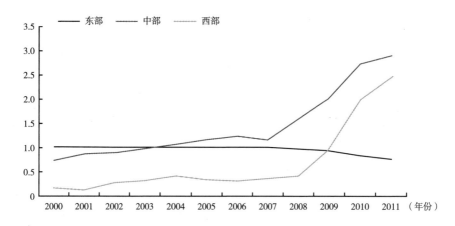

图 2-7 各区域总文化产品 RCA 指数

数据来源：笔者根据海关数据计算。

总体来看，东部地区的 RCA 指数有所下降，但显示性比较优势依然较强。中部和西部逐渐崛起，显示出强劲的文化贸易显示性比较优势，且还将继续增强，但西部地区比中部地区较弱。

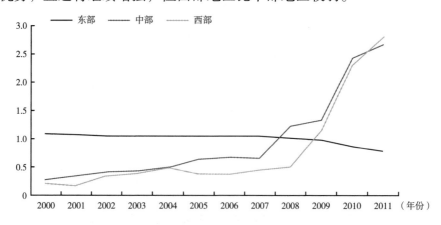

图 2-8 各区域核心文化产品 RCA 指数

数据来源：笔者根据海关数据计算。

核心层面，东部地区的 RCA 依然如故，但中西部地区的显示性比较优势更加显著，RCA 指数直逼 3 的水平。西部地区在 2011 年已经超过中部地区。

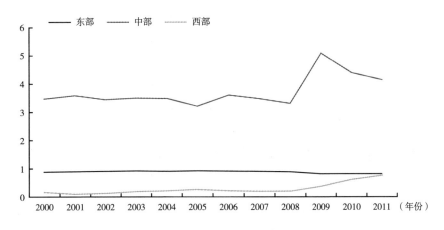

图 2 – 9　各区域相关文化产品 RCA 指数

数据来源：笔者根据海关数据计算。

相关文化层面，情况大有不同。中部地区的相关文化产品比较优势极强，虽然波动较大，但也与上述市场占有率状况相吻合。东部地区 RCA 指数依旧接近 1 的水平。西部地区在相关文化产品市场上缺乏竞争优势，RCA 指数不到 1 的水平。

三　贸易竞争力状况

从总体来看，中西部地区的文化贸易竞争力在波动中上升，而东部地区基本保持平稳。其中，中部地区文化贸易竞争力最强，西部地区次之，东部地区的文化贸易竞争力最弱。

从核心层面来看，中部地区的前期波动幅度更大，表明其前期核心文化产品进出口不稳定。东西部地区保持与总体相同的趋势。

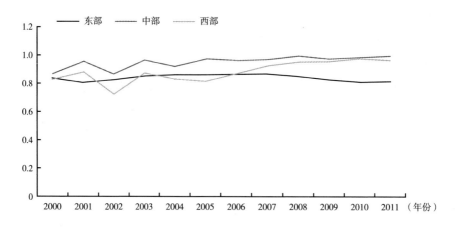

图 2 - 10　各区域总文化产品 TC 指数

数据来源：笔者根据海关数据计算。

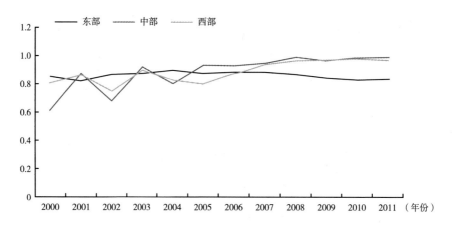

图 2 - 11　各区域核心文化产品 TC 指数

数据来源：笔者根据海关数据计算。

相关文化层面，中部地区保持十分稳定的贸易竞争优势，基本接近 1 的水平。西部地区前期文化贸易波动较大，2002 年甚至突降至 0.45 的水平。东部地区贸易竞争力下降，RCA 指数低于 0.8。

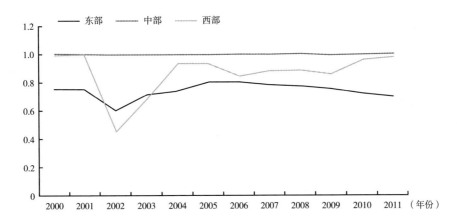

图 2 - 12　各区域相关文化产品 TC 指数

数据来源：笔者根据海关数据计算。

第五节　分省文化贸易竞争力状况

我们按照同样的方法计算了省级层面的三种测量贸易竞争力的指数，具体情况见表 2 - 38。

表 2 - 38　2000 年各省总文化产品贸易竞争力测量指标及排名

单位：%

省　份	出口市场占有率排序 Export Market Share Ranking	出口市场占有率 Export Market Share	显示性比较优势指数排序 RCA Ranking	显示性比较优势指数 RCA	贸易竞争力指数排序 TC Ranking	贸易竞争力指数 TC
北　京	8	2.23	12	0.46	30	- 0.23
天　津	4	3.28	6	0.95	27	0.47
河　北	12	0.68	13	0.46	12	0.95
山　西	14	0.34	8	0.68	9	0.98

续表

省　份	出口市场占有率排序 Export Market Share Ranking	出口市场占有率 Export Market Share	显示性比较优势指数排序 RCA Ranking	显示性比较优势指数 RCA	贸易竞争力指数排序 TC Ranking	贸易竞争力指数 TC
内蒙古	22	0.10	21	0.26	15	0.91
辽　宁	11	1.58	15	0.36	23	0.73
吉　林	17	0.18	16	0.35	26	0.50
黑龙江	15	0.33	9	0.57	8	0.98
上　海	5	3.05	18	0.30	25	0.62
江　苏	7	2.38	22	0.23	21	0.81
浙　江	3	6.23	7	0.80	7	0.99
安　徽	18	0.13	26	0.15	11	0.95
福　建	2	17.17	2	3.31	10	0.97
江　西	13	0.64	5	1.32	1	1.00
山　东	10	1.95	17	0.31	24	0.67
河　南	25	0.07	28	0.12	29	−0.12
湖　北	16	0.20	20	0.26	19	0.85
湖　南	9	2.17	3	3.27	17	0.90
广　东	1	53.59	4	1.45	13	0.93
广　西	6	3.02	1	5.09	5	0.99
海　南	20	0.12	14	0.38	14	0.93
四　川	19	0.13	27	0.14	16	0.90
贵　州	23	0.09	10	0.54	3	1.00
云　南	27	0.04	30	0.08	20	0.85
西　藏	29	0.01	19	0.28	6	0.99
陕　西	21	0.12	23	0.23	22	0.74
甘　肃	28	0.02	29	0.09	28	−0.10
青　海	30	0.01	25	0.16	2	1.00
宁　夏	26	0.06	11	0.48	4	1.00
新　疆	24	0.09	24	0.18	18	0.87

数据来源：笔者根据海关数据计算。

表 2 - 39　2000 年各省核心文化产品贸易竞争力测量指标及排名

单位：%

省　份	出口市场占有率排序 Export Market Share Ranking	出口市场占有率 Export Market Share	显示性比较优势指数排序 RCA Ranking	显示性比较优势指数 RCA	贸易竞争力指数排序 TC Ranking	贸易竞争力指数 TC
北　京	8	1.74	11	0.36	30	-0.41
天　津	11	0.52	26	0.15	25	0.50
河　北	10	0.62	9	0.42	10	0.96
山　西	27	0.02	30	0.04	23	0.68
内蒙古	21	0.12	16	0.30	14	0.91
辽　宁	9	1.51	13	0.35	20	0.78
吉　林	15	0.21	10	0.41	26	0.50
黑龙江	13	0.25	8	0.43	8	0.98
上　海	4	2.66	18	0.26	24	0.59
江　苏	6	2.19	21	0.21	19	0.79
浙　江	3	6.89	4	0.88	5	0.99
安　徽	19	0.13	25	0.15	11	0.95
福　建	2	19.96	2	3.85	9	0.97
江　西	12	0.28	5	0.58	2	1.00
山　东	7	1.89	15	0.30	22	0.70
河　南	24	0.08	27	0.13	29	-0.18
湖　北	14	0.21	17	0.28	17	0.84
湖　南	18	0.14	20	0.21	27	0.01
广　东	1	57.41	3	1.56	12	0.93
广　西	5	2.46	1	4.15	6	0.99
海　南	17	0.14	7	0.44	13	0.93
四　川	16	0.15	24	0.16	15	0.90
贵　州	25	0.06	12	0.36	4	0.99
云　南	26	0.04	29	0.07	18	0.81
西　藏	29	0.02	14	0.33	7	0.99
陕　西	20	0.12	19	0.23	21	0.71
甘　肃	28	0.02	28	0.11	28	-0.11
青　海	30	0.01	22	0.19	1	1.00
宁　夏	23	0.08	6	0.58	3	1.00
新　疆	22	0.09	23	0.18	16	0.85

数据来源：笔者根据海关数据计算。

表2-40　2000年各省相关文化产品贸易竞争力测量指标及排名

单位：%

省　份	出口市场占有率排序 Export Market Share Ranking	出口市场占有率 Export Market Share	显示性比较优势指数排序 RCA Ranking	显示性比较优势指数 RCA	贸易竞争力指数排序 TC Ranking	贸易竞争力指数 TC
北　京	6	4.83	8	1.00	20	0.90
天　津	2	17.95	4	5.18	28	0.47
河　北	14	1.00	10	0.67	23	0.89
山　西	12	2.04	5	4.12	9	1.00
内蒙古	25	0.00	26	0.01	14	0.95
辽　宁	13	1.95	13	0.45	26	0.56
吉　林	24	0.01	25	0.02	17	0.94
黑龙江	15	0.78	7	1.34	13	0.98
上　海	5	5.07	11	0.50	25	0.71
江　苏	7	3.38	16	0.33	21	0.90
浙　江	8	2.77	15	0.36	15	0.95
安　徽	18	0.11	20	0.13	16	0.95
福　建	10	2.35	12	0.45	24	0.78
江　西	9	2.52	3	5.25	12	1.00
山　东	11	2.28	14	0.37	27	0.54
河　南	21	0.06	22	0.09	19	0.90
湖　北	17	0.14	18	0.18	18	0.94
湖　南	3	12.94	1	19.52	1	1.00
广　东	1	33.29	9	0.90	22	0.89
广　西	4	5.99	2	10.09	8	1.00
海　南	23	0.02	23	0.07	1	1.00
四　川	26	0.00	29	0.00	29	-0.01
贵　州	16	0.25	6	1.49	1	1.00
云　南	22	0.05	21	0.10	10	1.00
西　藏	27	0.00	24	0.03	1	1.00
陕　西	19	0.11	17	0.21	11	1.00
甘　肃	28	0.00	27	0.01	1	1.00
青　海	—	—	—	—	—	—
宁　夏	29	2.88E-06	28	0.00	1	1.00
新　疆	20	0.08	19	0.17	1	1.00

说明："—"表示数据缺失。

数据来源：笔者根据海关数据计算。

表2-41 2001年各省总文化产品贸易竞争力测量指标及排名

单位：%

省　份	出口市场占有率排序 Export Market Share Ranking	出口市场占有率 Export Market Share	显示性比较优势指数排序 RCA Ranking	显示性比较优势指数 RCA	贸易竞争力指数排序 TC Ranking	贸易竞争力指数 TC
北　京	9	2.19	9	0.48	31	-0.41
天　津	4	3.72	6	1.03	30	0.40
河　北	13	0.70	11	0.46	15	0.95
山　西	15	0.25	13	0.43	17	0.94
内蒙古	22	0.07	18	0.30	11	0.97
辽　宁	10	1.97	10	0.47	26	0.79
吉　林	17	0.17	17	0.31	25	0.85
黑龙江	14	0.28	12	0.46	10	0.97
上　海	5	3.35	16	0.32	28	0.67
江　苏	6	2.71	19	0.25	21	0.87
浙　江	3	7.11	7	0.83	5	0.99
安　徽	19	0.16	21	0.19	13	0.96
福　建	2	17.54	2	3.36	6	0.98
江　西	12	1.00	4	2.56	7	0.98
山　东	7	2.36	14	0.35	27	0.73
河　南	24	0.05	30	0.08	24	0.85
湖　北	16	0.22	15	0.33	23	0.85
湖　南	8	2.36	1	3.58	12	0.96
广　东	1	51.95	5	1.45	19	0.93
广　西	11	1.27	3	2.75	8	0.98
海　南	18	0.17	8	0.56	9	0.98
重　庆	26	0.03	26	0.13	14	0.95
四　川	20	0.14	23	0.18	22	0.85
贵　州	28	0.02	27	0.13	16	0.95
云　南	23	0.06	29	0.12	18	0.94
西　藏	31	0.00	25	0.14	1	1.00
陕　西	21	0.08	22	0.19	20	0.90
甘　肃	30	0.01	31	0.05	4	0.99
青　海	29	0.01	24	0.16	2	1.00
宁　夏	27	0.03	20	0.23	3	0.99
新　疆	25	0.03	28	0.13	29	0.57

数据来源：笔者根据海关数据计算。

表2－42　2001年各省核心文化产品贸易竞争力测量指标及排名

单位：%

省　份	出口市场占有率排序 Export Market Share Ranking	出口市场占有率 Export Market Share	显示性比较优势指数排序 RCA Ranking	显示性比较优势指数 RCA	贸易竞争力指数排序 TC Ranking	贸易竞争力指数 TC
北　京	8	1.71	10	0.37	31	-0.56
天　津	10	0.62	23	0.17	29	0.17
河　北	9	0.63	7	0.42	11	0.96
山　西	27	0.02	31	0.03	28	0.38
内蒙古	20	0.08	12	0.35	9	0.97
辽　宁	7	1.74	8	0.42	21	0.84
吉　林	15	0.20	11	0.37	20	0.85
黑龙江	13	0.24	9	0.39	8	0.98
上　海	4	3.16	15	0.31	26	0.66
江　苏	5	2.56	18	0.24	22	0.84
浙　江	3	8.02	4	0.93	4	0.99
安　徽	18	0.17	20	0.20	14	0.95
福　建	2	20.73	1	3.97	6	0.99
江　西	11	0.55	3	1.40	10	0.96
山　东	6	2.28	13	0.34	25	0.77
河　南	23	0.05	28	0.08	24	0.82
湖　北	14	0.23	14	0.33	23	0.84
湖　南	17	0.19	16	0.30	27	0.58
广　东	1	55.83	2	1.56	15	0.93
广　西	12	0.36	5	0.77	16	0.93
海　南	16	0.20	6	0.65	7	0.98
重　庆	25	0.04	25	0.16	12	0.95
四　川	19	0.16	19	0.21	19	0.85
贵　州	26	0.02	26	0.16	13	0.95
云　南	22	0.06	27	0.12	17	0.93
西　藏	31	0.01	24	0.17	1	1.00
陕　西	21	0.08	22	0.18	18	0.87
甘　肃	30	0.01	30	0.05	5	0.99
青　海	29	0.01	21	0.20	2	1.00
宁　夏	24	0.04	17	0.28	3	0.99
新　疆	28	0.01	29	0.06	30	0.17

数据来源：笔者根据海关数据计算。

表 2 – 43 2001 年各省相关文化产品贸易竞争力测量指标及排名

单位：%

省 份	出口市场占有率排序 Export Market Share Ranking	出口市场占有率 Export Market Share	显示性比较优势指数排序 RCA Ranking	显示性比较优势指数 RCA	贸易竞争力指数排序 TC Ranking	贸易竞争力指数 TC
北 京	5	4.56	6	1.00	24	0.76
天 津	2	19.05	4	5.28	28	0.44
河 北	14	1.04	10	0.69	18	0.93
山 西	13	1.36	5	2.39	1	1.00
内蒙古	25	0.00	23	0.02	1	1.00
辽 宁	9	3.13	9	0.75	26	0.64
吉 林	23	0.01	24	0.02	21	0.88
黑龙江	15	0.47	8	0.77	16	0.97
上 海	6	4.28	12	0.41	25	0.69
江 苏	7	3.44	15	0.32	15	0.97
浙 江	11	2.62	16	0.30	17	0.93
安 徽	17	0.14	19	0.17	10	1.00
福 建	12	1.77	14	0.34	23	0.81
江 西	8	3.23	3	8.30	9	1.00
山 东	10	2.76	13	0.41	27	0.59
河 南	20	0.06	21	0.10	14	0.97
湖 北	16	0.20	17	0.29	19	0.92
湖 南	3	13.04	1	19.83	8	1.00
广 东	1	32.75	7	0.92	20	0.92
广 西	4	5.80	2	12.50	1	1.00
海 南	22	0.02	22	0.08	13	0.99
重 庆	26	0.00	26	0.01	1	1.00
四 川	24	0.01	27	0.01	22	0.85
贵 州	27	0.00	25	0.02	1	1.00
云 南	21	0.05	20	0.11	11	1.00
西 藏	—	—	—	—	—	—
陕 西	19	0.09	18	0.22	12	1.00
甘 肃	—	—	—	—	—	—
青 海	—	—	—	—	—	—
宁 夏	28	0.00	28	0.01	1	1.00
新 疆	18	0.12	11	0.48	1	1.00

说明："—"表示数据缺失。

数据来源：笔者根据海关数据计算。

表2-44 2002年各省总文化产品贸易竞争力测量指标及排名

单位：%

省　份	出口市场占有率排序 Export Market Share Ranking	出口市场占有率 Export Market Share	显示性比较优势指数排序 RCA Ranking	显示性比较优势指数 RCA	贸易竞争力指数排序 TC Ranking	贸易竞争力指数 TC
北　京	8	2.54	9	0.64	29	-0.09
天　津	4	3.53	6	0.99	25	0.58
河　北	13	0.76	11	0.53	10	0.96
山　西	21	0.12	23	0.23	4	0.99
内蒙古	25	0.08	21	0.31	19	0.88
辽　宁	10	1.98	12	0.53	23	0.76
吉　林	20	0.13	24	0.23	31	-0.29
黑龙江	17	0.21	18	0.34	12	0.96
上　海	5	3.38	19	0.34	26	0.55
江　苏	6	3.04	22	0.26	17	0.90
浙　江	3	8.10	7	0.90	7	0.98
安　徽	15	0.26	17	0.35	6	0.98
福　建	2	16.22	2	3.04	8	0.98
江　西	12	0.91	4	2.81	3	1.00
山　东	7	2.84	15	0.44	24	0.72
河　南	22	0.10	29	0.15	16	0.90
湖　北	16	0.26	16	0.40	20	0.87
湖　南	9	2.35	1	4.26	13	0.96
广　东	1	50.83	5	1.40	18	0.89
广　西	11	1.39	3	3.01	11	0.96
海　南	19	0.13	10	0.54	22	0.77
重　庆	30	0.02	31	0.05	15	0.92
四　川	14	0.40	13	0.48	5	0.98
贵　州	27	0.03	26	0.21	21	0.79
云　南	24	0.08	28	0.18	27	0.47
西　藏	31	0.01	14	0.47	1	1.00
陕　西	18	0.14	20	0.33	28	0.41
甘　肃	29	0.02	30	0.12	14	0.93
青　海	26	0.04	8	0.87	2	1.00
宁　夏	28	0.02	25	0.23	30	-0.25
新　疆	23	0.08	27	0.20	9	0.96

数据来源：笔者根据海关数据计算。

表 2 - 45　2002 年各省核心文化产品贸易竞争力测量指标及排名

单位：%

省　份	出口市场占有率排序 Export Market Share Ranking	出口市场占有率 Export Market Share	显示性比较优势指数排序 RCA Ranking	显示性比较优势指数 RCA	贸易竞争力指数排序 TC Ranking	贸易竞争力指数 TC
北　京	7	2.19	10	0.55	29	- 0.23
天　津	12	0.52	28	0.15	27	0.59
河　北	9	0.69	11	0.49	8	0.97
山　西	30	0.02	31	0.03	15	0.92
内蒙古	22	0.09	17	0.36	18	0.88
辽　宁	8	1.69	13	0.45	21	0.80
吉　林	19	0.15	21	0.28	31	- 0.29
黑龙江	17	0.22	18	0.35	9	0.97
上　海	4	3.05	20	0.31	25	0.66
江　苏	5	2.76	24	0.23	17	0.89
浙　江	3	9.20	6	1.02	4	0.99
安　徽	16	0.25	19	0.33	6	0.98
福　建	2	19.13	1	3.58	5	0.98
江　西	11	0.57	2	1.75	3	1.00
山　东	6	2.44	15	0.38	23	0.77
河　南	21	0.11	27	0.16	16	0.89
湖　北	15	0.25	14	0.39	19	0.87
湖　南	14	0.26	12	0.48	26	0.64
广　东	1	54.70	3	1.50	12	0.94
广　西	10	0.61	4	1.33	11	0.95
海　南	20	0.15	7	0.61	20	0.82
重　庆	29	0.02	30	0.06	14	0.92
四　川	13	0.47	8	0.56	7	0.98
贵　州	26	0.03	23	0.25	22	0.79
云　南	23	0.09	25	0.20	24	0.72
西　藏	31	0.01	9	0.56	1	1.00
陕　西	18	0.16	16	0.37	28	0.40
甘　肃	28	0.02	29	0.14	13	0.93
青　海	25	0.05	5	1.05	2	1.00
宁　夏	27	0.03	22	0.27	30	- 0.26
新　疆	24	0.07	26	0.18	10	0.96

数据来源：笔者根据海关数据计算。

表 2－46　2002 年各省相关文化产品贸易竞争力测量指标及排名

单位：%

省　份	出口市场占有率排序 Export Market Share Ranking	出口市场占有率 Export Market Share	显示性比较优势指数排序 RCA Ranking	显示性比较优势指数 RCA	贸易竞争力指数排序 TC Ranking	贸易竞争力指数 TC
北　京	8	4.28	6	1.08	23	0.61
天　津	2	18.16	4	5.10	25	0.57
河　北	13	1.06	9	0.75	15	0.93
山　西	14	0.63	5	1.23	5	1.00
内蒙古	25	0.00	25	0.02	20	0.69
辽　宁	9	3.40	7	0.91	21	0.66
吉　林	26	0.00	27	0.01	24	0.58
黑龙江	17	0.18	18	0.29	16	0.90
上　海	5	4.96	11	0.50	28	0.28
江　苏	7	4.37	15	0.37	14	0.93
浙　江	10	2.76	17	0.31	18	0.82
安　徽	15	0.33	13	0.44	10	0.97
福　建	12	2.08	14	0.39	19	0.79
江　西	11	2.57	3	7.96	6	1.00
山　东	6	4.77	10	0.74	22	0.61
河　南	20	0.06	23	0.09	9	0.97
湖　北	16	0.30	12	0.46	17	0.85
湖　南	3	12.52	1	22.70	7	1.00
广　东	1	32.04	8	0.88	26	0.56
广　西	4	5.18	2	11.18	11	0.97
海　南	23	0.04	19	0.17	29	0.17
重　庆	24	0.01	24	0.02	13	0.93
四　川	19	0.08	22	0.09	8	1.00
贵　州	28	7.81E－06	29	0.01	1	1.00
云　南	21	0.06	21	0.13	30	－0.29
西　藏	30	1.53E－06	28	0.01	1	1.00
陕　西	22	0.05	20	0.13	27	0.51
甘　肃	29	4.93E－06	30	0.00	1	1.00
青　海	—	—	—	—	—	—
宁　夏	27	0.00	26	0.01	1	1.00
新　疆	18	0.13	16	0.32	12	0.96

说明："—"表示数据缺失。

数据来源：笔者根据海关数据计算。

表 2 - 47　2003 年各省总文化产品贸易竞争力测量指标及排名

单位：%

省　份	出口市场占有率排序 Export Market Share Ranking	出口市场占有率 Export Market Share	显示性比较优势指数排序 RCA Ranking	显示性比较优势指数 RCA	贸易竞争力指数排序 TC Ranking	贸易竞争力指数 TC
北　京	10	1.78	17	0.46	31	-0.19
天　津	5	3.48	8	1.06	25	0.77
河　北	13	0.79	11	0.58	15	0.96
山　西	23	0.10	27	0.20	8	0.99
内蒙古	22	0.10	19	0.39	23	0.79
辽　宁	9	1.93	12	0.58	26	0.76
吉　林	24	0.10	28	0.19	28	0.65
黑龙江	14	0.34	15	0.51	11	0.98
上　海	4	3.89	21	0.35	30	0.58
江　苏	6	3.30	25	0.24	18	0.87
浙　江	3	9.34	9	0.98	10	0.98
安　徽	17	0.23	22	0.33	16	0.96
福　建	2	15.38	2	3.19	13	0.98
江　西	12	0.99	4	2.88	3	1.00
山　东	7	3.20	14	0.53	27	0.75
河　南	26	0.07	29	0.11	21	0.83
湖　北	15	0.33	13	0.54	20	0.84
湖　南	8	2.42	1	4.95	6	0.99
广　东	1	49.64	5	1.42	17	0.90
广　西	11	1.39	3	3.09	14	0.98
海　南	19	0.19	10	0.94	9	0.99
重　庆	30	0.01	31	0.04	24	0.77
四　川	16	0.32	18	0.44	19	0.85
贵　州	31	0.01	30	0.06	7	0.99
云　南	21	0.12	23	0.31	22	0.82
西　藏	29	0.03	7	1.19	1	1.00
陕　西	20	0.12	24	0.30	29	0.59
甘　肃	28	0.04	26	0.21	5	1.00
青　海	25	0.09	6	1.41	2	1.00
宁　夏	27	0.05	16	0.47	4	1.00
新　疆	18	0.22	20	0.38	12	0.98

数据来源：笔者根据海关数据计算。

表2-48 2003年各省核心文化产品贸易竞争力测量指标及排名

单位：%

省　份	出口市场占有率排序 Export Market Share Ranking	出口市场占有率 Export Market Share	显示性比较优势指数排序 RCA Ranking	显示性比较优势指数 RCA	贸易竞争力指数排序 TC Ranking	贸易竞争力指数 TC
北　京	8	1.27	19	0.33	31	-0.41
天　津	12	0.51	27	0.15	26	0.75
河　北	9	0.63	14	0.47	12	0.97
山　西	28	0.03	30	0.06	14	0.97
内蒙古	22	0.12	15	0.44	24	0.80
辽　宁	7	1.61	12	0.48	23	0.81
吉　林	23	0.11	24	0.22	29	0.64
黑龙江	13	0.37	9	0.56	8	0.99
上　海	4	3.50	20	0.32	28	0.71
江　苏	5	2.94	26	0.22	21	0.84
浙　江	3	10.65	7	1.12	9	0.99
安　徽	19	0.21	22	0.31	13	0.97
福　建	2	18.35	1	3.80	10	0.98
江　西	11	0.54	3	1.58	5	0.99
山　东	6	2.22	17	0.37	25	0.76
河　南	25	0.08	28	0.12	19	0.93
湖　北	15	0.31	10	0.51	22	0.82
湖　南	17	0.23	13	0.48	17	0.93
广　东	1	54.42	4	1.56	16	0.94
广　西	10	0.56	6	1.25	18	0.93
海　南	18	0.22	8	1.10	6	0.99
重　庆	30	0.01	31	0.04	27	0.75
四　川	14	0.36	11	0.50	20	0.90
贵　州	31	0.01	29	0.07	4	0.99
云　南	20	0.13	18	0.35	15	0.96
西　藏	27	0.04	5	1.35	1	1.00
陕　西	21	0.12	21	0.31	30	0.53
甘　肃	26	0.05	23	0.25	3	1.00
青　海	24	0.11	2	1.71	2	1.00
宁　夏	29	0.03	25	0.22	7	0.99
新　疆	16	0.25	16	0.44	11	0.98

数据来源：笔者根据海关数据计算。

表 2 - 49 2003 年各省相关文化产品贸易竞争力测量指标及排名

单位：%

省 份	出口市场占有率排序 Export Market Share Ranking	出口市场占有率 Export Market Share	显示性比较优势指数排序 RCA Ranking	显示性比较优势指数 RCA	贸易竞争力指数排序 TC Ranking	贸易竞争力指数 TC
北 京	8	4.07	8	1.06	22	0.69
天 津	2	16.65	4	5.08	20	0.77
河 北	13	1.48	7	1.09	12	0.95
山 西	14	0.42	10	0.82	1	1.00
内蒙古	23	0.05	22	0.17	25	0.62
辽 宁	10	3.33	9	1.00	23	0.66
吉 林	26	0.03	28	0.06	13	0.95
黑龙江	17	0.19	19	0.29	17	0.89
上 海	5	5.66	13	0.51	27	0.31
江 苏	7	4.90	18	0.36	14	0.95
浙 江	9	3.51	17	0.37	18	0.87
安 徽	16	0.31	16	0.44	15	0.94
福 建	12	2.19	14	0.45	19	0.82
江 西	11	2.97	3	8.66	5	1.00
山 东	4	7.56	6	1.25	21	0.74
河 南	25	0.04	27	0.06	28	0.27
湖 北	15	0.42	12	0.69	16	0.91
湖 南	3	12.15	1	24.82	7	1.00
广 东	1	28.41	11	0.81	24	0.66
广 西	6	5.06	2	11.26	4	1.00
海 南	24	0.05	21	0.23	11	0.96
重 庆	28	0.01	29	0.02	10	0.97
四 川	19	0.12	23	0.16	26	0.36
贵 州	—	—	—	—		
云 南	22	0.06	24	0.15	29	0.05
西 藏	27	0.01	15	0.44	1	1.00
陕 西	20	0.11	20	0.28	8	1.00
甘 肃	—	—	—	—		
青 海	29	0.01	26	0.08	1	1.00
宁 夏	18	0.19	5	1.59	6	1.00
新 疆	21	0.07	25	0.11	9	1.00

说明："—"表示数据缺失。

数据来源：笔者根据海关数据计算。

表 2 – 50　2004 年各省总文化产品贸易竞争力测量指标及排名

单位：%

省　份	出口市场占有率排序 Export Market Share Ranking	出口市场占有率 Export Market Share	显示性比较优势指数排序 RCA Ranking	显示性比较优势指数 RCA	贸易竞争力指数排序 TC Ranking	贸易竞争力指数 TC
北　京	10	2.08	15	0.60	30	0.07
天　津	7	3.48	7	0.99	22	0.86
河　北	13	0.91	17	0.58	12	0.97
山　西	23	0.09	28	0.14	3	0.99
内蒙古	24	0.08	21	0.37	31	-0.21
辽　宁	9	2.34	10	0.74	23	0.78
吉　林	25	0.08	24	0.28	26	0.65
黑龙江	14	0.46	9	0.76	9	0.98
上　海	4	4.13	22	0.33	28	0.52
江　苏	6	3.62	25	0.25	19	0.88
浙　江	3	11.19	6	1.14	8	0.98
安　徽	19	0.21	23	0.32	20	0.87
福　建	2	15.27	3	3.08	10	0.97
江　西	12	1.06	2	3.17	4	0.99
山　东	5	3.75	12	0.62	24	0.74
河　南	22	0.11	26	0.16	13	0.97
湖　北	16	0.37	11	0.65	18	0.89
湖　南	8	2.51	1	4.80	7	0.99
广　东	1	45.74	5	1.42	16	0.91
广　西	11	1.12	4	2.78	11	0.97
海　南	21	0.17	8	0.95	15	0.92
重　庆	28	0.02	30	0.05	29	0.12
四　川	15	0.39	16	0.58	21	0.87
贵　州	31	0.00	31	0.03	5	0.99
云　南	20	0.20	18	0.54	17	0.89
西　藏	30	0.01	13	0.62	6	0.99
陕　西	18	0.24	14	0.60	25	0.70
甘　肃	27	0.02	29	0.11	1	1.00
青　海	26	0.03	20	0.37	2	1.00
宁　夏	29	0.02	27	0.15	27	0.57
新　疆	17	0.27	19	0.52	14	0.94

数据来源：笔者根据海关数据计算。

表2-51 2004年各省核心文化产品贸易竞争力测量指标及排名

单位：%

省　份	出口市场占有率排序 Export Market Share Ranking	出口市场占有率 Export Market Share	显示性比较优势指数排序 RCA Ranking	显示性比较优势指数 RCA	贸易竞争力指数排序 TC Ranking	贸易竞争力指数 TC
北　京	8	1.50	18	0.43	30	-0.16
天　津	12	0.52	26	0.15	24	0.71
河　北	9	0.73	16	0.46	8	0.98
山　西	29	0.01	31	0.01	13	0.92
内蒙古	23	0.10	17	0.45	31	-0.22
辽　宁	7	1.97	12	0.62	18	0.88
吉　林	24	0.10	22	0.34	27	0.64
黑龙江	11	0.53	7	0.87	5	0.99
上　海	4	3.32	23	0.27	26	0.65
江　苏	5	3.15	24	0.21	22	0.84
浙　江	3	12.84	4	1.31	6	0.99
安　徽	19	0.23	21	0.35	21	0.85
福　建	2	18.72	1	3.78	9	0.98
江　西	10	0.57	2	1.69	7	0.99
山　东	6	2.37	20	0.39	23	0.75
河　南	22	0.12	25	0.17	10	0.96
湖　北	15	0.33	14	0.58	19	0.87
湖　南	20	0.22	19	0.41	17	0.88
广　东	1	50.72	3	1.57	12	0.93
广　西	14	0.39	6	0.96	16	0.90
海　南	21	0.21	5	1.14	15	0.91
重　庆	27	0.02	29	0.05	29	0.08
四　川	13	0.44	9	0.65	20	0.86
贵　州	31	0.01	30	0.04	4	0.99
云　南	18	0.24	10	0.65	14	0.91
西　藏	28	0.02	8	0.69	1	1.00
陕　西	17	0.26	11	0.64	25	0.65
甘　肃	26	0.02	27	0.14	2	1.00
青　海	25	0.04	15	0.47	3	1.00
宁　夏	30	0.01	28	0.06	28	0.10
新　疆	16	0.31	13	0.61	11	0.94

数据来源：笔者根据海关数据计算。

表 2－52　2004 年各省相关文化产品贸易竞争力测量指标及排名

单位：%

省　份	出口市场占有率排序 Export Market Share Ranking	出口市场占有率 Export Market Share	显示性比较优势指数排序 RCA Ranking	显示性比较优势指数 RCA	贸易竞争力指数排序 TC Ranking	贸易竞争力指数 TC
北　京	8	4.37	6	1.25	24	0.75
天　津	2	15.20	4	4.32	21	0.88
河　北	13	1.60	8	1.02	17	0.93
山　西	15	0.43	11	0.63	6	1.00
内蒙古	25	0.01	26	0.05	13	0.99
辽　宁	10	3.81	7	1.20	27	0.62
吉　林	28	0.01	27	0.02	20	0.90
黑龙江	16	0.19	19	0.31	22	0.84
上　海	5	7.35	12	0.59	29	0.33
江　苏	6	5.47	16	0.37	14	0.96
浙　江	7	4.68	13	0.48	19	0.93
安　徽	19	0.15	21	0.23	1	1.00
福　建	12	1.67	17	0.34	23	0.78
江　西	11	3.02	3	8.98	7	1.00
山　东	4	9.22	5	1.53	25	0.73
河　南	21	0.08	24	0.12	11	0.99
湖　北	14	0.52	9	0.91	18	0.93
湖　南	3	11.55	1	22.13	9	1.00
广　东	1	26.08	10	0.81	26	0.72
广　西	9	4.00	2	9.95	8	1.00
海　南	24	0.04	22	0.19	12	0.99
重　庆	27	0.01	28	0.02	1	1.00
四　川	18	0.18	20	0.27	16	0.95
贵　州	—	—	—	—	—	—
云　南	23	0.04	25	0.10	28	0.42
西　藏	26	0.01	18	0.33	15	0.96
陕　西	17	0.19	15	0.46	10	1.00
甘　肃	—	—	—	—	—	—
青　海	29	8.84E－06	29	0.01	1	1.00
宁　夏	22	0.05	14	0.48	1	1.00
新　疆	20	0.09	23	0.17	1	1.00

说明："—"表示数据缺失。

数据来源：笔者根据海关数据计算。

表 2 - 53　2005 年各省总文化产品贸易竞争力测量指标及排名

单位：%

省　　份	出口市场占有率排序 Export Market Share Ranking	出口市场占有率 Export Market Share	显示性比较优势指数排序 RCA Ranking	显示性比较优势指数 RCA	贸易竞争力指数排序 TC Ranking	贸易竞争力指数 TC
北　京	10	1.81	17	0.45	31	-0.10
天　津	7	3.19	10	0.89	20	0.85
河　北	14	0.87	15	0.61	12	0.96
山　西	20	0.12	24	0.26	13	0.96
内蒙古	23	0.09	20	0.39	29	0.41
辽　宁	9	2.30	11	0.75	22	0.82
吉　林	22	0.09	23	0.29	23	0.77
黑龙江	13	0.87	7	1.10	4	0.98
上　海	4	4.50	21	0.38	27	0.62
江　苏	5	4.18	25	0.26	17	0.91
浙　江	2	14.59	5	1.45	9	0.97
安　徽	17	0.31	16	0.45	6	0.98
福　建	3	13.86	3	3.03	10	0.97
江　西	12	0.99	2	3.09	2	1.00
山　东	6	3.80	13	0.63	25	0.73
河　南	24	0.08	27	0.13	8	0.98
湖　北	16	0.37	12	0.63	16	0.91
湖　南	8	2.43	1	4.95	1	1.00
广　东	1	43.31	6	1.39	15	0.91
广　西	11	1.12	4	2.98	18	0.91
海　南	21	0.12	9	0.90	26	0.62
重　庆	27	0.03	30	0.09	14	0.96
四　川	18	0.26	19	0.42	19	0.89
贵　州	31	0.00	31	0.01	24	0.75
云　南	26	0.04	28	0.12	30	0.11
西　藏	28	0.02	8	0.99	7	0.98
陕　西	19	0.17	18	0.42	28	0.62
甘　肃	25	0.04	22	0.31	21	0.84
青　海	29	0.01	26	0.21	11	0.96
宁　夏	30	0.01	29	0.09	3	0.99
新　疆	15	0.40	14	0.61	5	0.98

数据来源：笔者根据海关数据计算。

表 2-54　2005 年各省核心文化产品贸易竞争力测量指标及排名

单位：%

省　份	出口市场占有率排序 Export Market Share Ranking	出口市场占有率 Export Market Share	显示性比较优势指数排序 RCA Ranking	显示性比较优势指数 RCA	贸易竞争力指数排序 TC Ranking	贸易竞争力指数 TC
北　京	8	1.28	21	0.32	31	-0.36
天　津	12	0.48	27	0.13	27	0.51
河　北	10	0.74	12	0.52	5	0.98
山　西	25	0.05	29	0.11	14	0.95
内蒙古	22	0.11	15	0.49	29	0.41
辽　宁	7	2.07	10	0.67	17	0.89
吉　林	21	0.12	19	0.36	21	0.80
黑龙江	9	1.06	5	1.34	3	0.99
上　海	4	3.82	20	0.32	23	0.70
江　苏	5	3.54	24	0.22	18	0.88
浙　江	3	16.24	2	1.61	10	0.97
安　徽	14	0.34	13	0.51	6	0.98
福　建	2	17.09	1	3.74	8	0.98
江　西	11	0.50	3	1.57	2	0.99
山　东	6	2.47	17	0.41	24	0.67
河　南	23	0.09	25	0.14	9	0.98
湖　北	16	0.29	14	0.50	19	0.87
湖　南	17	0.28	11	0.56	12	0.96
广　东	1	47.87	4	1.53	15	0.94
广　西	15	0.34	8	0.91	25	0.66
海　南	19	0.15	7	1.08	26	0.60
重　庆	27	0.04	30	0.11	13	0.95
四　川	18	0.28	16	0.45	16	0.92
贵　州	31	0.00	31	0.02	22	0.75
云　南	26	0.05	26	0.14	30	0.04
西　藏	28	0.03	6	1.17	1	1.00
陕　西	20	0.12	22	0.30	28	0.41
甘　肃	24	0.06	18	0.40	20	0.84
青　海	29	0.01	23	0.26	11	0.96
宁　夏	30	0.01	28	0.11	4	0.99
新　疆	13	0.46	9	0.71	7	0.98

数据来源：笔者根据海关数据计算。

表 2 − 55 2005 年各省相关文化产品贸易竞争力测量指标及排名

单位：%

省份	出口市场占有率排序 Export Market Share Ranking	出口市场占有率 Export Market Share	显示性比较优势指数排序 RCA Ranking	显示性比较优势指数 RCA	贸易竞争力指数排序 TC Ranking	贸易竞争力指数 TC
北 京	9	3.78	9	0.93	22	0.77
天 津	2	13.19	4	3.67	19	0.91
河 北	13	1.35	8	0.94	18	0.92
山 西	15	0.39	13	0.84	16	0.96
内蒙古	27	0.00	28	0.01	1	1.00
辽 宁	10	3.15	7	1.02	27	0.69
吉 林	26	0.00	27	0.01	29	− 0.37
黑龙江	18	0.19	21	0.23	20	0.85
上 海	6	7.05	14	0.59	28	0.48
江 苏	7	6.54	16	0.41	15	0.97
浙 江	5	8.46	12	0.84	17	0.96
安 徽	19	0.17	19	0.25	14	0.97
福 建	12	1.90	15	0.41	24	0.76
江 西	11	2.79	3	8.71	10	1.00
山 东	4	8.74	5	1.44	21	0.79
河 南	21	0.04	24	0.07	12	0.98
湖 北	14	0.65	6	1.11	13	0.97
湖 南	3	10.41	1	21.18	8	1.00
广 东	1	26.42	11	0.85	23	0.76
广 西	8	4.01	2	10.63	6	1.00
海 南	22	0.03	22	0.22	1	1.00
重 庆	24	0.01	25	0.03	11	0.99
四 川	17	0.19	18	0.30	25	0.76
贵 州	—	—	—	—	—	—
云 南	23	0.03	23	0.07	7	1.00
西 藏	25	0.01	17	0.33	26	0.73
陕 西	16	0.35	10	0.87	9	1.00
甘 肃	29	7.32E − 06	29	0.01	1	1.00
青 海	—	—	—	—	—	—
宁 夏	28	0.00	26	0.03	1	1.00
新 疆	20	0.15	20	0.24	1	1.00

说明："—"表示数据缺失。

数据来源：笔者根据海关数据计算。

表 2-56   2006 年各省总文化产品贸易竞争力测量指标及排名

单位：%

省份	出口市场占有率排序 Export Market Share Ranking	出口市场占有率 Export Market Share	显示性比较优势指数排序 RCA Ranking	显示性比较优势指数 RCA	贸易竞争力指数排序 TC Ranking	贸易竞争力指数 TC
北 京	10	1.80	16	0.46	30	-0.12
天 津	6	3.16	8	0.91	20	0.85
河 北	12	1.04	9	0.78	11	0.96
山 西	19	0.12	22	0.29	6	0.99
内蒙古	20	0.12	14	0.55	23	0.73
辽 宁	9	2.11	10	0.72	21	0.82
吉 林	21	0.12	17	0.39	28	0.44
黑龙江	11	1.24	6	1.43	5	0.99
上 海	5	4.17	20	0.36	24	0.60
江 苏	4	4.34	24	0.26	17	0.91
浙 江	2	19.21	5	1.85	8	0.98
安 徽	18	0.20	23	0.28	9	0.98
福 建	3	12.76	2	2.99	10	0.97
江 西	14	0.94	4	2.45	3	1.00
山 东	7	3.10	15	0.51	22	0.73
河 南	23	0.07	28	0.10	25	0.56
湖 北	16	0.40	13	0.63	13	0.95
湖 南	8	2.67	1	5.08	1	1.00
广 东	1	40.41	7	1.30	16	0.91
广 西	13	0.97	3	2.62	12	0.96
海 南	24	0.05	18	0.38	29	0.09
重 庆	26	0.02	29	0.05	15	0.92
四 川	17	0.25	19	0.36	14	0.93
贵 州	31	9.09E-06	31	0.01	27	0.51
云 南	30	0.01	30	0.03	31	-0.32
西 藏	27	0.02	12	0.67	18	0.90
陕 西	22	0.12	21	0.32	26	0.56
甘 肃	25	0.03	26	0.21	19	0.89
宁 夏	29	0.01	25	0.23	2	1.00
新 疆	28	0.01	27	0.14	4	0.99

数据来源：笔者根据海关数据计算。

表 2 - 57 2006 年各省核心文化产品贸易竞争力测量指标及排名

单位：%

省 份	出口市场占有率排序 Export Market Share Ranking	出口市场占有率 Export Market Share	显示性比较优势指数排序 RCA Ranking	显示性比较优势指数 RCA	贸易竞争力指数排序 TC Ranking	贸易竞争力指数 TC
北 京	9	1.22	19	0.31	30	-0.39
天 津	13	0.40	27	0.12	28	0.35
河 北	10	0.94	9	0.71	12	0.97
山 西	21	0.10	24	0.24	6	0.99
内蒙古	19	0.15	11	0.67	21	0.72
辽 宁	7	1.97	10	0.67	18	0.89
吉 林	20	0.14	13	0.47	27	0.43
黑龙江	8	1.43	3	1.64	2	1.00
上 海	5	3.72	18	0.32	23	0.67
江 苏	4	3.82	25	0.23	17	0.91
浙 江	2	21.89	2	2.11	8	0.98
安 徽	18	0.21	20	0.31	9	0.98
福 建	3	15.45	1	3.62	11	0.98
江 西	12	0.47	5	1.21	4	0.99
山 东	6	2.16	17	0.36	22	0.70
河 南	23	0.08	28	0.11	24	0.53
湖 北	16	0.28	14	0.43	16	0.92
湖 南	14	0.31	12	0.60	5	0.99
广 东	1	43.86	4	1.41	13	0.94
广 西	17	0.27	8	0.72	20	0.84
海 南	24	0.06	15	0.42	29	0.03
重 庆	28	0.02	29	0.05	15	0.93
四 川	15	0.28	16	0.41	14	0.93
贵 州	31	0.00	31	0.01	26	0.47
云 南	30	0.01	30	0.03	31	-0.48
西 藏	26	0.02	6	0.81	10	0.98
陕 西	22	0.10	22	0.26	25	0.51
甘 肃	25	0.04	23	0.26	19	0.89
宁 夏	29	0.02	21	0.29	1	1.00
新 疆	27	0.02	26	0.17	3	0.99

数据来源：笔者根据海关数据计算。

表2－58 2006年各省相关文化产品贸易竞争力测量指标及排名

单位：%

省 份	出口市场占有率排序 Export Market Share Ranking	出口市场占有率 Export Market Share	显示性比较优势指数排序 RCA Ranking	显示性比较优势指数 RCA	贸易竞争力指数排序 TC Ranking	贸易竞争力指数 TC
北 京	8	4.24	8	1.08	23	0.87
天 津	2	14.60	4	4.22	19	0.92
河 北	13	1.44	7	1.09	18	0.94
山 西	17	0.22	15	0.51	13	0.99
内蒙古	26	0.01	24	0.06	1	1.00
辽 宁	11	2.68	9	0.92	28	0.64
吉 林	23	0.02	23	0.08	29	0.63
黑龙江	15	0.48	13	0.55	17	0.94
上 海	7	6.07	14	0.52	30	0.46
江 苏	6	6.48	16	0.39	20	0.92
浙 江	4	8.09	11	0.78	16	0.95
安 徽	19	0.12	20	0.16	15	0.96
福 建	12	1.59	17	0.37	26	0.76
江 西	10	2.92	3	7.60	9	1.00
山 东	5	7.00	6	1.16	24	0.77
河 南	21	0.04	25	0.05	21	0.92
湖 北	14	0.93	5	1.44	14	0.98
湖 南	3	12.46	1	23.69	7	1.00
广 东	1	26.09	10	0.84	25	0.76
广 西	9	3.90	2	10.50	8	1.00
海 南	22	0.03	19	0.20	10	1.00
重 庆	25	0.01	27	0.04	22	0.88
四 川	20	0.10	21	0.15	12	0.99
贵 州	29	5.20E－06	29	0.00	1	1.00
云 南	24	0.02	26	0.05	11	1.00
西 藏	27	0.00	22	0.10	31	－0.17
陕 西	18	0.21	12	0.57	27	0.65
甘 肃	30	3.20E－06	31	0.00	1	1.00
宁 夏	31	1.66E－06	30	0.00	1	1.00
新 疆	28	0.00	28	0.01	1	1.00

数据来源：笔者根据海关数据计算。

表 2 - 59　2007 年各省总文化产品贸易竞争力测量指标及排名

单位：%

省　份	出口市场占有率排序 Export Market Share Ranking	出口市场占有率 Export Market Share	显示性比较优势指数排序 RCA Ranking	显示性比较优势指数 RCA	贸易竞争力指数排序 TC Ranking	贸易竞争力指数 TC
北　京	10	1.62	17	0.40	30	- 0.11
天　津	6	3.00	8	0.94	20	0.85
河　北	13	0.95	11	0.68	12	0.96
山　西	20	0.11	26	0.20	11	0.97
内蒙古	24	0.06	23	0.23	28	0.40
辽　宁	9	2.05	10	0.71	22	0.82
吉　林	21	0.09	21	0.28	23	0.80
黑龙江	11	1.39	6	1.36	8	0.98
上　海	5	4.11	18	0.35	26	0.63
江　苏	4	4.11	22	0.25	21	0.84
浙　江	2	21.48	4	2.04	6	0.98
安　徽	18	0.15	25	0.21	13	0.95
福　建	3	11.53	2	2.82	10	0.97
江　西	12	1.01	3	2.25	1	1.00
山　东	7	2.77	16	0.45	25	0.77
河　南	22	0.08	28	0.12	18	0.91
湖　北	17	0.42	13	0.63	15	0.93
湖　南	8	2.72	1	5.10	3	0.99
广　东	1	40.23	7	1.33	19	0.89
广　西	14	0.83	5	1.98	14	0.93
海　南	23	0.06	14	0.57	29	0.38
重　庆	28	0.01	30	0.04	31	- 0.16
四　川	15	0.58	9	0.82	9	0.97
贵　州	31	1.35E - 06	31	0.00	27	0.50
云　南	26	0.03	29	0.07	16	0.92
西　藏	27	0.02	12	0.68	17	0.91
陕　西	19	0.12	19	0.30	24	0.80
甘　肃	25	0.03	24	0.23	7	0.98
青　海	30	0.01	20	0.30	2	1.00
宁　夏	29	0.01	27	0.13	5	0.98
新　疆	16	0.43	15	0.45	4	0.98

数据来源：笔者根据海关数据计算。

表2－60　2007年各省核心文化产品贸易竞争力测量指标及排名

单位：%

省　份	出口市场占有率排序 Export Market Share Ranking	出口市场占有率 Export Market Share	显示性比较优势指数排序 RCA Ranking	显示性比较优势指数 RCA	贸易竞争力指数排序 TC Ranking	贸易竞争力指数 TC
北　京	9	1.10	22	0.27	31	-0.36
天　津	14	0.37	28	0.11	27	0.42
河　北	10	0.86	9	0.62	8	0.98
山　西	22	0.08	26	0.15	13	0.95
内蒙古	23	0.07	20	0.28	28	0.40
辽　宁	7	2.01	8	0.69	18	0.89
吉　林	20	0.11	16	0.34	22	0.81
黑龙江	8	1.60	3	1.57	7	0.98
上　海	4	3.74	19	0.32	25	0.72
江　苏	5	3.70	24	0.22	21	0.82
浙　江	2	24.52	2	2.33	6	0.98
安　徽	18	0.17	23	0.23	10	0.97
福　建	3	13.70	1	3.35	12	0.97
江　西	11	0.66	4	1.46	3	1.00
山　东	6	2.04	17	0.33	23	0.80
河　南	21	0.09	27	0.13	17	0.91
湖　北	15	0.34	12	0.51	14	0.92
湖　南	16	0.25	14	0.47	19	0.85
广　东	1	42.93	5	1.42	15	0.92
广　西	17	0.22	11	0.53	24	0.73
海　南	24	0.07	10	0.59	29	0.31
重　庆	28	0.02	30	0.05	30	-0.14
四　川	12	0.64	6	0.91	11	0.97
贵　州	31	1.65E-06	31	0.00	26	0.50
云　南	26	0.03	29	0.08	16	0.91
西　藏	27	0.02	7	0.80	1	1.00
陕　西	19	0.13	18	0.33	20	0.83
甘　肃	25	0.04	21	0.28	9	0.98
青　海	30	0.01	15	0.37	2	1.00
宁　夏	29	0.01	25	0.15	4	0.98
新　疆	13	0.48	13	0.51	5	0.98

数据来源：笔者根据海关数据计算。

表 2 - 61　2007 年各省相关文化产品贸易竞争力测量指标及排名

单位：%

省　份	出口市场占有率排序 Export Market Share Ranking	出口市场占有率 Export Market Share	显示性比较优势指数排序 RCA Ranking	显示性比较优势指数 RCA	贸易竞争力指数排序 TC Ranking	贸易竞争力指数 TC
北　京	8	3.92	7	0.98	20	0.80
天　津	2	14.82	4	4.64	15	0.92
河　北	13	1.33	8	0.96	16	0.91
山　西	17	0.23	16	0.42	9	0.99
内蒙古	24	0.00	25	0.02	8	1.00
辽　宁	11	2.25	10	0.78	25	0.59
吉　林	25	0.00	28	0.01	28	0.17
黑龙江	15	0.44	15	0.43	14	0.93
上　海	7	5.77	12	0.49	27	0.42
江　苏	6	5.95	18	0.36	18	0.90
浙　江	4	7.82	11	0.74	12	0.94
安　徽	20	0.07	22	0.10	21	0.76
福　建	12	1.79	14	0.44	19	0.80
江　西	10	2.60	3	5.79	7	1.00
山　东	5	6.06	6	0.98	23	0.73
河　南	21	0.06	23	0.08	17	0.91
湖　北	14	0.76	5	1.14	13	0.94
湖　南	3	13.84	1	25.91	5	1.00
广　东	1	28.12	9	0.93	22	0.74
广　西	9	3.58	2	8.53	6	1.00
海　南	22	0.05	13	0.46	1	1.00
重　庆	26	0.00	29	0.01	30	-0.44
四　川	16	0.29	17	0.41	10	0.97
贵　州	—	—	—	—	—	—
云　南	23	0.01	27	0.01	11	0.95
西　藏	27	0.00	21	0.10	29	-0.25
陕　西	19	0.07	19	0.19	24	0.59
甘　肃	28	0.00	26	0.02	1	1.00
青　海	30	1.20E - 06	30	0.00	26	0.42
宁　夏	29	0.00	24	0.02	1	1.00
新　疆	18	0.17	20	0.19	1	1.00

说明："—"表示数据缺失。

数据来源：笔者根据海关数据计算。

表 2 - 62　2008 年各省总文化产品贸易竞争力测量指标及排名

单位：%

省　份	出口市场占有率排序 Export Market Share Ranking	出口市场占有率 Export Market Share	显示性比较优势指数排序 RCA Ranking	显示性比较优势指数 RCA	贸易竞争力指数排序 TC Ranking	贸易竞争力指数 TC
北　京	11	1.59	17	0.40	31	-0.21
天　津	9	2.73	9	0.93	21	0.84
河　北	12	1.02	12	0.61	11	0.97
山　西	24	0.05	29	0.08	7	0.99
内蒙古	23	0.06	25	0.22	28	0.53
辽　宁	10	2.00	11	0.68	22	0.82
吉　林	22	0.08	23	0.24	23	0.82
黑龙江	4	4.56	2	3.88	3	1.00
上　海	5	3.86	19	0.33	27	0.54
江　苏	6	3.83	24	0.23	20	0.84
浙　江	2	18.63	6	1.73	10	0.97
安　徽	18	0.20	22	0.25	14	0.95
福　建	3	9.29	4	2.33	12	0.96
江　西	13	0.96	5	1.77	5	0.99
山　东	8	2.77	16	0.43	24	0.81
河　南	21	0.08	28	0.11	18	0.88
湖　北	16	0.59	10	0.73	9	0.98
湖　南	7	2.86	1	4.86	1	1.00
广　东	1	42.50	7	1.50	17	0.91
广　西	15	0.65	8	1.27	16	0.95
海　南	27	0.03	21	0.26	30	-0.14
重　庆	30	0.01	30	0.02	29	0.12
四　川	17	0.51	13	0.56	15	0.95
贵　州	31	0.00	31	0.01	13	0.96
云　南	25	0.04	26	0.11	26	0.78
西　藏	19	0.16	3	3.22	8	0.98
陕　西	20	0.14	18	0.37	19	0.87
甘　肃	26	0.03	20	0.31	2	1.00
青　海	28	0.01	15	0.44	25	0.80
宁　夏	29	0.01	27	0.11	4	0.99
新　疆	14	0.75	14	0.55	6	0.99

数据来源：笔者根据海关数据计算。

表2-63 2008年各省核心文化产品贸易竞争力测量指标及排名

单位：%

省　份	出口市场占有率排序 Export Market Share Ranking	出口市场占有率 Export Market Share	显示性比较优势指数排序 RCA Ranking	显示性比较优势指数 RCA	贸易竞争力指数排序 TC Ranking	贸易竞争力指数 TC
北　京	9	1.12	16	0.28	31	-0.57
天　津	15	0.40	25	0.14	30	-0.39
河　北	10	0.92	11	0.55	18	0.94
山　西	27	0.02	29	0.03	13	0.96
内蒙古	23	0.07	20	0.26	5	0.99
辽　宁	8	1.92	8	0.65	10	0.97
吉　林	21	0.09	17	0.28	25	0.81
黑龙江	4	5.41	1	4.60	26	0.80
上　海	6	3.18	19	0.27	28	0.18
江　苏	5	3.51	24	0.21	24	0.81
浙　江	2	21.39	4	1.98	7	0.99
安　徽	16	0.22	18	0.28	20	0.92
福　建	3	10.87	3	2.73	12	0.96
江　西	12	0.61	6	1.13	11	0.96
山　东	7	2.11	14	0.32	22	0.86
河　南	22	0.09	28	0.12	23	0.82
湖　北	14	0.54	7	0.66	14	0.95
湖　南	19	0.15	21	0.25	9	0.97
广　东	1	45.37	5	1.60	27	0.55
广　西	20	0.12	23	0.24	8	0.98
海　南	26	0.03	22	0.25	29	-0.28
重　庆	30	0.01	30	0.02	1	1.00
四　川	13	0.57	9	0.62	17	0.94
贵　州	31	0.00	31	0.01	15	0.95
云　南	24	0.05	27	0.13	19	0.92
西　藏	17	0.19	2	3.87	2	1.00
陕　西	18	0.16	13	0.42	21	0.88
甘　肃	25	0.03	15	0.30	3	1.00
青　海	28	0.02	12	0.54	4	1.00
宁　夏	29	0.01	26	0.13	6	0.99
新　疆	11	0.83	10	0.62	16	0.95

数据来源：笔者根据海关数据计算。

表2－64　2008年各省相关文化产品贸易竞争力测量指标及排名

单位：%

省　份	出口市场占有率排序 Export Market Share Ranking	出口市场占有率 Export Market Share	显示性比较优势指数排序 RCA Ranking	显示性比较优势指数 RCA	贸易竞争力指数排序 TC Ranking	贸易竞争力指数 TC
北　京	8	3.67	7	0.91	21	0.80
天　津	3	13.06	4	4.44	13	0.93
河　北	13	1.48	8	0.88	14	0.93
山　西	18	0.21	17	0.33	8	1.00
内蒙古	26	0.01	26	0.02	24	0.64
辽　宁	11	2.39	10	0.81	26	0.62
吉　林	24	0.02	25	0.06	25	0.62
黑龙江	15	0.79	11	0.68	9	1.00
上　海	4	6.85	13	0.58	28	0.31
江　苏	7	5.24	19	0.31	18	0.84
浙　江	5	6.39	12	0.59	12	0.95
安　徽	19	0.09	23	0.12	15	0.89
福　建	12	2.27	14	0.57	19	0.83
江　西	10	2.49	3	4.61	10	0.99
山　东	6	5.72	9	0.88	23	0.73
河　南	21	0.05	24	0.07	16	0.87
湖　北	14	0.84	6	1.02	11	0.98
湖　南	2	14.89	1	25.32	7	1.00
广　东	1	29.74	5	1.05	22	0.79
广　西	9	3.01	2	5.87	1	1.00
海　南	23	0.04	16	0.34	1	1.00
重　庆	28	0.00	28	0.00	29	−0.79
四　川	17	0.26	20	0.28	17	0.86
贵　州	—	—	—	—	—	—
云　南	27	0.00	27	0.01	1	1.00
西　藏	25	0.02	18	0.33	27	0.43
陕　西	20	0.07	22	0.17	20	0.83
甘　肃	22	0.04	15	0.34	1	1.00
青　海	—	—	—	—	30	−1.00
宁　夏	29	2.62E−06	29	0.00	1	1.00
新　疆	16	0.37	21	0.27	1	1.00

说明："—"表示数据缺失。

数据来源：笔者根据海关数据计算。

表 2 - 65　2009 年各省总文化产品贸易竞争力测量指标及排名

单位：%

省　份	出口市场占有率排序 Export Market Share Ranking	出口市场占有率 Export Market Share	显示性比较优势指数排序 RCA Ranking	显示性比较优势指数 RCA	贸易竞争力指数排序 TC Ranking	贸易竞争力指数 TC
北　京	14	1.40	20	0.35	31	−0.32
天　津	8	2.46	12	0.99	21	0.82
河　北	16	0.97	14	0.74	13	0.98
山　西	27	0.02	30	0.08	29	0.11
内蒙古	22	0.07	19	0.38	28	0.36
辽　宁	10	2.34	13	0.84	19	0.85
吉　林	23	0.07	24	0.28	17	0.89
黑龙江	9	2.39	4	2.85	6	0.99
上　海	6	3.41	23	0.29	26	0.44
江　苏	4	3.60	25	0.22	22	0.81
浙　江	2	15.85	8	1.43	14	0.97
安　徽	19	0.36	17	0.49	8	0.99
福　建	3	8.95	5	2.02	15	0.96
江　西	7	2.53	2	4.12	4	0.99
山　东	12	2.10	22	0.32	24	0.79
河　南	20	0.21	21	0.35	20	0.84
湖　北	17	0.54	16	0.65	16	0.96
湖　南	5	3.53	1	7.71	9	0.99
广　东	1	43.51	7	1.46	18	0.88
广　西	11	2.23	3	3.20	1	1.00
海　南	28	0.01	29	0.13	30	−0.15
重　庆	25	0.05	28	0.14	25	0.70
四　川	13	1.60	9	1.36	7	0.99
贵　州	31	0.00	31	0.01	23	0.80
云　南	18	0.47	10	1.26	2	1.00
西　藏	24	0.06	6	1.89	12	0.98
陕　西	21	0.14	18	0.42	27	0.41
甘　肃	26	0.04	15	0.67	11	0.98
青　海	30	0.00	27	0.20	10	0.99
宁　夏	29	0.01	26	0.21	3	0.99
新　疆	15	1.06	11	1.17	5	0.99

数据来源：笔者根据海关数据计算。

表 2 - 66　2009 年各省核心文化产品贸易竞争力测量指标及排名

单位：%

省　份	出口市场占有率排序 Export Market Share Ranking	出口市场占有率 Export Market Share	显示性比较优势指数排序 RCA Ranking	显示性比较优势指数 RCA	贸易竞争力指数排序 TC Ranking	贸易竞争力指数 TC
北　京	13	0.98	23	0.24	30	-0.53
天　津	18	0.40	27	0.16	28	0.33
河　北	14	0.88	12	0.67	10	0.99
山　西	30	0.00	30	0.01	31	-0.74
内蒙古	22	0.09	16	0.45	26	0.54
辽　宁	7	2.34	11	0.84	16	0.91
吉　林	23	0.09	20	0.33	18	0.90
黑龙江	5	2.74	2	3.26	8	0.99
上　海	6	2.68	24	0.23	25	0.61
江　苏	4	3.25	26	0.20	21	0.81
浙　江	2	18.40	6	1.66	14	0.97
安　徽	17	0.41	15	0.55	7	0.99
福　建	3	10.55	4	2.38	15	0.97
江　西	8	2.06	1	3.35	5	0.99
山　东	11	1.46	25	0.22	23	0.79
河　南	19	0.25	19	0.40	20	0.84
湖　北	16	0.50	13	0.60	12	0.98
湖　南	20	0.21	17	0.45	24	0.73
广　东	1	46.99	7	1.57	19	0.90
广　西	10	1.80	3	2.58	2	1.00
海　南	28	0.02	29	0.14	29	-0.23
重　庆	25	0.06	28	0.16	17	0.91
四　川	9	1.85	8	1.57	9	0.99
贵　州	31	0.00	31	0.01	22	0.80
云　南	15	0.55	9	1.47	3	1.00
西　藏	24	0.07	5	2.25	1	1.00
陕　西	21	0.15	18	0.45	27	0.45
甘　肃	26	0.03	14	0.57	13	0.98
青　海	29	0.01	22	0.24	11	0.99
宁　夏	27	0.02	21	0.26	4	0.99
新　疆	12	1.21	10	1.32	6	0.99

数据来源：笔者根据海关数据计算。

表 2−67 2009 年各省相关文化产品贸易竞争力测量指标及排名

单位：%

省 份	出口市场占有率排序 Export Market Share Ranking	出口市场占有率 Export Market Share	显示性比较优势指数排序 RCA Ranking	显示性比较优势指数 RCA	贸易竞争力指数排序 TC Ranking	贸易竞争力指数 TC
北 京	10	3.23	11	0.80	21	0.70
天 津	3	11.35	4	4.56	14	0.93
河 北	13	1.35	7	1.04	12	0.95
山 西	21	0.09	18	0.39	1	1.00
内蒙古	25	0.01	26	0.07	28	−0.66
辽 宁	11	2.34	10	0.84	22	0.64
吉 林	28	0.01	28	0.04	23	0.58
黑龙江	14	0.88	6	1.05	10	0.98
上 海	4	6.55	13	0.55	26	0.21
江 苏	5	5.12	22	0.31	18	0.81
浙 江	6	4.88	17	0.44	13	0.95
安 徽	18	0.17	23	0.23	11	0.96
福 建	12	2.08	15	0.47	16	0.85
江 西	8	4.55	2	7.42	9	1.00
山 东	7	4.84	12	0.73	20	0.78
河 南	23	0.07	25	0.11	17	0.84
湖 北	15	0.71	9	0.85	15	0.90
湖 南	2	17.83	1	39.02	6	1.00
广 东	1	28.53	8	0.96	19	0.79
广 西	9	4.11	3	5.89	4	1.00
海 南	26	0.01	24	0.11	5	1.00
重 庆	24	0.02	27	0.05	27	−0.34
四 川	16	0.52	16	0.44	8	1.00
贵 州	—	—	—	—	—	—
云 南	19	0.12	19	0.32	7	1.00
西 藏	27	0.01	20	0.32	24	0.53
陕 西	20	0.10	21	0.31	25	0.24
甘 肃	22	0.07	5	1.11	1	1.00
青 海	—	—	—	—	—	—
宁 夏	—	—	—	—	—	—
新 疆	17	0.44	14	0.48	1	1.00

说明："—"表示数据缺失。

数据来源：笔者根据海关数据计算。

表 2 - 68 2010 年各省总文化产品贸易竞争力测量指标及排名

单位：%

省　份	出口市场占有率排序 Export Market Share Ranking	出口市场占有率 Export Market Share	显示性比较优势指数排序 RCA Ranking	显示性比较优势指数 RCA	贸易竞争力指数排序 TC Ranking	贸易竞争力指数 TC
北　京	14	1.24	21	0.35	31	-0.40
天　津	10	2.46	15	1.04	25	0.77
河　北	17	0.84	18	0.58	12	0.98
山　西	26	0.02	28	0.07	21	0.91
内蒙古	28	0.01	29	0.06	30	-0.39
辽　宁	11	1.95	17	0.71	23	0.81
吉　林	20	0.57	9	2.00	13	0.97
黑龙江	5	4.61	5	4.47	4	1.00
上　海	8	3.19	23	0.28	27	0.37
江　苏	7	3.62	26	0.21	24	0.81
浙　江	2	15.20	11	1.33	16	0.96
安　徽	16	0.91	14	1.15	8	0.99
福　建	3	9.83	8	2.17	17	0.96
江　西	4	5.41	1	6.36	3	1.00
山　东	12	1.75	24	0.27	26	0.74
河　南	23	0.37	19	0.56	19	0.93
湖　北	22	0.39	20	0.42	18	0.96
湖　南	9	2.99	2	5.92	15	0.96
广　东	1	35.95	13	1.25	22	0.89
广　西	15	1.20	10	1.98	9	0.99
海　南	30	0.01	31	0.04	29	-0.31
重　庆	19	0.63	12	1.33	10	0.98
四　川	6	3.64	7	3.05	7	0.99
贵　州	29	0.01	30	0.05	6	1.00
云　南	13	1.64	6	3.40	14	0.96
西　藏	24	0.22	4	4.49	5	1.00
陕　西	25	0.09	25	0.23	28	0.33
甘　肃	21	0.52	3	4.98	1	1.00
青　海	31	0.00	27	0.12	20	0.92
宁　夏	27	0.02	22	0.29	2	1.00
新　疆	18	0.72	16	0.88	11	0.98

数据来源：笔者根据海关数据计算。

表 2-69 2010 年各省核心文化产品贸易竞争力测量指标及排名

单位：%

省 份	出口市场占有率排序 Export Market Share Ranking	出口市场占有率 Export Market Share	显示性比较优势指数排序 RCA Ranking	显示性比较优势指数 RCA	贸易竞争力指数排序 TC Ranking	贸易竞争力指数 TC
北 京	13	0.93	21	0.26	31	-0.56
天 津	22	0.37	26	0.16	28	0.11
河 北	17	0.72	18	0.51	11	0.98
山 西	31	0.00	31	0.01	26	0.49
内蒙古	27	0.01	29	0.06	29	-0.40
辽 宁	10	1.89	16	0.69	21	0.86
吉 林	18	0.66	8	2.33	15	0.97
黑龙江	5	5.23	3	5.07	5	1.00
上 海	8	2.39	23	0.21	25	0.54
江 苏	7	3.24	24	0.19	22	0.82
浙 江	2	17.09	10	1.49	16	0.96
安 徽	12	1.04	12	1.32	9	0.99
福 建	3	11.40	7	2.52	14	0.97
江 西	4	5.29	1	6.22	4	1.00
山 东	11	1.18	25	0.18	23	0.75
河 南	21	0.42	17	0.64	18	0.92
湖 北	23	0.33	19	0.36	10	0.99
湖 南	20	0.43	15	0.86	24	0.73
广 东	1	38.03	11	1.32	20	0.91
广 西	15	0.76	13	1.26	12	0.98
海 南	29	0.01	30	0.04	30	-0.42
重 庆	16	0.74	9	1.56	7	1.00
四 川	6	4.15	6	3.48	8	0.99
贵 州	28	0.01	28	0.06	6	1.00
云 南	9	1.89	5	3.91	17	0.96
西 藏	24	0.22	4	4.51	1	1.00
陕 西	25	0.10	22	0.25	27	0.34
甘 肃	19	0.60	2	5.75	2	1.00
青 海	30	0.00	27	0.14	19	0.92
宁 夏	26	0.03	20	0.35	3	1.00
新 疆	14	0.83	14	1.01	13	0.98

数据来源：笔者根据海关数据计算。

表2-70　2010年各省相关文化产品贸易竞争力测量指标及排名

单位：%

省　份	出口市场占有率排序 Export Market Share Ranking	出口市场占有率 Export Market Share	显示性比较优势指数排序 RCA Ranking	显示性比较优势指数 RCA	贸易竞争力指数排序 TC Ranking	贸易竞争力指数 TC
北　京	10	2.73	13	0.78	26	0.64
天　津	3	12.52	4	5.27	20	0.93
河　北	14	1.38	9	0.96	18	0.96
山　西	24	0.11	20	0.38	1	1.00
内蒙古	28	0.00	28	0.02	31	-0.22
辽　宁	11	2.28	12	0.83	27	0.63
吉　林	23	0.13	19	0.45	17	0.97
黑龙江	13	1.59	6	1.54	13	0.99
上　海	4	7.05	16	0.62	30	0.16
江　苏	7	5.44	22	0.32	23	0.76
浙　江	5	6.07	17	0.53	19	0.94
安　徽	18	0.27	21	0.34	15	0.99
福　建	12	2.26	18	0.50	25	0.73
江　西	6	6.02	2	7.08	10	1.00
山　东	8	4.51	15	0.68	24	0.74
河　南	21	0.13	24	0.20	16	0.98
湖　北	16	0.65	14	0.71	21	0.90
湖　南	2	15.30	1	30.34	7	1.00
广　东	1	25.92	11	0.90	22	0.78
广　西	9	3.32	3	5.45	8	1.00
海　南	27	0.01	27	0.05	9	1.00
重　庆	25	0.08	25	0.17	28	0.54
四　川	15	1.18	8	0.99	12	0.99
贵　州	31	1.50E-08	31	0.00	1	1.00
云　南	17	0.45	10	0.94	11	1.00
西　藏	19	0.21	5	4.37	14	0.99
陕　西	26	0.04	26	0.10	29	0.25
甘　肃	22	0.13	7	1.25	1	1.00
青　海	30	1.36E-06	30	0.00	1	1.00
宁　夏	29	0.00	29	0.01	1	1.00
新　疆	20	0.19	23	0.23	1	1.00

数据来源：笔者根据海关数据计算。

表 2 -71 2011 年各省总文化产品贸易竞争力测量指标及排名

单位：%

省　份	出口市场占有率排序 Export Market Share Ranking	出口市场占有率 Export Market Share	显示性比较优势指数排序 RCA Ranking	显示性比较优势指数 RCA	贸易竞争力指数排序 TC Ranking	贸易竞争力指数 TC
北　京	16	0.98	23	0.31	30	-0.39
天　津	12	1.93	18	0.82	25	0.72
河　北	19	0.74	20	0.49	12	0.97
山　西	29	0.01	29	0.05	19	0.91
内蒙古	31	0.00	31	0.01	31	-0.92
辽　宁	13	1.71	19	0.64	22	0.82
吉　林	20	0.70	8	2.66	11	0.99
黑龙江	5	6.43	1	6.91	7	1.00
上　海	9	2.59	24	0.23	28	0.27
江　苏	7	3.50	25	0.21	24	0.80
浙　江	2	13.16	15	1.15	17	0.96
安　徽	18	0.86	17	0.96	14	0.97
福　建	3	12.95	9	2.65	15	0.97
江　西	4	7.18	2	6.23	3	1.00
山　东	15	1.35	26	0.20	26	0.66
河　南	24	0.20	27	0.20	18	0.93
湖　北	21	0.48	21	0.47	13	0.97
湖　南	10	2.46	3	4.72	6	1.00
广　东	1	30.00	16	1.07	20	0.88
广　西	17	0.88	14	1.35	5	1.00
海　南	28	0.02	28	0.14	29	-0.12
重　庆	6	4.11	4	3.94	4	1.00
四　川	8	3.17	12	2.08	9	0.99
贵　州	30	0.00	30	0.01	21	0.86
云　南	14	1.47	7	2.95	23	0.80
西　藏	23	0.22	6	3.50	8	1.00
陕　西	26	0.12	22	0.32	27	0.60
甘　肃	22	0.42	5	3.67	16	0.97
青　海	27	0.08	11	2.20	1	1.00
宁　夏	25	0.14	13	1.67	2	1.00
新　疆	11	2.13	10	2.40	10	0.99

数据来源：笔者根据海关数据计算。

表 2－72　2011 年各省核心文化产品贸易竞争力测量指标及排名

单位：%

省　份	出口市场占有率排序 Export Market Share Ranking	出口市场占有率 Export Market Share	显示性比较优势指数排序 RCA Ranking	显示性比较优势指数 RCA	贸易竞争力指数排序 TC Ranking	贸易竞争力指数 TC
北　京	16	0.76	22	0.24	30	－0.54
天　津	23	0.21	28	0.09	28	－0.18
河　北	17	0.64	18	0.43	13	0.98
山　西	29	0.00	30	0.01	26	0.49
内蒙古	31	0.00	31	0.00	31	－0.94
辽　宁	11	1.70	17	0.63	20	0.86
吉　林	15	0.82	7	3.13	11	0.99
黑龙江	4	7.29	1	7.84	7	1.00
上　海	10	1.92	25	0.17	27	0.47
江　苏	8	3.05	24	0.19	22	0.80
浙　江	3	14.40	13	1.26	15	0.97
安　徽	13	0.96	15	1.07	14	0.97
福　建	2	14.71	8	3.01	12	0.98
江　西	5	7.06	2	6.13	5	1.00
山　东	14	0.91	27	0.14	24	0.62
河　南	22	0.22	23	0.21	18	0.93
湖　北	20	0.44	19	0.42	10	0.99
湖　南	26	0.13	21	0.25	17	0.95
广　东	1	30.85	14	1.10	19	0.90
广　西	18	0.57	16	0.86	6	1.00
海　南	28	0.02	26	0.14	29	－0.19
重　庆	6	4.69	3	4.49	2	1.00
四　川	7	3.53	11	2.31	8	1.00
贵　州	30	0.00	29	0.01	21	0.84
云　南	12	1.63	6	3.27	23	0.79
西　藏	21	0.24	5	3.79	4	1.00
陕　西	25	0.13	20	0.36	25	0.59
甘　肃	19	0.47	4	4.09	16	0.96
青　海	27	0.09	10	2.52	1	1.00
宁　夏	24	0.15	12	1.72	3	1.00
新　疆	9	2.41	9	2.72	9	0.99

数据来源：笔者根据海关数据计算。

表 2 - 73　2011 年各省相关文化产品贸易竞争力测量指标及排名

单位：%

省　份	出口市场占有率排序 Export Market Share Ranking	出口市场占有率 Export Market Share	显示性比较优势指数排序 RCA Ranking	显示性比较优势指数 RCA	贸易竞争力指数排序 TC Ranking	贸易竞争力指数 TC
北　京	11	2.22	14	0.71	29	0.62
天　津	3	11.73	3	5.01	21	0.93
河　北	14	1.31	11	0.87	17	0.96
山　西	25	0.08	25	0.29	10	1.00
内蒙古	30	0.00	31	0.01	13	0.98
辽　宁	12	1.74	16	0.65	28	0.64
吉　林	29	0.00	29	0.02	30	0.53
黑龙江	13	1.51	6	1.62	12	0.99
上　海	5	6.41	20	0.58	31	0.04
江　苏	7	6.04	23	0.37	24	0.81
浙　江	6	6.07	21	0.53	20	0.93
安　徽	20	0.32	24	0.35	8	1.00
福　建	9	2.89	18	0.59	27	0.71
江　西	4	7.86	2	6.82	9	1.00
山　东	8	3.88	19	0.59	26	0.72
河　南	24	0.11	27	0.11	19	0.95
湖　北	17	0.73	15	0.71	22	0.90
湖　南	2	15.72	1	30.15	6	1.00
广　东	1	25.14	10	0.90	25	0.77
广　西	10	2.69	4	4.10	1	1.00
海　南	27	0.02	26	0.13	23	0.81
重　庆	16	0.84	12	0.80	16	0.96
四　川	15	1.17	13	0.76	15	0.97
贵　州	31	0.00	30	0.01	1	1.00
云　南	18	0.57	9	1.14	1	1.00
西　藏	23	0.11	5	1.80	18	0.95
陕　西	26	0.03	28	0.07	14	0.98
甘　肃	21	0.14	8	1.23	1	1.00
青　海	28	0.01	22	0.37	1	1.00
宁　夏	22	0.11	7	1.33	11	1.00
新　疆	19	0.56	17	0.63	7	1.00

数据来源：笔者根据海关数据计算。

一 出口市场占有率

表2－74是排名前五位省份和排名后五位省份的出口市场占有率情况对比。可以看出，前五名省份占有了大部分的出口市场份额，其中，核心文化产品的市场竞争力最强，而相关文化产品市场竞争力较弱。类似的，后五名省份的核心文化产品出口能力也强于其相关文化产品，然而，其市场占有率只有不到0.25%，占据很小一部分。

**表2－74 2000～2011年前五名与后五名省份
文化产品平均出口市场占有率**

单位：%

	前五名省份出口市场占有率	后五名省份出口市场占有率
总文化产品	77.86	0.24
核心文化产品	84.67	0.18
相关文化产品	68.66	0.12

数据来源：笔者根据海关数据计算。

表2－75 2000～2011年前五名省份总文化产品出口市场占有率排名

省份	广东	浙江	福建	上海	江苏
组内排名	1	2	3	4	5
平均排名	1.0	2.4	2.6	5.4	5.7

数据来源：笔者根据海关数据计算。

由图2－13可以看出，2000～2011年广东省的文化产品出口市场占有率位居第一，一直保有30%以上的市场份额，但该占有率呈明显的下降趋势，除了2008年和2009年存在小幅回升外，整体逐渐

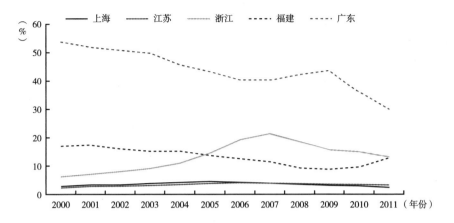

图 2 – 13　2000 ~ 2011 年前五名省份总文化产品出口市场占有率

数据来源：笔者根据海关数据计算。

让位于其他省份。相应的，浙江的总文化产品市场占有率较十一年前
有所提高，由 2000 年的 6% 增加到 2011 年的 13% 。与之相比，平均
排名为第四和第五的上海和江苏的总文化产品出口市场占有率近十年
几乎没有变化，保持在 3.5% 的平均水平。

表 2 – 76　2000 ~ 2011 年前五名省份核心文化产品出口市场占有率排名

省份	广东	福建	浙江	上海	江苏
组内排名	1	2	3	4	5
平均排名	1.0	2.4	2.6	5.3	5.3

数据来源：笔者根据海关数据计算。

核心文化层面，广东省仍然保持第一的市场份额，而浙江和福建
省的排名却发生了对调，即福建省成为第二名，浙江省位居第三。可
以推测，福建省的核心文化产业带动了该省全文化产业的发展。排名
第四和第五的上海和江苏依旧保持基本稳定。

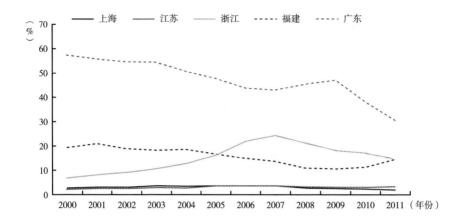

图 2 – 14　2000～2011 年前五名省份核心文化产品出口市场占有率

数据来源：笔者根据海关数据计算。

表 2 – 77　2000～2011 年前五名省份相关文化产品出口市场占有率排名

省份	广东	天津	湖南	上海	山东
组内排名	1	2	3	4	5
平均排名	1.0	2.3	2.7	5.3	6.5

数据来源：笔者根据海关数据计算。

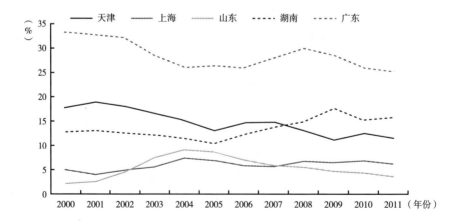

图 2 – 15　2000～2011 年前五名省份相关文化产品出口市场占有率

数据来源：笔者根据海关数据计算。

相关文化层面，各省的差异和变化比较明显。五个省级行政区中，除广东和上海外，其他省份位次均发生变化。广东虽然仍居第一，但市场占有率总体下降，在 25% ~ 35% 的区间波动。上海虽稳居第四，且市场占有率显著提高到了 5% 以上，但波幅也相对明显。其余三个省份，天津和湖南取代了原先的浙江和福建，呈交错消长之势。山东省作为孔孟之乡、中华文化的源头，其文化产业也不甘示弱，在相关文化产品出口市场上挺进了前五名。

表 2 - 78　2000 ~ 2011 年后五名省份总文化产品出口市场占有率排名

省份	贵州	青海	宁夏	西藏	甘肃
组内排名	5	4	3	2	1
平均排名	29.5	28.3	27.8	26.8	26.0

数据来源：笔者根据海关数据计算。

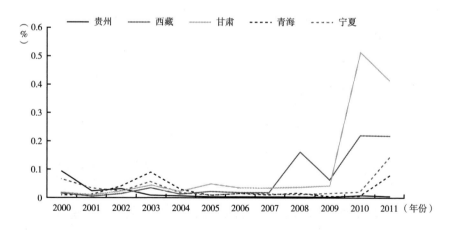

图 2 - 16　2000 ~ 2011 年后五名省份总文化产品出口市场占有率

数据来源：笔者根据海关数据计算。

后五名的省份，其总文化产品出口市场占有率基本不超过 0.5%。排名倒数第一的甘肃省，除了 2010 年和 2011 年外，其余年份市场占有率均在0.1%以下。排名倒数第二的西藏自治区，在2010年和2011年，也突破了0.2%的出口市场份额，在2008年还出现了一个较大的波动。对于青海和宁夏两省区，2011年是二者的增长年，其出口市场占有率高于以往其他年份。除了贵州省，其余四省份在2003年均出现了一个较小的波峰。贵州省自2000年起，一路下行，至2011年，几乎没有文化出口。

表2-79 2000～2011年后五名省份核心文化产品出口市场占有率排名

省份	贵州	青海	山西	宁夏	西藏
组内排名	5	4	3	2	1
平均排名	29.3	27.9	27.2	27.1	26.1

数据来源：笔者根据海关数据计算。

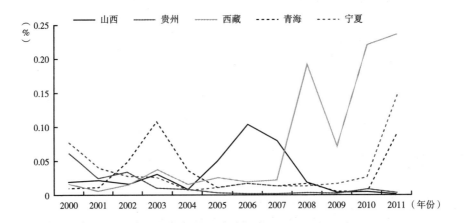

图2-17 2000～2011年后五名省份核心文化产品出口市场占有率

数据来源：笔者根据海关数据计算。

核心文化层面上，青海和山西在2003年和2006年先后达到了0.10%的峰值，而西藏在经历2008年和2009年的波动后，于2010年开始一路上扬，呈继续上升的趋势。拥有相同趋势的是青海和宁

夏。而贵州省的核心文化层面依然不见起色，市场占有率几乎呈一路
下降趋势。

表2-80　2000~2011年后五名省份相关文化产品出口市场占有率排名

省份	青海	吉林	宁夏	内蒙古	贵州
组内排名	5	4	3	2	1
平均排名	1.0	2.3	2.7	5.3	6.5

数据来源：笔者根据海关数据计算。

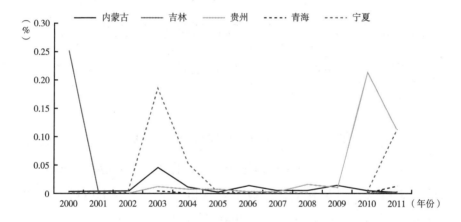

图2-18　2000~2011年后五名省份相关文化产品出口市场占有率

数据来源：笔者根据海关数据计算。

相关文化层面上，部分省份数据缺失，表明该省份该年份无相关
文化产品出口。在有出口的年份，后五名的省份出口市场占有率依旧
不超过0.25%。贵州的平均排名有所提升，主要原因是2010年的带
动作用。宁夏在2003年经历了一次较大的相关文化产品出口增长。
内蒙古跌入了后五名，除了2003年有小幅突起外，其余年份表现平
平。青海在相关文化层面几乎没有出口，亦表现平淡。吉林省自
2001年起便处于出口市场份额的底层，一度没有出口。

二　显示性比较优势情况

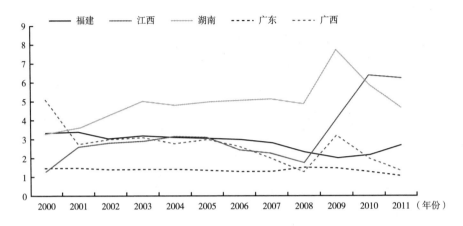

图 2-19　2000～2011 年前五名省份总文化产品 RCA 指数

数据来源：笔者根据海关数据计算。

　　总体上看，前五名省份的 RCA 指数变动区间较大，且都处在高位。广东省虽然出口市场占有能力较强，但其 RCA 指数在前五名省份中排名最低，可见其文化产业主要从量上而不是质上取胜。广西和福建在五省中有下降趋势，竞争优势有所减弱。江西省异军突起，自 2008 年的低谷后 RCA 指数显著上升，达到 6.3 的高位。湖南省的出口竞争优势一直较强，RCA 指数均在 3 以上，且 2009 年明显增加，达到 7.7 的水平。

　　核心文化层面，广东依旧四平八稳，浙江在 2006～2008 年有小波动，福建保持了平稳态势。而值得注意的是，原先显著性比较优势不强的黑龙江省自 2002 年以后 RCA 指数一路上扬，除 2008 年有小幅波动之外，增速最猛，且有望在以后年份继续上升。江西省也秉承了总文化产品的优良表现，自 2008 年后突飞猛进，但仍不及黑龙江。

　　从总体上看，后五名的波动幅度都不大，RCA 指数几乎为 0.5

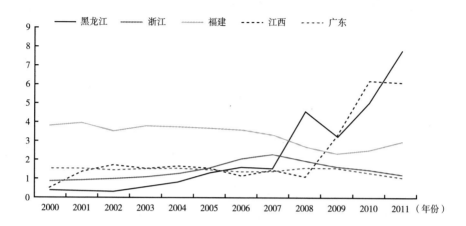

图 2 – 20　2000～2011 年前五名省份核心文化产品 RCA 指数

数据来源：笔者根据海关数据计算。

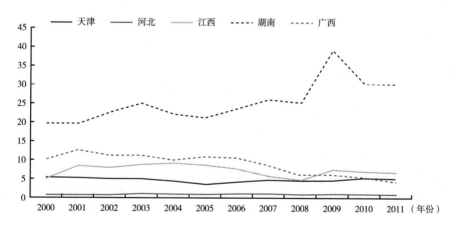

图 2 – 21　2000～2011 年前五名省份相关文化产品 RCA 指数

数据来源：笔者根据海关数据计算。

以下。但重庆市在 2010 年和 2011 年两年 RCA 指数显著上升，表现出极强的显著性比较优势。而其余四省份，RCA 指数始终保持在 0.8 以下，显著性比较优势较弱。其中，山西和贵州省的显示性比较优势在下降，江苏省保持稳定，河南省则在 2010 年有了小幅波动。

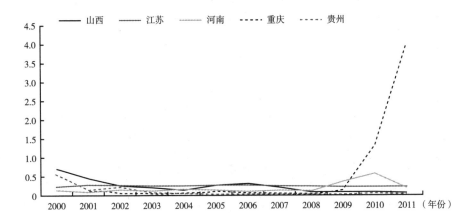

图 2 - 22　2000～2011 年后五名省份总文化产品 RCA 指数

数据来源：笔者根据海关数据计算。

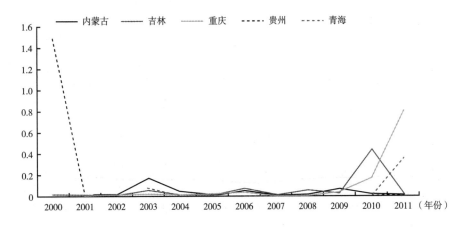

图 2 - 23　2000～2011 年后五名省份相关文化产品 RCA 指数

数据来源：笔者根据海关数据计算。

相关文化层面，贵州自 2001 年从 1.5 跌落谷底后便再无反弹。重庆的增长势头也不算猛，最高增至 0.8，可见其核心竞争力在于核心文化产品。青海的 RCA 指数在 2010 年以前几无波动，到 2011 年有所改善，但仍然处于弱势。吉林省竞争力最强的年份在 2010 年，

RCA 指数首次超过了 0.4，然而总体来看其相关文化产品的显著性比较优势还是不强。

三 贸易竞争力情况

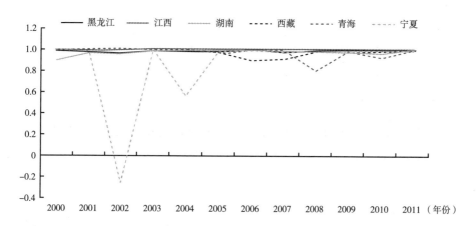

图 2 - 24　2000～2011 年前五名省份相关文化产品 TC 指数

数据来源：笔者根据海关数据计算。

总体来看，前五名省份中，青海和宁夏两省份并列第五。宁夏在 2002 年和 2004 年出现了较明显的波动，可以认为其文化产品出口额显著减少，在 2002 年甚至低于进口额。青海也在 2008 年减少了文化产品出口。其余各省份，在近 11 年具有强劲的文化产品出口竞争力。

核心文化层面，宁夏在 2002 年和 2004 年，表现与前述总文化产品吻合，文化产品出口额大幅减少。青海也是呼应了其总量上的表现。其余三省，TC 指数基本保持在 1 左右，即有极大的核心文化产品竞争优势。

相关文化层面，广西和新疆在 2002 年也引起注意，出口额稍有下降。其余年份，各省的 TC 指数接近 1，相关文化产品贸易竞争力极强。

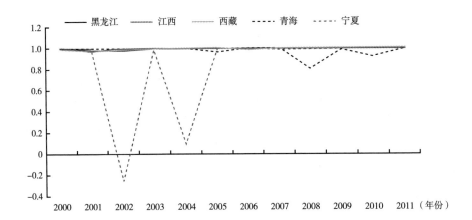

图 2 - 25　2000～2011 年前五名省份核心文化产品 TC 指数

数据来源：笔者根据海关数据计算。

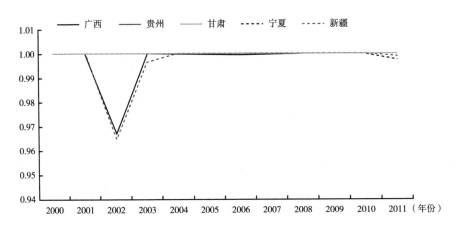

图 2 - 26　2000～2011 年前五名省份相关文化产品 TC 指数

数据来源：笔者根据海关数据计算。

核心文化层面，情况与总体类似。内蒙古波动剧烈，北京则始终处于竞争劣势地位，天津跌落后五名，上海贸易竞争优势不明显，陕西也处于不断波动的状态。

相关文化方面，情况与前述大有不同。除了上海以外，其余四名

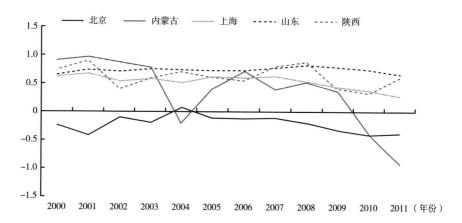

图 2 - 27 2000 ~ 2011 年后五名省份总文化产品 TC 指数

数据来源：笔者根据海关数据计算。

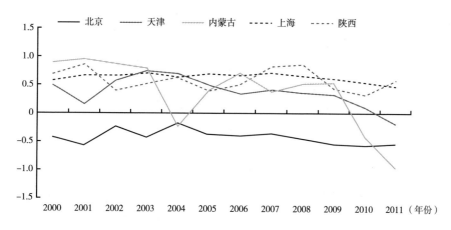

图 2 - 28 2000 ~ 2011 年后五名省份核心文化产品 TC 指数

数据来源：笔者根据海关数据计算。

均换入新的省份。吉林成为五省市中波动最大的一个，在 2005 年急剧跌至文化贸易竞争劣势地位，其余年份则波动剧烈。上海的相关文化产品贸易竞争力几乎逐年下滑，至 2011 年已接近 0 的水平，几乎丧失竞争优势。山东和辽宁在平稳中上升，贸易竞争力有所改善。广

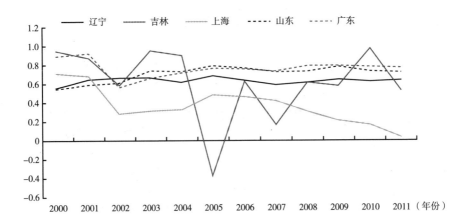

图 2-29 2000～2011 年后五名省份相关文化产品 TC 指数

数据来源：笔者根据海关数据计算。

东虽然不具有较强的显著性比较优势，但其 TC 指数显示，该省相关
文化产品竞争力极强。

第三章　主要国家的文化贸易竞争力

第一节　创意产品与服务国际贸易的全球趋势

创意产业从 20 世纪 90 年代由英国率先倡导以来，在全球蓬勃发展，被认为是继制造业、IT 产业之后又一轮新兴的产业浪潮，成为一些国家促进经济增长、刺激就业的战略选择之一。根据 UNCTAD 的定义，文化创意产业包括文化创意产品和文化创意服务。创意产业已经成为国际贸易中比较活跃的新兴部门。各国纷纷将发展文化创意产业作为提升国家经济实力与软实力的重要途径，文化创意产业逐步成为这些国家和地区的战略产业和支柱产业之一。

2008 年全球金融危机使欧美等发达国家的实体经济受到重创，各国进口需求萎缩，世界贸易下滑了 12%，然而创意产品贸易却逆势上扬。据 2008 年联合国首次发布的创意经济报告，创意经济正在成为世界经济中最具活力的部分，并为发展中国家提供了新的、快速成长的机会。金融危机后，创意产业贸易在全球市场中得到了快速的发展。世界文化创意产品和服务出口由 2008 年的 7872.78 亿美元增加到 2012 年的 8980.80 亿美元，年均增长率为 4.49%（见图 3 - 1），成为国际贸易中增长最快的领域之一，创意产业自 2008 年以来，出口额一直大于进口额（见图 3-2）。

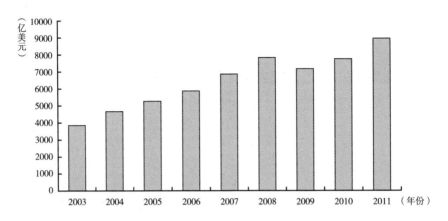

图 3-1　世界创意产业出口总额

数据来源：UNCTAD。

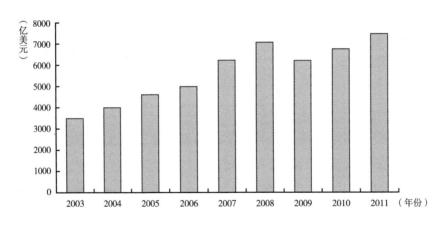

图 3-2　世界创意产业进口总额

数据来源：UNCTAD。

　　其中，世界创意产品出口额由 2008 年的 4172.85 亿美元增加到 2011 年的 4898.14 亿美元，年均增长 5.49%（见图 3-3），2003 年至金融危机之前创意产品一直处于逆差状态，在金融危机之后转为顺

差，且逆差有扩大的势（见图3－3、图3－4）；创意服务出口额由
2008年的3699.92亿美元增加到2011年的4082.66亿美元，年均增
速3.33%①（见图3－5），创意服务处于顺差状态（见图3－5、图
3－6）。

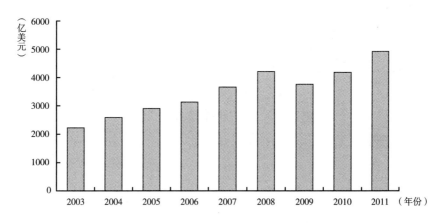

图3－3　世界创意产品出口额

数据来源：根据UNCTAD数据计算得出。

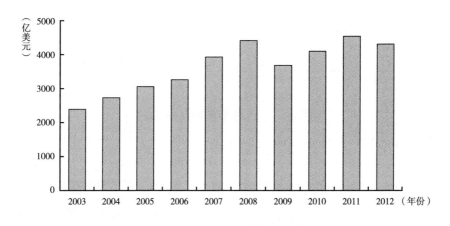

图3－4　世界创意产品进口额

数据来源：根据UNCTAD数据计算得出。

———————

① 数据来源于UNCTAD。

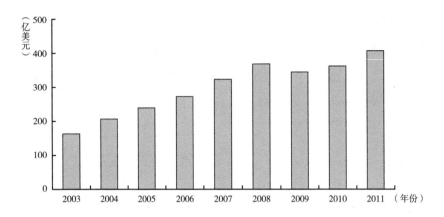

图 3 - 5　世界创意服务出口额

数据来源：根据 UNCTAD 数据计算得出。

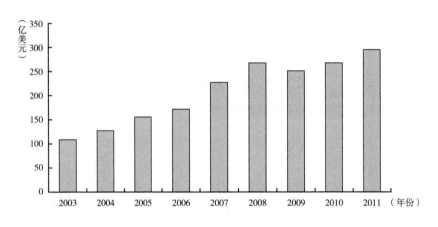

图 3 - 6　世界创意服务进口额

数据来源：根据 UNCTAD 数据计算得出。

创意服务出口额的年均增长率大于创意产品出口额的年均增长率，成为创意产业发展的主要力量。按国别来看，发达国家经济体是创意产业的主导者。美国的创意产业年增长速度达到 14%，英国为 12%，日本每年出口到美国的动漫产品收入已经超过 50 亿美元，相当于日本对美国钢铁出口收入的 4 倍。

第二节　全球创意产业市场的主要竞争者——印度

全球创意产业发展较好的国家大多集中在发达国家，在创意产业的分项贸易中，发达国家和发展中国家的优势侧重点不同，发达国家的优势在一些原创性强、高附加值、高技术含量的行业中十分显著。比如，美国的传媒业和电影业，德国的出版业，英国的音乐业、软件业等，这些创意产业大多执国际产业界之牛耳。发展中国家创意产业的优势主要集中于劳动密集型产品，如手工艺品等。

一　印度创意产业发展概况

印度创意产业的发展主要得益于其经济的高速增长、独特的社会结构、宽松的政府管制及全球化的影响。1991 年，印度政府为了重振本国经济，开始了以放松管制、经济自由化为核心的全面经济改革，其中包括对文化产业的改革，因此，社会各种力量被激活，资源得到了合理的重新分配，促进了生产力的解放，增加了社会总供给规模。这些有利的制度和经济环境使印度的文化产业由此得到了快速的发展。金融危机之后，为了给本国的创意产业营造良好的商业环境，印度政府采取了有针对性的刺激政策，加大了对文化产业的投入。此外，印度政府还从国家层面积极推动创意产业间的国际合作，如 2012 年 4 月，印度与日本两国政府签订了内容创意产业协作推进声明书。

在印度创意产业中，电影业、音乐、动漫产业、广告业、软件设计和服务外包业发展较好。在印度，电影业一直是创意产业的主力军，印度宝莱坞被誉为世界的电影工厂；音乐歌舞是印度最具潜力的产业，印度著名的歌舞片《倾国倾城》和《粉红色的回忆》在全球都有很大的影响力，影响着世界文化潮流；印度的动漫产业已经出现一批具有国际知名度的动漫公司，如亚洲最大的动画服务提供商 DQ Entertainment、信实娱乐公司、UTV 等；在印度经济改革的进程中，广告业也迅速发展起来，近年来印度已成为继日本和中国之后的亚洲第三大广告市场；印度的软件业已经成为实力较强和具有一定国际竞争力的领军性产业。

二 印度创意文化产业国际贸易状况

印度文化创意产业在政府一系列优惠扶持政策的推动下，充分发挥行业、企业等多种力量的优势，贸易一直呈上升趋势，印度创意产业出口以设计和工艺品为主，这两类占全部创意产业出口的85%以上。印度的文化创意产品的国际竞争力大于文化创意服务。

印度创意产品的出口额在2009年为181.56亿美元，2010年下降为139.67亿美元，2011年上升为222.12亿美元（见图3-7），连续三年保持顺差（见图3-8）；与创意产品相比，印度的创意服务出口规模相对较小，创意服务2009年出口21.08亿美元，进口5.69亿美元，顺差15.39亿美元（见图3-9），2010年和2011年为逆差（见图3-10），印度创意服务出口中规模最大的是"建筑、工程和其他技术服务"，其次是"研发服务"和"广告、市场调研及民意调查服务"。

（一）出口市场占有率指数分析

印度创意产品的出口市场占有率在全球的排名从2003年的第十三名上升到2006年的第九名，呈缓慢上升趋势。在金融危机之后，上升得更快，2011年达到第六名，显示出了较强的增长潜力（见图3-11）。具体来看，设计出口市场占有率增长最快，2003年为2.4%，2011年为6.7%，2009年达到最高为7.8%；工艺品是继设计之后的第二大出口产品，出口市场占有率一直稳定在3.0%左右，

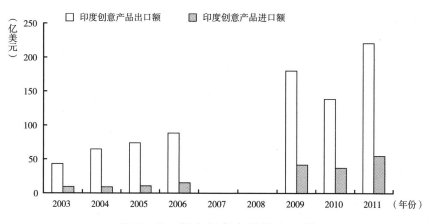

图 3 – 7　印度创意产品进出口额

说明：2007 年、2008 年数据缺失，下同。

数据来源：UNCTAD。

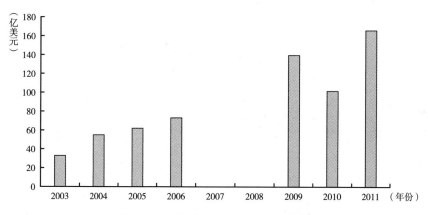

图 3 – 8　印度创意产品贸易差额

数据来源：UNCTAD。

世界排名前十（见表 3 – 1）。进一步看，文化内容 1[①] 的出口市场占
有率为 0.8%（见图 3 – 12），文化器具 1 为 6.0% 左右（见图 3 –

[①]　把创意产品按照不同的标准分为文化器具 1（手工业品、设计、表演艺术），文化内容 1
（音像制品、新媒体、印刷品、视觉艺术）；文化器具 2（手工业品、表演艺术），文化内
容 2（音像制品、新媒体、印刷品、视觉艺术、设计）（下同）。

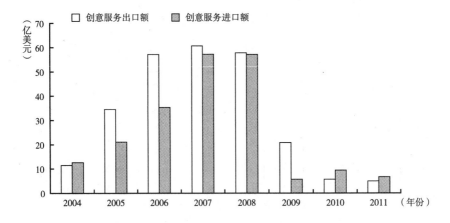

图3－9　印度创意服务进出口额

数据来源：根据 UNCTAD 数据整理。

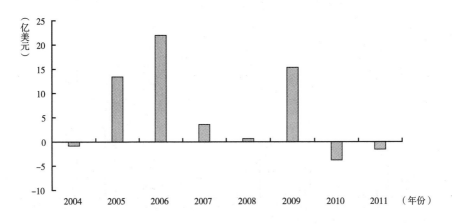

图3－10　印度创意服务贸易差额

数据来源：根据 UNCTAD 数据整理。

13）；2011 年文化内容 2 的出口市场占有率为 5.67% 左右（见图 3 -
14），2011 年文化器具 2 的出口市场占有率为 2.7%（见图 3 - 15）。
由此可知设计在文化产业中的重要性，是印度的贸易竞争力优势产
业。

表 3 - 1 印度创意产品细分类出口市场占有率

单位：%

年份 类别	2003	2004	2005	2006	2007	2008	2009	2010	2011
工艺品	3.1	3.2	3.7	3.8	0	0	3.2	3.6	3.0
视听	0.9	0.9	1.2	1.2	0	0	1.8	1.2	1.3
设计	2.4	3.4	3.4	3.8	0	0	7.8	5.0	6.7
新媒体	0.7	0.6	0.4	0.2	0	0	0.2	0.2	0.5
表演艺术	3.6	3.1	2.6	2.4	2.7	2.3	2.1	1.8	1.7
出版物	0.2	0.3	0.3	0.4	0	0	0.5	0.5	0.6
视觉艺术	2.3	2.1	2.1	1.8	0	0	1.0	0.9	0.9

说明：2007 年、2008 年数据缺失。

数据来源：UNCTAD。

表 3 - 2 印度创意服务细分类出口市场占有率

单位：%

年份 类别	2004	2005	2006	2007	2008	2009	2010
广告业	0.005	0.011	0.018	0.020	0.013	—	—
建筑工程	0.020	0.055	0.071	0.047	0.026	—	—
研究与开发	0.003	0.007	0.012	0.018	0.022	—	—
个人文化与娱乐	0.002	0.005	0.013	0.019	0.024	—	—
视觉艺术相关服务	0.008	0.021	0.031	0.027	0.023	—	—
其他个人文化与娱乐	0.008	0.018	0.038	0.052	0.066	—	—

说明：2007 年、2008 年数据缺失。

数据来源：UNCTAD。

在创意服务方面，印度的创意服务出口相较创意产品而言稍弱，其出口市场占有率 2004 年为 0.8%，世界排名第 25，金融危机之后一直呈下降趋势，2009 年为 0.86%（24）[1]，2010 年为 0.22%（36），2011 年为 0.16%（40）（见图 3 - 16），其中，建筑工程类的

---

① 括号内数字代表在世界上的排名，下同。

创意服务出口市场占有率最高，2006 年为 7.1%，2007 年、2008 年呈下降趋势，2008 年为 2.6%；其他个人文化与娱乐业发展较快，2004 年为 0.8%（22），2008 年为 6.6%（6），增长了 725%。生产性创意服务[①]2006 年出口市场占有率最高，为 3.7%（7），此后一直下降，2009 年下降为 0.87%（21）（见图 3 - 17），消费性创意服务较生产性创意服务弱，出口市场占有率不足 1%（见图 3 - 18）。

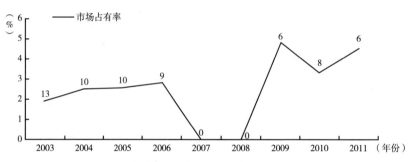

图 3 - 11　印度创意产品出口市场占有率及排名

说明：2007 年、2008 年数据缺失。
数据来源：UNCTAD。

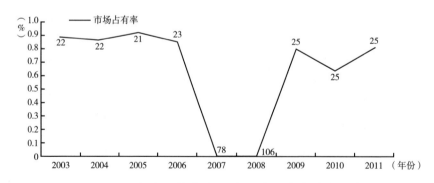

图 3 - 12　印度文化内容 1 出口市场占有率及排名

说明：2007 年、2008 年数据缺失。
数据来源：UNCTAD。

---

① 根据一定的标准把创意服务分为生产性创意服务（广告业、工程建筑业、研究与开发）和消费性创意服务（个人文化与娱乐服务、视觉艺术相关服务、其他个人文化与娱乐服务业）（下同）。

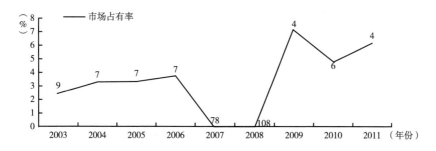

图 3－13　印度文化器具 1 出口市场占有率及排名

说明：2007 年、2008 年数据缺失。

数据来源：UNCTAD。

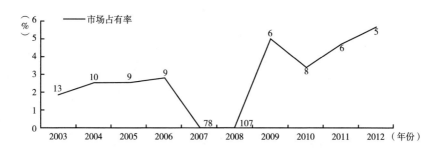

图 3－14　印度文化内容 2 出口市场占有率及排名

说明：2007 年、2008 年数据缺失。

数据来源：UNCTAD。

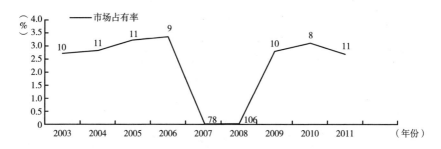

图 3－15　印度文化器具 2 出口市场占有率及排名

说明：2007 年、2008 年数据缺失。

数据来源：UNCTAD。

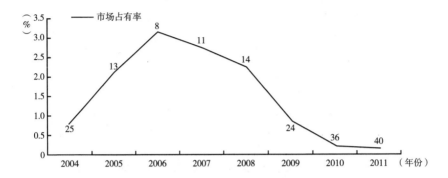

图 3 - 16　印度创意服务出口市场占有率及排名

数据来源：UNCTAD。

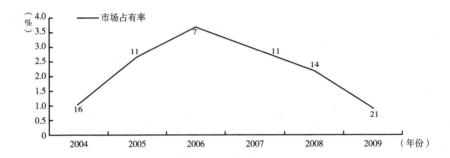

图 3 - 17　生产性创意服务出口市场占有率及排名

数据来源：UNCTAD。

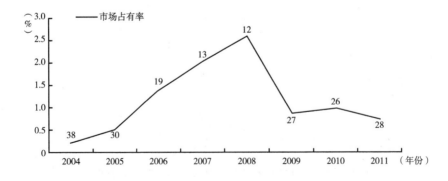

图 3 - 18　消费性创意服务出口市场占有率及排名

数据来源：UNCTAD。

（二）显示性比较优势指数分析

印度创意产品具有较强的相对竞争优势，其显示性比较优势指数在2左右（见图3-19），其设计和工艺品的国际竞争力很强，其中设计类具有极强的国际竞争力，而且不断提升，2009年RCA指数达到4.757，超过中国；与中国不同的是，其视听和视觉艺术具有极强的国际竞争力。其中，视听的RCA指数2009年达到1.103，视觉艺术的RCA指数2003年达到2.516，2009～2011年其竞争力有所下降，小于1，印度新媒体、出版物和表演艺术的国际竞争力较弱（见表3-3）。

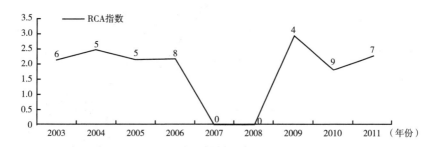

图3-19　印度创意产品显示性比较优势指数及排名

说明：2007年、2008年数据缺失。

数据来源：UNCTAD。

表3-3　印度创意产品细分类RCA指数值

年份 类别	2003	2004	2005	2006	2007	2008	2009	2010	2011
工艺品	3.375	3.142	3.069	2.910	—	—	1.936	1.939	1.525
视听	1.000	0.882	0.996	0.955	—	—	1.103	0.629	0.638
设计	2.630	3.309	2.807	2.929	—	—	4.757	2.726	3.348
新媒体	0.750	0.540	0.374	0.125	—	—	0.094	0.093	0.240
表演艺术	0.118	0.114	0.081	0.068	—	—	0.152	0.112	0.139
出版物	0.268	0.270	0.268	0.295	—	—	0.295	0.273	0.318
视觉艺术	2.516	2.046	1.711	1.388	—	—	0.581	0.469	0.473

说明："—"为数据缺失。

数据来源：UNCTAD。

2011 年印度创意服务的 RCA 指数不到 1，相对竞争优势较弱，世界排名从 2004 年的第 48 位降到 2011 年的第 94 位（见图 3 - 20）。其中，其他个人文化与娱乐和建筑工程业相对竞争优势相比其他类的创意服务竞争优势要强，其他个人文化与娱乐 RCA 指数 2008 年为 2.424（见表 3 - 4）。

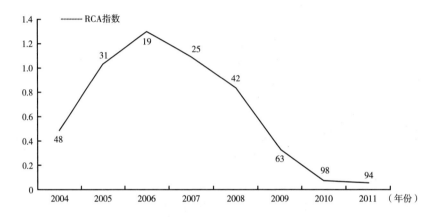

图 3 - 20 印度创意服务显示性比较优势指数及排名

说明：2007 年、2008 年数据缺失。

数据来源：UNCTAD。

表 3 - 4 印度创意服务细分类 RCA 指数值

类别 ＼ 年份	2004	2005	2006	2007	2008	2009	2010
广告业	0.307	0.554	0.757	0.789	0.474	—	—
建筑工程	1.204	2.690	2.949	1.884	0.954	0.862	—
研究与开发	0.183	0.336	0.516	0.701	0.796	—	—
个人文化与娱乐	0.122	0.236	0.545	0.773	0.892	0.603	0.349
视听及相关服务	—	—	—	—	—	—	—
其他个人文化与娱乐	0.470	0.865	1.598	2.086	2.424	—	—

说明："—"为数据缺失。

数据来源：UNCTAD。

（三）贸易竞争力指数分析

印度的创意产品贸易竞争力较强，世界排名靠前，超过英国、美国、德国等老牌发达国家，2011 年其 TC 指数为 0.6，世界排名第四（见图 3 - 21），其中，工艺品、设计、视觉艺术是创意产业中的优势主导产业，其 TC 指数均接近 1（见表 3 - 5）。文化内容 1 的贸易竞争力稍差，2009～2011 年 TC 指数均为负值。反之，文化器具 1 较强，2011 年 TC 指数为 0.83，世界排名第三；文化内容 2 的贸易竞争力大于文化内容 1，2003～2011 年，其 TC 指数均大于 0.5，文化器具 2 的 TC 指数 2009 年为 0.7（6），2011 年为 0.72（6），2012 年为 0.69（7），显示出了比较强的贸易竞争力。

印度的创意服务贸易竞争力较弱，金融危机之后有恶化的趋势，2010 年 TC 指数为 - 0.25，2011 年为 - 0.15（见图 3 - 22），其中，研究与开发、个人文化与娱乐的贸易竞争力较强，研究与开发的 TC 指数均大于 0.5（见表 3 - 6），消费性创意服务的贸易竞争力强于生产性创意服务。

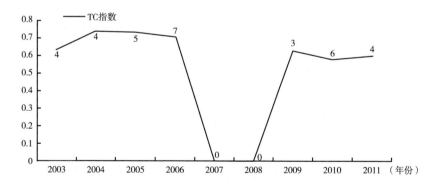

图 3 - 21　印度创意产品贸易竞争力优势指数及排名

说明：2007 年、2008 年数据缺失。

数据来源：UNCTAD。

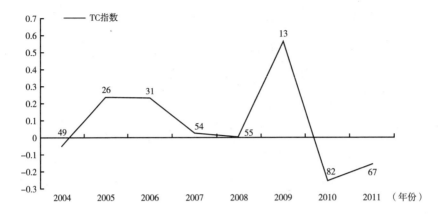

图 3 – 22　印度创意服务贸易竞争力优势指数及排名

说明：2007 年、2008 年数据缺失。

数据来源：UNCTAD。

表 3 – 5　印度创意产品细分类 TC 指数值

年份 类别	2003	2004	2005	2006	2007	2008	2009	2010	2011
工艺品	0.848	0.849	0.829	0.826	—	—	0.731	0.750	0.730
视听	-0.270	0.620	0.810	0.880	—	—	-0.520	-0.490	-0.600
设计	0.883	0.892	0.876	0.835	—	—	0.878	0.852	0.842
新媒体	-0.360	-0.260	-0.200	-0.240	—	—	-0.660	-0.710	-0.430
表演艺术	0.010	-0.130	-0.460	-0.450	—	—	-0.250	-0.410	-0.300
出版物	-0.660	-0.660	-0.630	-0.620	—	—	-0.500	-0.640	-0.630
视觉艺术	0.974	0.978	0.929	0.852	—	—	0.702	0.635	0.523

说明："—"为数据缺失。

数据来源：UNCTAD。

　　从三个贸易指标可以看出，印度文化创意产业的整体仍处于大而不强、专而不精的状态，如印度虽然是电影大国，但并非电影强国，在国际上获奖的影片屈指可数，占世界市场的份额还非常小。印度不少创意企业的主要业务也仍以代工为主，创意服务业不强，原创研发产品的比重并不高，在全球产业链中还处于较为低端的位置。

表 3 - 6　印度创意服务细分类 TC 指数值

类别 ＼ 年份	2004	2005	2006	2007	2008	2009	2010
广告业	- 0.530	- 0.260	- 0.190	- 0.440	- 0.350	—	—
建筑工程	0.050	0.320	0.250	0.010	- 0.230	1.000	0.050
研究与开发	0.514	0.576	0.614	0.550	0.534	—	—
个人文化与娱乐	- 0.140	0.030	0.490	0.500	0.370	—	—
视听及相关服务	- 0.040	0.240	0.240	0.030	0.010	—	—
其他个人文化与娱乐	- 0.140	0.030	0.490	0.500	0.370	—	—

说明："—"为数据缺失。

数据来源：UNCTAD。

第三节　全球创意产业市场的主要竞争者——日本

一　日本创意产业发展概况

日本创意产业兴起是基于消费时代的精神文化娱乐需求而发展起来的，创意产业在日本的产业结构中处于核心的战略地位，已经成为仅次于汽车制造业的第二大产业。日本创意产业题材选择和议题设定广泛，且蕴藏着相对稳定的思维范式，通过特定的价值标准来设置议程，具有跨越时空界限、思维跳跃以及多维度刻画等特性。同时，以每个城市为特色建设城市创意经济并以此形成创意产业集聚和集群是其一大特色。受经济危机的影响，2008～2010 年日本创意产业的产值呈下降趋势，2010 年下降趋势有一定的缓解，产值为 12.641 万亿日元，增长率由 2009 年的 - 7.1% 变为 - 1.6%（见表 3 - 7）。

表3-7 日本创意产业产值及增长率

单位：万亿日元，%

年份	2003	2004	2005	2006	2007	2008	2009	2010
产值	13.343	13.173	13.679	13.951	14.144	13.828	12.843	12.641
增长率	—	-0.13	3.8	2.0	1.4	-2.5	-7.1	-1.6

说明："—"为数据缺失。

数据来源：高长春、李智睿、严霜天：《日本创意产业国际贸易竞争力分析》，《日本经济》2012年第3期。

从日本创意产业的结构来看，动漫产业、数字内容产业等优势明显、地位突出，是创意产业中的主导产业。在动漫产业的发展方面，日本素有"动漫王国"之称。例如，《哆啦A梦》《千与千寻》等多部家喻户晓的动画片均产自于日本。在动漫产业的人才队伍方面，日本拥有一批国际顶尖的漫画大师和动漫导演以及动画绘制者；日本的数字内容产业也一直处于亚洲龙头地位，为日本赚了不少的外汇。日本的创意产业发展模式是政府主导型的，日本创意产业之所以发展得这么好，与国家对其大力支持是分不开的，日本从国家战略高度扶持创意产业的发展，早在1995年，日本就确立了21世纪的"文化立国"战略，同时还提供金融支持、加强相关立法和人才培养。

二 创意产业国际贸易现状

2003年日本创意产品贸易额为166.03亿美元，到2011年创意产品贸易额313.17亿美元，年均增长率达104.05%。其中，2011年创意产品出口额为97.45亿美元，进口额为215.72亿美元，呈贸易逆差（见图3-23、图3-24）。在创意服务方面，出口和进口都在快速增长，2003年创意服务的出口额和进口额分别为2.26亿美元和

16.90 亿美元，2011 年创意服务的出口额和进口额分别为 44.65 亿美元和 124.07 亿美元（见图 3 - 25），创意服务的进口总额增长速度大于出口总额的增长速度，创意服务一直呈现出逆差，且逆差额越来越大，2011 年逆差额最大为 79.42 亿美元（见图 3 - 26）。

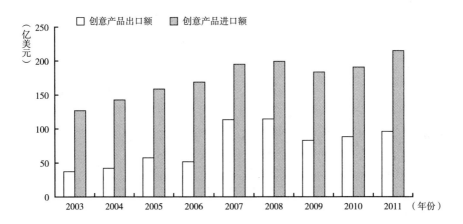

图 3 - 23　日本创意产品进出口额

数据来源：UNCTAD。

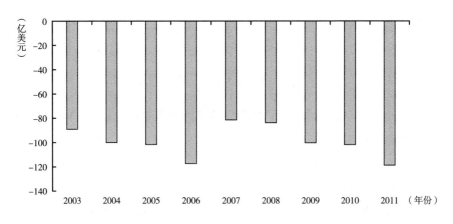

图 3 - 24　日本创意产品贸易差额

数据来源：UNCTAD。

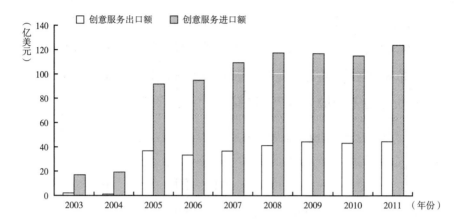

图 3 - 25　日本创意服务进出口额

数据来源：UNCTAD。

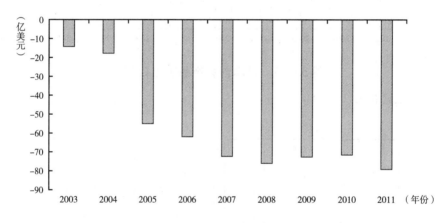

图 3 - 26　日本创意服务贸易差额

数据来源：UNCTAD。

（一）出口市场占有率指数分析

一国对外贸易竞争力水平的高低由贸易绩效、商品和服务出口、商品和服务进口等指标反映，下面笔者将从日本创意产品的出口市场占有率、显示性比较优势指数、贸易竞争力指数来分析日本创意产品的国际市场竞争力。

　　通过对日本创意产品 2003～2011 年的出口额和世界创意产品的出口总额进行统计分析，发现日本创意产品的出口总额虽然一直在增加，国际市场的占有率一直较为稳定，但日本创意产品的出口份额远远低于中国，其整体创意产品的国际出口市场占有率基本维持在 1.6%～2.7% 之间，最高也仅只有 2007 年的 3.1%（见图 3 – 27）。在分行业中，视听业出口市场占有率不断上升，2003～2006 年一直维持在 1.6% 左右，2006 年以后，在 8.0% 左右浮动；新媒体行业下滑明显，由 2007 年的 7.3% 下降到 2011 年的 1.9%（见表 3 –8）。相比而言，在出口市场占有率上除了视听行业日本比中国有优势外，音乐行业是日本另一个比中国有竞争力的行业，但其出口市场占有率也呈下降的趋势[①]。

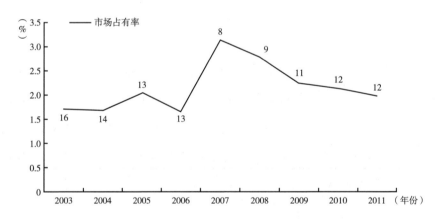

图 3 –27　日本创意产品出口市场占有率及排名

数据来源：UNCTAD。

　　文化内容 1 的出口市场占有率指数 2003 年为 1.8%，此后一直上升，2007 年为 5.12%，金融危机后开始下滑，2011 年为 2.88%，文

[①]　丛海彬、邹德玲：《中日创意产品贸易国际竞争力比较分析——基于国际分工视角》，《未来与发展》2014 年第 7 期。

化器具 1 和文化内容 2 的出口市场占有率指数在 2003～2011 年间稳定在 2.0% 左右，文化器具 2 的出口市场占有率指数 2003 年为 3.67% （8），2011 年为 2.8% （10），都较为稳定。通过对其他国家创意产品的出口额数据进行比较观测，发现日本出口市场占有率下降的主要原因是发达国家创意产品的竞争和新兴经济体创意产业的发展对国外市场的开拓。

表 3-8 日本创意产品细分类出口市场占有率

单位：%

类别＼年份	2003	2004	2005	2006	2007	2008	2009	2010	2011
工艺品	1.6	1.6	1.6	1.5	1.5	1.5	1.5	1.5	1.5
视听	1.6	1.7	1.9	1.6	9.4	9.0	6.7	7.2	6.6
设计	1.3	1.2	1.9	1.4	1.6	1.7	1.3	1.3	1.4
新媒体	2.4	2.7	2.1	1.9	7.3	3.7	3.3	2.3	1.9
表演艺术	18.8	16.9	15.4	14.0	13.8	14.9	13.0	12.5	11.8
出版物	1.3	1.4	1.4	1.3	1.5	1.7	1.9	1.8	1.5
视觉艺术	2.6	2.8	2.7	2.3	2.3	2.3	2.1	2.2	1.8

数据来源：UNCTAD。

日本创意服务的出口市场占有率较低，一直徘徊在 1.6% （见图 3-28），由于数据的缺失，我们只能看到研究与开发、个人文化娱乐、视听及相关服务三类的出口市场占有率情况，在这三类出口市场占有率中，研究与开发类的出口市场占有率指数较高，大于 5%，其他两类出口市场占有率不足 1% （见表 3-9）。

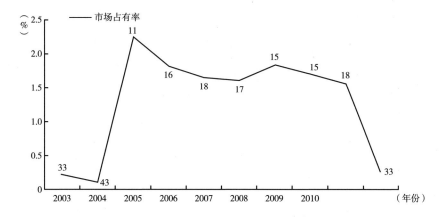

图 3 - 28　日本创意服务出口市场占有率及排名

数据来源：UNCTAD。

表 3 - 9　日本创意服务细分类出口市场占有率

单位：%

类别 \ 年份	2003	2004	2005	2006	2007	2008	2009	2010	2011
广告业	—	—	—	—	—	—	—	—	—
建筑工程	—	—	—	—	—	—	—	—	—
研究与开发	—	—	7.2	5.7	5.0	5.0	5.6	5.3	4.9
个人文化与娱乐	0.8	0.3	0.4	0.6	0.6	0.5	0.6	0.5	0.5
视听及相关服务	0.9	0.5	0.6	0.8	0.9	0.8	0.8	0.6	0.5
其他个人文化与娱乐	—	—	—	—	—	—	—	—	—

说明："—"为数据缺失。

数据来源：UNCTAD。

（二）显示性比较优势指数分析

通过对日本创意产品大类和七个子类 2003～2011 年的进出口额和世界创意产品的进出口总额进行统计分析，发现日本的创意产品的显示性比较优势并不是很强，RCA 计算结果大部分年份在 0.5 以下（见图 3 - 29 和表 3 - 10）。具体的，视听和表演艺术有较强的国际相对竞争优势。文化内容 1 的 RCA 指数小于 1，文化器具 1 的 RCA 指数均不到 0.5，文化器具 2 的 RCA 指数为 0.7，大于文化内容 2。

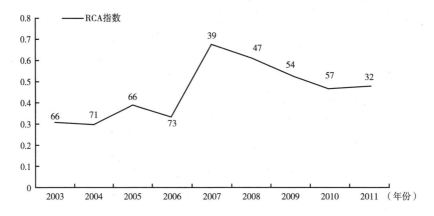

图 3 - 29　日本创意产品显示性比较优势指数及排名

数据来源：UNCTAD。

表 3 - 10　日本创意产品细分类 RCA 指数

年份 类别	2003	2004	2005	2006	2007	2008	2009	2010	2011
工艺品	0.292	0.292	0.303	0.298	0.327	0.323	0.365	0.317	0.363
视听	0.290	0.298	0.365	0.329	2.013	1.998	1.579	1.578	1.588
设计	0.227	0.213	0.360	0.283	0.350	0.378	0.300	0.281	0.344
新媒体	0.426	0.488	0.399	0.391	1.568	0.821	0.770	0.510	0.461
表演艺术	3.340	3.004	2.932	2.819	2.955	3.294	3.072	2.714	2.843
出版物	0.233	0.243	0.267	0.268	0.321	0.372	0.444	0.396	0.350
视觉艺术	0.469	0.499	0.515	0.475	0.503	0.514	0.488	0.472	0.423

数据来源：UNCTAD。

日本创意服务的国际相对竞争力优势不强，2003～2011 年 RCA 指数均小于 1，2003 年创意服务的 RCA 指数排名为第 90 名，2004 年下降为第 106 名，2011 年有所上升，排第 54 名（见图 3 - 30）。具体地，研究与开发的 RCA 指数均大于 1，显示出了较强的相对竞争优势。生产性创意服务的 RCA 指数大于 0.5 小于 1，消费性创意服务的 RCA 指数均小于 0.5（见表 3 - 11），由此得出，日本的创意服务国际相对竞争优势比较弱。

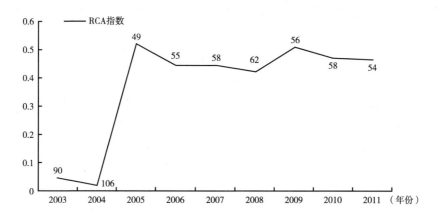

图 3 - 30 日本创意服务相对竞争力优势（RCA）指数及排名

数据来源：UNCTAD。

表 3 - 11 日本创意服务细分类 RCA 指数

类别 \ 年份	2003	2004	2005	2006	2007	2008	2009	2010	2011
广告业	—	—	—	—	—	—	—	—	—
建筑工程	—	—	—	—	—	—	—	—	—
研究与开发	—	—	1.674	1.408	1.354	1.315	1.549	1.445	1.460
个人文化与娱乐	0.194	0.076	0.098	0.148	0.160	0.140	0.163	0.132	0.135
视听及相关服务	0.209	0.107	0.142	0.197	0.245	0.220	0.228	0.160	0.160
其他个人文化与娱乐	—	—	—	—	—	—	—	—	—

说明："—"为数据缺失。

数据来源：UNCTAD。

（三）贸易竞争力指数分析

日本创意产品的贸易竞争力指数均为负值，2003～2011 年贸易竞争力指数在 -0.6～0.2 之间波动，竞争力较弱（见图 3 - 31）。具体来看，2007～2011 年视听和表演艺术的 TC 指数为正，基本小于 0.5（见表 3 - 12）。文化内容 1、文化内容 2、文化器具 1、文化器具 2 均为负值。日本的创意服务总体上也呈现出相同的情况，贸易竞争

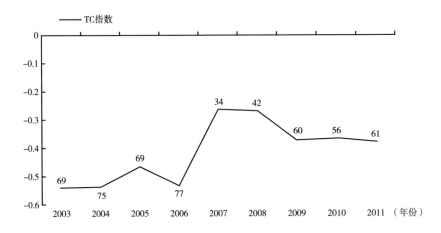

图 3 - 31　日本创意产品贸易竞争力（TC）指数及排名

数据来源：UNCTAD。

表 3 - 12　日本创意产品细分类 TC 指数

年份 类别	2003	2004	2005	2006	2007	2008	2009	2010	2011
工艺品	-0.45	-0.42	-0.43	-0.44	-0.44	-0.42	-0.42	-0.42	-0.41
视听	-0.39	-0.37	-0.26	-0.32	0.49	0.51	0.42	0.43	0.39
设计	-0.71	-0.71	-0.58	-0.66	-0.61	-0.55	-0.65	-0.61	-0.57
新媒体	-0.03	0.12	-0.38	-0.55	-0.04	-0.21	-0.30	-0.48	-0.48
表演艺术	0.338	0.319	0.259	0.182	0.202	0.292	0.198	0.245	0.227
出版物	-0.35	-0.28	-0.20	-0.15	-0.05	0.05	0.07	0.05	-0.03
视觉艺术	-0.07	-0.09	-0.08	-0.11	-0.06	-0.12	-0.16	-0.07	-0.05

数据来源：UNCTAD。

力指数在 2003～2011 年在 -0.9～0.4 之间波动，相比创意产品而言，创意服务贸易竞争力更弱，在世界各国中的排名一直处于第 90 名左右，较靠后（见图 3-32）。在具体的细分类中，研究与开发项目相较个人文化与娱乐和视听及相关服务稍好，贸易竞争力指数一直稳定在 -0.4（见表 3-13）。生产性创意服务、消费性创意服务 TC 指数 2003～2011 年均为负值。

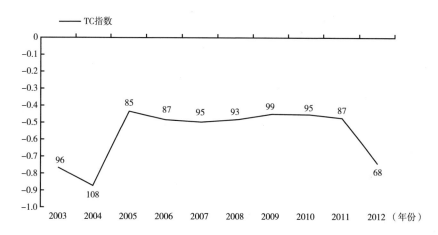

图 3-32　日本创意服务贸易竞争力（TC）指数及排名

数据来源：UNCTAD。

表 3-13　日本创意服务细分类 TC 指数

年份 类别	2003	2004	2005	2006	2007	2008	2009	2010	2011
广告业	—	—	—	—	—	—	—	—	—
建筑工程	—	—	—	—	—	—	—	—	—
研究与开发	—	—	-0.34	-0.40	-0.43	-0.43	-0.40	-0.41	-0.43
个人文化与娱乐	-0.74	-0.87	-0.84	-0.81	-0.79	-0.78	-0.73	-0.72	-0.72
视听及相关服务	-0.80	-0.87	-0.83	-0.81	-0.78	-0.77	-0.76	-0.79	-0.80
其他个人文化与娱乐	—	—	—	—	—	—	—	—	—

说明："—"为数据缺失。

数据来源：UNCTAD。

通过上文三个指数的分析，可以看出日本创意产业的基本情况是较为稳定的。从创意产业的贸易额及出口市场占有率来看，日本创意产业的发展较为成熟。但创意产品和服务的较大逆差和显示性比较优势指数、贸易竞争力指数并不容乐观。通过查找相关文献资料，笔者认为造成日本创意产品和服务逆差的原因主要是日本的经济发展阶段、日本创意产业在国际分工中的地位及来自新兴经济体的竞争。日本是传统后工业化国家，经济发展水平较高，人民生活水平较高，因此收入中有一部分被用于文化娱乐，国内居民对创意产品有较强的消费需求（见表3－14）；日本创意产业处于国际分工的水平阶段，有较为成熟的国内市场，且本国市场化程度较高，因此，对创意产品和服务的需求较大，易形成贸易逆差，从而造成显示性比较优势指数和贸易竞争力指数为负值。

表3－14　日本创意产业概况（2003～2010年）

单位：亿美元，%

年份	创意产业产值	进口总额	占世界进口总额比重	出口总额	国内消费总额
2003	1542.18	130.25	5.21	34.68	1637.75
2004	1425.19	145.26	5.10	39.89	1530.56
2005	1507.70	162.02	5.11	55.67	1614.05
2006	1620.83	171.28	5.07	49.13	1742.98
2007	1668.85	183.81	4.57	64.32	1788.34
2008	1429.95	185.12	4.40	69.88	1545.19
2009	1202.36	168.94	4.90	52.24	1319.06
2010	1109.25	172.25	4.54	58.28	1223.22

数据来源：高长春、李智睿、严霜天：《日本创意产业国际贸易竞争力分析》，《现代日本经济》2012年第3期。

第四节　全球创意产业市场的主要竞争者——韩国

一　韩国创意产业发展概况

韩国大力发展创意产业是在亚洲金融风暴之后，当时亚洲金融风暴给韩国经济以重创，致使韩国大多数产业濒临破产。为了寻找新的经济增长点，韩国政府把注意力转移到了创意产业并像日本一样确定了"文化立国"方针，明确将其作为国家战略性支柱产业。在发展模式上，韩国的做法是政府直接和强有力地主导及采取集中力量进行扶持，加大资金投入力度、对创意产业实行税收优惠、建立完善的创意产业发展体制、在全国建立各种类型的文化产业园区。为促进创意产业国际化，开拓国际市场，韩国制定了"瞄准国际市场，以中国和日本为重点的东亚作为登陆世界市场舞台"的基本战略。

韩国的创意产业中的主导优势产业主要是电影业、电视广播、游戏、音乐、出版、动漫等产业。韩国的影视产业是政府扶持的重中之重，其发展也是硕果累累，在国内外市场上都取得了不错的成绩。在国内，其票房收入不断上升，国内观众对其热情也不断高涨；在国际市场上，电影出口额也不断增加。电视广播业是寡头垄断行业，韩国的电视广播具有高度的市场化特点，受到了海内外市场的追捧。韩国的游戏产业具有很大的发展潜力，其市场规模不断扩大，其中网游的增速明显。韩国的国内音乐市场比较发达，其发展目标是有效地结合各种媒体和形式，发展成为综合性的艺术产业[①]。韩国的出版业发展

---

① 杜冰：《韩国文化产业发展现状》，《国际资料信息》2005年第10期。

较早，具有很强的商业化特点。在动漫产业方面，韩国采取"以个人制作为中心"的机制，在技术上，十分注意学习与借鉴日本和美国等发达国家的经验，在学习中创新，注意将动漫制作与自身的优势产业相结合。在投资模式上，韩国的动漫产业也形成了创业投资、政府投资以及民间投资等多种投资组合。韩国动漫界实行编辑"终身雇用制"，这有力地推动了动漫产业的发展①。

二 韩国创意产业贸易概况

韩国创意产品出口额由 2003 年的 39.67 亿美元增加到 2008 年的 54.97 亿美元，2011 年为 61.03 亿美元；创意产品的进口额总体上呈上升趋势，2003 年为 21.88 亿美元，2008 年为 64.73 亿美元，受金融危机的影响，2009 年下降为 48.44 亿美元，此后又继续上升，2011 年为 68.4 亿美元（见图 3-33）。创意产品在 2003~2006年一直是贸易顺差，2007 年及以后一直为贸易逆差（见图 3-34）。具体到创意产品的小类，韩国创意产品进出口结构极不平衡，工艺品、设计和出版物是韩国主要的出口产品，其余类别占出口比例很小；净进口的是视听、音乐、视觉艺术和新媒体。2011 年，设计占比最大，出口和进口分别占韩国创意产品总进出口额的 24.3% 和49.879%。

在创意服务方面，2003 年韩国创意服务出口额为 1.524 亿美元，2008 年为 23.659 亿美元，受金融危机的影响，2009 年降为 21.592亿美元，2009 年之后快速增长，2010 年为 22.97 亿美元，2011 年为31.266 亿美元。在创意服务的进口方面，2005 年之后快速上升，2005 年为 9.54 亿美元，2011 年为 85.029 亿美元，贸易差额一直为

---

① 赵乾海：《几大举措助力韩国重振动漫产业》，《中国文化报》2004 年 12 月 17 日。

逆差，2010 年逆差额最大为 58.91 亿美元，2011 年逆差有所好转，
为 53.763 亿美元（见图 3 –35、图 3 –36）。

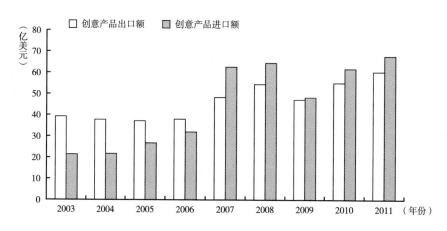

图 3 –33　韩国创意产品进出口额

数据来源：UNCTAD。

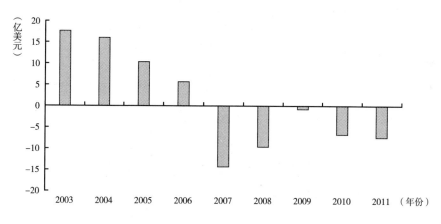

图 3 –34　韩国创意产品贸易差额

数据来源：UNCTAD。

(一)出口市场占有率分析

韩国的创意产业发展虽然比较成熟，但韩国的创意产业的市
场规模比较小，创意产品在国际市场上的比重相应也较低，

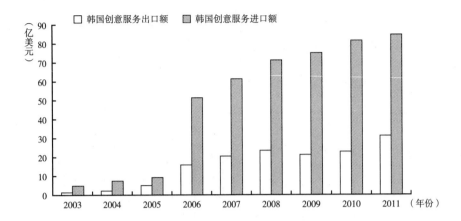

图 3 - 35　韩国创意服务进出口总额

数据来源：UNCTAD。

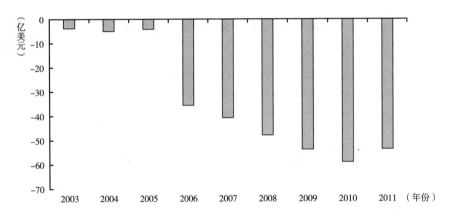

图 3 - 36　韩国创意服务贸易逆差

数据来源：UNCTAD。

2003～2011 年一直低于 2% 的水平（见图 3 - 37）。随着一些新兴经济体创意产业的发展，韩国的创意产品出口市场占有率有所萎缩，2003 年韩国创意产品的出口市场占有率为 1.77%，2011 年为 1.25%。其中，工艺品和表演艺术的出口市场占有率较高（见表 3 - 15）。

出口市场占有率呈上升趋势，2003 年出口市场占有率指数为
0.7%，2011 年为 1.8%；出口市场占有率较低，不足 1%；出口
市场占有率呈下降趋势，2003 年为 2.26%，2011 年降为 0.9%；
出口市场占有率较稳定且比较高，2007 年最高为 4.9%，世界排
名第 7。

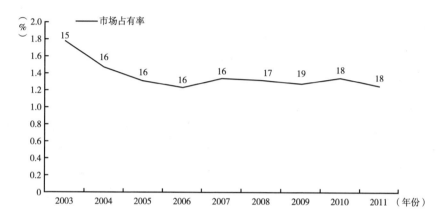

图 3－37　韩国创意产品出口市场占有率及排名

数据来源：UNCTAD。

表 3－15　韩国创意产品细分类出口市场占有率

单位：%

年份 类别	2003	2004	2005	2006	2007	2008	2009	2010	2011
工艺品	5.7	5.4	4.7	4.4	5.4	4.8	5.0	5.0	4.9
视听	0.4	0.5	0.6	0.4	0.8	0.7	0.7	0.7	0.7
设计	1.6	1.1	0.9	0.7	0.6	0.5	0.5	0.5	0.5
新媒体	1.1	1.0	0.8	0.6	2.8	2.2	2.8	3.7	4.1
表演艺术	5.3	4.6	3.9	3.3	2.6	2.0	1.6	1.6	1.5
出版物	0.9	1.1	1.2	1.2	1.1	1.3	1.3	1.7	1.6
视觉艺术	0.5	0.7	1.1	1.8	1.0	3.1	1.7	1.0	0.8

数据来源：UNCTAD。

韩国创意服务出口市场占有率较创意产品更低，但是呈上升趋势，2003年出口市场占有率指数为0.13%，2011年为1.09%（见图3-38)，细分类创意服务中的其他个人文化与娱乐、个人文化与娱乐和视听及相关服务业出口市场占有率较高，均大于1%（见表3-16)，生产性创意服务和消费性创意服务的出口市场占有率均在0.6%左右。

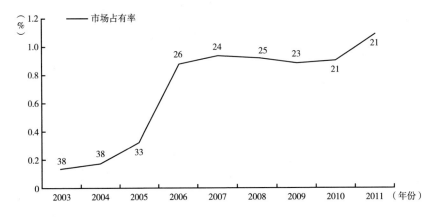

图3-38　韩国创意服务出口市场占有率及排名

数据来源：UNCTAD。

表3-16　韩国创意服务细分类出口市场占有率

单位：%

年份 类别	2003	2004	2005	2006	2007	2008	2009	2010	2011
广告业	—	—	—	1.1	1.0	0.8	0.6	0.6	0.7
建筑工程	—	—	—	0.5	0.5	0.5	0.5	0.6	0.7
研究与开发	—	—	—	0.5	0.7	0.7	0.7	0.4	0.4
个人文化与娱乐	0.4	0.6	1.2	1.6	1.7	1.8	1.9	2.0	2.6
视听及相关服务	0.3	0.4	1.0	1.3	1.3	1.5	1.5	1.3	1.6
其他个人文化及娱乐	0.9	1.2	2.2	2.5	2.7	3.0	3.2	3.9	4.9

说明："—"为数据缺失。

数据来源：UNCTAD。

（二）显示性比较优势指数分析

整体上看，韩国创意产品贸易的显示性比较优势指数始终小于 0.5（见图 3 −39），韩国创意产品中工艺品的显示性比较优势指数都始终大于 1，说明工艺品具有显著的国际比较优势，但工艺品的比较优势处于下降趋势，与贸易竞争力指数的分析相同，比较优势指数再次说明韩国的工艺品有明显的国际竞争优势。新媒体、表演艺术的国际相对竞争优势也很强，但是新媒体的竞争优势有上升趋势，2006 年为 0.213，2011 年为 1.413；相反，表演艺术有下降趋势，2003 年为 2.114，2011 年为 0.506（见表 3 −17）。文化内容 1、文化内容 2、文化器具 1、文化器具 2 的显示性比较优势指数均小于 0.5。

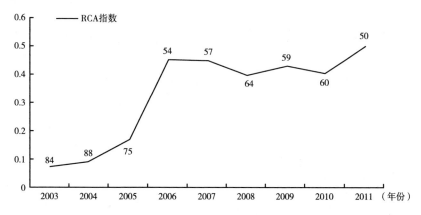

图 3 −39　韩国创意产品显示性比较优势指数及排名

数据来源：UNCTAD。

表 3 −17　韩国创意产品细分类显示性比较优势指数

年份\类别	2003	2004	2005	2006	2007	2008	2009	2010	2011
工艺品	2.282	1.993	1.791	1.669	2.003	1.805	1.846	1.710	1.681
视听	0.149	0.203	0.221	0.158	0.314	0.271	0.251	0.257	0.244
设计	0.644	0.413	0.334	0.281	0.241	0.201	0.200	0.186	0.172

年份 类别	2003	2004	2005	2006	2007	2008	2009	2010	2011
新媒体	0.441	0.371	0.308	0.213	1.052	0.816	1.031	1.269	1.413
表演艺术	2.114	1.723	1.491	1.230	0.963	0.762	0.580	0.559	0.506
出版物	0.348	0.394	0.448	0.455	0.428	0.480	0.461	0.599	0.541
视觉艺术	0.185	0.254	0.433	0.687	0.372	1.155	0.634	0.334	0.263

数据来源：UNCTAD。

　　韩国创意服务的相对竞争优势不强，但是有明显的上升趋势，2003年为0.07，2007年上升到0.45（见图3-40），此后一直较为稳定。具体地说，个人文化与娱乐业的相对竞争优势明显，2011年其他个人文化与娱乐业的显示性比较优势指数高达2.266（见表3-18）。消费性创意服务的相对竞争优势大于生产性创意服务，2011年消费性创意服务的显示性比较优势指数为1.29。

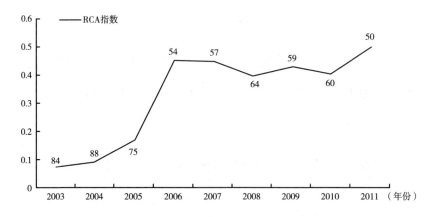

图3-40　韩国创意服务显示性比较优势指数及排名

数据来源：UNCTAD。

表3-18　韩国创意服务细分类显示性比较优势指数

年份 类别	2003	2004	2005	2006	2007	2008	2009	2010	2011
广告业	—	—	—	0.582	0.453	0.331	0.269	0.258	0.308
建筑工程	—	—	—	0.231	0.231	0.225	0.239	0.253	0.312
研究与开发	—	—	—	0.272	0.356	0.306	0.326	0.199	0.187
个人文化与娱乐	0.232	0.292	0.600	0.805	0.809	0.787	0.917	0.911	1.205
视听及相关服务	0.153	0.211	0.491	0.664	0.626	0.628	0.709	0.557	0.729
其他个人文化与娱乐	0.488	0.639	1.157	1.273	1.293	1.295	1.559	1.749	2.266

说明："—"为数据缺失。

数据来源：UNCTAD。

(三)贸易竞争力指数分析

从整体上看，韩国创意产品贸易竞争力指数在0附近波动（见图3-41），说明韩国的创意产品贸易竞争力接近世界平均水平，具体分项目来看，韩国的工艺品贸易竞争力指数一直保持在0.8左右，具有很强的贸易竞争力，出版物的贸易竞争力指数也一直保持在0以

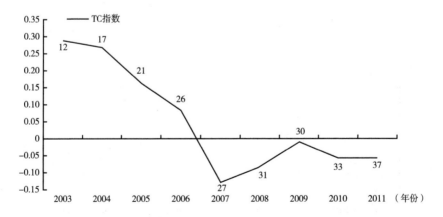

图3-41　韩国创意产品贸易竞争力（TC）指数及排名

数据来源：UNCTAD。

上，具有较强的贸易竞争力，设计的贸易竞争力变动较大，贸易竞争力较弱且此劣势也在进一步增加，其他四类产品的贸易竞争力指数基本都为负值（见表3－19），表明这四个类别的贸易竞争力指数都较弱。韩国创意服务的贸易竞争力指数较低（见图3－42），无论是具体的分类项目（见表3－20）还是生产性创意服务、消费性创意服务，其贸易竞争力值均小于0。

表3－19　韩国创意产品细分类贸易竞争力指数

类 别 \ 年 份	2003	2004	2005	2006	2007	2008	2009	2010	2011
工艺品	0.808	0.817	0.784	0.769	0.785	0.768	0.791	0.806	0.812
视听	-0.73	-0.56	-0.53	-0.67	-0.63	-0.64	-0.58	-0.57	-0.49
设计	0.26	0.14	-0.03	-0.16	-0.32	-0.36	-0.31	-0.37	-0.39
新媒体	0.68	0.72	0.65	0.34	0.00	-0.08	0.12	-0.01	0.02
表演艺术	0.39	0.39	0.24	0.06	-0.12	-0.20	-0.29	-0.27	-0.37
出版物	0.090	0.297	0.315	0.286	0.195	0.291	0.254	0.398	0.379
视觉艺术	-0.49	-0.30	-0.14	0.04	-0.54	-0.01	0.05	-0.21	-0.31

数据来源：UNCTAD。

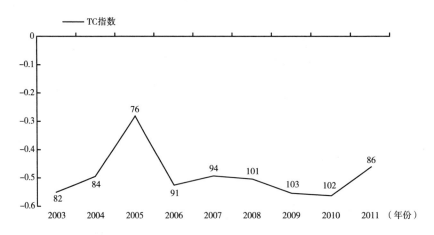

图3－42　韩国创意服务贸易竞争力（TC）指数及排名

数据来源：UNCTAD。

表 3 – 20　韩国创意服务细分类贸易竞争力指数

类别 ＼ 年份	2003	2004	2005	2006	2007	2008	2009	2010	2011
广告业	—	—	—	- 0.75	- 0.76	- 0.84	- 0.89	- 0.88	- 0.84
建筑工程	—	—	—	- 0.36	- 0.29	- 0.07	- 0.27	- 0.22	- 0.21
研究与开发	—	—	—	- 0.52	- 0.35	- 0.32	- 0.33	- 0.51	- 0.66
个人文化与娱乐	- 0.55	- 0.49	- 0.28	- 0.29	- 0.35	- 0.26	- 0.24	- 0.23	- 0.05
视听及相关服务	- 0.53	- 0.46	- 0.11	- 0.15	- 0.35	- 0.25	- 0.24	- 0.31	- 0.10
其他个人文化与娱乐	- 0.56	- 0.51	- 0.39	- 0.38	- 0.35	- 0.26	- 0.24	- 0.19	- 0.03

数据来源：UNCTAD。

第五节　全球创意产业市场的主要竞争者——美国

美国是世界上创意产业最发达的国家，无论是电影业还是动漫业在国际上都处于遥遥领先的地位。这是和其国内完善的创意产业发展体制分不开的。与日本和韩国不同，美国采取市场主导型的发展模式，实行自由企业制度，充分发挥市场的定价机制和功能，政府在创意产业发展中扮演的是一个服务者的角色，致力于为微观主体的正常生产经营创造外部条件，如完善投资环境、加强创新、加大对人才的培养、保护版权、加强立法从制度上推动创意产业的发展等。

美国的创意产业中，电影业、出版业、动漫业、广播电视业、流行音乐业等都发展较好。电影业是美国最具竞争力的产业，美国电影产业贸易的顺差比其他服务贸易如电信、管理、咨询、法律、医药、计算机和保险服务贸易等大得多，图 3 – 43 是 2000 ~ 2009 年美国电影业连续 10 年的票房收入走势，图 3 - 44 是 2005～2009 年美国电影在世界范围内的票房收入比较，美国电影贸易的霸主地位由此可见一斑；在出版业方面，美国已经发展到高级阶段，美国对出版业的管理采取自由发展的模式，政府只通过法律和经济手段对其进行宏观调控；与其他产业不同，广播电视业得益于美国的政策扶持。

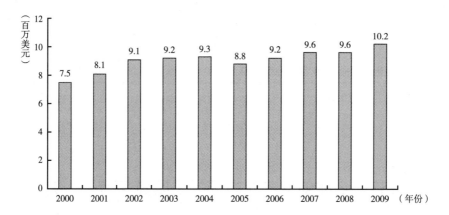

图 3 - 43　美国 2000～2009 年连续 10 年的电影票房收入走势

数据来源：http：//www. mpaa. org。

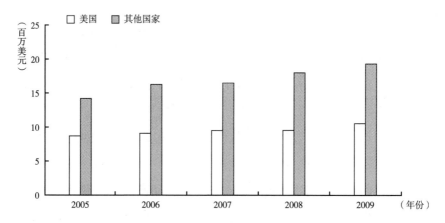

图 3 - 44　2005～2009 年美国电影票房收入与世界其他国家的比较

数据来源：http：//www. mpaa. org。

一 美国创意产业国际贸易状况

总体上，美国的创意产业在国际市场上占有率高且发展迅速。2003 年美国创意产品的出口额已经达到 302.73 亿美元，2011 年为739.22 亿美元，2003～2011 年美国创意产业的出口额年均增长率为105.73%[1]。

其中，美国创意产品出口额和进口额分别由 2003 年的 178.87 亿美元和 707.015 亿美元增加到 2008 年的 375.46 亿美元和 934.172 亿美元，年均增长 4.74% 和 1.76%，受金融危机的影响，2009 年有所下降，出口额与进口额分别为 324.512 亿美元和 742.478 亿美元，之后又持续上涨，2011 年分别为 362.622 亿美元和 863.94 亿美元（见图 3 - 45）。2011 年美国创意产品占世界出口和进口的份额分别达到7.4% 和 19.05%，美国创意产品贸易一直呈逆差状态（见图 3 - 46）。美国创意产品出口中，设计、视听和出版物是主要出口产品，2011年三者在出口产品中所占比重分别为 34.71%、24.45%、15.12%。美国的出口产品结构相对中国比较均衡，没有一类超过 50%。视听产品和表演艺术的出口份额增长较快，分别由 2002 年的 15.69% 和5.94% 增加到 2008 年的 24.45% 和 10.4%，而新媒体和工艺品的份额下降较大。

在创意服务方面，美国创意服务出口在世界上占有重要地位，个人文化和休闲服务出口排在世界第一位，2008 年占世界出口份额的33.3%，年均增长率达到 12.99%，而这项服务的进口年均增长54.7%[2]。总体上，美国的创意服务出口额和进口额呈上升趋势。美

---

① 根据 UNCTAD 创意经济数据计算得出。
② 曲国明：《中美创意产业国际竞争力比较——基于 RCA、TC 和"钻石"模型的分析》，《国际贸易问题》2012 年第 3 期。

国创意服务出口额和进口额分别由 2003 年的 123.86 亿美元和 62.4
亿美元，增加到 2008 年的 288.88 亿美元和 200.38 亿美元，一直处
于顺差状态，2011 年创意服务的出口额和进口额分别为 376.593 亿
美元和 278.5562 亿美元（见图 3 -47），顺差 98.0368 亿美元（见图
3 -48）。

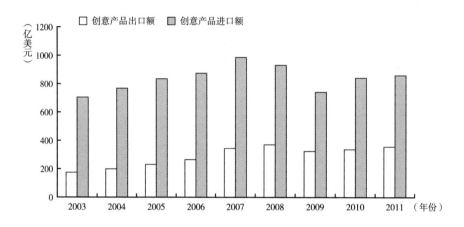

图 3 -45　美国创意产品进出口额

数据来源：UNCTAD。

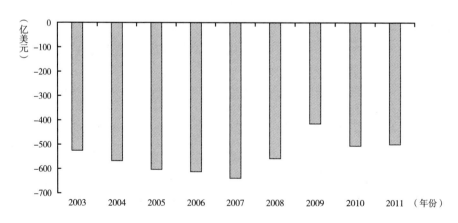

图 3 -46　美国创意产品贸易差额

数据来源：UNCTAD。

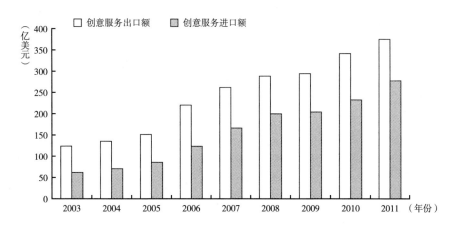

图 3 - 47　美国创意服务进出口额

数据来源：UNCTAD。

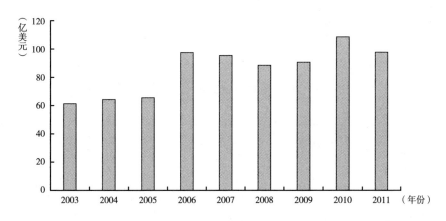

图 3 - 48　美国创意服务贸易差额

数据来源：UNCTAD。

（一）出口市场占有率分析

美国创意产品的出口市场占有率很高，2007 年以后，世界排名第 2（见图 3 - 49），视听、新媒体、表演艺术、出版物等多项创意产品的出口市场占有率均超过 10%，视觉艺术的出口市场占有率大于 20%（见表 3 - 21），由此可见美国创意产业的发达。文化内容 1

的出口市场占有率大于文化内容2，有更大的发展空间，文化器具1、文化器具2在国际市场上的份额较文化内容小。

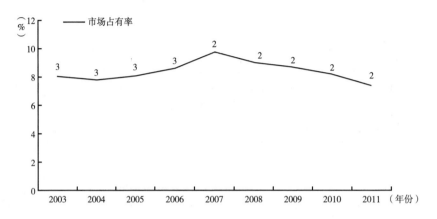

图3-49 美国创意产品出口市场占有率及排名

数据来源：UNCTAD。

表3-21 美国创意产品细分类出口市场占有率

单位：%

年份 类别	2003	2004	2005	2006	2007	2008	2009	2010	2011
工艺品	6.6	6.6	6.5	5.9	5.9	5.1	4.6	4.4	3.7
视听	11.1	10.8	9.6	9.6	12.2	11.8	11.3	10.9	10.4
设计	4.9	4.8	5.0	5.5	5.9	5.4	5.3	5.0	4.7
新媒体	16.1	14.5	14.9	14.7	14.0	11.2	10.5	10.5	10.1
表演艺术	11.4	11.5	12.5	12.2	12.4	12.0	12.9	11.2	11.6
出版物	11.8	10.9	11.2	11.2	11.4	11.1	11.7	12.4	11.7
视觉艺术	18.7	19.6	21.4	24.2	27.2	29.5	30.9	26.3	24.2

数据来源：UNCTAD。

与创意产品一样，美国的创意服务也具有很高的出口市场占有率，市场份额基本大于10%（见图3-50），2010年、2011年连续两年世界排名第1。其中，研究与开发市场份额最大，2011 年出口市场占有率为27%（见表3－22），生产性创意服务的市场份额大于消费性创意服务，2011 年生产性创意服务的市场份额为16.2%，而消费性创意服务为2.7%。

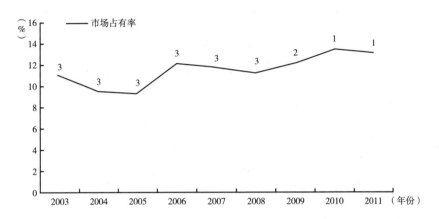

图3－50　美国创意服务出口市场占有率及排名

数据来源：UNCTAD。

表3－22　美国创意服务细分类出口市场占有率

单位：%

类　　别 ＼ 年　份	2003	2004	2005	2006	2007	2008	2009	2010	2011
广告业	3.3	2.9	3.6	12.6	10.6	9.6	9.9	9.4	8.2
建筑工程	11.0	9.5	9.3	12.1	11.8	11.2	12.2	13.5	13.1
研究与开发	29.3	24.7	21.4	23.8	23.1	22.5	24.3	27.4	27.0
个人文化与娱乐	1.1	1.0	1.1	1.8	2.4	2.6	2.7	3.2	2.5
视听及相关服务	—	—	—	—	—	—	—	—	—
其他个人文化与娱乐	3.7	3.7	4.0	5.4	6.5	7.0	7.4	8.8	6.7

说明："—"为数据缺失。

数据来源：UNCTAD。

（二）显示性比较优势指数分析

在相对竞争优势方面，美国的创意产品的显示性比较优势指数在
[0.7，1] 区间之内（见图3-51），具有较强的相对竞争优势，具体
到分类，除了工艺品和设计，其他五类创意产品的显示性比较优势指
数均大于1，视觉艺术的相对竞争优势最强，2011年显示性比较优势
指数为2.563（见表3-23），文化内容1的显示性比较优势指数均大
于1，有很强的相对竞争优势，文化内容2、文化器具1、文化器具2
均小于1，但大于0.5。

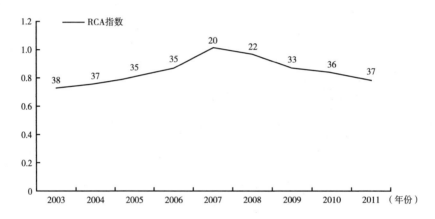

图3-51　美国创意产品显示性比较优势指数及排名

数据来源：UNCTAD。

表3-23　美国创意产品细分类显示性比较优势指数

类别＼年份	2003	2004	2005	2006	2007	2008	2009	2010	2011
工艺品	0.601	0.641	0.650	0.602	0.614	0.547	0.462	0.456	0.397
视听	1.011	1.055	0.959	0.978	1.280	1.272	1.137	1.123	1.098
设计	0.445	0.468	0.503	0.559	0.614	0.577	0.532	0.515	0.495
新媒体	1.462	1.412	1.497	1.491	1.469	1.202	1.061	1.082	1.066

续表

类别＼年份	2003	2004	2005	2006	2007	2008	2009	2010	2011
表演艺术	1.042	1.117	1.255	1.236	1.296	1.294	1.301	1.151	1.227
出版物	1.073	1.060	1.126	1.138	1.192	1.198	1.175	1.272	1.240
视觉艺术	1.697	1.903	2.147	2.447	2.846	3.167	3.108	2.701	2.563

数据来源：UNCTAD。

　　创意服务也具有很强的相对竞争优势，美国的创意服务显示性比较优势指数2003年为0.71，2011年为0.92，表现出了较强的相对竞争优势，其在世界上的排名在第40名左右（见图3－52），生产性创意服务的相对竞争优势强于消费性创意服务，与其他五类创意服务相比，研究与开发的显示性比较优势指数最高，接近2（见表3－24）。

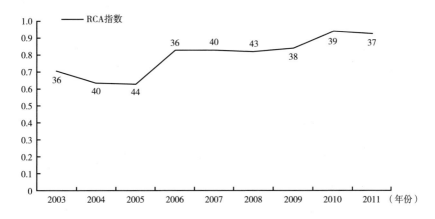

图3－52　美国创意服务显示性比较优势指数及排名

数据来源：UNCTAD。

（三）贸易竞争力指数分析

　　美国的创意产品具有很高的出口市场占有率及相对竞争优势，但是其贸易竞争力不强，从图3－53和表3－25可以看出，无论是总体的创意产业还是细分类的创意产业，其贸易竞争力指数均小于0，文化内容1、文化内容2、文化器具1、文化器具2具有同样的表现。

表3-24 美国创意服务细分类显示性比较优势指数

类别 ＼ 年份	2003	2004	2005	2006	2007	2008	2009	2010	2011
广告业	0.211	0.193	0.248	0.865	0.752	0.703	0.685	0.658	0.579
建筑工程	0.413	0.478	0.480	0.583	0.556	0.518	0.531	0.623	0.699
研究与开发	1.877	1.654	1.457	1.628	1.632	1.640	1.683	1.913	1.902
个人文化与娱乐	0.071	0.065	0.073	0.127	0.171	0.188	0.187	0.225	0.178
视听及相关服务	—	—	—	—	—	—	—	—	—
其他个人文化与娱乐	0.237	0.250	0.269	0.371	0.461	0.512	0.512	0.614	0.473

说明："—"为数据缺失。

数据来源：UNCTAD。

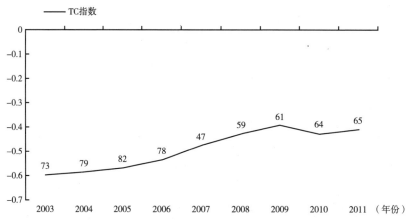

图3-53 美国创意产品贸易竞争力（TC）指数及排名

数据来源：UNCTAD。

美国创意服务企业众多，其中世界著名的大公司尤为突出，包括迪士尼、时代华纳、新闻集团、雅虎等著名跨国公司，这些公司无论在资金、技术、市场等方面，都在世界市场上占有重要地位，具有很强的国际竞争力，是美国创意服务出口的主要力量。从图 3 - 54 和表 3 - 26 可以看出，创意服务及细分类的创意服务贸易竞争力指数均大于 0，美国在创意服务方面具有很强的国际竞争力，广告业、建筑工程和个人文化与娱乐业相比于其他三项而言，贸易竞争力更强；消费性创意服务大于生产性创意服务。

表 3 - 25　美国创意产品细分类贸易竞争力指数

年份 类别	2003	2004	2005	2006	2007	2008	2009	2010	2011
工艺品	- 0.64	- 0.63	- 0.63	- 0.63	- 0.64	- 0.63	- 0.62	- 0.63	- 0.66
视听	- 0.02	- 0.01	- 0.04	0.03	0.05	0.17	0.23	0.23	0.24
设计	- 0.76	- 0.75	- 0.73	- 0.70	- 0.68	- 0.64	- 0.61	- 0.63	- 0.60
新媒体	- 0.32	- 0.32	- 0.27	- 0.32	- 0.35	- 0.38	- 0.37	- 0.37	- 0.31
表演艺术	- 0.58	- 0.55	- 0.51	- 0.48	- 0.44	- 0.42	- 0.32	- 0.37	- 0.31
出版物	- 0.26	- 0.26	- 0.25	- 0.23	- 0.16	- 0.12	- 0.02	0.01	0.02
视觉艺术	- 0.35	- 0.31	- 0.23	- 0.19	- 0.19	- 0.06	0.02	- 0.08	- 0.08

数据来源：UNCTAD。

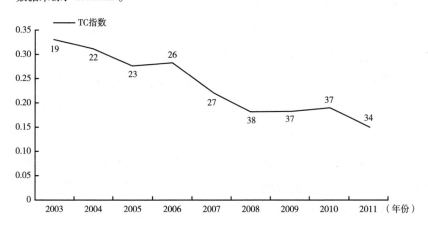

图 3 - 54　美国创意服务贸易竞争力（TC）指数及排名

数据来源：UNCTAD。

表3-26 美国创意服务细分类贸易竞争力指数

类别 \ 年份	2003	2004	2005	2006	2007	2008	2009	2010	2011
广告业	-0.25	-0.23	0.01	0.33	0.31	0.34	0.35	0.33	0.18
建筑工程	0.935	0.887	0.898	0.690	0.692	0.693	0.691	0.712	0.701
研究与开发	0.302	0.247	0.181	0.160	0.090	0.030	0.043	0.061	0.022
个人文化与娱乐	0.249	0.286	0.207	0.397	0.403	0.435	0.336	0.288	0.226
视听及相关服务	—	—	—	—	—	—	—	—	—
其他个人文化与娱乐	0.330	0.311	0.276	0.282	0.222	0.181	0.181	0.189	0.150

数据来源：UNCTAD。

第六节 全球创意产业市场的主要
竞争者——英国

20世纪80年代，英国渐渐失去"世界第一制造业"的霸主地位，为了寻找新的经济增长点，英国政府通过对美国的分析，发现了创意产业对其经济增长的重要作用。因此英国政府制定政策大力发展本国创意产业，成为全球第一个政策性推动文化创意产业的国家。在英国创意产业发展的不同阶段，政府扮演了不同的角色。其发展主要是强调多方参与，政府主导、推动和扶持，并加强教育对创意产业发展的支撑作用，加大对产业发展的资金支持力度，建立与时俱进的创意产业相关法规，完善体制机制。中介组织发挥相应的作用，拓展产业链和集群的培育等。

英国的优势主导产业为广告、数字媒体、动漫、电玩游戏、设计、音乐、电影、电视、出版等。英国广告产业以其创新力与原创性享誉全球，在独创精神与多元文化的启发下，英国成为世界上发展最完善的整合媒体中心，英国有世界上最先进的数字媒体产业；动漫是英国创意产业中扩张最为迅速的次产业之一，而且正逐渐受到全球同行的肯定。英国境内有许多充满活力与创新精神的动漫工作室，它们在许多专业领域都能提供国际级的专门技能，且有着全世界发展最成熟的电玩族群之一，为其动漫产业的发展提供了良好的环境。英国是全球设计的卓越创新中心，其设计富有创意且具有能够实现文化融合的特点，在许多方面都领先全球；英国的音乐产业扬名海内外，不论是哪种类型的音乐，在英国都可以找到世界级音乐天才；英国的电视产业因其节目制作的质、量、创意与多元性而享誉全球；英国的出版业是全球最庞大且最多元化的产业，有世界上为数最可观的报刊，以及全球发展最成熟的合同出版（客制化出版）业者。

一　英国创意产业国际贸易状况

英国的创意产业在世界市场上占有很大的份额，已经成为拉动英国经济增长的引擎，2003 年英国创意产业的出口额已经达到 385.016 亿美元，2011 年为 565.256 亿美元，年均增长率为 3.25%[①]。在创意产品方面，英国创意产品的进口额大于出口额，为贸易逆差，2007 年贸易逆差最大为 126.39 亿美元（见图 3-55、图 3-56）；在创意服务方面，英国创意服务出口大于进口，为贸易顺差，2011 年贸易顺差最大为 209.02 亿美元（见图 3-57、图 3-58）。

（一）出口市场占有率分析

英国的创意产品的出口市场占有率不及美国，市场份额较小，在

---

① 根据 UNCTAD 创意经济数据计算得出。

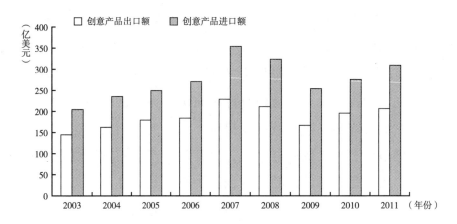

图 3 - 55 英国创意产品进出口额

数据来源：UNCTAD。

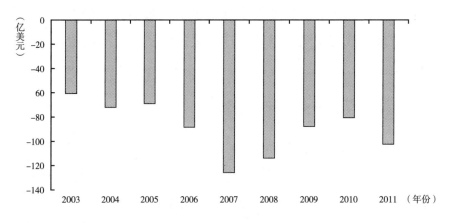

图 3 - 56 英国创意产品贸易差额

数据来源：UNCTAD。

5%左右（见图3 - 59）。在英国细分类创意产品中，视觉艺术的出口市场占有率最高，2010 年为 20.4%，2011 年为 17.8%，其次为出版物，其国际市场份额接近10% （见表3 - 27）；文化内容1 的市场份额大于文化内容2，文化器具1 的国际市场份额大于文化器具2。

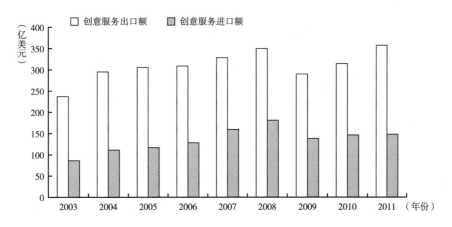

图 3 - 57 英国创意服务进出口额

数据来源：UNCTAD。

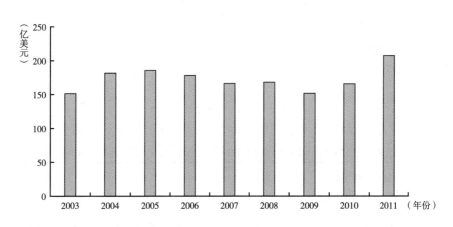

图 3 - 58 英国创意服务贸易差额

数据来源：UNCTAD。

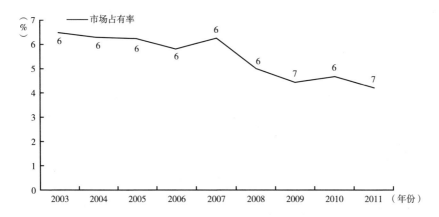

图 3 - 59　英国创意产品出口市场占有率及排名

数据来源：UNCTAD。

表 3 - 27　英国创意产品细分类出口市场占有率

类别 ＼ 年份	2003	2004	2005	2006	2007	2008	2009	2010	2011
工艺品	2.3	2.2	2.0	1.7	1.9	1.6	1.4	1.3	1.2
视听	9.5	9.6	10.3	9.2	5.7	5.1	4.9	4.7	4.2
设计	3.6	3.3	3.3	3.5	3.9	3.4	3.0	2.9	2.7
新媒体	6.2	5.4	5.1	4.4	4.1	3.1	2.9	3.4	3.3
表演艺术	3.6	3.1	2.6	2.4	2.7	2.3	2.1	1.8	1.7
出版物	10.4	11.0	9.9	9.3	10.2	9.0	9.5	9.3	9.1
视觉艺术	24.7	24.4	25.8	21.7	24.7	18.7	15.6	20.4	17.8

数据来源：UNCTAD。

英国的创意产品的出口市场占有率不高，但是创意服务在国际市场上份额很大，但有下降的趋势，2003 年创意服务的出口市场占有率为 21.37%，居世界第一，2011 年为 12.47%，排名第二（见图 3 - 60）。具体到细分类的创意服务，视听及相关服务、建筑工程、个人文化与娱乐、广告业等市场份额均超过两位数（见表 3 - 28），生产性创意服务和消费性创意服务的出口市场占有率均超过10%，其中，英国消费性创意服务出口市场占有率2003～2011年均为世界第一。

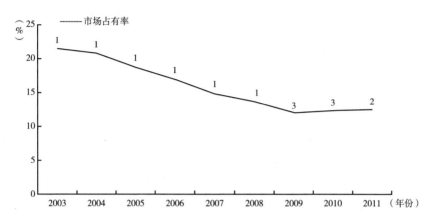

图3-60 英国创意服务出口市场占有率及排名

数据来源：UNCTAD。

表3-28 英国创意服务细分类出口市场占有率

单位：%

年份 类别	2003	2004	2005	2006	2007	2008	2009	2010	2011
广告业	22.4	17.8	17.8	14.1	12.3	11.0	9.7	9.7	10.4
建筑工程	28.0	23.8	20.0	18.0	15.2	13.9	12.2	14.0	14.3
研究与开发	17.2	21.1	17.6	16.5	15.4	13.5	11.7	11.4	10.7
个人文化及娱乐	17.4	17.4	17.7	16.8	14.3	14.5	12.9	12.7	13.0
视听及相关服务	21.2	21.0	21.4	20.5	16.6	17.5	12.9	11.9	12.0
其他个人文化及娱乐	18.6	18.3	19.4	15.9	14.9	15.8	17.9	18.9	19.3

数据来源：UNCTAD。

（二）显示性比较优势指数分析

英国的创意产品的出口市场占有率不高，但是相对竞争优势较强，总体上，显示性比较优势指数均大于1，世界排名前20之内（见图3-61），具体到细分类创意产品，视觉艺术、出版物、视听、新媒体均具有

243

很强的相对竞争优势，视觉艺术的显示性比较优势指数在 2003~2011 年为 5 左右，2007 年最高，为 5.848；出版物的显示性比较优势指数均大于 2，2011 年为 2.623；视听类创意产品均大于 1，2006 年以来呈下降趋势，但下降幅度不大，2011 年下降为 1.199（见表 3-29）。文化内容 1 和文化内容 2 的显示性比较优势指数均大于 1，文化器具 1 和文化器具 2 的显示性比较优势指数均不到 1，表明英国文化内容的相对竞争优势较强。

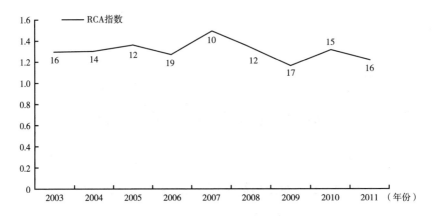

图 3-61　英国创意产品显示性比较优势指数及排名

数据来源：UNCTAD。

表 3-29　英国创意产品细分类显示性比较优势指数

类别＼年份	2003	2004	2005	2006	2007	2008	2009	2010	2011
工艺品	0.469	0.463	0.428	0.374	0.456	0.419	0.364	0.367	0.342
视听	1.903	1.988	2.255	1.995	1.359	1.346	1.272	1.325	1.199
设计	0.721	0.679	0.715	0.754	0.923	0.891	0.771	0.803	0.772
新媒体	1.246	1.117	1.104	0.951	0.977	0.820	0.764	0.953	0.944
表演艺术	0.713	0.641	0.569	0.529	0.650	0.598	0.546	0.495	0.477
出版物	2.083	2.271	2.160	2.005	2.411	2.390	2.466	2.597	2.623
视觉艺术	4.949	5.062	5.620	4.709	5.848	4.938	4.055	5.706	5.138

数据来源：UNCTAD。

英国的创意服务的出口市场占有率很高，其相对竞争优势也很明显，但在国际中的竞争地位却一直在下降，英国创意服务的显示性比较优势指数 2003 年为 2.55（4），此后一直下降为 2007 年的 1.77（12），此后又有上涨趋势，2011 年为 1.83（14）（见图 3 - 62）。从表 3 - 30 可以看出，细分类的创意服务的相对竞争优势均大于 1，生产性创意服务和消费性创意服务的显示性比较优势指数在 2 以上，表现出了很强的竞争优势。

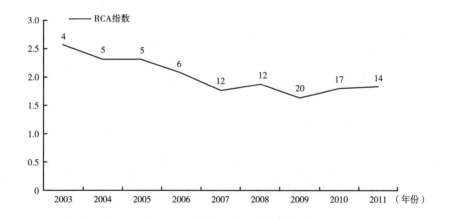

图 3 - 62　英国创意服务显示性比较优势指数及排名

数据来源：UNCTAD。

（三）贸易竞争力指数分析

英国的创意产品在国际市场的竞争力不强，从图 3 - 63 可以看出，其贸易竞争力指数均为负值，细分类的创意产品中，出版物、视觉艺术两种创意产品贸易竞争力指数均大于 0，具有一定的竞争力，其他五类创意产品的竞争力较弱（见表 3 - 31），文化内容 1、文化内容 2、文化器具 1、文化器具 2 的贸易竞争力值均小于 0。

表 3 – 30　英国创意服务细分类显示性比较优势指数

类别　　年份	2003	2004	2005	2006	2007	2008	2009	2010	2011
广告业	2.673	2.072	2.195	1.732	1.484	1.501	1.330	1.406	1.532
建筑工程	3.342	2.763	2.468	2.210	1.829	1.911	1.676	2.029	2.101
研究与开发	2.062	2.457	2.172	2.028	1.848	1.854	1.606	1.663	1.580
个人文化与娱乐	2.077	2.022	2.189	2.066	1.716	1.984	1.769	1.843	1.920
视听及相关服务	2.531	2.439	2.641	2.511	1.991	2.401	1.779	1.725	1.770
其他个人文化与娱乐	2.223	2.132	2.404	1.955	1.793	2.172	2.457	2.748	2.835

数据来源：UNCTAD。

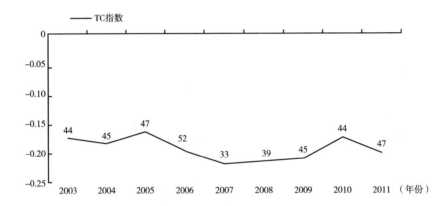

图 3 – 63　英国创意产品贸易竞争力（TC）指数及排名

数据来源：UNCTAD。

表 3 – 31　英国创意产品细分类贸易竞争力指数

类别　　年份	2003	2004	2005	2006	2007	2008	2009	2010	2011
工艺品	-0.51	-0.54	-0.54	-0.57	-0.59	-0.59	-0.60	-0.61	-0.59
视听	-0.13	-0.09	-0.03	-0.05	-0.22	-0.22	-0.13	-0.12	-0.18
设计	-0.38	-0.42	-0.40	-0.38	-0.38	-0.35	-0.34	-0.34	-0.30
新媒体	-0.23	-0.21	-0.19	-0.27	-0.36	-0.39	-0.43	-0.29	-0.30
表演艺术	-0.45	-0.48	-0.52	-0.53	-0.48	-0.49	-0.53	-0.51	-0.50
出版物	0.09	0.10	0.07	0.05	0.03	0.09	0.14	0.17	0.14
视觉艺术	0.13	0.14	0.19	0.07	0.04	0.04	0.06	0.09	-0.10

数据来源：UNCTAD。

英国的创意服务不仅具有很高的出口市场占有率和相对竞争优势,其贸易竞争力也很强,贸易竞争力指数在 2003 ~ 2011 年均为正值(见图 3 - 64)。具体地说,建筑工程、个人文化与娱乐、视听及相关服务、其他个人文化与娱乐的贸易竞争力指数均小于1,但均大于 0.5,具有一定的贸易竞争力(见表 3 - 32),生产性创意服务和消费性创意服务的贸易竞争力指数均大于 0。

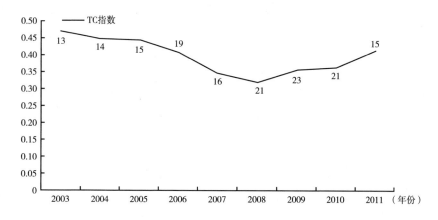

图 3 - 64　英国创意服务贸易竞争力(TC)指数及排名

数据来源:UNCTAD。

表 3 - 32　英国创意服务细分类贸易竞争力指数

类别 \ 年份	2003	2004	2005	2006	2007	2008	2009	2010	2011
广告业	0.390	0.400	0.372	0.243	0.137	0.144	0.136	0.143	0.215
建筑工程	0.557	0.510	0.506	0.507	0.428	0.522	0.506	0.575	0.605
研究与开发	0.497	0.424	0.399	0.376	0.394	0.208	0.197	0.155	0.181
个人文化与娱乐	0.378	0.416	0.459	0.428	0.327	0.351	0.591	0.583	0.636
视听及相关服务	0.421	0.395	0.429	0.388	0.165	0.186	0.551	0.524	0.558
其他个人文化与娱乐	0.294	0.475	0.535	0.518	0.703	0.705	0.632	0.637	0.705

数据来源:UNCTAD。

第七节　全球创意产业市场的主要竞争者——德国

一　德国创意产业发展概况

20世纪90年代初，英国"创意产业"的蓬勃发展引起了德国的关注，德国意识到了创意产业这一新兴产业的巨大潜力。于是德国的北威州在1992年发布了德国第一份《文化产业报告》，将文化与媒体业确立为增长性行业。德国创意产业采取以大城市为龙头、辐射周边地区的集群化发展模式。德国的创意产业具有"行业跨度大、微型企业和中小企业为主体"的特点。为了促进创意产业的发展，德国采取了"三步走"做法，即全面普查、摸清家底；出台政策、构建框架；步步为营、稳步推进。

经过长期的发展，其出版、会展等产业成就突出，在世界上均占有重要地位。德国有多家出版社，是世界上出版图书最多的国家之一，出版内容丰富多样。拥有欧洲大陆"报刊王国"的称号；德国的会展业排名世界第一，蜚声海内外。全球十大展览公司中的五家都位于德国。36万平方公里的国土上，有70座城市拥有自己的展馆。室内展出面积有270万平方米，约占世界总展出面积的1/4。在面积最大的世界5大会展中心中，德国占据了4个。每年举办的国际展销会有150多场，参展商达17万家，观众有1000多万人次①。德国发展会展业不仅有利于其调整经济结构，还具有增加就业、促进经济发展的作用。

---

① 中国经济网，http：//intl. ce. cn/specials/zxgjzh/201101/12/t20110112_ 22136086. shtml。

二 德国创意产业国际贸易状况

德国是世界创意产业发达国家之一，2003 年德国创意产业的出口额为 322.02 亿美元，进口额为 363.69 亿美元，贸易逆差 41.67 亿美元；2011 年创意产业的出口额为 683.67 亿美元，进口额为 652.21 亿美元，贸易顺差为 31.46 亿美元[①]。具体地说，2008 年金融危机之前，德国的创意产品出口额呈上升趋势，2008 年最高，出口额为 365.73 亿美元，之后呈下降趋势，2011 年创意产品出口额为 328.92 亿美元，德国创意产品对外贸易一直呈顺差状态（见图 3 - 65、图 3 - 66）；德国创意服务 2007 年之前出口小于进口，为逆差。2007 年创意服务对外贸易转为贸易顺差，2008 年顺差额最大，为 29.97 亿美元，此后顺差额减少，2011 年又变为逆差，逆差额为 4.59 亿美元（见图 3 - 67、图 3 - 68）。

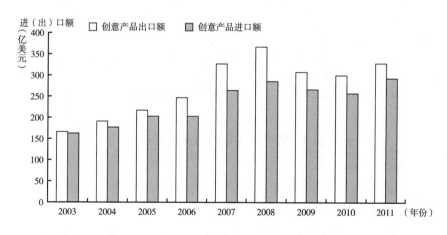

图 3 - 65 德国创意产品进出口额

数据来源：UNCTAD。

———————

① 根据 UNCTAD 创意经济数据计算得出。

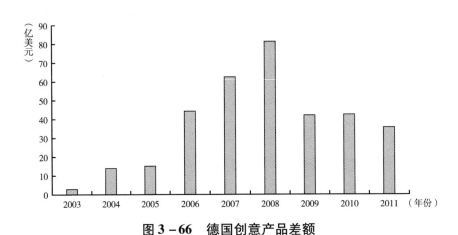

图 3 － 66　德国创意产品差额

数据来源：UNCTAD。

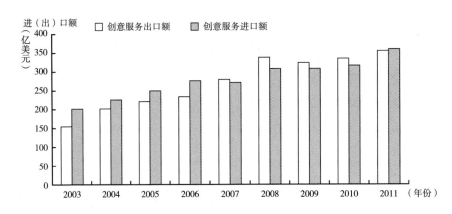

图 3 － 67　德国创意服务进出口额

数据来源：UNCTAD。

（一）出口市场占有率分析

德国创意产品的出口市场占有率比较稳定，近年来稍有下降。
2003 年，其出口市场占有率为 7.38%，2011 年为 6%（见图3 － 69）。
其中，视听类创意产品出口市场占有率较高，2011 年为 15.4%，其
次为出版物（12.5%），再次为表演艺术（11.5%）（见表 3 － 33）。
文化内容的出口市场占有率大于文化器具。

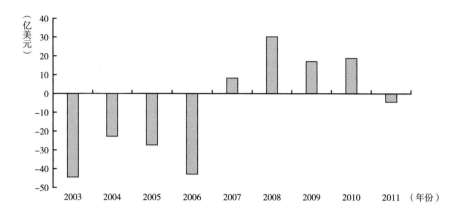

图 3 - 68　德国创意服务贸易差额

数据来源：UNCTAD。

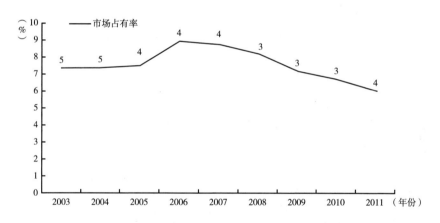

图 3 - 69　德国创意产品出口市场占有率及排名

数据来源：UNCTAD。

　　德国创意服务的国际市场份额及排名均高于创意产品，创意服务的国际市场份额在 2004 年为 14.2%，此后一直下降，2007 年跌到谷底，为 12.56%，金融危机之后又开始上升，2010 年为 13.23%（见图 3 - 70）。其中，广告业、建筑工程、研究与开发的国际市场份额较大且发展较为稳定，2011 年研究与开发的出口市场占有率为

16.7%，建筑工程为16.3%，广告业为10.8%（见表3－34）。2011年生产性创意服务的出口市场占有率是15.2%，消费性创意服务出口市场占有率是2.76%，生产性创意服务的出口市场占有率大于消费性创意服务。

表3－33　德国创意产品细分类出口市场占有率

单位：%

年份类别	2003	2004	2005	2006	2007	2008	2009	2010	2011
工艺品	4.1	4.0	3.9	4.0	4.4	4.1	3.8	3.5	3.5
视听	16.0	19.1	22.3	21.2	16.1	16.1	16.0	15.5	15.4
设计	5.9	5.7	5.7	6.4	7.6	7.2	6.5	5.6	5.2
新媒体	8.8	6.9	6.4	9.2	9.3	10.8	9.7	7.7	6.9
表演艺术	10.0	9.8	9.7	10.1	11.1	10.7	10.0	10.0	11.5
出版物	12.7	12.8	13.6	13.6	13.9	13.3	13.5	12.8	12.5
视觉艺术	5.1	5.6	4.7	4.5	4.7	4.8	5.0	5.1	5.7

数据来源：UNCTAD。

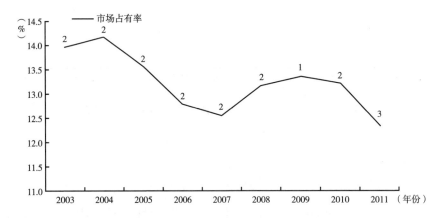

图3－70　德国的创意服务出口市场占有率及排名

数据来源：UNCTAD。

表3-34 德国创意服务细分类出口市场占有率

单位：%

年份 类别	2003	2004	2005	2006	2007	2008	2009	2010	2011
广告业	10.3	15.8	14.4	13.1	13.6	13.0	12.5	12.6	10.8
建筑工程	22.1	21.2	18.1	16.3	15.1	16.4	17.3	17.9	16.3
研究与开发	16.1	16.1	15.7	16.0	15.4	16.3	15.8	16.3	16.7
个人文化与娱乐	5.6	4.3	5.2	4.0	4.3	3.8	4.5	3.6	2.6
视听及相关服务	10.0	7.1	8.9	7.2	8.1	7.7	9.2	7.3	5.3
其他个人文化与娱乐	—	—	—	—	—	—	—	—	—

数据来源：UNCTAD。

（二）显示性比较优势指数分析

德国创意产品的相对竞争优势比较明显，总体上看，创意产品显示性比较优势指数在0.8~1（见图3-71）。根据表3-35，视听、表演艺术、出版物类的创意产品显示性比较优势指数均大于1，具有很强的相对竞争优势，文化内容1的显示性比较优势指数2003~2011年在1.2左右徘徊，文化器具1、文化内容2、文化器具2的相对竞争优势均大于0.5，小于1，也具有很强的相对竞争优势。

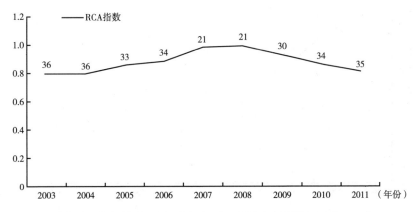

图3-71 德国创意产品显示性比较优势指数及排名

数据来源：UNCTAD。

表 3－35　德国创意产品细分类显示性比较优势指数

年份 类别	2003	2004	2005	2006	2007	2008	2009	2010	2011
工艺品	0.442	0.432	0.440	0.443	0.487	0.465	0.433	0.415	0.429
视听	1.715	2.055	2.511	2.372	1.769	1.827	1.806	1.860	1.869
设计	0.629	0.617	0.647	0.714	0.836	0.816	0.733	0.669	0.631
新媒体	0.946	0.744	0.715	1.036	1.024	1.219	1.093	0.920	0.830
表演艺术	1.078	1.057	1.096	1.128	1.223	1.211	1.133	1.192	1.395
出版物	1.359	1.373	1.531	1.524	1.528	1.510	1.530	1.531	1.517
视觉艺术	0.543	0.600	0.534	0.504	0.512	0.548	0.567	0.615	0.689

数据来源：UNCTAD。

德国创意服务的相对竞争优势相对于创意产品更强，总体而言，德国创意服务的显示性比较优势指数在 2 左右波动，除 2009 年和 2010 年的显示性比较优势指数全球排名分别为第 11 和第 12 之外，其余年份均在前十名之内（见图 3－72），其中，研究与开发的显示性比较优势指数在 2011 年为 2.667，建筑工程为 2.600，广告业为 1.716（见表 3－36），生产性创意服务的显示性比较优势指数在 2.4 左右徘徊，而消费性创意服务在 4.0 上下波动，显示出了极强的竞争优势。

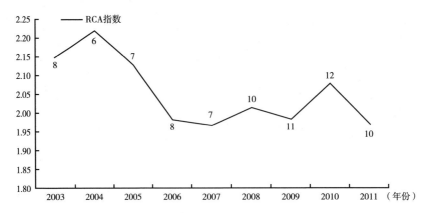

图 3－72　德国的创意服务显示性比较优势指数及排名

数据来源：UNCTAD。

表 3 - 36 德国创意服务细分类显示性比较优势指数

年份 类别	2003	2004	2005	2006	2007	2008	2009	2010	2011
广告业	1.584	2.477	2.260	2.035	2.134	1.988	1.851	1.981	1.716
建筑工程	3.395	3.319	2.841	2.530	2.365	2.500	2.564	2.811	2.600
研究与开发	2.480	2.527	2.462	2.481	2.416	2.486	2.341	2.560	2.667
个人文化与娱乐	0.857	0.668	0.813	0.619	0.666	0.579	0.666	0.558	0.409
视听及相关服务	1.541	1.109	1.400	1.112	1.262	1.172	1.362	1.151	0.848
其他个人文化与娱乐	—	—	—	—	—	—	—	—	—

说明："—"为数据缺失。

数据来源：UNCTAD。

（三）贸易竞争力指数分析

德国、美国、英国同为世界上创意产业最发达的国家，但是与美国和英国不同，德国创意产品的贸易竞争力指数总体均大于 0，具有很强的贸易竞争力，贸易竞争力指数在 2008 年达到最高值 1.25（见图 3 - 73），在七类细分的创意产品中，视听、出版物、视觉艺术、

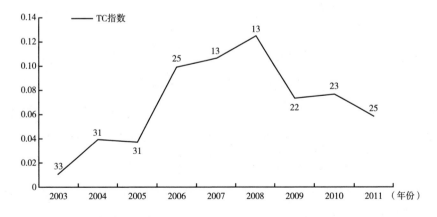

图 3 - 73 德国创意产品贸易竞争力（TC）指数及排名

数据来源：UNCTAD。

新媒体、表演艺术的国际竞争力较强，2011 年其贸易竞争力指数分别为 0.33、0.312、0.151、0.05、0.02 （见表 3 - 37）；文化内容 1 的贸易竞争力指数在 0.2 左右波动，文化内容 2 在 0.1 左右波动，文化器具 1 和文化器具 2 的贸易竞争力指数均小于 0，这表明，德国文化内容 1 的贸易竞争力比较强。

表 3 - 37　德国创意产品细分类贸易竞争力指数

年份 类别	2003	2004	2005	2006	2007	2008	2009	2010	2011
工艺品	- 0.22	- 0.22	- 0.22	- 0.20	- 0.19	- 0.16	- 0.21	- 0.22	- 0.21
视听	0.19	0.24	0.18	0.22	0.27	0.31	0.30	0.30	0.33
设计	- 0.09	- 0.07	- 0.06	0.01	0.04	0.04	- 0.02	- 0.03	- 0.05
新媒体	- 0.09	- 0.03	- 0.17	0.25	0.00	0.11	0.01	0.07	0.05
表演艺术	0.13	0.23	0.07	0.08	0.11	0.11	- 0.01	- 0.04	0.02
出版物	0.252	0.284	0.316	0.327	0.322	0.321	0.295	0.331	0.312
视觉艺术	0.024	0.036	0.033	0.077	0.089	0.093	0.059	0.116	0.151

数据来源：UNCTAD。

在创意服务方面，2007 年之前，其贸易竞争力指数为负值，之后变为正数，表明出口大于进口，国际市场竞争力变强 （见图 3 - 74）。其中，建筑工程、研究与开发类的创意服务贸易竞争力指数一直大于 0，贸易竞争力比较强且稳定，2011 年研究与开发的贸易竞争力指数为 0.151，建筑工程为 0.029 （见表 3 - 38），生产性创意服务的贸易竞争力指数在 2004 年以后为正值，大于 0.05，而消费性创意服务的贸易竞争力指数为负值，说明德国生产性创意服务的国际竞争力大于消费性创意服务。

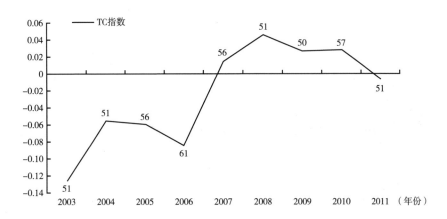

图3－74 德国的创意服务贸易竞争力（TC）指数及排名

数据来源：UNCTAD。

表3－38 德国创意服务细分类贸易竞争力指数

类别＼年份	2003	2004	2005	2006	2007	2008	2009	2010	2011
广告业	-0.39	-0.16	-0.16	-0.14	-0.07	-0.13	-0.07	-0.07	-0.11
建筑工程	0.084	0.148	0.093	0.118	0.104	0.186	0.146	0.139	0.029
研究与开发	0.032	0.081	0.132	0.176	0.170	0.198	0.110	0.132	0.151
个人文化与娱乐	-0.49	-0.53	-0.49	-0.67	-0.43	-0.46	-0.39	-0.43	-0.50
视听及相关服务	-0.49	-0.53	-0.49	-0.67	-0.43	-0.46	-0.39	-0.43	-0.50
其他个人文化与娱乐	—	—	—	—	—	—	—	—	—

说明："—"为数据缺失。

数据来源：UNCTAD。

第四章　我国影视版权贸易发展研究

文化的竞争现已成为综合国力竞争的重要组成部分。在竞争中胜出的文化形式，其所拥有的精神力量会随着时间的推移而不断增强。文化贸易即承载着这种通过竞争来传递文化的使命。经过不懈的努力和发展，我国文化贸易成就获得了众多国际组织的关注和认可，如联合国教科文组织将我国与美国、日本、英国、法国列为 1995 年以后世界文化贸易新的五强。但与此同时，我国文化贸易内部发展失调，关键贸易领域存在诸多亟待解决的问题，因此迫切需要对文化贸易内部问题进行研究。

"十二五"规划明确提出促进文化贸易和加大版权保护等相关政策，并指出要"加大已有支持对外文化贸易各项优惠政策的落实力度，进一步完善有关财税政策，支持文化企业走出去"，并且"建设涵盖文学艺术、广播影视、新闻出版等领域的版权公共服务平台和版权交易平台，推动版权贸易常态化"。党的十八届三中全会通过的《中共中央关于全面深化改革若干重大问题的决定》提出，要"建设社会主义文化强国，增强国家文化软实力"。2014 年 3 月 3 日，国务院印发《关于加快发展对外文化贸易的意见》。上述种种政策措施明确表现出我国发展文化贸易、提升文化软实力的决心和力度。

从现有的文化贸易数据来看，我国文化贸易总量在逐步扩大，其中文化产品贸易持续为顺差，核心文化产品及服务贸易却持续为逆差，且文化服务贸易逆差规模逐年扩大，现已成为我国服务贸易总体逆差的重要组成部分。从整个文化贸易的结构可以看出，文化产品贸易是我国文化贸易的强项，而我国文化服务和版权贸易方面的国际竞争力较弱，其中影视版权贸易的劣势尤为突出。

影视版权贸易作为文化贸易的重要组成部分，能为国家带来十分可观的外汇收入，成为国民经济中的新增长点，更是国家文化软实力的重要表现，所输出的文化内容产品能产生较为直接的、长期的、潜移默化的影响。探讨文化软实力的提升，文化走出去是关键，这对我国文化服务和版权贸易的发展提出了更高的要求。而影视版权贸易恰恰是我国文化贸易发展的软肋，因此本章从这一角度入手，为我国文化贸易均衡发展提出一些思路和建议。

第一节　我国影视版权贸易发展现状

随着文化产业的高速发展，我国文化产品和服务贸易的规模逐年扩大，在世界文化市场上具有举足轻重的地位，这极大地提升了我国在国际文化贸易中的地位。然而，在令世界各国所瞩目的文化贸易成绩背后，我国文化贸易内容结构和地域结构的不平衡现象日益突出。其中，影视版权贸易已成为我国文化贸易进一步扩大的主要瓶颈，严重影响了我国国际文化市场竞争力的进一步提升。

一　我国文化贸易的成绩与结构性特征

近年来，文化产业对经济社会发展的拉动作用日益凸显，其产值占国民经济总量的比重持续增加，受到各国政府的高度重视。随着经济全球化的不断深入，各国文化交流不断拓展，全球文化市场规模持续扩张，文化贸易得以飞速发展，文化产业成为推动国家经济发展的重要驱动力。

（一）我国文化贸易的成绩

联合国贸易与发展会议（UNCTAD）、联合国发展计划署（UNDP）联合发布的《创意经济报告》显示，发达国家在创意产品及服务进出口方面仍占据主导地位，但发展中国家在全球创意产品市场中所占份额逐渐扩大，且出口增速远超发达国家。在文化服务出口方面，发达国家一直保持着绝对优势地位，占全球文化服务贸易市场份额的80%以上。在文化产品贸易方面，发展中国家在世界文化产品出口总额中所占比重由1996年的29%提高到2008年的43%并继续攀升。[①] 而其中，中国文化产品出口总额约占全球文化产品出口市场份额的1/5，维持着世界文化产品贸易大国的地位。

中国政府高度重视对外文化贸易的发展，先后出台多项政策措施加以引导。由于政府的大力扶持，中国文化产业产值大幅提升，产业实力不断增强，对外文化贸易总额持续增长。根据联合国贸发会议数据（见表4-1），中国文化贸易总额自2009年起保持着年均25%的增长速度，在2012年达到1660.69亿美元；文化贸易净额自2009年起实现了年均23%的增幅，2012年贸易顺差为1365.46亿美元。

表4-1 2003～2012年中国文化贸易总额与贸易顺差情况

单位：百万美元，%

年份	出口额	进口额	贸易总额		净出口额	
			数值	增幅	数值	增幅
2003	38213.29	3060.27	41273.56	—	35153.02	—
2004	45096.92	3472.57	48569.49	17.68	41624.35	18.41
2005	54984.77	3763.97	58748.74	20.96	51220.79	23.05
2006	62035.84	4091.10	66126.93	12.56	57944.74	13.13

---

① 由于一些原因，部分最新报告数据无法获得，故此沿用《创意经济报告（2010）》。

续表

年份	出口额	进口额	贸易总额		净出口额	
			数值	增幅	数值	增幅
2007	77948.59	9593.22	87541.81	32.38	68355.37	17.97
2008	90706.66	10110.57	100817.23	15.16	80596.09	17.91
2009	79812.63	9655.65	89468.29	-11.26	70156.98	-12.95
2010	101898.09	11743.79	113641.88	27.02	90154.30	28.50
2011	129155.52	14453.68	143609.20	26.37	114701.84	27.23
2012	151307.28	14761.22	166068.50	15.64	136546.06	19.04

数据来源：根据 UNCTAD 统计数据整理计算所得。

从 2003 年至 2012 年，中国文化贸易规模不断扩大，文化产品进出口年均增长 16.2%，文化服务进出口年均增长 24.7%。在此过程中，文化贸易结构得以优化，文化出口企业数量不断增加，文化领域境外投资步伐逐步加快（见表 4-2）。①

表 4-2　2003~2012 年中国文化产品贸易情况

单位：百万美元，%

年份	出口额	进口额	贸易总额		净出口额	
			数值	增幅	数值	增幅
2003	38179.84	2990.74	41170.58	—	35189.11	—
2004	45055.92	3296.74	48352.66	17.44	41759.18	18.67
2005	54850.91	3610.02	58460.92	20.91	51240.89	22.71
2006	61898.40	3969.62	65868.02	12.67	57928.78	13.05
2007	77632.31	9439.50	87071.81	32.19	68192.80	17.72
2008	90288.72	9855.95	100144.67	15.01	80432.77	17.95
2009	79715.37	9377.21	89092.58	-11.04	70338.16	-12.55
2010	101775.17	11372.97	113148.14	27.00	90402.20	28.53
2011	129032.75	14054.12	143086.86	26.46	114978.63	27.19
2012	151181.70	14196.74	165378.44	15.58	136984.96	19.14

数据来源：根据 UNCTAD 统计数据整理计算所得。

① 陈恒：《加快发展对外文化贸易》，《光明日报》2014 年 3 月 19 日，第 7 版。

对比表4-1和表4-2，读者不难发现，我国文化贸易及顺差的增幅在很大程度上源于文化产品贸易的大幅攀升，文化服务贸易所占比重偏低。从表4-3可以看出，自2010年起，我国文化服务贸易出口较为稳定，进口增长幅度较大，促进我国文化服务贸易进出口总额提高，同时也导致文化服务贸易逆差逐年扩大。

表4-3　2003～2012年中国文化服务贸易情况*

单位：百万美元，%

年份	出口额	进口额	贸易总额		净出口额
			数值	增幅	
2003	33.44	69.54	102.98	—	-36.09
2004	40.99	175.83	216.82	110.55	-134.84
2005	133.86	153.95	287.81	32.74	-20.10
2006	137.43	121.48	258.91	-10.04	15.95
2007	316.29	153.72	470.00	81.53	162.57
2008	417.94	254.62	672.57	43.10	163.32
2009	97.26	278.45	375.71	-44.14	-181.18
2010	122.92	370.82	493.74	31.41	-247.91
2011	122.78	399.56	522.34	5.79	-276.79
2012	125.58	564.49	690.07	32.11	-438.91

　　* 根据《创意经济报告（2008）》界定，文化服务主要包括：版权转让和许可服务、广告和市场调查服务、建筑工程和技术服务、研究开发服务、文化休闲娱乐服务等。关于文化服务贸易数据的统计，在UNCTAD数据库中，建筑工程和技术服务、研究开发服务的数据缺失，多数国家文化休闲娱乐服务的数据是来自视听服务，因此文中选用文化娱乐休闲服务一类进行整理和计算，且中国文化产品和服务贸易的数据仅限于中国大陆，不包括中国香港、中国澳门和中国台湾地区。

(二)我国文化贸易的结构性特征

在我国文化贸易成绩的背后，不难发现，我国无论文化产品贸易还是服务贸易都存在着明显缺陷。因研究数据范围的限制，接下来笔者仅对我国文化产品贸易结构和服务贸易中最为核心的版权贸易结构进行具体分析。

1. 我国文化产品贸易结构

联合国《创意经济报告（2008）》对文化产品范围做出了界定，主要包括：手工艺品（地毯、纪念品、纸制品、柳编制品、抽纱制品等）、影视媒介、设计（建筑模型、时尚设计产品、玻璃制品、室内设计、珠宝、玩具）、音乐媒介（录音带、CD）、新媒体（数字媒介、游戏产品）、出版物（书籍、报刊等）、视觉艺术品（古董、绘画、摄影、雕刻等）。[①] 我国文化产品贸易结构主要有以下两大突出特征。

（1）出口以劳动密集型产品为主，核心文化产品比例较低。

依据联合国教科文组织（UNESCO）制定的文化贸易统计框架，文化产品贸易可划分为核心层和相关层两个层次。我国文化产品出口结构中（见表4-4），设计所占比重最大，在70%左右，是我国主要的出口文化产品；接下来则是手工艺品和新媒体类，这些主要是劳动密集型产品，充分发挥了我国廉价劳动力的成本优势，但附加值较低。这三大类出口文化产品均属于相关层，比例高达90%，我国占有绝对优势。文化产品核心层仅占10%，其中占一半比例的视觉艺术品仍以劳动密集型为主，而知识和技术密集型的核心文化产品如影视媒介、音乐媒介、出版物等平均占比不到5%。这体现出我国文化产品出口结构的不合理，核心文化产品出口较少是我国对外文化贸易发展的劣势。

---

① 参见联合国《创意经济报告（2008）》。

表 4 - 4　2003～2012 年我国文化产品出口结构

单位：%

年份	文化产品核心层					文化产品相关层			
	影视媒介	音乐媒介	出版物	视觉艺术品	合计	手工艺品	设计	新媒体	合计
2003	0.51	1.44	1.71	6.24	9.90	11.51	71.66	6.93	90.10
2004	0.36	1.55	1.89	6.12	9.92	11.19	72.44	6.44	90.07
2005	0.25	1.47	1.88	5.51	9.11	11.31	72.39	7.20	90.90
2006	0.20	1.40	2.34	5.44	9.38	12.26	69.99	8.35	90.60
2007	1.62	1.39	2.63	4.33	9.97	12.06	63.86	14.10	90.02
2008	1.43	1.46	2.68	4.11	9.68	11.88	62.09	16.34	90.31
2009	1.51	1.36	2.67	4.52	10.06	11.26	65.56	13.12	89.94
2010	1.19	1.27	2.35	4.92	9.73	10.43	69.72	10.12	90.27
2011	1.09	1.11	2.06	5.60	9.86	9.97	72.07	8.10	90.14
2012	0.97	1.01	1.94	7.95	11.87	9.72	69.76	8.64	88.12

数据来源：根据 UNCTAD 统计数据整理计算所得。

（2）核心文化产品进出口地域狭小，集中在少数发达国家。

由表 4 - 5 可以看出，我国核心文化产品的出口地域较为集中，主要为美国、德国、日本、中国香港、英国、荷兰、澳大利亚、新加坡、加拿大等少数发达国家和地区。进口地域主要为美国、日本、英国、中国香港、中国台湾、韩国、德国、荷兰、法国、意大利等国家和地区，与出口地理结构差别不大。上述情况显示，我国核心文化产品贸易范围狭小，不利于中华文化的弘扬和传播。

表 4 - 5　2008～2013 年我国核心文化产品前十位出口市场

序号 ＼ 年份	2008	2009	2010	2011	2012	2013
1	美国	美国	美国	美国	美国	美国
2	中国香港	中国香港	德国	德国	日本	中国香港
3	德国	德国	中国香港	中国香港	德国	日本

续表

序号 年份	2008	2009	2010	2011	2012	2013
4	英国	荷兰	英国	英国	中国香港	英国
5	日本	英国	日本	荷兰	英国	德国
6	荷兰	日本	荷兰	日本	荷兰	荷兰
7	俄罗斯	澳大利亚	阿联酋	阿联酋	韩国	新加坡
8	阿联酋	韩国	意大利	澳大利亚	新加坡	阿联酋
9	加拿大	加拿大	澳大利亚	意大利	阿联酋	马来西亚
10	澳大利亚	阿联酋	加拿大	加拿大	澳大利亚	澳大利亚

数据来源：《2014 中国文化及相关产业统计年鉴》。

值得注意的是，2013 年我国核心文化产品的进口结构中（见表 4-6A、4-6B），泰国异军突起，超过美国，成为我国进口市场的第一大国，进口金额达 4.16 亿美元，同比增长 64 倍，约占我国进口市场 1/5 的份额。美国则一直保持较快的增长态势，占我国进口市场的 14.7%。

表 4-6A　2013 年我国核心文化产品前十位出口市场

单位：亿美元，%

位次	国别（地区）	出口金额	同比增长	占比	位次	国别（地区）	进口金额	同比增长	占比
1	美国	75.04	-0.7	29.9	1	泰国	4.16	6407.8	18.3
2	中国香港	20.38	22.4	8.1	2	美国	3.34	35.4	14.7
3	日本	19.35	-1.1	7.7	3	中国台湾	2.09	-20.7	9.2
4	英国	13.19	8.7	5.2	4	日本	1.55	-32.7	6.8
5	德国	11.63	-35.5	4.6	5	英国	1.47	34.3	6.5
6	荷兰	10.73	-0.9	4.3	6	法国	1.26	559.2	5.6

表4－6B　2013年我国核心文化产品前十位进口市场

单位：亿美元，%

位次	国别 （地区）	出口 金额	同比 增长	占比	位次	国别 （地区）	进口 金额	同比 增长	占比
7	新加坡	7.08	23.4	2.8	7	中国香港	1.16	51.8	5.1
8	阿联酋	5.55	－1.4	2.2	8	德国	0.94	10.7	4.1
9	马来西亚	5.26	18.3	2.1	9	荷兰	0.66	250.7	2.9
10	澳大利亚	4.75	－3.5	1.9	10	新加坡	0.6	33.2	2.6

数据来源：《2014中国文化及相关产业统计年鉴》。

2. 我国版权贸易结构

在文化服务贸易的几个类别中，版权贸易是最受关注的核心门类之一。

我国版权引进和输出情况（见表4－7、表4－8）以2009年为界，可分为两个阶段。2009年以前，我国版权引进和输出项目数量呈现波动增长态势；2009年以后，版权引进和输出项目数量呈现平稳较快增长态势，其中版权输出的增长速度远高于引进速度。2013年，版权输出10401项，是2009年的2.47倍，而版权引进18167项，比2009年增长31.71%。从绝对数量上看，版权引进项目远远多于输出项目，逆差在2010年后逐年缩小（见图4－1），不过2013年版权引进数目仍是输出数目的1.75倍。

（1）图书类版权项目占优势，影视类明显薄弱。

从版权贸易内容结构来看，无论是引进还是输出，图书类项目均占据绝对优势，影视类项目比重偏低，劣势明显。在版权引进项目中，图书占比80%～90%，影视合计在2010年最高，达到10.42%，其他年份不足5%；在版权输出项目中，2009年以前图书占95%以上，2009年以后略有下降，占比65%～80%，影视类合计占到15%～30%。由此可见，影视版权贸易是我国文化服务贸易的重大短板。

表 4 - 7　2005 ~ 2013 年版权引进情况

单位：项，%

类别＼年份	2005	2006	2007	2008	2009	2010	2011	2012	2013
引进合计	10894	12386	11101	16969	13793	16602	16639	17589	18167
图书	86.12	88.41	92.38	92.97	93.63	82.66	88.39	91.62	91.51
录音制品	0.83	1.21	2.43	1.48	1.90	2.64	1.67	2.70	2.08
录像制品	1.05	0.87	0.95	0.90	0.90	2.14	2.53	2.86	2.96
电子出版物	1.42	1.40	1.17	0.69	0.62	0.30	1.11	0.57	0.40
软件	3.68	3.50	3.04	2.13	1.81	1.83	1.64	1.07	0.93
电影	0.00	0.23	0.01	0.00	0.01	1.71	0.22	0.07	0.00
电视节目	0.03	0.01	0.00	0.01	1.12	8.71	4.41	1.08	2.10
其他	6.88	4.36	0.02	1.82	0.01	0.00	0.02	0.03	0.02
影视合计占比	0.03	0.24	0.01	0.01	1.14	10.42	4.63	1.15	2.10

数据来源：根据国家版权局数据计算整理得出。

表 4-8 2005~2013 年版权输出情况

单位：项，%

年份	2005	2006	2007	2008	2009	2010	2011	2012	2013
输出合计	1517	2057	2593	2455	4205	5691	7783	9365	10401
图书	94.53	99.66	99.15	99.39	73.79	68.18	76.09	80.81	70.23
录音制品	0.07	0.00	0.00	0.33	1.83	0.63	1.67	1.04	2.88
录像制品	0.13	0.00	0.73	0.12	0.00	0.14	0.26	0.54	1.86
电子出版物	5.14	0.24	0.04	0.04	0.81	3.29	1.61	1.23	6.21
软件	0.00	0.00	0.00	0.12	0.00	0.00	0.06	0.02	0.19
电影	0.00	0.00	0.08	0.00	0.02	0.00	0.03	0.00	0.00
电视节目	0.00	0.00	0.08	0.00	23.50	27.43	20.03	16.35	18.62
其他	0.13	0.10	0.00	0.00	0.05	0.33	0.26	0.01	0.00
影视合计占比	0.00	0.00	0.08	0.00	23.52	27.43	20.06	16.35	18.62

数据来源：根据国家版权局数据计算整理得出。

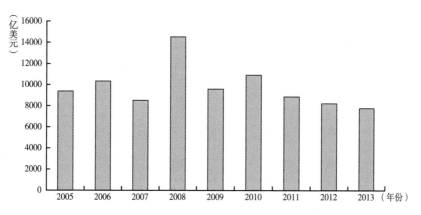

图 4 - 1　2005~2013 年我国版权引进与输出差额

数据来源：国家版权局。

（2）版权引进一半来自美国，向我国港台地区输出占较大比例。

从版权贸易地域结构来看（见表 4 - 9），与我国有版权贸易来往的国家和地区主要有美国、英国、德国、法国、俄罗斯、加拿大、新加坡、日本、韩国、中国香港、中国澳门、中国台湾等。以 2013 年的数据为例，我国引进版权前三位的国家分别是美国、英国、日本，三者合计占比 59.52%，而其中超过一半的比重来自美国；我国输出版权前三位的国家和地区分别是中国台湾、美国、中国香港，合计占比 40.53%，其中接近一半来自我国台湾。由此可见，我国版权贸易地域集中于少数国家或地区，范围较为狭窄，且版权引进结构比输出结构更加集中，输出结构中港台地区占据较大比重。

表 4 - 9　2013 年我国版权贸易地域结构

单位：%，项

国家和地区	输出版权	引进版权
美　　国	12.17	34.18
英　　国	7.03	14.85
德　　国	4.35	4.20

续表

国别或地区	输出版权	引进版权
法　　国	2.34	4.33
俄　罗　斯	1.20	0.46
加　拿　大	1.51	0.63
新　加　坡	5.11	1.82
日　　本	3.73	10.49
韩　　国	6.68	8.91
中国香港	10.10	2.80
中国澳门	1.37	0.04
中国台湾	18.26	6.69
其　　他	26.14	10.60
总数	10401	18167

数据来源：国家版权局。

第二节　我国影视版权贸易现状

总的说来，我国影视版权贸易起步虽然较晚，在版权贸易总体结构中占比较小，但有着良好的发展态势和较大的进步潜力，在未来可能对我国版权贸易逆差的扭转起到关键性作用。

一　我国影视版权贸易的总体特征

（一）影视版权贸易发展态势喜人，潜力十足

2009~2013年，我国版权引进和输出规模均不断扩大，贸易逆差虽在2010年之后有所缩小，但绝对差距依然很大。影视版权贸易方面的发展态势与版权贸易整体情况刚好相反。由表4-10可以看出，2013年我国共引进影视版权381项，输出影视版权1937项，顺差与2012年相比有所提高。全国影视版权引进数量与输出数量的比例由2012年的1∶7.58缩

小到 2013 年的 1:5.08。影视版权引进规模近五年波动起伏,输出数目整体呈上升趋势,贸易规模有所扩大,显示出我国影视版权贸易发展的优质潜力,是缩小继而扭转我国版权贸易逆差的重要力量。

表 4−10　2009～2013 年我国影视版权贸易情况

单位:项

类别 年份	全国引进版权	项目			全国输出版权	项目			影视版权引进输出比
		电影	电视节目	影视合计		电影	电视节目	影视合计	
2009	13793	2	155	157	4205	1	988	989	1:6.30
2010	16602	284	1446	1730	5691		1561	1561	1:0.90
2011	16639	37	734	771	7783	2	1559	1561	1:2.02
2012	17589	12	190	202	9365		1531	1531	1:7.58
2013	18167		381	381	10401		1937	1937	1:5.08

数据来源:国家版权局。

1. 国内贸易成交集中于上海和北京

2013 年引进的 381 项影视版权中,上海市 378 项,湖南省 3 项;输出的影视版权 1937 项,北京市 258 项,上海市 1679 项。2010 年影视版权引进 1730 项,输出 1561 项,全部来自上海市。① 这些数据显示,我国影视版权贸易成交量绝大多数来自北京和上海,其中上海所占比重远高于北京,其他沿海地区和内陆省份在影视版权贸易方面有着较大的发展和提升空间。

2. 贸易国家主要是少数亚欧美国家,以美国为主

我国内地影视版权引进和输出的主要国家和地区为美国、英国、韩国、中国香港、日本、新加坡、中国台湾、加拿大等少数亚洲和欧

---

① 以上数据来源于国家版权局,2012 年、2011 年、2009 年相关统计数据缺失。

美国家或地区。以 2011～2013 年影视版权贸易情况为例（见表 4-11），我国影视版权引进的地域集中度远高于影视版权输出的地域集中度，不过 2013 年输出集中度较以往年份有大幅度的提高。排名前五位的引进国家或地区占影视版权引进规模的 85% 以上，而 2013 年前五位输出国家或地区所占比重也上升到 50% 以上。

另外，综合来看，美国是我国最主要的影视版权贸易伙伴。美国在我国影视版权输出方面一直保持着优势地位，在引进方面的综合表现与英国、韩国相比也略胜一筹。

表 4-11 2011～2013 年与我国进行影视版权贸易排名前五的国家或地区

单位：%

排名	2011 年		2012 年		2013 年	
	引进	输出	引进	输出	引进	输出
1	美国 32.68	美国 17.81	英国 36.14	美国 12.54	韩国 29.13	美国 16.99
2	英国 27.50	香港地区 5.06	美国 20.79	新加坡 6.60	美国 21.78	香港地区 14.09
3	日本 16.86	新加坡 3.07	新加坡 12.87	香港地区 4.31	英国 17.32	新加坡 9.91
4	新加坡 7.78	台湾地区 0.64	香港地区 11.88	加拿大 0.20	香港地区 13.39	台湾地区 6.81
5	香港地区 6.74	—	俄罗斯 5.94	台湾地区 0.20	台湾地区 5.77	澳门地区 6.14
合计	91.56	26.58	87.62	23.85	87.39	53.94

数据来源：根据国家版权局数据计算整理得出。

（二）我国影视节目进出口情况

电影方面，近年来我国电影票房收入高速增长，电影产业规模不断扩大，但进口影片和国产影片的发展并不均衡。根据艺恩咨询《2014～2015年中国电影产业研究报告》，国产片和进口片票房贡献率净差在2009～2011年基本维持在8～12个百分点，2012年国产片票房被进口片反超，二者票房贡献率净差降为－4个百分点，2013年国产片恢复反弹后将净差拉大到18个百分点，2014年恢复到10个百分点的水平，落回之前的平均水平。再看国产片、进口片票房增速对比，二者的平均增长率分别为37%、40%，国产片对我国电影总票房的贡献度低于进口片，与进口影片相比票房竞争力较弱（见图4-2）。

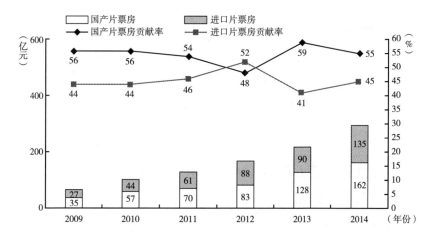

图4-2 2009～2014年国产片、进口片票房及贡献率对比

数据来源：《2014～2015年中国电影产业研究报告》，艺恩咨询，http://www.entgroup.cn/report/f/0518133.shtml。

图4-3显示，我国国内票房收入增速除了2013年低于电影产业规模增速之外，2009～2012年票房收入增长速度均超过电影产业规模增速10个百分点，2014年二者差值缩小到4.7个百分点。国产影片海外销售收入方面，2010年国产影片的海外销售收入为近六年的最高值（35.2亿元），之后两年大幅下降，2012年海外销售收入仅有10.6亿元，但2013

273

年、2014 年增速明显，平均增长水平为 32.8%，2014 年海外销售已达 18.7 亿元。① 以此可以推出，我国电影产业规模扩张的动力开始部分转移到海外销售等环节的拉动上，国产影片海外销售有着较大的提升空间。

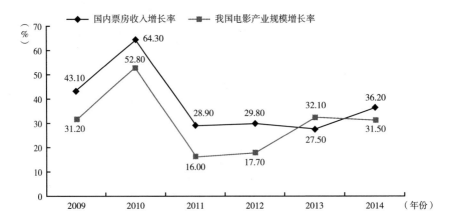

图4－3　2009～2014 年我国国内电影票房收入与电影产业规模增长率

数据来源：艺恩咨询。

　　进口片发行数量方面，表4－12 中的数据显示，2014 年我国进口片发行总数为 68 部，其中分账片②数量维持在上限 34 部，批片③数量虽低于 2012 年的 47 部，但仍比 2013 年增加了 25.93%。进口影片票房方面，2014 年进口片在我国的票房收入总量约为 132.8 亿元，比 2013 年上涨约 51.95%。其中，分账片所获票房占绝对优势，以 115.3 亿元的成绩占进口片总体票房的 86.82%，比 2013 年增长

---

① 数据来源：艺恩咨询。
② 分账片即电影版权所有者不卖断发行权，而是委托中介机构代理发行，并事先商定收益比例，按影片的票房收入分成，以使制片方、发行机构和放映单位利益共享、风险共担。1994 年开始，中国内地每年引进 10 部海外分账大片，加入 WTO 之后增加到 20 部，2012 年之后在原有的基础上增加了 14 部特种分账片（所谓特种即针对 3D 和 IMAX 电影的引进），至此分账片的可引进数量为 34 部。
③ 批片，又名进口买断片，是指国内片商以固定的价格把影片的放映权从国外片商处买断，而国外片商不参与中国的票房分成，由于这类影片多以批量的形式引进，故称为“批片”。

65.19%，贡献较高的影片有《变形金刚4：绝迹重生》《星际穿越》和《X战警：逆转未来》等。另外一小部分为批片票房，2014年批片引进数量虽有所增加，但票房成绩却低于2013的17.6亿元，这与其档期时间、制作质量等因素有关系。

表4-12　2012～2014年我国进口片发行数量及票房情况

年份	票房总量（亿元）	同比增长（%）	分账片		批片	
			数量（部）	票房（亿元）	数量（部）	票房（亿元）
2012	88.4		34	78.1	47	10.3
2013	87.4	-1.13	34	69.8	27	17.6
2014	132.8	51.95	34	115.3	34	17.5

数据来源：艺恩咨询。

电视节目方面，从金额上看，近三年我国电视节目贸易逆差逐渐拉大，如表4-13所示，2013年进、出口差额达到4.05亿元，且我国电视节目进、出口总额同比下降了10%。电视节目进口结构中，电视剧所占比重有所下降，从60%以上降低到40%左右，动画和纪录片进口规模逐年扩大，2013年二者合计约占进口电视节目的1/4。从电视节目出口结构来看，电视剧出口牢牢占据着半壁江山，动画和纪录片则是在波动中前进，出口规模有所扩大。

表4-13　2011～2013年我国电视节目进出口情况

单位：万元，%

年份	全年电视节目进口金额	电视剧	动画	纪录片	全年电视节目出口金额	电视剧	动画	纪录片
2011	54098.62	34563.57	702.01	3682.96	22662.45	14648.95	3662.39	1833.89
	占比	63.89	1.30	6.81		64.64	16.16	8.09

续表

年份	全年电视节目进口金额	电视剧	动画	纪录片	全年电视节目出口金额	电视剧	动画	纪录片
2012	62533.52	39583.88	1489.01	5976.34	22824.19	15019.78	3104.72	3226.00
占比		63.30	2.38	9.56		65.81	13.60	14.13
2013	58658.06	24497.67	4432.38	9273.32	18165.57	9249.77	4894.24	2693.45
占比		41.76	7.56	15.81		50.92	26.94	14.83

数据来源：国家统计局。

（三）美剧在中国和国剧在海外

美剧在中国受到国内观众的热情追捧。经过前段时间国家新闻出版广电总局的大规模整顿，网络上大量无版权美剧资源被查封，众多美剧非法下载和传播平台被关闭。通过搜狐、乐视、爱奇艺等大型视频内容运营商在线观看其从版权贸易正规渠道购得的美剧资源，成为国内观众观看美剧的最主要方式。因此美剧版权费也一直居高不下，如每季《生活大爆炸》版权费已高达数百万美元。随着"限外令"的出台，美剧版权价格开始呈现理性发展趋势。

表4－14对中国几大视频网站的美剧专栏中所包含的内容资源进行了统计。通过对网站内美剧资源的对比，不难发现在美剧版权引进方面投入精力最大的当属搜狐视频，其上架美剧总量在几大视频网站中排名虽不靠前，但其特征美剧总量确是当之无愧的第一。截至2015年3月，在搜狐视频独家播映的美剧有51季之多。从上架美剧总量来看，爱奇艺以729季的数量高居榜首，接下来是乐视TV和PPTV。

表4-14　中国主要视频网站上架美剧情况

视频网站	上架美剧（按季统计）	特征美剧数量	
		特征标签	季数
搜狐视频	238	独家播映	51
优酷土豆	48	独家播映	4
乐视 TV	590	—	—
爱奇艺	729	全网首播	20
PPTV	335	—	—

说明：表中数据以季为单位，统计时间截至2015年3月12日。

与众多国内观众追捧美剧、英剧、日剧、韩剧类似，国外亦有不少观众怀着极大的热情追捧中国影视剧，尤其是在东南亚地区。随着中国影视剧剧目制作质量和数量的提高，越来越多的影视剧走出国门，对欧美、日韩等市场产生了一定的影响。[①] 国内视频网站有美剧、韩剧、日剧等专栏，海外也有中国影视剧社区论坛，网站内部有着丰富多样的影视剧资源，如美国 Asianfanatics 论坛、越南 DienAnh. Net Forums 等，根据当地受众口味偏好设置了不同的剧种板块。欧美观众偏好古装武侠剧和苦情琼瑶剧，日韩观众由于相似的历史文化背景对中国历史剧和武侠剧较为着迷，东南亚和非洲则是中国影视剧当前主要的和未来潜力巨大的海外市场，无论是古装仙侠、偶像言情还是都市伦理都有着广泛的受众基础。

然而，这些热捧大多集中在网络上，尤其是欧美地区。真正被国外电视台从正规渠道引进的中国影视剧的数量并不多，网络论坛上很多的中国影视剧资源往往都是盗版，且正规的影视剧海外版权交易价格普遍不高。中国影视剧在海外市场上所带来的更多是社会影响而非经济效益。

[①] 邱祎：《国外粉丝热捧国产剧：看中国电视剧真的太幸福》，新华网，http：//news. xinhuanet. com/newmedia/2013-03-27/c_ 115182039. htm。

第三节　我国影视版权贸易发展存在的问题

由第二节的数据分析可得，我国版权贸易逆差现象较为严重，尽管逆差在 2010 年后有所缩小，版权输出快速发展，但仍未能扭转大势。目前影视版权贸易虽然是顺差且潜力巨大，但由于在版权贸易中所占比重过低，发展疲软，势单力薄，成效有限。长此以往，我国本土文化资源的原创性将会被不断削弱，并会丧失在国际文化市场中的贸易主动权。因此，找出制约我国影视版权贸易发展的因素，解决问题，推动影视版权贸易健康发展，成为提升我国影视版权国际竞争力的关键所在。

一　法律保护方面

我国版权相关方面的立法历史较短，迄今为止不过 30 多年，但已建立起有中国特色的版权保护法律体系（见表 4 - 15），而一些发达国家则用了几十年甚至上百年的时间。世界知识产权组织总干事阿帕德·鲍格胥博士曾说，"在知识产权建设史上，中国完成所有这一切的速度是独一无二的"。[①]

表 4 - 15　中国版权法律保护体系

1980 年	中国加入世界知识产权组织	国际动态
1982 年	颁布《商标法》	国内法案
1984 年	制定《专利法》	国内法案

---

① 国务院新闻办公室：《中国知识产权保护状况》，新华网，http：//news. xinhuanet. com/ zhengfu/2002 - 11/15/content_ 630928. htm。

续表

1990 年	第一部版权法诞生——《著作权法》	国内法案
1992 年	加入《保护文学和艺术作品伯尔尼公约》(简称《伯尔尼公约》)和《世界版权公约》	国际动态
1994 年	通过《关于惩治侵犯著作权的犯罪的决定》	国内法案
1997 年	修订《刑法》,新增侵犯著作权犯罪的内容	国内法案
2001 年	加入 WTO,全面修订国内版权法律法规	国际动态
	颁布《音像制品管理条例》《电影管理条例》《出版管理条例》《计算机软件保护条例》	国内法案
2002 年	颁布《著作权法实施条例》	国内法案
2003 年	颁布《知识产权海关保护条例》	国内法案
2004 年	颁布《著作权集体管理条例》	国内法案
2006 年	颁布《信息网络传播权保护条例》	国内法案
2009 年	制定《著作权行政处罚实施办法》	国内法案
2012 年	完成著作权法第二次修订	国内法案

注：笔者根据网络资料整理。

　　以上法律保护体系虽日趋完备，但存在一些问题。首先，这些法规多多少少都包含一些影视版权方面的规定，但内容笼统、繁杂、分散，专门针对影视版权保护的特殊性而出台的法案较少，且当代科学技术日新月异，法律法规却未能真正做到与时俱进，滞后于现代科技发展的步伐，导致可操作性不强，技术漏洞较多。其次，由于执法力度不够，侵权犯罪成本较低，我国影视版权贸易中盗版活动较为猖獗，给相关企业、机构和个人带来巨大的经济损失，影响了权利人创作和维权的积极性，严重扰乱了版权市场秩序和贸易环境，同时损害了我国在国际影视版权贸易市场上的形象，使我国面临来自美国等版权保护组织和机构的巨大压力。1991 年，美国对中国发起"特殊 301"调查；1994 年，美国贸易代表再次宣布将中国从知识产权"重点观察国家"上升为"重点国家"，并对中国开始为期 6 个月的"特殊 301"调查，以贸易制裁为要挟，迫使我国加强对美国版权利益的保护。种种现象表明我国在影视版权立法、执法方面还面临较为严峻的挑战。

二 影视内容方面

从"开源节流"的角度来看，我国影视版权贸易在影视内容和创意方面主要存在两方面的问题："开源"不够，即影视内容创意能力不足，原创性较弱；"节流"不够，即我国影视版权内容的传播效果被文化折扣削弱。

（一）影视内容创意能力不足，原创性影视版权竞争力较弱

影视产品的优质内容或创意是影视版权贸易的核心竞争力。内容产品的原创性、品牌性和独特性往往是最吸引国内外观众关注的地方。影视版权贸易发展的源泉是优质、精品的内容。然而，与中华文明五千年悠久历史和文化积淀不成正比的是，我国的影视产品虽多，但内容原创力不够，市场表现一般，很多关注度较高的影视剧和综艺娱乐节目因涉嫌抄袭，争议颇多。例如，《爱情公寓》系列中多处情节涉嫌抄袭《老友记》（Friends）、《生活大爆炸》（The Big Bang Theory）、《老爸老妈浪漫史》（How I Met Your Mother）等美剧，《中国好声音》模仿荷兰音乐节目 The Voice of Holland，红遍全国的《爸爸去哪儿》则是源自韩国，而 2014 年下半年以来风靡大江南北的大型户外竞技真人秀节目《奔跑吧兄弟》也是浙江卫视引进韩国综艺节目版权、与韩版 Running Man 制作团队 SBS 联合制作推出的。① 且不论这些所谓的借鉴是否能在法律上站稳脚跟、无懈可击，但高度相

---

① 目前，"韩潮"席卷各大电视台综艺节目，东方卫视《花样姐姐》、湖南卫视《真正男子汉》、江苏卫视《我们相爱吧》、央视《无限挑战》等综艺节目均来自韩国原版，与此同时版权价格也是水涨船高，湖南卫视引进《我是歌手》《爸爸去哪儿》的平价时代已一去不复返。韩国综艺节目一集的授权费一般在 1 万~3 万美元（热门的另算），涨价之后最高可达原来的 10 倍。然而价格的上涨并不影响国内电视台的引进热情，韩国 SBS、MBC、KBS 三大电视台的综艺节目已经出现提前预订版权的情况。参见《韩版综艺能否再掀疯狂》，《广州日报》2015 年 3 月 21 日，B1 版。

似的情节、内容、形式本身会引发那些了解内情的观众的反感和抨击。

如今，我国的国际地位日益提高，文化方面的影响力却无法与之匹配。影视内容原创力的薄弱，导致影视版权的引进越来越多，貌似有名的国外娱乐节目都有了中国版，而中国节目的海外版却较为鲜见，这严重影响了我国影视版权的输出，对我国文化内容的国际影响力和竞争力产生了一定的摊销作用，不利于我国影视版权"走出去"。

另外，已经输出的影视版权内容中，很多并未能很好地反映当代中国的社会发展和精神风貌。古老而传统的内容固然经典，但影视版权贸易的发展也应当与时俱进，否则长此以往会对我国国际形象造成消极影响，也将制约我国影视版权贸易的发展和繁荣。

(二)文化折扣削弱了我国影视版权内容的传播效果

对影视内容而言，由于各国文化背景、语言文字、宗教信仰、社会习俗、受众偏好、审美预期等诸多因素的差异，在跨国传播和交易的过程中，电影和电视节目的内容价值会遭到不同程度的折损，对当地受众的吸引力也会相应减弱，这就是影视内容中的文化折扣现象，也是我国影视版权贸易过程中必然会遇到的障碍。

文化折扣是文化贸易区别于其他贸易类型的主要特性之一。随着我国影视版权输出规模的扩大，文化折扣的影响也日渐凸显。上文的数据分析显示，美国是我国最主要的影视版权贸易伙伴。美国及其他一些国家的影视版权在我国市场上交易和影视传播几乎没有困难，优势明显，而反过来，我国的影视版权在海外营销却要经受较大的文化折扣，这也正是造成中美影视版权贸易格局极度不平衡的重要因素之一。

以2013年贺岁电影《泰囧》为例。这部影片以不到3000万元的成本在国内创造了13亿元的票房神话，被许多海外媒体看好并欲购买其海外版权。然而该影片在海外市场却惨遭"滑铁卢"，在北美的票房不足6万美元，在马来西亚、泰国等国市场的票房也不足国内的零头。其中原因与文化折扣有着密不可分的关系，海外版主要以中文原声配音加翻译字幕的形式呈现在观众眼前，当地观众难以理解影片中对白的内在含义和中文式的语言幽默，产生"不知所云"的错觉，从而使该片的喜剧效果大打折扣，直接导致票房的惨淡。①

三 贸易渠道方面

优质原创内容的输出需要规范、专业、多样化的贸易渠道。推动影视版权贸易常态化，需要有常态化的贸易形式、服务机构和交易平台。贸易渠道方面的局限严重制约了我国影视版权贸易的扩大和发展。

（一）缺少市场化、专业化、规范化的影视版权代理机构

《版权贸易新论》一书对版权代理的定义是，"版权代理公司或代理人接受作者或出版机构的委托，以被代理人的名义，就达成有关作品的著作权转让或使用许可所进行的中介事务"。② 影视版权运营，就是以版权采购和版权代理的方式获取影视版权作品的运营权益，以市场分销、渠道营销和品牌营销的专业手段，实现版权案例的产业价值和市场收益。

版权代理机构是国际版权交易顺利进行的重要推手，版权代理行业与版权贸易相辅相成，其发展程度将会对版权贸易的兴衰产生直接且不可忽视的影响。欧美的版权代理行业发展较早，业已成熟，而我

---

① 闫伟娜：《影视产品跨文化传播中的"文化折扣"问题研究》，《西部学刊》2013年第11期，第42页。
② 徐建华主编《版权贸易新论》，苏州大学出版社，2005。

国的版权代理尚处于起步阶段。1988 年成立的中华版权公司是中国内地第一家版权代理机构，而之后相继成立的上海、陕西、北京版权代理公司等多家机构大多数挂靠在当地版权局下，直到 2000 年才出现第一家民营版权代理公司。[①] 我国当前版权代理行业整体市场化程度较低，经营范围有限，势单力薄，在国际版权交易市场上难以产生影响力。

并且，版权代理行业发展初期是以图书或文学版权代理为主，在影视版权贸易领域更为鲜见。在当前的发展阶段，能专业提供影视版权交易服务的版权代理机构在数量上极为有限，其从业经验、专业水准、规范程度以及对影视版权信息的把握与西方国家同行相比亦有很大差距，这大大制约了我国影视版权贸易的发展进程。

（二）影视版权贸易形式单一且平台较少

我国目前的影视版权贸易主要通过各种博览会、交易会、电视节、电影节等会展形式进行，例如中国国际版权博览会、中国国际广播影视博览会、西部影视节目交易会、中国国际纪录片节、中国国际影视节目展、上海国际电影节、金鸡百花电影节、上海电视节等。[②]这些展会都是阶段性举办，贸易时间有限，其承担的主要是展示性职能，无法作为常态化的贸易形式，也不能成为我国影视版权输出的主要渠道，并且其贸易对象以节目成品为主，针对影视版权的贸易服务较少。

近年来，版权贸易公共服务平台逐渐兴起并快速发展，广受关注，如在北京、上海陆续成立的版权交易中心、版权纠纷调解中心、版权保护国际论坛等公共服务平台，在广州等地区成立的文化产权交

---

① 李昂：《我国版权代理现状及发展对策研究》，河南大学硕士学位论文，2013。
② 肖叶飞：《文化强国背景下的版权贸易与“走出去”战略》，《新闻研究导刊》2014 年第 5 卷第 5 期，第 3 页。

易所等。[1] 2010年8月，西安电视剧版权交易中心成立，成为国内首家影视版权交易机构；2014年2月27日，影视版权产业联盟成立。除此之外，尚未有较知名的影视版权服务平台出现。这几家交易中心和服务平台均处于起步阶段，发展并不完善，所能贡献的力量有限，远远不能满足我国影视版权贸易发展的需求。

四 专业人才方面

影视版权贸易对从业人员的知识水平和业务素质要求很高，最主要的有以下四个方面。第一，法律方面，要精通与版权相关的我国法律法规，掌握相关的国际公约，了解贸易对象所属国家或地区的版权相关法律法规，这些对合同的制定和签署至关重要。第二，贸易方面，影视版权的国际贸易流程较为烦琐且各个环节分工明确，这就要求从业人员对影视版权贸易的整个产业链要有清楚的认知，减少贸易程序中的疏漏，最大化地挖掘每个产业链环节的版权价值。第三，营销方面，影视版权成功输出或引进之后，如何准确把握当地市场动向，及时而有效地在当地市场进行营销，削弱文化折扣，抢占市场份额，并最大限度地延伸产业链，这也是从业人员应当具备的素质。第四，语言方面，影视版权的引进和输出都涉及外文文献、数据、合约等专业资料的搜集阅读，以及涉外贸易谈判，等等，这都对从业人员的相关外语的掌握程度提出了更高的要求，尤其是影视产业、版权产业、国际贸易、法律法规等方面的专业词汇。具备上述知识和素质的高度复合型人才正是我国影视版权贸易领域所稀缺的。当前我国影视版权贸易从业人员的知识背景较为单一，基本是从某一相关行业跨界而来，在思维观念及市场敏感性上略有不足，再加上我国影视版权贸

---

[1] 牟俊翰：《电视版权贸易突围策略探究》，《声屏世界》2012年第3期，第49页。

易起步晚，专业化培养制度和模式尚未成形。人才短板已成为阻碍我国影视版权贸易发展的主要瓶颈之一。

五　数据统计方面

数据信息是深入研究和合理决策的基础。数据的准确性和可靠性直接影响相关政府部门和公共机构决策的适用性，以及业内人士和企业高层对行业发展现状、发展趋势和热点问题的把握。然而，我国文化贸易领域的整体统计框架尚不健全，分类简单、条目较少，无法真正反映行业发展的具体特征和问题，版权贸易方面的数据信息则严重缺失。这一点在本文的写作过程中表现得尤为突出。在较为权威的国家统计局和国家版权局的版权贸易相关统计数据中，图书版权贸易数据占据主要地位，影视版权贸易方面的专项数据几乎是空白。联合国贸发会议数据库中亦缺失针对影视版权贸易或版权贸易的统计数据。我国影视版权贸易统计数据总量极为有限，产业环节细分程度不够，不同渠道的数据其统计标准又存在差别，相互之间难以加工或对比。当今社会，掌握信息即意味着掌握主动权。数据和信息的匮乏会造成行业决策和规范制度的盲目和滞后，这是阻碍我国影视版权贸易发展的又一大瓶颈。

第四节　他山之石：美国影视版权贸易发展分析

美国是世界上影视版权贸易最发达的国家，拥有最具影响力的影视产业，且上文的数据分析结果显示，美国是我国最主要的影视版权贸易伙伴。因此，本文选择对美国的影视版权贸易进行深入分析和研究。

美国版权产业整体发展十分成熟，无论经济大环境如何，一国版权产业整体及各个部分均对国民经济有着极为重要的贡献作用。通过对中美影视版权服务贸易竞争力对比，可以看出两国影视版权贸易发展水平的巨大差距。而美国方面成功的发展经验对缩小我国影视版权贸易逆差也有不可忽视的参考价值和借鉴作用。

一　美国影视版权贸易发展现状

为与国际标准接轨，美国国际知识产权联盟自2004年起采用世界知识产权组织（WIPO）对版权产业的分类方法，分为核心版权产业、部分版权产业、非专用支持产业和相互依存产业四大类别。其中，核心版权产业包括计算机软件、电子游戏、图书、报纸、杂志、电影、唱片、广播和电视，约占版权产业的60%。美国影视版权产业是核心版权产业的重要组成部分。衡量一个产业对国民经济贡献的最恰当的方法就是测算该产业的增加值。增加值能够反映出特定产业中劳动力和资本的经济贡献。如表4-16所示，2009~2012年，美国版权产业总值占GDP的比重始终保持在10%以上并逐渐提升，而其中6%以上是由核心版权产业贡献的。

2008~2009年经济衰退的影响到2010年已被大大削弱，大部分美国产业的销售额和利润呈现持续增长的态势。而无论经济大环境如何，版权产业对美国GDP都是一个极其重要的贡献因素。如表4-16所示，2012年美国国内生产总值达到15.6848万亿美元，其中核心版权产业如电影、电视、计算机软件等增加值超过1万亿美元（1.0156万亿美元），占据美国GDP的6.48%。近年来，核心版权产业的发展速度也远超其他版权产业，由2009年的8848.1亿美元增长到2012年的10156.4亿美元，而其他版权产业从2009年的6568.2亿美元发展到2012年的7495.3亿美元。并且，核心版权产业的年增长率也远高于 GDP 增长水平（见表 4 - 17）。

表 4 - 16 2009 ~ 2012 年美国版权产业增加值

单位：十亿美元，%

年份	2009	2010	2011	2012
核心版权产业总值	884. 8	910. 4	965. 1	1015. 6
美国国内生产总值	13973. 7	14498. 9	15075. 7	15684. 8
核心版权产业占 GDP 比重	6. 33	6. 28	6. 40	6. 48
版权产业总值	1541. 6	1596. 2	1681. 9	1765. 2
美国国内生产总值	13973. 7	14498. 9	15075. 7	15684. 8
版权产业占 GDP 比重	11. 03	11. 01	11. 16	11. 25

数据来源：Copyright Industries in the U. S. Economy，The 2013 Report。

表 4 - 17 2009 ~ 2012 年美国版权产业增加值的实际年增长率

单位：%

项目	2009 ~ 2010 年	2010 ~ 2011 年	2011 ~ 2012 年	2009 ~ 2012 年年均增长率
核心版权产业	4. 21	6. 07	3. 91	4. 73
版权产业	5. 67	5. 00	4. 32	4. 99
美国 GDP	2. 39	1. 81	2. 21	2. 14

数据来源：Copyright Industries in the U. S. Economy，The 2013 Report。

美国核心版权贸易方面，计算机软件所占比重最大，2012 年国外销售及出口达到 1064 亿美元，始终占核心版权贸易出口的一半以上（见图 4 - 4）。

但从一般意义上讲，我们更倾向于将计算机软件行业归于创意服务行业，而非文化服务行业。除去计算机软件的部分（见表 4 - 18），2009 ~ 2012 年影视版权产业则占据了绝对优势，比重达 65% ~ 70%，自 2009 年起影视版权贸易收入逐年增长，至 2012 年达到 247. 8 亿美元，而报纸、图书、期刊、唱片等行业的国外销售及出口收益均逐年降低。

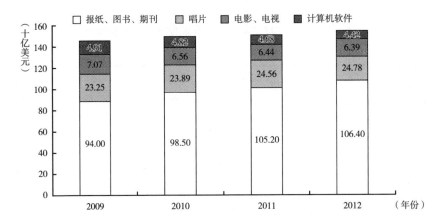

图4-4　2009～2012年美国核心版权产业的国外销售及出口收入

数据来源：Copyright Industries in the U. S. Economy，The 2013 Report。

表4-18　2009～2012年美国核心版权产业（计算机软件除外）
的国外销售及出口收入

单位：十亿美元，%

年份	2009	2010	2011	2012
唱片	7.07	6.56	6.44	6.39
电影、电视	23.25	23.89	24.56	24.78
报纸、图书、期刊	4.91	4.82	4.68	4.42
以上产业合计	35.23	35.27	35.68	35.59
影视版权贸易占比	65.99	67.73	68.83	69.63

数据来源：Copyright Industries in the U. S. Economy，The 2013 Report。

从实际年增长率及对整体经济增长的贡献方面来看，美国的核心版权产业一直领跑美国其他经济部门。而作为其重要组成部分的影视版权产业，表现亦十分突出。影视版权产业的发展大大促进了美国影视版权贸易的繁荣。美国发达的影视版权贸易对美国文化的传播、国际形象的塑造、超级大国地位的巩固均有着相当重要的意义。

二 中美影视版权服务贸易竞争力对比

目前国际、国内均没有对影视版权贸易进行单独统计的方法，影视版权相关数据亦很难获得，而影视版权是影视服务贸易的主要组成部分。联合国贸发会议创意服务数据库中有影视及相关服务的统计数据，因此本文拟通过分析中美影视服务这一大类的国际贸易竞争力，从侧面对中美影视版权贸易发展情况进行对比。

（一）贸易竞争力指数

贸易竞争力指数（Trade Comparative），即 TC 指数，表示一国进出口差额占进出口总额的比重，公式表达为：$TC = \dfrac{出口额 - 进口额}{出口额 + 进口额}$。该指标采取相对值的形式，剔除了不同国家不同时期通货膨胀等宏观经济因素波动的影响，使国家间数据可以进行纵向和横向的比较，是分析国际竞争力的常用测度指标。TC 指数取值在 $[-1, 1]$。该指标接近于 0 时，则表示产业竞争力接近国际平均水平；该指标越接近于 1，产业进口额趋近于 0，表示产业的国际竞争力越强；该指标越接近 -1 时，产业出口额趋近于 0，表示产业的国际竞争力薄弱。

表 4 - 19　2003 ~ 2012 年中美影视及相关服务贸易竞争力（TC）指数

年份	2003	2004	2005	2006	2007	2008	2009	2010	2011	2012
美国	0.25	0.29	0.21	0.40	0.40	0.44	0.34	0.29	0.23	—
中国	-0.35	-0.62	-0.07	0.06	0.35	0.24	-0.48	-0.50	-0.53	-0.64

数据来源：根据 UNCTAD 统计数据计算得出。

由表4-19的数据可以看出，我国2003～2012年，仅2006年、2007年、2008年这三年TC指数为正。这三年TC指数虽为正值，但并不高，即中国影视版权等服务贸易仅略高于国际平均水平。其余年份TC指数为负值，多数年份小于-0.5，2009年之后指标持续下降，逐步接近-1，体现出我国影视版权在国际贸易中竞争力较弱。再来看美国，2003～2012年，美国影视版权及相关服务的TC指数始终大于0，体现出美国在影视版权等服务贸易方面一直保持着较强的国际竞争力。

(二)国际市场占有率指数

国际市场占有率（International Market Share）指数，即IMS指数，又称出口市场占有率（Export Market Share）指数，表示一国出口总额占世界出口总额的比重，公式表达为：$IMS = \dfrac{一国出口总额}{世界出口总额}$，反映某一产业或产品国际竞争力和国际竞争地位的变化。产业国际竞争力强弱的最终表现即其在世界市场上所占份额的大小。数值越大，份额越高，则产业国际竞争力越强；反之越弱。

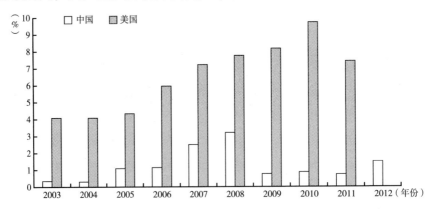

图4-5 2003～2012年中美影视版权及相关服务国际市场占有率

说明：美国2012年数据缺失。

数据来源：根据UNCTAD统计数据整理计算得出。

图 4 - 5 显示，美国在影视版权等服务贸易市场上一直保持着较高的市场份额，在国际市场上处于领先地位，最高时期 2010 年接近 10%，且整体呈上升趋势。我国影视版权等贸易服务的国际占有率与美国差距较大，平均水平在 1.15%，经过 2009 年的骤降后一直在缓慢增长中，表明我国影视版权等服务贸易在平缓发展，国际市场竞争力也有所提升。

（三）显示性比较优势指数

显示性比较优势指数（Revealed Comparative Advantage Index），即 RCA 指数，表示一国出口总值中某产业或产品出口额所占份额与世界出口总值中该产业或产品出口额所占份额的比率，是衡量一国产业或产品国际竞争力的最具说服力的指标，公式表达为：$RCA_{ij} = \dfrac{X_{ij}/X_{tj}}{X_{iw}/X_{tw}}$。

RCA_{ij} 表示 j 国 i 产业或产品的显示性比较优势指数，X_{ij} 表示 j 国 i 产业或产品出口额，X_{tj} 表示 j 国 t 时期的出口总值，X_{iw} 表示世界市场 i 产业或产品的出口额，X_{tw} 表示 t 时期的世界出口总值。这一指数主要反映一国服务在国际服务中的竞争地位。一般而言，若 $RCA_{ij} > 2.5$，则表明该国该产业或服务的国际竞争力极强；若 $1.25 \leqslant RCA_{ij} \leqslant 2.5$，则表明该国该产业或服务的国际竞争力较强；若 $0.8 \leqslant RCA_{ij} \leqslant 1.25$，则表明其国际竞争力适中；若 $RCA_{ij} < 0.8$，则表示该国国际竞争力弱。

表 4 - 20　2003 ~ 2012 年中美影视版权及相关服务
显示性比较优势（RCA）指数

国别＼年份	2003	2004	2005	2006	2007	2008	2009	2010	2011	2012
美国	5.55	5.44	5.22	5.37	5.41	5.64	5.81	5.06	4.49	4.31
中国	0.07	0.06	0.2	0.18	0.34	0.38	0.1	0.09	0.08	0.07

数据来源：根据 UNCTAD 统计数据、美国 IIPA 近几年报告数据整理计算得出。

表4－20的数据显示，美国2003～2012年影视版权及相关服务的RCA指数始终大于2.5，平均值为5.23，意味着美国影视版权等服务的国际竞争力极强，2009年之后该指数逐年降低，表明其比较优势略有下降，但仍在4以上，优势地位明显。而中国影视版权及相关服务的RCA指数保持在0.8以下，表明中国影视版权等服务贸易整体竞争力较弱，在国际市场竞争中处于劣势，与美国差距较为明显。

（四）对比结论

根据以上三项指数的分析结果，可得出以下结论。

一是美国影视版权服务贸易发展较为成熟，产业竞争力和影响力首屈一指，在国际文化市场上特别是影视文化方面占据主导地位。

二是中国影视版权服务贸易发展仍处于起步阶段，产业基础薄弱，在国际市场上竞争力较弱，影视及相关服务贸易有着很大的发展空间。

三是中美之间影视服务贸易差距较大，不过近年来随着我国影视版权贸易的发展进步，二者差距开始出现缩小态势，而美国作为中国最主要的同时也是最发达的影视版权贸易伙伴之一，有很多可供借鉴的成功经验，可作为我国影视版权贸易发展的有效助力。

三　美国影视版权贸易发展的对策及借鉴意义

在世界许多国家中，影视产业属于创意产业、文化产业、内容产业或文化创意产业，而在美国，影视产业被归入版权产业，这从一个侧面体现出版权对影视产业发展的核心意义，以及美国对版权运营和保护的重视程度。美国十分注重并擅长通过多元化版权开发和运营，促进影视版权贸易的发展，以实现版权经济最大化。[①]

---

① 周根红：《美国电视节目版权的开发与利用》，《电视研究》2009年第9期，第70页。

（一）建立强健的影视版权保护机制

繁荣的影视版权贸易是以强健的影视版权保护机制为前提的。在国内，版权法一直是美国法律体系中的重要组成部分，自1790年第一部版权法公布，随着技术手段的进步，美国国会不断更新和完善现有法律框架，填补法律空白和漏洞，为影视产业提供全方位的法律保护。在国际上，美国通过加入国际版权公约或签署版权相关协议、充分利用国际资源等诸多方式，加强其影视作品在贸易伙伴国家内的版权保护。具体内容见表4-21。

表4-21 美国影视版权保护战略大事记

1790年	美国历史上第一部版权法诞生，即《1790年版权法》。该法保障作者14年出版"地图、图表和书籍"的专权，此后假如作者还活着可再延长14年	国内法案
1955年	美国加入《世界版权公约》	国际动态
1976年	美国修订版权法，延长版权保护期限，由原来的28年延长到75年或作者去世后50年	国内法案
1989年	美国加入《伯尔尼公约》	国际动态
	美国贸易法中的"特殊301条款"正式生效，美国国际知识产权联盟每年向美国贸易代表署提交"特殊301条款"国家名单，由贸易代表署向有关国家施加压力，以单边贸易制裁为要挟，迫使有关国家改进对美国在该国版权利益的保护	国际动态
1994年	美国签署《与贸易有关的知识产权协定（TRIPs）》，简称《知识产权协定》	国际动态
1996年	在美国的主导和推动下，世界知识产权组织通过了《世界知识产权组织版权条约（WCT）》和《世界知识产权组织表演和录音条约（WPPT）》	国际动态
1998年	美国修订版权法，进一步延长版权保护期限，延长到95～120年或作者去世后70年	国内法案
	通过了《千禧年数字版权法（DMCA）》，将以互联网为载体的电子产品纳入其保护范围，为网上作品版权保护提供了法律依据	国内法案

2005 年	美国制定《家庭娱乐与版权法案》，加大刑事制裁以保护电影版权，重点针对在电影放映场所利用录制设备非法偷录影视作品和抢先制作盗版进行 P2P 传播的行为	国内法案
2007 年	美国通过 WTO 争端解决机制起诉中国，要求中国取消影视产品的进口配额，最终结果是中国宣布，自 2011 年 3 月 19 日起增加对美国电影、音像、图书等娱乐产品的开放力度	国际动态

注：笔者根据网络资料整理。

（二）开展全方位影视版权运营

优秀影视内容的潜在价值是无穷的，也是影视版权贸易的核心竞争力所在。而这一核心竞争力要真正兑换成货币价值，则需要全方位一体化的版权运作来挖掘其内在价值，不断地再创造，才能延长影视作品内容生命周期。美国影视版权贸易的繁荣，离不开其出色的版权运营方式，主要表现为影视版权的资本运营和产业价值链的延伸。[①]

一是影视版权资本运营方面，发行及服务机构、银行及其他金融机构、外部机构及个人投资者等多元化融资渠道为版权资本的运营提供有效的资金支持。作为知识资本的其中一类，版权资本运营的主要方法仍是围绕着版权资源，例如剧本台词、表演效果和角色形象等，对这些无形资产进行估值，再通过担保或抵押等方式进行融资，寻求更大范围的资金合作。

首先，发行及服务机构通常是影视作品未来的买主，如美国电视节目的发行机构往往是公共及地方电视台、辛迪加市场、无线广播电视网、有线电视系统、音像发行公司，这些机构会选择市场潜力较大的影视节目构思，参与其投资制作，如此一来制作方不仅在销售时必须对作为投资方的发行机构回馈以优惠的价格，同时还要将影视作品

---

① 周根红：《美国电视节目版权的开发与利用》，《电视研究》2009 年第 9 期，第 71 页。

所获得的其他渠道销售收入分给投资方。而市场上的其他服务类公司如场地租赁、设备运输、后期制作公司等，在制作方承诺影视作品销售利润分成的前提下，能够以较低价格或延后支付费用的方式为制作方提供相应服务。其次，银行及其他金融机构由于其业内信用考察、风险管控、抵押审核等规章制度的限制，在影视作品方面的投资行为较为保守和谨慎，对制片方的实有资产和信用表现要求很高，因此其主要投资的对象是电视台网、影视制片公司、节目辛迪加等。最后一大融资渠道就是外部机构及个人投资者，这里的外部包括国际和国内。由于美国影视节目和作品突出的国际市场表现和影响力，很多国外的公司机构和个人投资者也非常愿意为美国影视作品制作融资。得到外部投资者的资助，也有利于影视作品在业内进一步融资，形成良性循环。

二是影视版权价值链的延伸方面，围绕核心版权资源，对影视版权价值进行多次再创造。

好莱坞有一个著名的"火车头"吸金理论，电影总收入中只有两成来自票房，其余八成均来自对版权的开发运营及延伸的价值链，电影是价值链的"火车头"，以其示范效应拉动其他价值环节即各节"车厢"。电影的融资、制作、发行、放映等是电影版权资源的首次价值创造，是价值链的核心环节，也是美国电影收入的最主要来源。而版权资源可以经过多次再创造，衍生出更多的价值环节，如电视、数字、图书、音像、动漫、游戏、玩具、文具、服装、旅游，这些副产品、衍生品、改编等版权收入在美国的电影产业中非常可观。电视节目的版权衍生开发思路与电影相差无几，以热播电视节目的版权内容为衍生源，借助其产生的市场影响力带动相关产业的发展。美国电视产业已形成从电视节目策划制作到播出发行再到衍生品开发和经营的产业价值链。影视版权运作的成功案例不胜枚举。例如，美国各种超级英雄，如超人、钢铁侠、蜘蛛侠、蝙蝠侠等，现今不但有了自己的电影，还有自己的游戏、服装、玩具等。《哈利·波特》系列电影改编自小说，吸引了众多书粉的关注，电影热映又带来系列图书的潜在市场，二者相辅相成，小说的生命周期得到延续。另外，出现在小说和电影中的霍格沃茨魔法学校课本《神奇动物在哪里》现已被开发成新的版权内容资源，由原作者罗琳编剧，被改编成电影三部曲分别于 2016 年、2018 年和 2020 年上映。这也将衍生出新价值链，作为《哈利·波特》系列外传与原系列相互促进。再如 19 娱乐公司（19 Entertainment）开发出《美国偶像》之后，与索尼 BMG 合作制作和销售唱片等音像产品，深入零售行业推出美国偶像雪糕和麦当劳开心餐玩具等①。

（三）部署全球化影视版权战略

美国影视版权贸易的全球化是从源头开始的。首先是从影视版权内容上融入世界其他国家的优秀历史和文化，兼收并蓄，博采众长。例如，影视作品《功夫熊猫》将中华功夫文化、中国国宝熊猫和经过不懈努力奋斗就能获得更好生活的"美国梦"糅合在一起，类似的还有《花木兰》《木乃伊3》《2012》等，都含有不同程度的中国元素。除了中华文明，还有诠释古罗马文化的电影《埃及艳后》等。这种化学方程式般的内容制作方式，能够在较大程度上削弱文化折扣

---

① 《美国偶像》的版权衍生业务，是美国版权产业链成功延伸的经典案例。19 娱乐公司的主要合作伙伴是 Fremantle 传媒，后者具体负责节目的制作与品牌运营，作为回报，19 娱乐公司将品牌的 1/3 权益划归 Fremantle。《美国偶像》的这一版本在全球 108 个国家进行类似的拷贝和翻版，价值估计有 2.5 亿美元一年，至今总共 20 亿美元。尼尔森集团统计，每一个赛季都有超过 4000 种产品的植入式广告，包括 iTunes 和 Old Navy 等产品。在唱片等音像制品制造和分销上，19 娱乐公司与索尼 BMG 合作，后者向其支付使用费，并对销售收入分成。Fremantle 传媒负责《美国偶像》产品的授权和管理，其中包括 Dreyer 的美国偶像雪糕和麦当劳的开心餐玩具，价值在 4 亿美元。总计延伸收益估计会达到 11 亿美元。参见《西蒙决定退出〈美国偶像〉名利场　末日来临?》,《精品购物指南》2010 年 1 月 25 日（总第 1533 期）。

的影响，吸引相应文化市场的受众，尤其是中华历史文明元素的融入，使其潜在市场受众基数之大，是其他文明无法比拟的。

　　然而，单有元素还是不够的，元素和市场之间必须充分契合，才能成功将创造出的新作品推向国际市场，这就离不开详尽细致的市场调研。不论是作品方面的导演、演员、情节、场景，还是发行方面的宣传手段、档期选择等，都要充分考虑目标市场的民族风俗、语言文字、宗教信仰。例如，中国演员频频参演好莱坞电影，具体有成龙、李连杰、周迅、范冰冰、刘亦菲等；在中国境内取景，如《007：大破天幕杀机》中取景于上海和澳门的镜头。种种做法成为好莱坞电影抢占中国市场的有效助力。[①]

　　此外，美国电视节目的表现也并不逊色于电影。美国电视节目版权贸易有一种特别的方式，称为节目辛迪加。辛迪加组织购买电视节目后可多轮次出售播放权并获利，而制作方可从每次销售中分得收入。当美国电视节目进入国际市场，跨国版权开发更是给制作方带来可观的收益。比如电视真人实境秀《幸存者》（Survivor）于2000年在美国CBS首播便获得巨大成功，在全球各地取景拍摄，随之而来的是30多个国家或地区的机构购买这一电视节目的版权并播出，久映不衰，其全球化战略功不可没。

第五节　进一步促进影视版权贸易发展思路和对策

　　根据美国影视版权贸易发展的成功经验，以及我国影视版权贸

[①] 李方丽：《兼收并蓄的"全球电影"美国电影产业版权战略》，中国新闻出版网，http://www.chinaxwcb.com/2013 - 06/08/content_ 270337. htm。

易当前发展面临的困境和问题，结合当下版权业的技术创新手段，本文从以下六个方面提出促进我国影视版权贸易发展的思路和对策。

一　健全影视版权法律法规，扶持出口，打击盗版侵权

美国经过多年的发展，已形成一整套版权法律保护体系，并随着时代和科技的进步不断更新完善。早在1930年，美国便为影视产业专门制定了"限制国内垄断，鼓励国际出口"的法规，保护自由竞争，鼓励对外出口。建立健全版权保护的法律体系，制定促进影视版权贸易的专项政策制度，方能为影视版权贸易提供切实保障，鼓励影视版权输出。我国"十二五"规划提出"加大已有支持对外文化贸易各项优惠政策的落实力度，进一步完善有关财税政策，支持文化企业走出去"。因此，应运用多种财税手段扶持优势强势企业，打造一批有国际文化竞争力的重点企业，为我国影视版权的后续输出创立品牌、开疆拓土。

近年来，我国盗版问题被世界其他国家及国际组织屡屡提出，严重损害了我国在国际文化市场上的形象。根据国家版权局公布的统计数据（见表4－22），与2010年相比，无论是版权类案件执法情况还是收缴盗版品情况的数据，大多在2013年出现了较为明显的下降。这种现象可能是由以下原因促成的：第一，近年来打击盗版的行动有了成效，盗版现象受到一定程度的遏制；第二，随着科技手段的进步，盗版活动的技术含量越来越高，难以被执法部门监测并查处；第三，由于人们生活水平的提高和改善，人们对精神文化消费的要求也相应提高，盗版市场需求萎缩，于是产量下降等等。不管是哪种原因，行政执法部门都应继续加强执法力度，积极运用高科技手段，重点查处互联网领域的盗版活动，严厉处罚侵害著作权的违法行为，大

幅提高盗版犯罪成本，正如深圳市查处的快播侵权案，用2.6亿元的天价罚单让盗版产业链条难以维系，只有如此才能从根本上维护相关权利人的合法权益。

表4－22 2010年和2013年版权执法情况对比

单位：件，元

案件查处情况			收缴盗版品情况		
项目	年度数量		项目	年度数量	
	2010年	2013年		2010年	2013年
行政处罚数量	10590	7019	合计	35097739	17666712
案件移送数量	538	539	书刊	9322313	6426681
检查经营单位数量	963842	1032721	软件	545627	413632
取缔违法经营单位	61995	10208	音像制品	23754110	9921835
查获地下窝点数量	727	543	电子出版物	1088552	272516
罚款金额	22143117	14182264	其他	411666	362048

数据来源：国家版权局。

随着我国影视版权贸易的发展进步，影视版权输出的不断增长，除了加强境内的影视版权保护，还应加强域外影视版权保护，及时发现并制止域外侵权行为，运用《伯尔尼公约》《世界版权公约》及WTO争端解决机制等国际资源维护我国的影视文化资源，追究侵害我国影视版权等相关责任人的法律责任。

二 完善影视市场竞争机制

资源稀缺性不仅是产权经济学存在的基础，也是整个经济学的基本假设之一。产权经济学认为，经济学解决的是由资源稀缺而产生的利益冲突，利益问题是产权理论的核心。产权人因享有对剩余利润的占有和支配权，故有较强的激励和动机去保护自身产权。而在人类社会发展的绝大多数时期，文化成果是免费共享的。只有当版权成为越来越重要的利益来源时，文化艺术的排他性产权制度才能逐步形成，从而推动版权的良性保护和开发。[①]

因此，影视版权保护和贸易发展与影视市场机制的成熟程度密切相关。近年来，绝大多数影视盗版网站上的国内外影视剧资源纷纷下架，很多非法侵权网站被关闭，影视版权的网络环境得到明显改善。究其根本，是影视市场机制的不断完善和成熟。大量外界资本进入网络影视市场，催生出乐视、搜狐、优酷土豆等大型视频内容运营商，市场内的良性竞争使影视版权资源的重要性日益凸显，激发了正版影视内容利益方对版权资源进行保护和开发的热情。几大视频网站相互竞争和监督，导致影视盗版成本飙升，最终盗版网站的盈利模式崩溃，有效地保护了影视版权资源。

此外，已成规模的视频网站不断优化和创新自身商业模式，除了传统的线上广告收入，它们还努力开发原创的自制内容，这又吸引了更多大资本的进入，为市场竞争的正规化提供了资金保障。因此，推动影视产业规模化兼并，让规范的大型影视公司成为市场竞争主体，这对影视版权的保护和开发有着重要意义。

三　鼓励原创内容，削弱文化折扣

（一）以专项资金和激励机制鼓励原创内容

创意是影视作品的核心竞争力。在这个模仿复制随处可见的时代，原创内容显得更为可贵。由于影视作品初始投资风险较大，收益不稳定，许多投资者更倾向于为国内外业已成功的影视节目制作副本，一些优秀的影视作品构思和节目模式创意在项目运作初期往往因

---

① 魏鹏举：《产权保护，最大的激励来自市场》，《人民日报》2014年3月25日，第16版。

缺乏资金支持而遭扼杀，这对我国影视版权贸易的长远发展是十分不利的。2013年，我国成立了国家艺术基金，资助艺术事业发展。相应的，影视内容创意也应纳入政府资金的资助范围，设立专项基金扶持影视作品内容的生产和研发，帮助那些优秀的原创影视作品构思和节目模式创意摆脱初始融资的困境，培育我国影视版权贸易的内容后备力量。正如湖南卫视的创新研发中心是节目创新的引擎，源源不断地生产创新节目内容，电视台、文化传媒和影视制作企业也应建立健全创新激励机制，凝聚公司内外的创意人才和内容资源，鼓励内容创新。

（二）多种手段规避、削弱文化折扣

1. 将文化、形象、明星、价值等多国元素混合搭配

选取中华文化典型元素，如功夫、熊猫、花木兰巧妙地融入世界其他文化的精髓，展现普世价值①，用另一种方式诠释这些典型故事和典型形象。普世性价值观念更容易与国际接轨，与各国受众产生共鸣。故事背景设定、拍摄场景选择时加入目标市场风土人情、城市地貌。选定演员时考虑不同文化背景的明星，选择在目标市场有较大影响力和较高关注度的明星，如好莱坞电影《云图》中的周迅、《X战警：逆转未来》中的范冰冰等。虽然很多中国明星在好莱坞电影中的戏份并不多，但这种方式依然为好莱坞影片赢来了大量观众，产生了很大的社会影响和经济效益。②

2. 为目标市场量身定做，降低语言障碍

为便于影视作品在世界多个市场板块的传播，减弱文化折扣现

---

① 在哲学等人文科学上，普世价值（Universal Value）泛指那些不分领域，超越宗教、国家、民族，只要本于良知与理性为所有或绝大多数的人们认同之价值、理念。

② 闫伟娜：《影视产品跨文化传播中的"文化折扣"问题研究》，《西部学刊》2013年第11期，第44页。

象，制作方可以根据目标市场的民族风俗、社会文化、语言习惯等具体情况，对影视作品进行二次剪辑，聘请专业人士重新配音配乐、制作字幕等。《功夫熊猫》当时聘请了上海电影译制厂厂长及资深配音演员参与配音工作，另外美国早已成立了全球最大的影视翻译机构，能完成世界所有语种配音和字幕的制作。我国也应当成立专业译制机构，整合政府、社会组织、企业及高校的译制人才和译制资源，提升我国影视作品整体的译制水平。

3. 跨国团队联合制作，整合国际资源

不同国家或地区部门之间合作制作，已成为当今全球化背景下的一种高效制作方式。这种方式可调动各国优势资源，实现资源共享，兼顾不同受众的观看和审美习惯，借助合作方的渠道更快地进入当地市场，大大提高影视版权贸易的效率，也可借助合作方的影响力提高国际市场竞争力。随着高科技特效在影视作品中的应用日益广泛，在资源有限的条件下，高成本未必能产生高质量，而联合制作可以很好地解决这个问题，通过科技共享和人力资源的优化配置，创造出"1+1>2"的效果。以成龙和贾登·史密斯主演的《功夫梦》为例，投资2.6亿元人民币，由中美合拍，制片人威尔·史密斯是贾登的父亲。这部影片的海外票房为23.63亿元人民币，占当年国产电影海外票房和销售总收入的60%以上。这种"混血"合拍模式已成为中国影片走入欧美市场的有效途径。①

4. 加强中外文化交流，改变刻板印象，增进外国受众对中国文化的了解

美国学者沃尔特·李普曼在《公众舆论》一书中提到了两个

① 邹超、庞禛：《我国电影出口贸易中文化折扣的成因、影响及对策分析》，《北京城市学院学报》2013年第5期，第44页。

重要概念，"拟态环境"和"刻板印象"。李普曼认为，现代社会变得越来越巨大和复杂化，对超出自身经验以外的事物，人们只能通过各种新闻供给机构去了解。这样，现代人的行为在很大程度上已经不是对真实的客观环境的反映，而成为对大众传播提示的"拟态环境"的反映。"拟态环境"并不是现实环境的客观再现。"刻板印象"则是人们对某一类人或事物产生的比较固定、概括而笼统的看法，并把这种看法推而广之，认为这个事物或者整体都具有该特征，而忽视个体差异，对我们进行的社会信息加工产生很大的影响。在影视作品中，拟态环境与刻板印象的产生有着紧密关联。

　　长久以来，由于某些西方舆论及媒体的不实和歪曲的报道，中国及中国人的真实形象被长期掩盖。这些报道忽视了中华优秀的传统文化，大肆宣传已被历史淘汰的糟粕之物。由此造成的刻板印象对中国形象产生了非常消极的影响。并且，一些在国际上有影响力的中国影片，如《老井》《大红灯笼高高挂》等，旨在通过展现旧中国贫穷落后来批判和反思历史，不了解中国历史文化的西方观众很难从中读出导演深层的意图，往往只停留在眼前画面的直观景象，而这些印象与中国当代社会发展现状有云泥之别。另外的一个典型刻板印象就是，外国观众提起中国影视想到的就是功夫，如此一来，其他类型的影视作品就很难再被国外市场接受。要改变这种印象，应当从国家和社会等多个层面加强中外文化交流，特别是要让西方国家的观众了解中国的真实现状，通过举办文化年、电影节、电影展、电视节等多种方式，让外国受众从一个全新的角度了解中华特色文明和国家发展情况，掌握第一手资料，使其对中国文化产生兴趣，从而为我国影视版权贸易减少阻力，奠定良好的受众基础。

四　发展影视版权代理，建设影视"版权云"

（一）促进影视版权代理业发展，建立涉外影视版权代理专业机构

我国版权代理行业起步较晚，发展程度较低，并且现有版权代理机构的主营业务为图书版权贸易，影视版权方面几乎为空白。随着全球化的不断深化，涉外影视版权代理机构的地位逐渐凸显，对我国业内机构获取海外影视版权信息、推动影视作品"走出去"、协调版权贸易双方关系具有重要作用。我国应加大对版权代理行业发展的支持力度，健全影视版权代理体系，建立、支持规范的影视版权代理机构，完善影视版权代理人的资格准入制度。可以考虑对现有的版权代理机构进行重组，集中整合行业资源，强强联合，成立大型的影视版权代理公司或产业集团，形成规模优势，这样能在一定程度上增强在国际影视版权贸易市场上的话语权，有效降低影视版权输出成本，节省交易费用，提高版权贸易效率。

（二）加强影视"版权云"建设，推动影视版权集约化运营

"版权云"这一概念是2012年在中国（北京）国际服务贸易交易会上由十余家公司[1]提出的，是一种集约化运营理念。版权云是以"版权印"这一核心机制为基础，以版权交易电子化公共服务平台为支撑，打造专业版权银行集群和全国版权交易所。版权云对数字环境下的版权加以变革，通过建设全新的数字版权流通环境，使得版权交易无时无处不在，达到让版权随取随用的目的。[2] 这一平台的建设主要包含三个层次。

首先，给每个影视作品授予"版权印"。版权印是一套版权标

---

[1]　主要包括北京东方雍和国际版权交易中心、北京超级计算中心、中国科学院自动化所、北京版银科技等公司。

[2]　《"版权云"：数字环境下的版权交易变革》，人民网知识产权频道，2013年5月30日。

识，结构化描述作品的版权信息，可供授权规则的机器识读，体现了"作品与版权不再分离"这一理念。影视作品的版权印，相当于影视作品的身份证，同时也是影视版权贸易的交易媒介。影视作品版权印的投放、邀约、交换、披露和反向查询机制，可帮助影视作品在多平台上进行交易，也可在平台间协作交易，正如北京版银科技有限公司CEO陈一宏所言"让版权所见即所用，所用即授权"，使影视版权随时可查询、随处可交易。

其次，建立影视版权贸易的电子化服务体系。这一电子化平台主要为影视版权贸易提供公示认证、权属增信、结算审计、安全支付等交易核心服务，为影视版权贸易增信，以技术手段保障交易安全，同时通过资源协同利用，大大节省交易费用，提高影视版权贸易的完成效率。

最后，建立专业版权银行集群和全国版权交易所。以版权交易领域的龙头机构为主力，建立版权托管和运营的专业平台，形成专业版权银行集群。这一集群会广泛吸纳各类版权资源，依据规模化、专业化机制进行托管和运营，创造出数字动态智能的供应链体系。目前集群包括文学、时尚、纪录片、艺术、影像、网络视频、翻译、海外网络视频、东城文化版权等九家版权银行[1]，以各自的优势资源为基础分领域提供专业的托管及运营服务。全国版权交易所和经纪人协作网络[2]则覆盖了全国主要地区的版权经济机构和经纪人，合力推动影视及其他版权的线下跨平台交易活动的顺利进行，有利于实现影视版权贸易线上和线下的高度融合。

---

[1] 这九家版权银行的合作协议分别是东方雍和国际版权交易中心和作家出版社、恒天时创、广东南方文化产权交易所、艺奇文创集团、版银科技、云视天创、译言网、东方嘉禾、东城区委宣传部等公司和单位签署的。

[2] 该协作网络是东方雍和国际版权交易中心依托全国版权交易共同市场网络发起建立的，首批包括10家交易所、100家经纪会员单位和1000名经纪人。

随着影视"版权云"的建设和完善，权利人只需向版权印平台上传影视作品，自主选择授权范围、期限、价格，即可生成一个含有版权授权信息的链接，这就是影视作品的版权印。用户点击影视作品的版权印，按所选的授权条件支付费用，即可生成授权书并即刻投入使用，十分便捷。专业的版权银行集群，汇集广泛的影视版权资源，进行集约化、规模化的托管和运营，以完善的供应链体系维持影视版权产业上下游的发展生态。除线上交易外，全国版权交易所和经纪人协作网络负责推动影视版权的线下贸易，全方位发展版权经济。

党的十八大明确提出要"促进文化与科技融合，发展新型文化业态，提高文化产业规模化、集约化、专业化水平"。版权资源是文化产业的核心要素，版权的集约化和科技化运作将成为文化产业和贸易发展的重点。

五　整合并延伸影视版权产业链，促进产业优化升级

（一）优化整合产业链优势环节，切忌盲目做大

近年来，文化创意产业园区在我国遍地开花，一些大型影视传媒公司也在到处圈地，这种做法非但没能带来所谓的规模效益，反而造成资源的分散，原有的产业优势亦随之削弱。影视版权产业链内的企业，首先应对自身角色和优势有一个准确的定位，确定自己所掌握的优势资源在哪些产业链环节拥有较强的竞争力，以此为立足点，将比较优势较弱的价值环节分离出去，适当的舍弃能帮助企业更好地配置自身资源，从整体上增强影视版权产业活力。对影视企业来说，影视的制作、发行、放映等环节才是核心价值环节，像房地产、餐饮、网络等边缘业务就可以外包出去，将有限的人力资源、资金资产集中起来。之后，可以针对产业链优势环节通过收购或并购的方式整合这些

核心价值环节上的现有资源，在做精现有环节的基础上打通产业链上下游，切忌盲目扩张。

（二）延伸影视版权产业链，大力开发衍生品

按照好莱坞的"火车头"理论，我国多数影视企业只顾埋头制作"火车头"，却忽视了"火车头"后价值更可观的诸多环节。改变这一现状，需要转变企业观念，将影视衍生产品的开发纳入企业运营和决策的范畴，将这种二次开发与创造摆在和首次发行同等重要的位置上。通过影视版权产业链的延伸，衍生品会不断增多，将大大改进企业的赢利模式，增加收益环节。

（三）打破"条块"限制，集团化发展

集团化是美国影视产业非常成功的发展经验，也是增强国际贸易优势和贸易砝码的重要手段。我国影视产业目前正面临转制重组，应有效借助市场的力量，支持并深化大型国有电影集团的股份制改造，打破原有的条块分割体制，汇聚同类资源和优势，减少纵向、横向交易费用，推动有国际竞争力和影响力的领导型影视集团的诞生和发展。

六　大力吸纳和培养影视版权贸易人才

"中国版权产业的经济贡献（2011 年）"项目成果显示，2011年，我国核心版权产业有 587.03 万名从业人员，行业增加值为17161.81 亿元人民币（折合 2724 亿美元）。① 而同年，美国核心版权产业的就业人数为 529.69 万，人数略少于中国，但创造的行业增加值为 9651 亿美元，是中国的 3.5 倍。这些数据从一个侧面反映出，

---

① 国家版权局：《"中国版权产业的经济贡献（2011 年）"项目成果发布》，2014 年 4 月 18日，http：//www.ncac.gov.cn/chinacopyright/contents/518/199914.html。

中美人才整体素质上的较大差距。

影视版权贸易是多行业的交集产业，这对从业人员的素质提出了更高的要求，比如必须懂法律、懂贸易、懂营销、懂语言。影视版权贸易是知识密集型产业，高素质人才的数量对行业增加值有着重大而深远的影响。

要改变我国影视版权贸易人才紧缺的状况，提高现有从业人员的业务水平，应采取引进国外优秀人才和鼓励国内人员出国进修的双向措施，储备、培养一批拥有国际化视野、精通外语、熟悉影视版权贸易业务的技术人才、翻译人才、管理人才、营销人才和法律公关人才，充分利用国内外优势资源。另外，有条件有资源的高校应设置影视版权贸易相关专业，加大对这一复合型人才的培养力度。还有，可以通过轮岗、培训班、研讨会等多种方式持续提高从业人员的业务能力，建立健全内部的人才激励机制，增强人才的竞争性和创造性。

当前，我国文化贸易发展整体态势良好，但同时其内部发展不平衡现象也日益明显。文化软实力的提升关键在于文化"走出去"，而如今"走出去"的主力是文化产品，相比之下，对软实力影响更大的文化服务的占比则小得可怜。

随着知识经济的发展壮大，版权贸易作为文化服务贸易的重要组成部分，已成为国际文化交流不可或缺的贸易方式。然而当前我国版权贸易主要集中于图书版权，无论学术研究还是行业实践方面，对影视版权贸易的重视程度还远远不够，这与影视版权贸易领域巨大的发展潜力和文化影响力并不匹配。

影视版权贸易领域的研究具有很强的实践性，需要根据行业的发展而不断推进，而我国影视版权贸易起步较晚，缺乏发展经验和研究成果。但近年来，政府相关部门和社会各界越来越重视影视版权贸易的发展，越来越多的利好政策出台，学界的相关研究也越来越与国际接轨。

　　当前的劣势意味着未来更广阔的发展空间。发展影视版权贸易是一项系统工程，需要关联各方共同的努力。文中所提出的发展思路和对策，也只是笔者的个人拙见，还需要在实践的检验中不断思索和纠正。相信在理论实践的碰撞融合及社会各方的努力之下，我国影视版权贸易会持续、稳定、健康发展。

第五章　文化贸易政策

第一节　文化贸易统计框架研究

一　我国文化贸易统计框架研究的意义

文化产业是一种特殊的产业形态，既有一般物质产品的属性，又有浓厚的意识形态属性。文化产业的特殊性，主要表现在它所具有的产品和服务的双重特征及其涵盖的三大功能，即经济功能、政治功能和社会功能。

自 20 世纪 90 年代以来，文化产业发展迅速，市场规模不断扩大，对经济增长和增加就业的贡献不断增强，已成为许多经济体重要的支柱产业。各国政府纷纷采取措施，根据各自的国情和发展目标制定本国的文化产业分类体系，以应对文化产业发展带来的各种挑战和机遇。随着国务院颁布《文化产业振兴规划》，文化产业已上升为国家战略性产业，党的十八大报告提出"文化产业成为国民经济支柱性产业"的目标。

由于文化产业的形态和内容繁杂，长期以来在世界范围内，甚至在一个经济体内都没有统一规范的分类标准。目前一些经济体的文化产业分类标准是在国民经济行业分类的基础上派生出来的。由于世界各国在政治、经济、文化、社会、产业政策等方面各不相同，与文化产业的内涵和外延相对应的文化产业分类标准和体系也就不尽相同。

联合国教科文组织在确定文化贸易统计框架时明确指出：文化定义及范畴应该具有实际意义并且在统计方法上具有可行性，也就是说要从统计的角度定义文化。

我国学术界对文化产业及文化贸易的分类也有过系统的研究，但在划分类别上始终存在争议。21 世纪初，有学者认为，我国文化产业已经初具规模，初步形成包括文化旅游、新闻出版、广告、娱乐等较为细致的综合性文化体系，但划分范围太宽泛，过于笼统。另有学者将文化产业区分为文化艺术、文化出版、广播影视和文化旅游四个领域。这种粗略划分虽过于狭隘，缺乏可操作性，但划分较为清晰。为更好地适应我国文化产业的快速发展，制定科学规范的分类标准和体系势在必行。

具有代表性的文化产业定义为：从事文化产品的生产、流通和提供文化服务的经营性活动的行业总称。其特征是以产业作为手段来发展文化事业，以文化为资源来进行生产经营，向社会提供文化产品和服务，目的是满足人民群众日益增长的精神文化生活需要。由此也就圈定了传统意义上的"文化事业"及其相关行业的外延范围。

以上界定的文化产业在我国现行的最新国民经济行业分类中，是一个跨多个行业部门的集合体。虽然产业不等同于行业，却是行业的延伸，考虑到我国目前统计的体制和现状，进行文化产业统计的基础仍将是分行业统计。

文化产业标准和统计框架的确定，对全面准确掌握全球文化产业发展状况，促进文化产业的发展具有重要的意义。

目前我国的文化贸易统计仍相当薄弱，主要表现在以下四个方面。①文化统计标准没有得到落实。国家统计局的《文化及相关产业分类（2012）》是国家标准，但在各部门文化统计上没有严格按照此标准进行统计，造成文化分类不统一、统计方法不一致、数据共享性差。②文化产业增加值统计和文化贸易统计相脱节，没有很好的衔接。文化产业增加值统计主要是专业统计机构从国民经济行业角度对文化产业增加值进行的统计。文化贸易统计主要是商务部门从进出口角度进行的统计，主要涉及海关进出口的文化产品统计和外汇管理局的国际收支范围内的文化服务统计。文化产业增加值统计和文化贸易统计体系没有有效衔接，主要原因是有关文化产业的统计口径没有统一。③各文化部门的统计协调性差。由于我国行政管理体系造成三个主要文化部门行政业务分割，形成各自为政、各扫门前雪的尴尬状况。各部门顶着"大文化"这个大帽子干着"小文化"的事。究其原因，是制度上没有形成大文化的统一体系。④文化研究方面主要是文化理论的共识性较差。表现为大家对文化的深度和广度方面的不同理解，造成理论研究的目标过多，研究效果不尽如人意。

总之，我国在文化产业的理论研究和实务统计方面都需要加强。目前亟待解决的就是确定统一的文化统计框架，也就是确定标准，这既为文化理论研究打下了坚实的基础，也为各部门共同参与文化产业统计提供了工具。文化产业统计框架可以细分为文化产业增加值统计和文化贸易统计两种类型。

二 我国文化贸易统计框架

我国的文化贸易统计起步较晚。2007 年，中国服务贸易统计数据库建立。同年，商务部根据联合国教科文组织的文化产品贸易统计标准并结合我国实际建立了核心文化产品和服务进出口目录，其中产品目录是依据《文化及相关产业分类（2004）》制定的。其统计范围相对较窄，仅涵盖86种海关统计商品。服务目录是根据国际收支服务扩展分类（EBOPS－2007年版本），按国际收支口径统计了部分文化服务的类别，包括3大类，即广告宣传，电影音像，版权、著作权和稿费。近几年的统计实践表明，这套核心文化产品目录和服务目录所涵盖的范围较窄，不能全面反映中国的文化产品和服务贸易的现状。

从2014年3月至今，中宣部和商务部已联合完成文化产品和服务进出口统计目录的修订。

（一）《我国文化产品进出口统计目录（2014）》的特点

1. 目录修订背景

《国务院关于加快发展对外文化贸易的意见》（国发〔2014〕13号文），明确提出加强对外文化贸易统计工作，完善文化领域对外投资统计，统一发布对外文化贸易和对外投资统计数据；结合《文化及相关产业分类（2012）》，修订完善文化产品和服务进出口统计目录。

2. 目录修订原则

（1）目录要以《文化及相关产业分类（2012）》为依据，保持文化统计与国民经济行业统计的有效衔接。

（2）目录要能全面、客观地反映我国对外文化贸易发展的现状，并结合最新版的海关《商品名称及编码协调制度》获取文化产品进出口数据。

（3）目录要能突出反映具有中国特色的优秀文化产品，对"形成一批具有核心竞争力的文化产品"战略具有导向作用。

（4）目录要尽可能借鉴国际统计标准，有利于国际比较。

3. 关于文化产品定义

《文化及相关产业分类（2012）》规定的文化及相关产业，是指为社会公众提供文化产品和文化相关产品的生产活动的集合。新修订目录将文化及相关产业定义为：所有与文化相关的文化创造、生产、传播、消费活动的集合。文化及相关产业活动的产品包括货物和服务，本目录定义的文化产品是货物。

4. 新目录分类方法

本次修订将文化产品目录分为四层。

第一层将文化产品分为核心层与相关层两部分，分别用"第一部分""第二部分"表示。

第二层依据《文化及相关产业分类（2012）》及我国对外文化产品贸易的特点将文化产品分为四个大类，用"一""二""三""四"表示。这四大类具体为：一、新闻出版发行物；二、工艺美术品及收藏品；三、文化用品；四、文化专用设备。其中第一大类属于核心层。

第三层依照文化产品的相近性将这四大类产品分为 11 个中类，在每个大类下分别用"（一）""（二）""（三）"……表示。

第四层为文化产品小类，共有 29 个，是参与文化进出口贸易的具体产品类别。在每个中类下分别用"1""2""3"…表示，如果中类下只有一个小类就不用标号。每个小类涉及的贸易行业都有《国民经济行业分类》（GB/T4754—2011）行业小类的名称和代码与其相对应。

每个小类都有若干个海关商品名称和海关编码与其相对应，保证了统计数据的获取。该目录共包括 224 种对应的海关商品编码。

5. 新旧目录的主要区别

（1）新旧目录的制定依据不同。

旧目录主要依据联合国教科文组织《文化统计框架（1986 版）》制定，其文化产品进出口数据的来源是：《商品名称及编码协调制度 2007》，简称 HS2007。新目录的编制依据为最新的国家标准，即国家统计局《文化及相关产业分类（2012）》，并参考了联合国教科文组织《文化统计框架（2009 版）》。文化产品进出口数据的来源是：《商品名称及编码协调制度 2014》，简称 HS2014。

（2）新旧目录涵盖范围不同。

旧目录统计范围相对较窄，仅涵盖 86 种海关统计商品，已不能全面反映我国文化产品进出口的新情况、新变化。

新目录将文化产品分为四个大类，涵盖 224 种海关统计商品，统计范围较为全面。旧目录的 86 种商品都保留，只是按照产品性质归并到新目录的相应类别中。

（3）新目录与《文化及相关产业分类（2012）》完全衔接。

目录中文化产品的分类都严格依据国家统计局《文化及相关产业分类（2012）》对性质相近的文化产品进行归类。其中每个文化产品小类涉及的贸易行业都有《国民经济行业分类》（GB/T4754—2011）的行业名称和代码与其相对应。共有 27 个文化产品小类，涉及 9 个国民经济行业小类。

（4）新目录将文化产品分成核心层和相关层。

新目录的第一个层次就是将文化产品分为核心层与相关层。其中核心层是"出版物"大类，是文化内涵最为丰富的文化产品，是我国文化软实力的集中体现。相关层包括"工艺美术品及收藏品""文化用品""文化专用设备"。与核心层相比，其文化内涵不够丰富，特别是"文化用品"和"文化专用设备"，是具有工具性质的文化产品。此种分类的目的是从文化发展战略角度考虑，将提升我国文化软实力的发展重点放在核心层。

（5）新目录更能体现文化属性和文化特色。

新目录不仅在文化产品数量上有较大幅度的增加，而且在结构上进行了优化调整，使文化产品进出口统计能更准确反映我国文化产品对外贸易现状，更多地体现出产品的文化属性和中华文化特色。

目录筛选的标准：产品具有较多的文化属性，即产品直接使用和消耗于文化创造、生产、传播、消费过程。

《文化及相关产业分类（2012）》涉及文化产品贸易的共有五大类，即新闻出版物、广播影视产品、工艺美术品、文化用品、文化专用设备。前三类都划入了新目录，后两类选取部分产品纳入目录。

没有全部纳入的主要原因是：有些产品不直接使用和消耗于文化创造、生产、传播、消费过程，其所在行业具有相对完整的生产活动体系，可以独立应用在文化领域之外，比如照相器材、照明灯具等。如果将这些产品全部列入文化产品进出口目录，就很可能由于统计口径的过分宽泛而弱化文化贸易统计的文化特征，既可能影响文化统计结果的准确性，也不利于文化产业的发展和进行国际比较。

新目录的文化特色体现在纳入更多的具有中华文化特色的文化产品。目录将我国国家级非物质文化遗产中的传统制作技艺的部分相关产品纳入目录。涉及的国家级"非遗"项目包括：陶瓷制作技艺、毛笔制作技艺、宣纸制作技艺、桑蚕丝织造技艺、抽纱刺绣技艺、地毯织造技艺、烟花爆竹制作技艺等。将这些"非遗"相关产品纳入目录，可以突出反映我国"非遗"项目的传承发展状况，更好地体现中华文化的特色，并对文化企业的发展起到引领作用。

新目录不仅在数量上有较大的增加，而且在结构和项目内容上作了必要的调整。新、旧目录分别见表5-1和表5-2。

表5-1 核心文化产品目录（2011年）

序号	一级类别	二级类别
1	文化遗产	文化遗产
2	印刷品	图书
		报纸和期刊
		其他印刷品
3	声像制品	声像制品
4	视觉艺术品	绘画
		其他视觉艺术品
5	视听媒介	摄影
		电影
		新型媒介
6	其他	宣纸
		毛笔
		乐器

表5-2 文化产品进出口统计目录（2014年）

单位：项

文化产品大类	文化产品中类	海关编码商品
第一部分 核心层		40
一、出版物	（一）图书、报纸、期刊	9
	（二）音像制品及电子出版物	21
	（三）其他出版物	10
第二部分 相关层		184
二、工艺美术品及收藏品	（一）工艺美术品	84
	（二）收藏品	4
三、文化用品	（一）文具	5
	（二）乐器	22
	（三）玩具	12
	（四）游艺器材及娱乐用品	15
四、文化专用设备	（一）印刷专用设备	23
	（二）广播电视电影专用设备	23

（二）《我国文化服务进出口统计目录（2014）》的特点

1. 目录修订目标

现有核心文化服务进出口目录是根据国际收支服务扩展分类（EBOPS2007）制定的，按国际收支口径只统计"广告宣传""电影音像""版权、著作权和稿费"这三部分文化服务。该目录统计口径较窄，数据获取渠道单一，不能真实地反映我国文化服务进出口的现状，亟须对文化服务进出口统计目录做出修订调整。

修订目标可以完善文化服务统计，在满足国际可比性、数据可获得性等的前提下，充实现有文化服务统计类别，使其更全面、更准确地反映我国文化服务进出口情况。

2. 目录关于文化服务定义

《文化及相关产业分类（2012）》规定的文化及相关产业是指为社会公众提供文化产品和文化相关产品的生产活动的集合。本目录将文化及相关产业定义为：所有与文化相关的文化创造、生产、传播、消费活动的集合。文化及相关产业活动的产品包括货物和服务。

本目录定义的文化服务是文化及相关产业活动的服务产品，是以无形产品形态进行的文化创造、生产、传播、消费活动。

3. 目录分类方法

本次修订将文化服务目录分为四层。

第一层将文化服务分为核心层与相关层两部分，主要是从我国文化管理体制和产业发展战略的角度出发确定的。分别用"第一部分""第二部分"表示。

第二层根据我国文化服务贸易活动的特点将文化服务分为六个大类，用"一""二""三"……"六"表示。具体这六大类是：一、新闻出版服务；二、广播电影电视服务；三、文化艺术服务；四、文化信息传输服务；五、文化创意和设计服务；六、其他文化服务。其中前四类属于核心层，后两类属于相关层。

第三层依照文化服务的性质将这六大类服务划分为 21 个中类，在每个大类下分别用"（一）""（二）""（三）"……表示。

第四层为文化服务小类，在每个中类下共分成 45 个小类，是参与进出口贸易的文化服务的具体类别。在每个中类下分别用"1""2""3"…表示，如果中类下只有一个小类就不用标号。每个小类涉及的贸易行业都有《国民经济行业分类》（GB/T4754—2011）行业小类的名称和代码与其相对应。

4. 新目录主要特色

（1）与国家统计局《文化及相关产业分类（2012）》完全衔接。

目录基本按照《文化及相关产业分类（2012）》的产业分类设置文化服务类别，在《国际服务贸易统计制度 2012》中文化服务分类的基础上进行合并归类，构建新的文化服务进出口目录。

（2）目录基本实现对文化服务领域的全覆盖。

国家统计局《文化及相关产业分类（2012）》中涉及文化服务的产业部门共有七大类，这七大类的文化服务项目基本列入了目录，只有少部分没有列入。

没有纳入目录的文化服务是："文化艺术服务"大类中的"烈士陵园、纪念馆""群众文化服务""文化研究和社团服务"；"文化休闲娱乐服务"大类中的"景区游览服务""摄影扩印服务"。没有选取的主要原因：前几种服务大多属于公益性服务业或公共文化服务业及公共设施管理行业，而"摄影扩印服务"涉及产品进出口，所以这几种服务不适宜纳入文化服务进出口目录。

（3）目录纳入了文化服务新业态。

在"出版服务"里增设"网络出版""出版设计服务""出版印刷服务"小类。

网络出版，也称为数字出版产业，近年来规模不断创新高，产业发展势头迅猛，是新兴的极具前景的文化服务行业，所以在目录中增设"网络出版服务"。

出版设计服务指对图书、报刊、音像制品、电子出版物、网络出版物等媒体承载的内容进行编辑、复制、发行（或网络传播）三个方面的设计服务。比如封面设计、排版设计、发行设计、网络传播设计等。

印刷业在国民经济行业分类中属于制造业，但《文化及相关产业分类（2012）》将其确定为文化产品生产的辅助生产，属于文化产业。印刷业目前正在成为我国文化产业发展的重要力量。随着数字媒体的快速发展，印刷业正处于由传统加工业向现代服务业的调整转型时期，在目录中设置"出版印刷服务"，有利于发挥对出版印刷发展的导向作用。

在"广播电影电视服务"大类中增设"广播影视对外文化工程服务"中类。

广播影视对外文化工程服务是我国实施"文化走出去"战略的重要手段，也有利于提升我国文化贸易的国际竞争力。

（4）目录采用多部门、多渠道的数据获取方式。

以商务部国际服务贸易统计直报系统和国家外汇管理局国际收支网上申报系统为主渠道，同时利用国家新闻出版广电总局和文化部、工信部的数据渠道，作为某些文化服务项目进出口数据调查的补充渠道，实现传统媒体与新媒体数据的融合。其中："新闻出版服务"大类和"广播电视传输服务"中类的部分数据可以从国家新闻出版广电总局渠道获取；"文化艺术服务"大类的部分数据可以从文化部渠道获取；"文化信息传输服务"大类的"互联网文化信息传输服务"和"增值电信服务"是新媒体服务形态，其部分数据可以从工信部渠道获取。新、旧文化服务进出口目录分别见表5-3和表5-4。

表 5 - 3 核心文化服务目录（2011 年）

序号	类别
1	广告宣传
2	电影音像
3	版权、著作权和稿费

表 5 - 4 文化服务进出口统计目录（2014 年）

文化服务大类	文化服务中类
第一部分 核心层	
一、新闻出版服务	出版服务
	新闻服务
二、广播电影电视服务	广播影视制作服务
	广播影视授权服务
	广播影视对外文化工程服务
三、文化艺术服务	文艺创作与表演服务
	文化遗产保护服务
	图书馆与档案馆服务
	文化艺术培训服务
	其他文化艺术服务
四、文化信息传输服务	互联网信息服务
	电信信息服务（文化部分）
	广播电视传输服务
第二部分 相关层	
五、文化创意和设计服务	广告服务（不含网络广告）
	建筑设计服务
	专业设计服务
六、其他文化服务	会展服务
	文化代理服务
	文化休闲娱乐服务
	翻译服务
	其他文化辅助生产服务

第二节　文化贸易优惠政策

文化实力作为大国综合国力的一部分，一直以来都备受各国的重视。中国作为拥有五千年文明史的泱泱大国，加强对外文化贸易，是体现我国和平发展道路的必然选择。我国在 21 世纪初便逐步确立了文化强国、文化"走出去"的治国战略，中国要以一种开放的姿态主动投入世界文化发展和竞争的潮流中。积极促进中国文化产品与服务进入国际市场，是推动中华文化"走出去"、提升国家软实力和扩大国际影响力的重要途径，也是促进国内经济发展方式转变和文化产业成为国民经济支柱型产业的重要手段。

在 2003 年国务院办公厅发布的《关于印发文化体制改革试点中支持文化产业发展和经营性文化事业单位转制为企业的两个规定的通知》（国办发〔2003〕105 号）（以下简称国办发 105 号文件）中，我国要求文化事业单位进行文化体制改革，以部分地区和事业单位作为试点率先改革。随后我国颁布《关于进一步加强和改进文化产品和服务出口工作的意见》（中办发〔2005〕20 号）（以下简称《意见》），提出促进文化产品和服务出口，培养一批参与国际竞争的文化市场主体，鼓励、支持和引导非公有制文化企业扩大产品和服务出口，推介我国文化产品和服务。该《意见》还提出要求各宣传部门加强组织领导，积极探索文化产品和服务出口工作的新路子。

此后，各部门和各行业的主管部门出台相关政策来推动中国文化贸易的发展，这些政策可以划分为五类。

1. 税收政策

在 2003 年的国办发 105 号文件中提出文化产品享受出口退税且

文化企业进口相关设备或技术不征收进口关税。在随后的政策中我国为促进文化贸易的稳定发展，依然没有改变对文化出口产品的税收优惠政策。商务部、文化部、广电总局和新闻出版总署共同制定的《国家文化出口重点企业目录》和《国家文化出口重点项目目录》为税收优惠政策实施对象提供了明确的依据。

2. 财政政策

为加大对文化贸易的扶持，我国设立专项文化基金，采用贴息、补助等方式对文化部重点扶持的企业和项目给予一定的支持，并且完善文化产品和服务出口表彰奖励机制，对表现良好的企业给予相应的表彰和奖励。各种所有制文化企业均可从事国家法律法规允许经营的文化产品和服务出口业务，并享有同等待遇。

3. 贷款优惠

政策中要求中国进出口银行、国家开发银行等政策性银行把文化产品和服务出口纳入业务范围。列入《文化产品和服务出口指导目录》的出口项目和企业，需要银行贷款的，银行对其贷款申请要按规定积极给予支持。进出口银行和各商业银行要针对文化企业特点积极开发信贷产品，拓展融资渠道，创新贷款风险分担和补偿机制。

4. 其他融资支持

文化企业的发展仅靠政府的财税支持是不够的，还需要从金融机构和社会上进行广泛融资来促进其业务运行及发展。我国鼓励文化企业通过发行企业债券、公司债券、非金融企业债务融资工具等方式融资，并鼓励担保机构为文化企业降低担保要求及费率来保障企业的融资需求。

5. 其他政策

我国要促进文化贸易，前提是必须深化文化体制改革，进一步解放和发展文化生产力。现行政策指出鼓励非公有资本从事文化产品和文化服务出口业务，为提高我国文化产品的知名度和竞争力，我国要求各部门积极搭建各种文化贸易平台，比如博览会、展销会等。各级宣传部门要积极进行海外推广，提升中国文化产业与国际的接轨速度。各部门要积极合作，联合举办各类学习班来培养相应人才，同时加强相关知识产权保护，保障我国文化产品在海外的合法权益。

一　税收政策

表5–5　关于税收优惠的相关政策及适用范围一览

年份	相关政策及意见	政策适用范围
2003	文化产品出口可按照国家现行税法规定享受出口退税政策，文化劳务出口境外收入不征营业税，免征企业所得税；为生产重点文化产品而引进先进技术或进口所需要的自用设备及配套件、备件等，按现行税法规定，免征进口关税和进口环节增值税。（国办发〔2003〕105号）	文化体制改革试点单位和试点地区
2005	1. 按照国家现行税法规定享受出口退（免）税政策。（财税〔2005〕2号） 2. 对在境外提供文化劳务取得的境外收入不征营业税，免征企业所得税。（财税〔2005〕2号） 3. 对生产重点文化产品进口所需要的自用设备及配套件、备件等，按现行税收政策的有关规定，免征进口关税和进口环节增值税。（财税〔2005〕2号） 4. 各类文化企业出口广播电视节目、电视剧、电影、动画片、音像制品、电子出版物的收入应单独核算，出口文化产品按现行有关规定享受出口退税待遇。海关对文化产品和服务出口依法提供通关便利。商务部依法为符合条件的企业办理对外贸易经营者备案登记。（中办发〔2005〕20号） 5. 各地可利用中小企业国际市场开拓资金资助文化企业单位赴国外参展等相关活动，对企业在境外提供文化劳务获得的境外收入不征营业税；对纳税人在境外已缴纳的所得税款，按现行有关规定抵扣。（中办发〔2005〕20号）	适用于文化体制改革试点地区的所有文化单位和不在试点地区的试点单位

续表

年份	相关政策及意见	政策适用范围
2006	1. 对引进国内不能生产的国外先进技术、关键设备及配套件和备件等,可按照国务院有关规定免征关税和进口环节增值税。(国办发〔2006〕88号) 2. 研究制定文化产品出口退税政策。对企业在境外提供文化劳务取得的境外收入不征营业税,对企业向境外提供翻译劳务和进行著作权转让而取得的境外收入免征营业税,对在境外已缴纳的所得税款按现行有关规定抵扣。对从事广播影视节目在境外落地的集成播出企业,从境外取得的收入免征营业税。(国办发〔2006〕88号)	
2008	1. 对图书、报纸、期刊、音像制品、电子出版物、电影和电视完成片等按规定享受出口退税政策,境外演出取得的境外收入不征营业税;为生产重点文化产品而进口国内不能生产的自用设备及配套件、备件等,按现行税收政策有关规定,免征进口关税和进口环节增值税。(国办发〔2008〕114号)	适用于所有文化企业
2009	1. 出口图书、报纸、期刊、音像制品、电子出版物、电影和电视完成片按规定享受增值税出口退税政策。(财税〔2009〕31号) 2. 为生产重点文化产品而进口国内不能生产的自用设备及配套件、备件等,按现行税收政策有关规定,免征进口关税。(财税〔2009〕31号) 3. 文化企业在境外演出从境外取得的收入免征营业税。(财税〔2009〕31号)	适用于所有文化企业
2011	1. 国务院有关部门认定的动漫企业自主开发、生产动漫直接产品,确需进口的商品可享受免征进口关税及进口环节增值税的政策。(财关税〔2011〕27号)	经认定获得进口免税资格的动漫企业

年份	相关政策及意见	政策适用范围
2014	1. 为承担国家鼓励类文化产业项目而进口国内不能生产的自用设备及配套件、备件，在政策规定范围内，免征进口关税。（财税〔2014〕85号） 2. 对国家重点鼓励的文化产品出口实行增值税零税率。对国家重点鼓励的文化服务出口实行营业税免税。结合营业税改征增值税改革试点，逐步将文化服务行业纳入"营改增"试点范围，对纳入增值税征收范围的文化服务出口实行增值税零税率或免税。享受税收优惠政策的国家重点鼓励的文化产品和服务的具体范围由财政部、税务总局会同有关部门确定。（国办发〔2014〕15号） 3. 2017年底前，符合条件的动漫企业，按规定享受增值税优惠政策；经认定的动漫企业自主开发、生产动漫直接产品，确需进口的商品可按现行规定享受免征进口关税和进口环节增值税的优惠政策。（国办发〔2014〕15号）	适用于所有文化企业

2003年，国办发105号文件提出文化体制改革试点。为提升产业竞争力、提高产业集中度、促进文化贸易的发展，在文化改革试点上出口的文化产品享受退税及劳务出口不征收营业税及企业所得税政策，文化企业引进国外先进技术及设备也无须缴纳进口税，而2005年提出的《关于文化体制改革试点中支持文化产业发展若干税收政策问题的通知》（财税〔2005〕2号）是对2003年的税收政策的进一步描述及政策实施范围的明确规定。

在2003年的国办发105号文件到期后，2009年提出的新政策推广到了所有的文化企业，但相对于2003年的政策，2008年发布了《关于印发文化体制改革中经营性文化事业单位转制为企业和支持文化企业发展两个规定的通知》（国办发〔2008〕114号）（以下简称国办发 114 号文件），国办发 114 号文件在文化体制改革进行 5 年后的基础上进一步完善，国办发 114 号文件在总结前期改革发现的问题及汲取在改革实践中的经验并与其他政策加以结合后，大大增强了该政策本身的可操作性。与国办发 105 号文件相比，国办发 114 号文件对过去 5 年实践发现有效的优惠政策大部分予以保留和补充，出口图书、报纸、期刊、音像制品、电子出版物、电影和电视完成片按规定享受增值税出口退税政策。我国在 2009 年提出的文化产业振兴规划再一次重申文化贸易中的税收政策，可见我国十分重视税收政策对文化贸易的作用。

在 2014 年，国务院发布《关于印发文化体制改革中经营性文化事业单位转制为企业和进一步支持文化企业发展两个规定的通知》（国办发〔2014〕15 号）（以下简称国办发 15 号文件）。我国政府在总结前十年的文化体制改革经验后，为破解改革过程中的难点问题，开始采取新的方式进行积极探索，并在国办发 15 号文件中提出新的改革观点：对国家重点鼓励的文化产品出口实行增值税零税率和对国家重点鼓励的文化服务出口实行营业税免税，并提出将文化服务行业纳入"营改增"试点范围，对纳入增值税征收范围的文化服务出口实行增值税零税率或免税。我国开始重视动漫企业的发展，在国办发 15 号文件中强调了动漫企业的优惠政策。

纵观这十多年的税收政策，我国自 2003 年以来，一直坚持对文化技术及设备的进口无须缴纳进口税，这表明我国政府对文化企业发展和对外来先进文化技术及产品引进的重视，始终坚信文化进口能促进我国文化企业的发展以及帮助我国文化企业与国外先进的文化企业相接轨。

二 财政政策

表5-6 关于财政支持的相关政策及适用范围一览

年份	相关政策及意见	政策适用范围
2003	试点地区可安排文化产业发展专项资金,并制定相应使用和管理办法,采取贴息、补助等方式,支持文化产业发展。(国办发〔2003〕105号)	文化体制改革试点单位和试点地区
2005	1. 有关部门要改变或废除那些与形势发展不相适应、不利于文化产品和服务出口的规定和做法,制定鼓励文化产品和服务出口的相关政策,修订与文化产品和服务出口有关的法律法规,依法规范对外文化产品和服务的出口工作,加强文化外贸信息平台建设,做好对外文化产品和服务出口的统计工作,向文化企业及时提供国际文化市场信息,为各类企事业单位创造公平竞争的环境和走向国际市场的条件。文化部、商务部、国家广电总局、新闻出版总署等部门抓紧制定文化产品和服务出口指导目录。文化部、国家广电总局着手建立国际商演产品信息库和对外交流广播影视产品、服务资源库。外交、公安、商务、文化、海关、广电、新闻出版等有关部门对各类"走出去"活动和工程在项目审批、出入境管理等方面给予支持和保障,做到简捷便利、提高时效。财政部门对符合条件的文化企事业单位文化产品和服务项目的资助申请给予支持。(中办发〔2005〕20号) 2. 文化部要全面规划、稳步实施中华文化推广战略计划,做好中外互办文化年,在国外举办中国文化节、文化周、文化日和开展多边文化交流的工作,抓好"让中国走进课堂""春节在国外"等"走出去"工程品牌项目,积极组织有影响力的国际商业演展项目到重点国家和地区巡回演展,组织文化企事业单位参加国际演出、评比和展览活动。支持和鼓励杂技、戏曲、戏剧、曲艺、音乐、舞蹈、民间文艺等团体赴国外开展商业演出及美术品、工艺美术品等商业展览活动。国家广电总局全面加强广播电视对外宣传,加快落实 CCTV—4、CCTV—9、CCTV—E&F(西班	

年份	相关政策及意见	政策适用范围
2005	牙语和法语频道)在海外落地、进入酒店宾馆的工作,组织做好长城平台的建设和运营工作,加快推进全球华语广播协作网建设和英语、华语及多语种节目环球广播网的建设,大力发展对外在线广播和在线电视,加大海外节目落地力度,大力推动电影"走出去"。新闻出版总署、国务院新闻办要加快实施中国图书推广计划,以国际通行的方式积极推进汉语教学教材在海外出版发行。中央有关部门和有条件的地方有关部门对书报刊、影视音像制品、电子出版物、动漫和网络游戏等文化产品和服务出口采取资助等方式予以支持。财政部会同有关部门研究通过现有经费筹集渠道支持文化产品和服务出口的政策措施,进一步加大投入,对战略性投资项目给予重点支持。(中办发〔2005〕20号) 3. 着力培育外向型文化企业。积极实施"走出去"战略,创新对外文化交流体制和机制。实行政府推动和企业市场化运作相结合,打造一批具有国际竞争力的文化企业,成为实施文化"走出去"战略的主体。落实《中共中央办公厅、国务院办公厅印发〈关于进一步加强和改进文化产品和服务出口工作的意见〉的通知》(中办发〔2005〕20号),重点扶持大型国有文化企业的对外文化贸易,赋予有条件的各类文化企业外贸自营权,鼓励其扩大文化产品和服务出口,做大做强对外贸易的文化品牌,扩大文化产品和服务在国际市场的份额。改革和重组现有对外文化交流机构,培育大型文化中介机构,形成一批经营文化产品的跨国公司。鼓励有条件的文化企事业单位以独资、合资或合作的方式,在境外兴办文化实体,合办报刊、频道、栏目和节目,合作演出和展览。扩大我国文化产品和广播影视节目在国际上的覆盖面和影响力。(中发〔2005〕14号)	适用于文化体制改革试点地区的所有文化单位和不在试点地区的试点单位

年份	相关政策及意见	政策适用范围
2006	1. 完善文化产品和服务出口表彰奖励机制。对出口规模较大、出口业务增长较快的文化企业，对积极引进我国版权的国外文化机构和企业，对将我国文化产品推向海外市场做出贡献的国内外媒体、中介机构和友好人士，要给予相应的表彰和奖励。（国办发〔2006〕88号） 2. 中央和省级宣传文化发展专项资金、文化走出去专项资金，要加大对文化产品和服务出口的支持，奖励开发国际文化市场成绩突出的企业，资助电影和音像制品的翻译、外文配音和字幕的打印制作、重点出口图书的翻译，对参加境外文化商业性演出的人员和道具的国际旅运费、参加境外博览会的场馆租金可给予一定补贴。对参加境外文化节的文化单位，可根据情况给予经费资助。利用中央外贸发展基金支持文化产品和服务出口。利用中小企业国际市场开拓资金支持文化企业在境外参展、宣传推广、培训研讨和境外投标等市场开拓活动。按照现行援外管理规定，从援外资金中安排专门预算，推动文化产品和服务出口。上述有关资金可向财政、商务主管部门提出申请。（国办发〔2006〕88号） 3. 支持出版集团公司和具有一定版权输出规模的出版社成立专门针对国外图书市场的出版企业，经批准可配备相应出版资源。出版企业对海外的版权输出，有关部门可以根据实际输出版权数量给予相应的支持和奖励。（国办发〔2006〕88号） 4. 鼓励和支持各种所有制文化企业积极开展、参与和从事文化产品和服务出口业务。各种所有制文化企业均可从事国家法律法规允许经营的文化产品和服务出口业务，并享有同等待遇。对从事文化产品和服务出口的文化企业销售人员、演出人员，简化因公出境审批手续，实行一次审批、全年有效的办法。商务部会同宣传、文化、外宣、外交等主管部门制定《文化产品和服务出口指导目录》，完善文化产品和服务进出口统计，加强对文化企业走出去工作的指导，对列入指导目录的项目和企业，给予相应优惠政策。海关要为文化产品和服务出口提供通关便利。（国办发〔2006〕88号）	适用于文化体制改革试点地区的所有文化单位和不在试点地区的试点单位

续表

年份	相关政策及意见	政策适用范围
2008	鼓励文化企业通过利用银行贷款、发行企业债券等方式，投资开发战略性、先导性文化项目，进行文化资源整合，推动大宗文化产品出口，中央财政和地方财政可给予一定的贴息。（国办发〔2008〕114号）	适用于所有文化企业
2009	加大政府投入。中央和地方各级人民政府要加大对文化产业的投入，通过贷款贴息、项目补贴、补充资本金等方式，支持国家级文化产业基地建设，支持文化产业重点项目及跨区域整合，支持国有控股文化企业股份制改造，支持文化领域新产品、新技术的研发。支持大宗文化产品和服务的出口。大幅增加中央财政"扶持文化产业发展专项资金"和文化体制改革专项资金规模，不断加大对文化产业发展和文化体制改革的支持力度。（《文化产业振兴规划》）	适用于所有文化企业
2010	1. 中央和地方财政可通过文化产业发展专项资金等，对符合条件的文化企业，给予贷款贴息和保费补贴。支持设立文化产业投资基金，由财政注资引导，鼓励金融资本依法参与。（银发〔2010〕94号） 2. 发挥资金、结算、产品、人才等综合实力优势，借助遍布国内外的机构网络，积极扶持打造国家重点文化企业，并支持优质文化企业"走出去"，为重点企业提供全方位国际化的贴身金融服务。（文产函〔2010〕1031号）	适用于所有文化企业
2014	1. 进一步促进文化与金融对接，鼓励文化企业充分利用金融资源，投资开发战略性、先导性文化项目，进行文化资源整合，推动文化出口，中央财政和地方财政可给予一定的贴息。（国办发〔2014〕15号） 2. 财政部下达50亿元文化产业发展专项资金的规定。 3. 充分发挥财政资金的杠杆作用，加大文化产业发展专项资金等支持力度，综合运用多种政策手段，对文化服务出口、境外投资、营销渠道建设、市场开拓、公共服务平台建设、文化贸易人才培养等方面给予支持。中央和地方有关文化发展的财政专项资金和基金，要加大对文化出口的支持力度。（国发〔2014〕13号）	

年份	相关政策及意见	政策适用范围
2004	4. 支持文化企业拓展文化出口平台和渠道,鼓励各类企业通过新设、收购、合作等方式,在境外开展文化领域投资合作,建设国际营销网络,扩大境外优质文化资产规模。推动文化产品和服务出口交易平台建设,支持文化企业参加境内外重要国际性文化展会。鼓励文化企业借助电子商务等新型交易模式拓展国际业务。(国发〔2014〕13号) 5. 鼓励和支持国有、民营、外资等各种所有制文化企业从事国家法律法规允许经营的对外文化贸易业务,并享有同等待遇。进一步完善《文化产品和服务出口指导目录》,定期发布《国家文化出口重点企业目录》和《国家文化出口重点项目目录》,加大对入选企业和项目的扶持力度。(国发〔2014〕13号)	适用于所有文化企业

在国办发 105 号文件中，为扶持文化企业的发展，在文化体制改革的试点地区可安排文化产业发展专项资金，并制定相应使用和管理办法，采取贴息、补助等方式，支持文化产业发展。要想让文化企业获得良好的发展，为多种资本进入及运作创造平等的市场环境和良好的政策环境、法制环境是必不可少的，随后的中共中央办公厅和国务院办公厅共同发布的《关于进一步加强和改进文化产品和服务出口工作的意见》（中办发〔2005〕20 号），提出为充分发挥非公有制文化企业在文化产品和服务出口方面的积极性和主动性，要积极组建国有资本、集体资本、非公有资本等参股的混合型文化产品和服务出口企业并给予一定的扶持，制定鼓励文化产品和服务出口的相关政策。各相关部门抓紧制定文化产品和服务出口指导目录和对各类"走出去"活动和工程在项目审批、出入境管理等方面给予支持，还要求财政部门对符合条件的文化企事业单位文化产品和服务项目的资助申请给予支持，利用现有经费渠道支持文化产品和服务出口，进一步加大投入，

对战略性投资项目给予重点支持。政府要着力培育外向型文化企业并且赋予有条件的各类文化企业外贸自营权，鼓励其扩大文化产品和服务出口。《关于鼓励和支持文化产品和服务出口的若干政策》（国办发〔2006〕88号）提出相应具体政策，包括完善文化产品和服务出口表彰奖励机制，建立中央和省级宣传文化发展专项资金、文化"走出去"专项资金和对列入指导目录的项目和企业给予相应优惠政策，等等。

在文化贸易方面，国办发114号文件延续了105号文件中的相应条款，并加大了财政支持力度。《文化产业振兴规划》提出要加大政府投入，中央和地方各级人民政府要加大对文化产业的投入，通过贷款贴息、项目补贴、补充资本金等方式，支持文化产业发展，支持大宗文化产品和服务的出口，并且通过增加中央财政"扶持文化产业发展专项资金"和文化体制改革专项资金来加大对文化产业发展和文化体制改革的支持力度。五年的积极探索和对文化企业在贸易中所遇到的问题的了解，使新的财政支持政策对文化贸易的可操作性及针对性大大增强。

在发布国办发15号文件后，我国进一步加大了财政扶持力度来稳定文化贸易的发展，鼓励各界投资开发战略性、先导性文化项目，进行文化资源整合，推动文化出口，并保证中央财政和地方财政给予一定的贴息以支持发展。《国务院关于加快发展对外文化贸易的意见》在原有政策的基础上提出要明确支持重点，进一步完善《文化产品和服务出口指导目录》，定期发布《国家文化出口重点企业目录》和《国家文化出口重点项目目录》，继续加大文化产业发展专项资金对文化出口的支持力度并且指出支持文化企业拓展文化出口平台和渠道，鼓励各类企业通过新设、收购、合作等方式，在境外开展文化领域投资合作，希望各企业借助新型交易模式发展出口交易平台。这些政策进一步指明我国往后对文化出口的财政扶持方向。

三 贷款优惠

表5-7 关于贷款优惠的相关政策及适用范围一览

年份	相关政策及意见	政策适用范围
2006	中国进出口银行、国家开发银行等政策性银行要把文化产品和服务出口纳入业务范围。列入《文化产品和服务出口指导目录》的出口项目和企业,需要银行贷款的,可提出贷款申请,银行要按规定积极给予支持。(国办发〔2006〕88号)	适用于所有文化企业
2008	针对文化企业的特点,研究制定著作权、文化品牌等无形资产的评估和质押办法,引导商业银行对文化企业给予贷款支持,鼓励商业银行创新信贷产品,加大信贷支持。鼓励担保和再担保机构开发适应文化产业的贷款担保服务。(国办发〔2008〕114号)	适用于所有文化企业
2009	1. 加大金融支持。鼓励银行业金融机构加大对文化企业的金融支持力度。积极倡导鼓励担保和再担保机构大力开发支持文化产业发展、文化企业"走出去"的贷款担保业务品种。(《文化产业振兴规划》) 2. 各省市商务、文化、广电、新闻出版主管部门根据本地实际情况,积极向进出口银行推荐重点文化企业和项目,对所推荐的政府投资类项目或列入政府投资项目库中的项目,进出口银行予以优先支持。(《关于金融支持文化出口的指导意见》) 3. 合作采取"文化部组织推荐、专家组认真评选、进出口银行独立审贷"的方式,旨在解决文化企业融资难问题,共同扶持培育文化出口重点企业和重点项目。在5年的合作期内,进出口银行计划向文化企业提供不低于200亿元人民币或等值外汇信贷资金。进出口银行将发挥其信贷资金规模大、融资期限长、资金来源稳定的优势,根据文化企业的融资需求和特点,在建立和完善风险控制机制和信用体系的条件下,利用对外优惠贷款、外国政府转贷款、出口买方信贷、出口卖方信贷、境外投资贷款、进口信贷、出口基地建设贷款、出口企业固定资产投资贷款、进出口租赁贷款、文化产品和服务出口信贷、文化旅	适用于所有文化企业

年份	相关政策及意见	政策适用范围
2009	游国际化贷款、国际会展服务设施建设贷款等多种贷款品种和国际国内结算、企业存款、对外担保等中间业务品种,扶持培育政府鼓励发展的文化出口重点企业和重点项目,为企业提供综合金融服务,并探索创新金融产品,满足企业融资需求。(办产函〔2009〕99号)	
2010	建立多层次的贷款风险分担和补偿机制。鼓励各类担保机构对文化产业提供融资担保,通过再担保、联合担保以及担保与保险相结合等方式多渠道分散风险。研究建立企业信用担保基金和区域性再担保机构,以参股、委托运作和提供风险补偿等方式支持担保机构的设立与发展,服务文化产业融资需求。探索设立文化企业贷款风险补偿基金,合理分散承贷银行的信贷风险。(银发〔2010〕94号)	适用于所有文化企业
2012	1. 开发信贷产品。进出口银行本着独立审贷的原则,在积极利用已推出的服务贸易交易平台建设贷款、国际物流基础设施建设贷款、国际物流运输服务贸易贷款、文化产品和服务(含动漫)出口信贷、旅游文化国际化贷款、国际会展服务设施建设贷款、境外投资贷款、高新技术产品(含软件)出口卖方信贷、进口信贷、对外承包工程贷款、出口基地建设贷款等信贷产品的基础上,根据服务贸易企业实际需求积极开发创新金融产品和服务,支持服务贸易企业发展。(商服贸发〔2012〕86号) 2. 完善配套服务。进出口银行认真研究政府关于推动服务贸易发展相关政策,及时发布服务贸易信贷政策,在风险可控的情况下优化贷款审批流程,提高贷款审批效率,进一步加强人力、信息、统计、会计、科技等资源的投入,努力构建全行支持服务贸易发展的支撑体系。(商服贸发〔2012〕86号)	适用于所有文化企业

年份	相关政策及意见	政策适用范围
2014	1. 完善文化企业信贷管理机制。鼓励银行业金融机构建立和完善针对文化企业或文化项目融资的信用评级制度，充分借鉴外部评级报告，提升对文化企业或文化项目贷款的信用评级效率。（文产发〔2014〕14 号） 2. 鼓励银行业金融机构发挥各自比较优势打造适合文化企业特点的金融服务特色产品。在有效控制风险的前提下，逐步扩大融资租赁贷款、应收账款质押融资、产业链融资、股权质押贷款等适合文化企业特点的信贷创新产品的规模，探索开展无形资产抵质押贷款业务，拓宽文化企业贷款抵质押物的范围。（文产发〔2014〕14 号） 3. 中央财政在文化产业发展专项资金中安排专门资金，不断加大对文化金融合作的扶持力度。实施"文化金融扶持计划"，支持文化企业在项目实施中更多运用金融资本，实现财政政策、产业政策与文化企业需求有机衔接。建立财政贴息信息共享机制，推动文化金融合作信贷项目库建设，完善项目准入、退出机制，确保入库项目质量。充分发挥财政政策引导示范和带动作用，完善和落实贷款贴息、保费补贴等政策措施，引导金融资本投向文化产业，逐步建立文化产业贷款风险分担补偿机制，为文化企业融资提供风险屏障。（文产发〔2014〕14 号） 4. 推进文化贸易投资的外汇管理便利化，确保文化出口相关跨境收付与汇兑顺畅，满足文化企业跨境投资的用汇需求。支持文化企业采用出口收入存放境外等方式提高外汇资金使用效率。简化跨境人民币结算手续和审核流程，提升结算便利化，降低汇率风险。鼓励境内金融机构开展境外项目人民币贷款业务，支持文化企业从事境外投资。（国发〔2014〕13 号） 5. 鼓励金融机构按照风险可控、商业可持续原则探索适合对外文化贸易特点的信贷产品和贷款模式，开展供应链融资、海外并购融资、应收账款质押贷款、仓单质押贷款、融资租赁、银团贷款、联保联贷等业务。积极探索扩大文化企业收益权质押贷款的适用范围。鼓励金融机构对符合信贷条件的国家文化出口重点企业和项目提供优质金融服务。（国发〔2014〕13 号）	适用于所有文化企业

为进一步贯彻落实中共中央办公厅、国务院办公厅《关于进一步加强和改进文化产品和服务出口工作的意见》（中办发〔2005〕20号），鼓励和支持文化企业参与国际竞争，推动我国文化产品和服务更多地进入国际市场。财政部、商务部、文化部、中国人民银行、海关总署、国家税务总局、国家广电总局、新闻出版总署共八部门联合发布《关于鼓励和支持文化产品和服务出口的若干政策》（国办发〔2006〕88号）。该政策提出中国进出口银行、国家开发银行等政策性银行要把文化产品和服务出口纳入业务范围。列入《文化产品和服务出口指导目录》的出口项目和企业，需要银行贷款的，可提出贷款申请，银行要按规定给予积极支持。国办发114号文件提出引导商业银行对文化企业给予贷款支持，鼓励商业银行创新信贷产品，加大信贷支持，并且鼓励担保和再担保机构积极开发适应文化产业特点的贷款担保服务。上述两个文件都鼓励进出口银行和国开行等商业银行为文化企业提供贷款优惠，降低文化企业贷款门槛，从而解决中小文化企业贷款难问题。

在国办发114号文件生效期间，我国不断提出要加大对文化企业的金融支持来对国办发114号文件进行进一步的实施。在此期间推出的文化产业振兴规划表明我国要大力发展文化产业，激发全民族文化创造活力，更加自觉、更加主动地推动文化大发展大繁荣，其中明确指出要加大金融支持，鼓励银行业金融机构加大对文化企业的金融支持力度。积极倡导鼓励担保和再担保机构大力开发支持文化产业发展、文化企业"走出去"的贷款担保业务品种并要求进出口银行对重点文化企业和项目予以优先支持。2010年发布的《关于金融支持文化产业振兴和发展繁荣的指导意见》（银发〔2010〕94号）提出详细的金融支持方案以进一步改进和提升对我国文化产业的金融服务，支持文化产业振兴和发展繁荣。中国进出口银行、国家开发银行和各商业银行根据文化贸易企业实际需求和独立审贷的原则不断完善文化企业信用机制、风险管理机制和担保补偿机制，积极开发适合文化产业特点，多元化、多层次的信贷产品及探索适合文化产业项目的多种贷款模式来满足文化企业和项目的融资需求。进出口银行计划向文化企业提供不低于 200 亿元人民币或等值外汇信贷资金，利用多种贷款品种和中间业务品种来扶持培育政府鼓励发展的文化出口重点企业和重点项目并探索创新金融产品，满足企业融资需求。

国办发 15 号文件延续了国办发 114 号文件的银行贷款支持，并加以补充。国办发 15 号文件强调要进一步促进文化与金融对接，鼓励文化企业充分利用金融资源并补充在风险可控、商业可持续原则下，进一步推广知识产权质押融资、供应链融资、并购融资、订单融资等贷款业务，加大对文化企业的有效信贷投入。在关于金融支持文化产业振兴和发展繁荣的指导意见实施获得显著成效的基础上，为继续深入落实《关于金融支持文化产业振兴和发展繁荣的指导意见》的各项措施，今年的政策提出要加快推动适合文化企业特点的信贷产品和服务方式创新并完善文化企业信贷管理机制，还有各金融机构强化金融服务，积极探索适合对外文化贸易特点的信贷产品和贷款模式，开展供应链融资、海外并购融资等业务和鼓励金融机构对符合信贷条件的国家文化出口重点企业和项目提供优质金融服务等各项要求，以此来加快发展传统文化产业和新兴文化产业，扩大文化产品和服务出口，加大文化领域对外投资，提升我国文化整体实力和竞争力。

四　其他融资支持

表5-8　关于其他融资支持的相关政策及适用范围一览

年份	相关政策及意见	适用范围
2010	1. 鼓励多元资金支持文化产业发展。发挥保险公司机构投资者作用和保险资金融资功能,在风险可控的前提下,鼓励保险公司投资文化企业的债权和股权,引导符合条件的保险公司参与文化产业投资基金。适当放宽准入条件,鼓励风险投资基金、私募股权基金等风险偏好型投资者积极进入处于初创阶段、市场前景广阔的新兴文化业态。(银发〔2010〕94号) 2. 支持文化企业通过债券市场融资。支持符合条件的文化企业通过发行企业债、集合债和公司债等方式融资。积极发挥中债信用增进投资股份有限公司等专业机构的作用,为中小文化企业通过发行短期融资券、中期票据、集合票据等方式融资提供便利。对符合国家政策规定的中小文化企业发行直接债务融资工具的,鼓励中介机构适当降低收费,减轻文化企业的融资成本负担。对于运作比较成熟、未来现金流比较稳定的文化产业项目,可以以优质文化资产的未来现金流、收益权等为基础,探索开展文化产业项目的资产证券化试点。(银发〔2010〕94号)	适用于所有企业
2012	1. 开拓中间业务。进出口银行积极为企业提供包括国际结算、结售汇、贸易融资、对外担保、债券承销等在内的中间业务服务,推动服务贸易人民币结算和融资工作,并根据服务贸易企业"走出去"面临的各类风险,主动为企业提供国别风险管理、汇率风险规避等咨询服务,以实现企业资金安全有效配置。(商服贸发〔2012〕86号) 2. 创新担保方式。在防范风险的前提下,进出口银行积极探索股权、股票、债券、存货、仓单、保单、出口退税、应收账款、知识产权质押以及由专业担保机构提供第三方担保等组合担保方式,积极搭建服务贸易企业特别是中小服务贸易企业融资平台,提高服务贸易企业的融资担保能力。(商服贸发〔2012〕86号)	适用于所有企业

年份	相关政策及意见	适用范围
2014	1. 鼓励融资性担保机构和其他各类信用中介机构开发符合文化企业特点的信用评级和信用评价方法,通过直接担保、再担保、联合担保、担保与保险相结合等方式为文化企业提供融资担保服务,多渠道分散风险。利用中小企业发展专项资金等对符合条件的融资性担保机构和担保业务予以支持。(国发〔2014〕13 号) 2. 对国家文化出口重点企业和项目,鼓励保险机构提供出口信用保险服务,在风险可控的前提下可采取灵活承保政策,优化投保手续。(国发〔2014〕13 号) 3. 支持符合条件的国家文化出口重点企业通过发行企业债券、公司债券、非金融企业债务融资工具等方式融资。积极发挥专业增信机构作用,为中小文化企业发行中期票据、短期融资券、中小企业集合票据、中小企业私募债券等债务融资工具提供便利。支持符合条件的文化出口项目发行非金融企业资产支持票据和证券公司资产证券化产品。鼓励有跨境投资需求的文化企业在境内发行外币债券。支持文化出口企业在国务院批准的额度内,赴香港等境外人民币市场发行债券。(国发〔2014〕13 号)	适用于所有企业

　　文化企业的发展仅靠政府的财税支持是不够的，还需要从金融机构和社会上进行广泛融资来促进其业务运行及发展。我国鼓励文化企业采用多渠道进行融资以促进其自身发展。2010 年发布的《关于金融支持文化产业振兴和发展繁荣的指导意见》（银发〔2010〕94号），提出要鼓励多元资金支持文化产业发展，包括鼓励保险公司投资文化企业的债权和股权，引导符合条件的保险公司参与文化产业投资基金和鼓励风险投资基金、私募股权基金等投资者积极进入新兴的文化产业，而且政策提出支持文化企业自行发行债券进行融资并且鼓励中介机构降低文化企业的融资费用。这些政策无疑都给文化企业的融资营造了良好的环境。

在近几年的政策中，为了给文化企业出口提供更为广泛的融资渠道，我国鼓励进出口银行为服务贸易企业提供包括贸易融资、对外担保、债券承销等在内的中间业务服务，推动服务贸易人民币结算和融资工作，创新担保机制和积极探索各种担保方式并搭建服务贸易企业特别是中小服务贸易企业融资平台以提高企业的融资担保能力，鼓励融资性担保机构和其他各类信用中介机构为文化贸易企业开发符合其自身特点的信用评级和信用评价方法，鼓励保险机构对国家文化出口重点企业和项目提供出口信用保险服务和为文化企业利用各种债务融资工具进行融资提供便利而且允许其在外发行债券来获取更大的融资。

五　其他政策

表5－9　关于其他相关政策及适用范围一览

年份	政策或相关意见	适用范围
2003	1. 对投资兴办文化企业的，在政策许可范围内，减少行政审批环节，简化审批手续，不得收取政策规定之外的任何附加费用。（国办发〔2003〕105号） 2. 党报、党刊、电台、电视台等重要新闻媒体经营部分剥离转制为企业，在确保国家绝对控股的前提下，允许吸收社会资本；国有发行集团、转制为企业的科技类报刊和出版单位，在原国有投资主体控股的前提下，允许吸收国内其他社会资本投资；广播电视传输网络公司在广电系统国有资本控股的前提下，经批准可吸收国有资本和民营资本。（国办发〔2003〕105号）	文化体制改革试点单位和试点地区
2005	1. 鼓励和支持非公有资本从事文化产品和文化服务出口业务。（国发〔2005〕10号） 2. 积极借助区域文化合作、多边文化会议、各类艺术节等平台，大力推介我国文化产品和服务。新华社、中央人民广播电台、中国国际广播电台、中央电视台、有条件的	

年份	政策或相关意见	适用范围
2005	和边疆广播电视机构、《人民日报》(海外版)、中国日报社、中国新闻社、《北京周报》等新闻单位,要通过多种形式,向海外广泛宣传我国优秀文化产品和服务,普及中国文化知识。新华网、人民网、国际在线、中国广播网、中国网、中国日报网、央视国际、中国经济网和中国文化网等综合性网站或文化专业网站,要使用多种语言,开辟有关中国文化产品和服务的专题网页,及时准确地发布我国文化产品和服务信息。文化部、国家广电总局、新闻出版总署、国家旅游局、中国记协负责有计划地组织国外重要媒体人士来华进行专题文化采访,组织驻华外国记者参加我国国内举办的各种文化活动,主动提供材料和采访便利,促使他们积极向本国宣传我国优秀文化产品和服务。对外文化企事业单位积极利用外国媒体刊播广告,介绍我国文化产品和服务。我国驻外使领馆和中国文化中心要积极举办文化产品、影视作品推介展映活动。(中办发〔2005〕20 号) 3. 各级党委宣传部门和政府有关部门要充分认识到加强改进文化产品和服务出口工作是推进文化外宣,树立我国良好国际形象的客观要求,是增强我国文化实力和国际竞争力、影响力的战略任务,是繁荣社会主义文化事业和加快文化产业发展的重要途径,按照中央统一部署,切实加强指导和协调,各负其责,相互配合。中央宣传部负责组织制定指导文化产品和服务出口工作的方针政策,统筹协调推动文化产品和服务出口工作的重大事项。(中办发〔2005〕20 号) 4. 文化、教育、外宣等部门要通力合作,与商务部门联合举办各种形式的学习班、辅导班、研讨班等,提高对外文化工作者的综合素质和业务水平,使他们掌握必备的经济、商贸、文化、法律和国际惯例等方面知识和提高相应的外语能力。配备文化产品和服务出口管理部门、重要国有对外文化企事业单位的干部,要突出对经营水平和外语能力的考核。加强对外汉语教师的培训。选择一些重点院校作为文化产品和服务出口专门人才的培养基地,增加人才储备。注意从海外学成归国人员中选用专业人才,做到人尽其才、才尽其用。(中办发〔2005〕20 号)	

年份	政策或相关意见	适用范围
2005	5. 以美、欧和我国周边国家为重点,多渠道、多层次地把我国文化产品和服务推向国际市场。利用各类国际性文化博览会、文化产品交易会或商务洽谈活动,积极主动地向外推销我国优秀文化产品。组织广电企事业单位参加有较大影响力的国际影视节(展),在重点国家和地区举办中国影视节(展)活动,积极开展广播影视节目交易。认真组织出版企业参加境外出版物展销活动,采取有效措施推销我国优秀出版物。鼓励有条件的文化企业按规定与国际著名文化制作、经纪、营销机构合作,充分利用外方合作者的资金、技术和营销渠道,生产制作科技含量高、资金密集型的出口文化产品和服务,开展国际营销,并把在国内市场反响较好的文化产品和服务推向国际市场。文化展览演艺公司要与境外展览演艺经纪公司、展览演出场馆建立广泛的业务关系,逐步扩大目标客户资源,形成相对固定的客户群,有条件的在境外设立演艺分支机构。广播影视单位要在境外设立必要的机构或利用已设立的机构积极开展影视节目营销业务,采用购买境外媒体播出时段和收购广播电视网或开办广播电视频率频道等方式建立节目宣传和播出渠道。重视在国内办好国际性文化产品展示、贸易活动,扶持有特色的民间文化艺术活动,进一步扩大国际影响力,吸引更多的国外机构订购我国文化产品和服务。大力推广对外汉语教学,开拓国际教育市场,鼓励境外办学,输出中国特色学科和优势学科的教育产品。文化、广电、新闻出版部门与旅游部门合作,促进对外文化产品和服务进入旅游市场,直接面向国外游客。地方政府要通过组织国际性的民间文化节和旅游经贸活动为民间文化艺术产品开辟出口渠道。(中办发〔2005〕20号) 6. 国有文化企事业单位要创新体制、转换机制、面向市场、增强活力,进一步深化文化体制改革。加快出版、影视制作、演艺等经营性国有文化事业单位转制和文化企业改制的步伐,完善法人治理结构,建立现代企业制度。创造有利条件,推动发展潜力较大的文化企业优化资源配置,提高生产创作能力,扩大企业规模,尽快形成一批出版、发行、影视、演艺等大型文化企业和企业集团。	

年份	政策或相关意见	适用范围
2005	按照集团化、系统化、网络化、专业化目标培育文化营销企业,发展市场中介机构,积极开展国际市场调研、咨询和营销业务,增强我国文化产品和服务在流通领域的实力和国际竞争力。国有文化企业和企业集团要解放思想,更新观念,在认真分析国内外市场环境与企业竞争能力的基础上,制定开拓国际文化市场的发展战略与规划,并在科学规划的基础上,积极开拓国际文化市场,建立健全适应国际市场竞争的生产体制和经营机制,完善企业经营绩效考评体系,提高管理水平。鼓励有条件的文化企业和企业集团依法获得文化产品和服务出口经营资格,在境外投资、注册公司,积极开展跨国经营,成为在国际文化市场具有较强竞争能力的文化企业和企业集团,在拓展国际文化市场、促进文化产品和服务出口中发挥主力军作用。（中办发〔2005〕20号）	适用于文化体制改革试点地区的所有文化单位和不在试点地区的试点单位
2006	1. 鼓励文化企业通过新设、收购、合作等方式,在境外设立出版社、广播电视网、出版物营销机构等,商务主管部门在境外投资促进、扶持、保障、服务、核准等方面提供便利。支持广播电视在境外落地,鼓励文化企业在境外购买媒体播出时段、开办广播电视频率频道,鼓励符合条件的文化企业开展对外劳务合作,文化主管部门在资质评估、信息咨询、考察市场等方面给予支持。（国办发〔2006〕88号） 2. 充分利用出口信用保险扩大文化产品和服务的出口。鼓励从事出口信用保险业务的保险机构积极开发相关险种。（国办发〔2006〕88号） 3. 鼓励和支持文化企业在自愿基础上注册成立文化产品和服务进出口商会,研究有关国家文化市场和政策环境,充分发挥商会维护会员权益和市场秩序的功能。推动成立全国性的文化产品和服务出口联盟,在商务、文化主管部门的指导下,整合企业力量,扩大对外宣传,加强行业自律,帮助企业开拓海外文化市场。（国办发〔2006〕88号）	适用于所有企业

年份	政策或相关意见	适用范围
2008	对投资兴办文化企业的,有关行政主管部门应当提高行政审批效率,并不得收取国家规定之外的任何附加费用。(国办发〔2008〕114 号)	适用于所有企业
2009	1. 落实国家关于非公有资本、外资进入文化产业的有关规定,根据文化产业不同类别,通过独资、合资、合作等多种途径,积极吸收社会资本和外资进入政策允许的文化产业领域,参与国有文化企业的股份制改造,形成以公有制为主体、多种所有制共同发展的文化产业格局。(《文化产业振兴规划》) 2. 深化文化体制改革。通过深化文化体制改革,进一步解放和发展文化生产力,激发全社会的文化创造活力。要紧紧抓住转企改制、重塑市场主体这个中心环节,加快推出出版发行单位转企改制和兼并重组,加快电影制片、发行、放映单位和文艺院团转企改制,抓好党报党刊发行体制和广播电视节目制播分离改革。大力推动行政管理体制改革和政府职能转变,建立统一高效的文化市场综合执法机构。(《文化产业振兴规划》) 3. 培养文化产业人才。继续抓好全国宣传文化系统"四个一批"人才培养工程,着力加强领军人物和各类专门人才的培养。继续办好经营管理人才培训班,培养一批熟悉市场经济规律,懂经营、善管理的人才。吸引财经、金融、科技等领域的优秀人才进入文化产业领域。注重海外文化创意、研发、管理等高端人才的引进,为我国文化产业发展提供强有力的人才保障。(《文化产业振兴规划》)	适用于所有企业
2010	1. 推动保险产品和服务方式创新。各保险机构应在现有保险产品的基础上,探索开展知识产权侵权险,演艺、会展、动漫、游戏、各类出版物的印刷、复制、发行和广播影视产品完工险、损失险,团体意外伤害保险等适合文化企业特点和需要的新型险种和各种保险业务。鼓励保险公司探索开展信用保险业务,弥补现行信用担保体制在支持服务业融资方面的不足。进一步加强和完善针对文化出口企业的保险服务,对于符合《文化产品和服务出口指导目录》条件,特别是列入《国家文化出口重点企业	

年份	政策或相关意见	适用范围
2010	目录》和《国家文化出口重点项目目录》的文化出口企业和项目,保险机构应积极提供出口信用保险服务,鼓励和促进文化企业积极参与国际竞争。(银发〔2010〕94号) 2. 进一步加强和完善保险服务。在现有工作基础上,各保险机构应根据文化企业的特点,积极开发适合文化企业需要的保险产品,并按照收益覆盖风险的原则合理确定保险费率。对于宣传文化部门重点扶持的文化企业和文化产业项目,应建立承保和理赔的便捷通道,对于信誉好、风险低的,可适当降低费率。加快培育和完善文化产业保险市场,扩大与提高保险在文化产业中的覆盖面和渗透度,有效分散文化产业的项目运作风险。(银发〔2010〕94号)	适用于所有企业
2014	1. 探索国有文化企业股权激励机制,经批准允许有条件的国有控股上市文化公司按照国家有关规定开展股权激励试点。(国办发〔2014〕15号) 2. 对投资兴办文化企业的,有关行政主管部门应当提高行政审批效率,并不得收取国家规定之外的任何附加费用。(国办发〔2014〕15号) 3. 尽快培育国家文化出口重点企业成为海关高信用企业,享受海关便捷通关措施。对图书、报纸、期刊等品种多、时效性强、出口次数频繁的文化产品,经海关批准,实行集中申报管理。为文化产品出口提供24小时预约通关服务等便利措施。对文化企业出境演出、展览、进行影视节目摄制和后期加工等所需暂时进出境货物,按照规定加速验放。对暂时出境货物使用暂准免税进口单证册(ATA单证册)向海关申报的,免于向海关提供其他担保。(国办发〔2014〕13号) 4. 加强相关知识产权保护,研究开展文化知识产权价值评估,及时提供海外知识产权、法律体系及适用等方面咨询,支持文化企业开展涉外知识产权维权工作。加强对外文化贸易公共信息服务,及时发布国际文化市场动态和国际文化产业政策信息。着力培养对外文化贸易复合型人才,积极引进各类优秀人才。建立健全行业中介组织,发挥其在出口促进、行业自律、国际交流等方面的作用。(国办发〔2014〕13号)	适用于所有企业

国办发 105 号文件提出投资兴办文化企业的，在政策许可范围内，减少行政审批环节，简化审批手续，不得收取政策规定之外的任何附加费用并且鼓励和引导社会其他各类资金进入到文化企业。我国为深化贸易体制改革，积极实施"走出去"战略，要求各地着力培育外向型文化企业，打造一批具有国际竞争力的文化企业。在《国务院关于非公有制资本进入文化产业的若干决定》（国发〔2005〕10 号）中鼓励和支持非公有资本从事文化产品和文化服务出口业务来拓展我国贸易的融资渠道从而促进文化贸易的发展。《关于鼓励和支持文化产品和服务出口的若干政策》（中办发〔2005〕20 号）提到为提升我国文化贸易产品的知名度，提高我国文化贸易在海外的竞争力，要求我国各个文化企业单位深化改革，创新体制，而且各级党委宣传部门和政府有关部门推进文化外宣并积极借助区域文化合作、多边文化会议、各类艺术节等平台，大力推介我国文化产品和服务，通过举办博览会、展销会以及影视节等活动将我国文化产品和服务推向国际市场。在文化促进的过程中，文化、教育、外宣等部门要通力合作，与商务部门联合举办各类学习班等培育相关人才来配合我国的文化贸易发展。《关于鼓励和支持文化产品和服务出口的若干政策》（国办发〔2006〕88号）鼓励文化企业通过新设、收购、合作等方式在境外积极发展寻求更为广大的市场，并且利用出口信用保险扩大文化产品和服务的出口。鼓励从事出口信用保险业务的保险机构积极开发相关险种。

国办发 114 号文件延续了国办发 105 号文件的精神，依然放开对文化企业的审批管制。《文化产业振兴规划》要求落实非公有资本、外资进入文化产业的有关规定，并深化文化体制改革。该《规划》还强调培育文化产业人才，特别是加强领军人物和各类专门人才的培养，为我国文化产业发展提供强有力的人才保障。《关于金融支持文化产业振兴和发展繁荣的指导意见》（银发〔2010〕94 号）提出进一步加强和完善保险服务，各保险机构应根据文化企业的特点积极开发适合文化企业需要的保险产品，提供出口信用保险服务并推动保险产品和服务方式创新，对文化企业出口建立对应的便捷通道，对于信誉好、风险低的企业，还可适当降低费率来支持其发展。

《国务院关于加快发展对外文化贸易的意见》（国办发〔2014〕13号）在现有的政策基础上要求海关为文化产品提供便捷通关措施，减少对文化出口的行政审批事项，简化对国有文化企业从事文化出口业务的编创、演职、营销等人员的出国手续，而且要求有关部门加强文化产品的知识产权保护和为文化企业积极及时地提供海外知识产权、法律体系及适用等方面咨询保障我国文化企业在国外的文化权益。除此之外，上述《意见》要求各企业和部门着力培养文化贸易复合型人才并积极引进各类优秀人才，并建立中介组织来发挥其在出口促进、行业自律、国际交流等方面的作用。

第三节　总结

在国办发105号文件下发后，我国开始正式进行文化体制改革，国办发105号文件提出整个文化体制的总体改革方向。而之后的国办发114号文件和国办发15号文件是国办发105号文件的延续。在文化贸易方面，2005年我国推出《关于进一步加强和改进文化产品和服务出口工作的意见》（中办发〔2005〕20号），这标志着为促进更多的文化产品和服务走向国际市场，扩大我国的文化影响力，我国加大了对文化贸易的关注。在该文件中，就提出了许多意见来扶持文化企业的发展，鼓励这些文化企业大力发展自身文化产品和服务，实施"走出去"战略，并积极参与国际竞争，这为我国在接下来的文化贸易发展提供了方向。

随后各部门开始发布《关于鼓励和支持文化产品和服务出口的若干政策的通知》（中办发〔2005〕20号）、《文化产品和服务出口指导目录》等一系列扶持文化产品和服务"走出去"的政策，其中指出文化产品和服务的进出口享受一定的税收减免或退税优惠并设立文化发展专项资金，中国进出口银行、国家开发银行等政策性银行和各商业银行要把文化产品和服务出口纳入业务范围并对列入目录的项目和企业给予相应的贷款支持和优惠，海关等单位对文化产品和服务的出口要简化审批手续，实行一次审批、全年有效的办法以方便其出口。为保证文化企业能够拥有充足的资金，政府鼓励和支持非公有资本从事文化产品和文化服务出口业务，而且政府要积极举办各类活动推介我国的文化产品，多渠道、多层次地把我国文化产品和服务推向国际市场。

2009年，我国进一步加大了对文化贸易的政策扶持力度及优惠范围。在财税支持上，政策提出对国家重点鼓励的文化产品出口实行增值税零税率和对国家重点鼓励的文化服务出口实行营业税免税，并提出将文化服务行业纳入"营改增"试点范围，对纳入增值税征收范围的文化服务出口实行增值税零税率或免税，并且对文化出口加大资金支持力度；在金融支持上，要求进出口银行积极为文化企业出口和境外投资项目提供融资、结算、对外担保、财务顾问等服务支持和多种贷款品种和中间业务品种来满足企业融资需求并且提供多层次的贷款风险分担和补偿机制；在企业其他融资方面，政府鼓励企业利用债券等多种方式进行融资，并鼓励各担保机构对文化企业融资予以一定的优惠并对担保方式加以创新，为文化企业出口提供良好的融资环境和广泛的融资渠道；在其他方面，政府要求进一步推进文化体制改革，提高出口便利化水平，建立并完善文化贸易中介组织，完善保险制度和加强相应的知识产权保护，同时各部门联合努力培养对外文化贸易复合型人才。

附　录

附表 1　文化体制改革试点地区和试点单位

文化体制改革试点地区的所有转制文化单位	试点地区包括北京市、上海市、重庆市、广东省、浙江省、深圳市、沈阳市、西安市、丽江市
第一批不在文化体制改革试点地区的文化体制改革试点单位名单	一、南京广播电视集团 南京广播电视集团有限责任公司 南京广电明视传媒有限责任公司 南京广电风尚传媒有限责任公司 南京广电导视传媒有限责任公司 南京广电技术设备有限责任公司 南京广电网络有限责任公司 南京广播电视系统工程公司 南京音像出版社 二、山东广播电视总台 山东视网联媒介发展股份有限公司 山东广一电投资有限公司 北京收藏天下文化传媒有限公司 山东省辉煌世纪影视文化有限公司 北京鲁视领航文化传媒有限公司 三、厦门广播电视集团 厦门广播电视广告有限公司 厦门广播电视节目有限公司 厦门音像出版社 厦门广播电视报社 厦门广播电视产业发展有限公司 四、长影集团有限责任公司 长影集团有限责任公司 长影集团洗印有限责任公司 长影集团译制片制作有限责任公司 长影集团美术片制作有限责任公司

文化体制改革试点地区的所有转制文化单位	试点地区包括北京市、上海市、重庆市、广东省、浙江省、深圳市、沈阳市、西安市、丽江市
第一批不在文化体制改革试点地区的文化体制改革试点单位名单	长影集团录音剪辑有限责任公司 长影集团期刊出版有限责任公司 长影集团乐团演出有限责任公司 长影集团美工综合服务有限责任公司 长春长影影视科技股份有限公司 长春电影世纪城有限公司 长影集团电影频道经营有限公司 五、山东大众报业集团 山东大众报业(集团)有限公司 山东大众报业(集团)发行有限公司 山东大众报业(集团)广告有限公司 山东大众广告公司 山东报业广告有限公司 齐鲁先锋广告有限公司 山东大众华泰印务有限责任公司 山东新闻培训中心(山东新闻大厦) 山东报业物资有限责任公司 山东新闻书画院 山东大众报业集团鲁中传媒发展有限公司 山东大众报业集团聊城传媒有限公司 泰安市大众报业印务有限公司 六、新华日报报业集团(新华日报社) 江苏新华日报报业集团有限公司 江苏新华传媒投资实业有限公司 江苏九九递送有限责任公司 江苏扬子信息发展有限公司 江苏新华柏印务有限公司 苏州新东印务有限公司 江苏华汇新闻实业公司 江苏新华广告公司 南京扬子广告有限公司 江苏南京晨报文化传媒有限公司 江苏金信新闻发展公司 江苏新华报业网络信息有限公司

文化体制改革试点地区的所有转制文化单位	试点地区包括北京市、上海市、重庆市、广东省、浙江省、深圳市、沈阳市、西安市、丽江市
第一批不在文化体制改革试点地区的文化体制改革试点单位名单	七、河南日报报业集团（河南日报社） 河南日报报业（集团）有限公司 河南报业新闻物资贸易有限公司 河南大河传媒资讯策划有限公司 河南大河速递广告有限公司 河南日报达利广告有限公司 河南大河大图文传播有限公司 河南大河书报刊销售有限公司 河南省漫画时代传媒有限公司 河南今日文化传媒有限公司 八、今晚报社 天津市今晚传媒集团控股有限公司 天津今晚传媒集团广告有限公司 天津市今晚发行快递股份有限公司 天津今晚报社造纸厂 天津燕津造纸印刷有限公司 天津市今晚网络信息技术有限公司 天津市今晚传媒投资有限公司 天津市西青区今晚欣荣发行快递有限责任公司 天津市大港区今晚欣业发行快递有限责任公司 今晚报业（天津）贸易有限公司 九、吉林出版集团有限责任公司 吉林出版集团有限责任公司 吉林科学技术出版社 吉林教育出版社 北方妇女儿童出版社 吉林美术出版社 吉林文史出版社 时代文艺出版社 吉林音像出版社 吉林摄影出版社 吉林电子出版社 长春新华印刷厂 吉林省新闻出版物资供应管理站

续表

文化体制改革试点地区的所有转制文化单位	试点地区包括北京市、上海市、重庆市、广东省、浙江省、深圳市、沈阳市、西安市、丽江市
第一批不在文化体制改革试点地区的文化体制改革试点单位名单	吉林省幽默与笑话杂志社 吉林省文化出版对外贸易公司 吉林省东西方文化图书公司 吉林省新华书店集团有限责任公司 吉林人民出版社 吉林人民出版社法律图书发行部 吉林省吉教图书经营有限公司 吉林省新世纪教育期刊社 中国社区医师杂志社 吉林省空中英语教室杂志社 长春空中英语教室软件开发有限公司 北方妇女儿童出版社文教图书出版有限责任公司 北方妇女儿童出版社妇女图书出版有限责任公司 北方妇女儿童出版社少儿图书出版有限责任公司 北方妇女儿童出版社卡通漫画图书出版有限责任公司 北方妇女儿童出版社期刊出版有限责任公司 吉林省长春新华印务工贸公司 吉林省新华书店集团长岭县有限责任公司 吉林省新华书店集团前郭县有限责任公司 吉林省新华书店集团松原市有限责任公司 吉林省新华书店集团乾安县有限责任公司 吉林省新华书店集团扶余县有限责任公司 吉林省新华书店集团四平市有限责任公司 吉林省新华书店集团梨树县有限责任公司 吉林省新华书店集团双辽市有限责任公司 吉林省新华书店集团公主岭市有限责任公司 吉林省新华书店集团伊通有限责任公司 吉林省新华书店集团通化县有限责任公司 吉林省新华书店集团辉南县有限责任公司 吉林省新华书店集团柳河县有限责任公司 吉林省新华书店集团梅河口市有限责任公司 吉林省新华书店集团集安市有限责任公司 吉林省新华书店集团通化市有限责任公司 吉林省新华书店集团吉林市有限责任公司

续表

文化体制改革试点地区的所有转制文化单位	试点地区包括北京市、上海市、重庆市、广东省、浙江省、深圳市、沈阳市、西安市、丽江市
第一批不在文化体制改革试点地区的文化体制改革试点单位名单	吉林省新华书店集团舒兰市有限责任公司 吉林省新华书店集团磐石市有限责任公司 吉林省新华书店集团蛟河市有限责任公司 吉林省新华书店集团桦甸市有限责任公司 吉林省新华书店集团靖宇县有限责任公司 吉林省新华书店集团临江市有限责任公司 吉林省新华书店集团抚松县有限责任公司 吉林省新华书店集团长白朝鲜族自治县有限责任公司 吉林省新华书店集团白山市有限责任公司 吉林省新华书店集团东丰县有限责任公司 吉林省新华书店集团辽源市有限责任公司 吉林省新华书店集团东辽县有限责任公司 吉林省新华书店集团延边有限责任公司 吉林省新华书店集团珲春市有限责任公司 吉林省新华书店集团和龙市有限责任公司 吉林省新华书店集团延吉市有限责任公司 吉林省新华书店集团敦化市有限责任公司 吉林省新华书店集团龙井市有限责任公司 吉林省新华书店集团安图县有限责任公司 吉林省新华书店集团图们市有限责任公司 吉林省新华书店集团汪清县有限责任公司 吉林省新华书店集团白城市有限责任公司 吉林省新华书店集团洮南市有限责任公司 吉林省新华书店集团大安市有限责任公司 吉林省新华书店集团通榆县有限责任公司 吉林省新华书店集团九台市有限责任公司 吉林省新华书店集团长春市有限责任公司 吉林省新华书店集团德惠市有限责任公司 吉林省新华书店集团榆树市有限责任公司 吉林省新华书店集团农安县有限责任公司 吉林省外文书店 十、四川新华发行集团 四川新华文轩连锁股份有限公司 四川新华文化传播有限责任公司

文化体制改革试点地区的所有转制文化单位	试点地区包括北京市、上海市、重庆市、广东省、浙江省、深圳市、沈阳市、西安市、丽江市
第一批不在文化体制改革试点地区的文化体制改革试点单位名单	北京蜀川新华书店图书发行有限责任公司 四川广汉三星堆瞿上园文化有限责任公司 四川新华出版有限责任公司 四川新华在线网络有限责任公司 四川新华发行集团有限公司 十一、江苏新华发行集团 江苏省新华书店集团有限公司 江苏南京新华联合图书销售有限责任公司 江苏省外文书店 江苏新华音像公司 江苏新华物流配送有限公司 江苏省无锡市新华书店 江阴市新华书店 江苏省无锡市锡山新华书店 宜兴市新华书店 徐州市新华书店 沛县新华书店 铜山县新华书店 新沂市新华书店 海安县新华书店 江苏省如皋市新华书店 江苏省如东县新华书店 通州市新华书店 海门市新华书店 江苏省启东市新华书店 连云港市新华书店 灌云县新华书店 灌南县新华书店 江苏省淮安市新华书店 淮安市淮阴区新华书店 涟水县新华书店 江苏省淮安市楚州区新华书店 洪泽县新华书店 江苏省盱眙县新华书店

续表

文化体制改革试点地区的所有转制文化单位	试点地区包括北京市、上海市、重庆市、广东省、浙江省、深圳市、沈阳市、西安市、丽江市
第一批不在文化体制改革试点地区的文化体制改革试点单位名单	金湖县新华书店 江苏省盐城市新华书店 盐都区新华书店 响水县新华书店 建湖县新华书店 江苏省大丰市新华书店 东台市新华书店 江苏省仪征市新华书店 高邮市新华书店 宝应县新华书店 江都市新华书店 扬州市邗江区新华书店 泰州市新华书店 江苏省兴化市新华书店 靖江市新华书店 江苏省泰兴市新华书店 江苏省姜堰市新华书店 宿迁市新华书店 泗阳县新华书店 扬州市古籍书店 江苏省新华书店徐州批销中心 江苏省新华书店苏州市新华书店联合图书批销中心 上海万卷新华图书有限公司 义乌市万卷新华图书有限责任公司 十二、福建新华发行集团 福建新华发行(集团)有限责任公司
第二批不在试点地区的文化体制改革试点单位名单	一、湖南益阳市剧院 二、湖南衡东县花鼓戏剧团 三、湖南衡阳市红旗影剧院 四、湖南通道县电影公司 五、湖南南县电影公司 六、湖南衡东县电影发行放映公司 七、湖南江永县电影发行放映公司 八、江西上饶市电影发行放映有限责任公司

文化体制改革试点地区的所有转制文化单位	试点地区包括北京市、上海市、重庆市、广东省、浙江省、深圳市、沈阳市、西安市、丽江市
第二批不在试点地区的文化体制改革试点单位名单	九、江西婺源县电影发行放映公司 十、江西峡江县电影发行放映公司 十一、江西新余市电影发行放映公司 十二、河北新华书店集团公司 河北省新华书店 河北省新华书店图书批销部 石家庄市新华书店 藁城市新华书店 晋州市新华书店 辛集市新华书店 新乐市新华书店 鹿泉市新华书店 井陉县新华书店 正定县新华书店 栾城县新华书店 行唐县新华书店 灵寿县新华书店 高邑县新华书店 深泽县新华书店 赞皇县新华书店 无极县新华书店 平山县新华书店 元氏县新华书店 赵县新华书店 邯郸市新华书店 临漳县新华书店 成安县新华书店 大名县新华书店 涉县新华书店 磁县新华书店 肥乡县新华书店 永年县新华书店 邱县新华书店 鸡泽县新华书店

文化体制改革试点地区的所有转制文化单位	试点地区包括北京市、上海市、重庆市、广东省、浙江省、深圳市、沈阳市、西安市、丽江市
第二批不在试点地区的文化体制改革试点单位名单	广平县新华书店 馆陶县新华书店 魏县新华书店 曲周县新华书店 峰峰矿区新华书店 武安市新华书店 邯郸县新华书店 邢台市新华书店 南宫市新华书店 沙河市新华书店 邢台县新华书店 临城县新华书店 内丘县新华书店 柏乡县新华书店 隆尧县新华书店 任县新华书店 南和县新华书店 宁晋县新华书店 巨鹿县新华书店 新河县新华书店 广宗县新华书店 平乡县新华书店 威县新华书店 清河县新华书店 临西县新华书店 唐山市新华书店 古冶区新华书店 开平区新华书店 丰润区新华书店 遵化市新华书店 丰南区新华书店 滦县新华书店 滦南县新华书店 乐亭县新华书店

文化体制改革试点地区的所有转制文化单位	试点地区包括北京市、上海市、重庆市、广东省、浙江省、深圳市、沈阳市、西安市、丽江市
第二批不在试点地区的文化体制改革试点单位名单	迁安市新华书店 迁西县新华书店 玉田县新华书店 唐海县新华书店 廊坊市新华书店 三河市新华书店 永清县新华书店 固安县新华书店 霸州市新华书店 香河县新华书店 大城县新华书店 文安县新华书店 大厂回族自治县新华书店 保定市新华书店 定州市新华书店 涿州市新华书店 安国市新华书店 高碑店市新华书店 易县新华书店 徐水县新华书店 涞源县新华书店 定兴县新华书店 顺平县新华书店 唐县新华书店 望都县新华书店 涞水县新华书店 满城县新华书店 清苑县新华书店 高阳县新华书店 安新县新华书店 雄县新华书店 容城县新华书店 曲阳县新华书店 阜平县新华书店

续表

文化体制改革试点地区的所有转制文化单位	试点地区包括北京市、上海市、重庆市、广东省、浙江省、深圳市、沈阳市、西安市、丽江市
第二批不在试点地区的文化体制改革试点单位名单	博野县新华书店 蠡县新华书店 秦皇岛市新华书店 秦皇岛市山海关区新华书店 秦皇岛市北戴河区新华书店 青龙满族自治县新华书店 昌黎县新华书店 抚宁县新华书店 卢龙县新华书店 张家口市新华书店 张家口市下花园区新华书店 张家口市宣化区新华书店 宣化县新华书店 张北县新华书店 康保县新华书店 沽源县新华书店 尚义县新华书店 蔚县新华书店 阳原县新华书店 怀安县新华书店 万全县新华书店 怀来县新华书店 涿鹿县新华书店 赤城县新华书店 崇礼县新华书店 承德市新华书店 承德市鹰手营子矿区新华书店 承德县新华书店 兴隆县新华书店 平泉县新华书店 滦平县新华书店 隆化县新华书店 丰宁满族自治县新华书店 宽城满族自治县新华书店

文化体制改革试点地区的所有转制文化单位	试点地区包括北京市、上海市、重庆市、广东省、浙江省、深圳市、沈阳市、西安市、丽江市
第二批不在试点地区的文化体制改革试点单位名单	围场满族蒙古族自治县新华书店 沧州市新华书店 河间市新华书店 沧县新华书店 献县新华书店 任丘市新华书店 泊头市新华书店 黄骅市新华书店 盐山县新华书店 青县新华书店 南皮县新华书店 东光县新华书店 肃宁县新华书店 吴桥县新华书店 海兴县新华书店 孟村回族自治县新华书店 华北石油新华书店 衡水市新华书店 深州市新华书店 冀州市新华书店 枣强县新华书店 武邑县新华书店 武强县新华书店 饶阳县新华书店 安平县新华书店 故城县新华书店 景县新华书店 阜城县新华书店 十三、黑龙江省图书音像发行集团公司 黑龙江省新华书店 齐齐哈尔市新华书店 讷河市新华书店 拜泉县新华书店 龙江县新华书店

续表

文化体制改革试点地区的所有转制文化单位	试点地区包括北京市、上海市、重庆市、广东省、浙江省、深圳市、沈阳市、西安市、丽江市
第二批不在试点地区的文化体制改革试点单位名单	克山县新华书店 依安县新华书店 泰来县新华书店 甘南县新华书店 克东县新华书店 富裕县新华书店 牡丹江市新华书店 宁安市新华书店 绥芬河市新华书店 海林市新华书店 林口市新华书店 穆棱县新华书店 东宁县新华书店 尚志市新华书店 延寿县新华书店 佳木斯市新华书店 桦南县新华书店 富锦市新华书店 汤原县新华书店 桦川县新华书店 同江市新华书店 扶远县新华书店 木兰县新华书店 通河县新华书店 鸡西市新华书店 鸡东县新华书店 密山市新华书店 虎林市新华书店 双鸭山市新华书店 集贤县新华书店 宝清县新华书店 饶河县新华书店 友谊县新华书店 七台河市新华书店

文化体制改革试点地区的所有转制文化单位	试点地区包括北京市、上海市、重庆市、广东省、浙江省、深圳市、沈阳市、西安市、丽江市
第二批不在试点地区的文化体制改革试点单位名单	勃利县新华书店 鹤岗市新华书店 绥滨县新华书店 萝北县新华书店 伊春市新华书店 铁力市新华书店 嘉荫县新华书店 黑河市新华书店 北安市新华书店 嫩江县新华书店 五大连池市新华书店 逊克县新华书店 孙吴县新华书店 呼玛县新华书店 绥化市新华书店 海伦市新华书店 肇东市新华书店 安达市新华书店 双城市新华书店 五常市新华书店 望奎县新华书店 青冈县新华书店 兰西县新华书店 庆安县新华书店 明水县新华书店 绥棱县新华书店 巴彦县新华书店 大庆市新华书店 肇源县新华书店 肇州县新华书店 林甸县新华书店 杜尔伯特新华书店 加格达奇区新华书店 塔河县新华书店

续表

文化体制改革试点地区的所有转制文化单位	试点地区包括北京市、上海市、重庆市、广东省、浙江省、深圳市、沈阳市、西安市、丽江市
第二批不在试点地区的文化体制改革试点单位名单	新林区新华书店 呼中区新华书店 松岭区新华书店 北安农管局新华书店 宝泉岭农管局新华书店 红兴隆农管局新华书店 牡丹江农管局新华书店 九三农管局新华书店 十四、江西新华发行集团有限责任公司 南昌市新华书店 九江市新华书店 鹰潭市新华书店 景德镇市新华书店 新余市新华书店 萍乡市新华书店 宜春市新华书店 吉安市新华书店 抚州市新华书店 上饶市新华书店 赣州市新华书店 南昌县新华书店 新建县新华书店 安义县新华书店 进贤县新华书店 修水县新华书店 武宁县新华书店 瑞昌县新华书店 永修县新华书店 德安县新华书店 九江县新华书店 都昌县新华书店 湖口县新华书店 彭泽县新华书店 星子县新华书店

文化体制改革试点地区的所有转制文化单位	试点地区包括北京市、上海市、重庆市、广东省、浙江省、深圳市、沈阳市、西安市、丽江市
第二批不在试点地区的文化体制改革试点单位名单	庐山新华书店 贵溪市新华书店 余江县新华书店 乐平市新华书店 浮梁县新华书店 分宜县新华书店 上栗县新华书店 芦溪县新华书店 莲花县新华书店 丰城市新华书店 高安市新华书店 樟树市新华书店 万载县新华书店 上高县新华书店 宜丰县新华书店 奉新县新华书店 靖安县新华书店 铜鼓县新华书店 吉水县新华书店 永丰县新华书店 峡江县新华书店 新干县新华书店 吉安县新华书店 万安县新华书店 泰和县新华书店 安福县新华书店 永新县新华书店 遂川县新华书店 井冈山市新华书店 东乡县新华书店 南城县新华书店 崇仁县新华书店 资溪县新华书店 广昌县新华书店

文化体制改革试点地区的所有转制文化单位	试点地区包括北京市、上海市、重庆市、广东省、浙江省、深圳市、沈阳市、西安市、丽江市
第二批不在试点地区的文化体制改革试点单位名单	乐安县新华书店 南丰县新华书店 金溪县新华书店 黎川县新华书店 宜黄县新华书店 临川区新华书店 上饶县新华书店 横峰县新华书店 德兴市新华书店 铅山县新华书店 万年县新华书店 弋阳县新华书店 余干县新华书店 玉山县新华书店 广丰县新华书店 鄱阳县新华书店 婺源县新华书店 信丰县新华书店 瑞金市新华书店 会昌县新华书店 崇义县新华书店 十五、甘肃省新华书店集团有限责任公司 甘肃省外文书店 甘肃新华西北书城 甘肃省新华书店图书批销中心 兰州市张掖路新华书店 兰州市新华书店音像书店 兰州市新华书店艺术书店 兰州市新华书店古旧书店 兰州新华图书大厦 兰州市安宁区新华书店 兰州市西固区新华书店 榆中县新华书店 皋兰县新华书店

续表

文化体制改革试点地区的所有转制文化单位	试点地区包括北京市、上海市、重庆市、广东省、浙江省、深圳市、沈阳市、西安市、丽江市
第二批不在试点地区的文化体制改革试点单位名单	永登县新华书店 兰州市红古区新华书店 兰州市教育新华书店 白银市新华书店 会宁县新华书店 靖远县新华书店 平川区新华书店 景泰县新华书店 定西市新华书店 陇西县新华书店 渭源县新华书店 岷县新华书店 漳县新华书店 临洮县新华书店 通渭县新华书店 天水市新华书店 麦积区新华书店 秦安县新华书店 甘谷县新华书店 武山县新华书店 清水县新华书店 张家川县新华书店 陇南市新华书店 文县新华书店 康县新华书店 宕昌县新华书店 徽县新华书店 成县新华书店 西和县新华书店 礼县新华书店 两当县新华书店 平凉市新华书店 华亭县新华书店 泾川县新华书店

文化体制改革试点地区的所有转制文化单位	试点地区包括北京市、上海市、重庆市、广东省、浙江省、深圳市、沈阳市、西安市、丽江市
第二批不在试点地区的文化体制改革试点单位名单	静宁县新华书店 庄浪县新华书店 灵台县新华书店 崇信县新华书店 庆阳市新华书店 庆城县新华书店 宁县新华书店 镇原县新华书店 环县新华书店 正宁县新华书店 合水县新华书店 华池县新华书店 武威市新华书店 民勤县新华书店 古浪县新华书店 天祝县新华书店 金昌市新华书店 永昌县新华书店 张掖市新华书店 山丹县新华书店 民乐县新华书店 临泽县新华书店 高台县新华书店 肃南县新华书店 酒泉市新华书店 敦煌市新华书店 玉门市新华书店 金塔县新华书店 瓜州县新华书店 肃北县新华书店 阿克塞县新华书店 嘉峪关市新华书店 临夏州新华书店 永靖县新华书店

续表

文化体制改革试点地区的所有转制文化单位	试点地区包括北京市、上海市、重庆市、广东省、浙江省、深圳市、沈阳市、西安市、丽江市
第二批不在试点地区的文化体制改革试点单位名单	康乐县新华书店 广河县新华书店 积石山县新华书店 和政县新华书店 临夏县新华书店 东乡县新华书店 甘南州新华书店 夏河县新华书店 临潭县新华书店 卓尼县新华书店 舟曲县新华书店 迭部县新华书店 玛曲县新华书店 碌曲县新华书店 十六、安徽新华发行集团有限公司 安徽新华发行集团有限公司 安徽新华图书音像连锁公司 安徽新华教育图书发行有限公司 安徽省新龙图贸易进出口有限公司 合肥公司 滁州公司 阜阳公司 铜陵公司 芜湖公司 淮北公司 蚌埠公司 黄山公司 马鞍山公司 宿州公司 巢湖公司 池州公司 六安公司 安庆公司 亳州公司

文化体制改革试点地区的所有转制文化单位	试点地区包括北京市、上海市、重庆市、广东省、浙江省、深圳市、沈阳市、西安市、丽江市
第二批不在试点地区的文化体制改革试点单位名单	宣城公司 淮南公司 十七、陕西新华发行集团有限责任公司 陕西新华发行集团有限责任公司铜川市有限责任公司 陕西新华发行集团有限责任公司耀州区有限责任公司 陕西新华发行集团有限责任公司宜君县有限责任公司 陕西新华发行集团有限责任公司宝鸡市有限责任公司 陕西新华发行集团有限责任公司陈仓区有限责任公司 陕西新华发行集团有限责任公司麟游县有限责任公司 陕西新华发行集团有限责任公司岐山县有限责任公司 陕西新华发行集团有限责任公司太白县有限责任公司 陕西新华发行集团有限责任公司凤翔县有限责任公司 陕西新华发行集团有限责任公司扶风县有限责任公司 陕西新华发行集团有限责任公司凤县有限责任公司 陕西新华发行集团有限责任公司眉县有限责任公司 陕西新华发行集团有限责任公司千阳县有限责任公司 陕西新华发行集团有限责任公司陇县有限责任公司 陕西新华发行集团有限责任公司咸阳市有限责任公司 陕西新华发行集团有限责任公司杨陵区有限责任公司 陕西新华发行集团有限责任公司武功县有限责任公司 陕西新华发行集团有限责任公司兴平市有限责任公司 陕西新华发行集团有限责任公司泾阳县有限责任公司 陕西新华发行集团有限责任公司三原县有限责任公司 陕西新华发行集团有限责任公司永寿县有限责任公司 陕西新华发行集团有限责任公司乾县有限责任公司 陕西新华发行集团有限责任公司礼泉县有限责任公司 陕西新华发行集团有限责任公司彬县有限责任公司 陕西新华发行集团有限责任公司长武县有限责任公司 陕西新华发行集团有限责任公司淳化县有限责任公司 陕西新华发行集团有限责任公司旬邑县有限责任公司 陕西新华发行集团有限责任公司渭南市有限责任公司 陕西新华发行集团有限责任公司韩城市有限责任公司 陕西新华发行集团有限责任公司华县有限责任公司 陕西新华发行集团有限责任公司合阳县有限责任公司

文化体制改革试点地区的所有转制文化单位	试点地区包括北京市、上海市、重庆市、广东省、浙江省、深圳市、沈阳市、西安市、丽江市
第二批不在试点地区的文化体制改革试点单位名单	陕西新华发行集团有限责任公司潼关县有限责任公司 陕西新华发行集团有限责任公司华阴市有限责任公司 陕西新华发行集团有限责任公司白水县有限责任公司 陕西新华发行集团有限责任公司澄城县有限责任公司 陕西新华发行集团有限责任公司富平县有限责任公司 陕西新华发行集团有限责任公司大荔县有限责任公司 陕西新华发行集团有限责任公司蒲城县有限责任公司 陕西新华发行集团有限责任公司汉中市有限责任公司 陕西新华发行集团有限责任公司汉中中心有限责任公司 陕西新华发行集团有限责任公司南郑县有限责任公司 陕西新华发行集团有限责任公司留坝县有限责任公司 陕西新华发行集团有限责任公司城固县有限责任公司 陕西新华发行集团有限责任公司勉县有限责任公司 陕西新华发行集团有限责任公司宁强县有限责任公司 陕西新华发行集团有限责任公司略阳县有限责任公司 陕西新华发行集团有限责任公司佛坪县有限责任公司 陕西新华发行集团有限责任公司西乡县有限责任公司 陕西新华发行集团有限责任公司洋县有限责任公司 陕西新华发行集团有限责任公司镇巴县有限责任公司 陕西新华发行集团有限责任公司安康市有限责任公司 陕西新华发行集团有限责任公司石泉县有限责任公司 陕西新华发行集团有限责任公司汉阴县有限责任公司 陕西新华发行集团有限责任公司岚皋县有限责任公司 陕西新华发行集团有限责任公司紫阳县有限责任公司 陕西新华发行集团有限责任公司白河县有限责任公司 陕西新华发行集团有限责任公司平利县有限责任公司 陕西新华发行集团有限责任公司旬阳县有限责任公司 陕西新华发行集团有限责任公司镇坪县有限责任公司 陕西新华发行集团有限责任公司宁陕县有限责任公司 陕西新华发行集团有限责任公司商洛市有限责任公司 陕西新华发行集团有限责任公司洛南县有限责任公司 陕西新华发行集团有限责任公司商南县有限责任公司 陕西新华发行集团有限责任公司山阳县有限责任公司 陕西新华发行集团有限责任公司柞水县有限责任公司

续表

文化体制改革试点地区的所有转制文化单位	试点地区包括北京市、上海市、重庆市、广东省、浙江省、深圳市、沈阳市、西安市、丽江市
第二批不在试点地区的文化体制改革试点单位名单	陕西新华发行集团有限责任公司丹凤县有限责任公司 陕西新华发行集团有限责任公司镇安县有限责任公司 陕西新华发行集团有限责任公司延安市有限责任公司 陕西新华发行集团有限责任公司志丹县有限责任公司 陕西新华发行集团有限责任公司延长县有限责任公司 陕西新华发行集团有限责任公司宜川县有限责任公司 陕西新华发行集团有限责任公司延川县有限责任公司 陕西新华发行集团有限责任公司子长县有限责任公司 陕西新华发行集团有限责任公司黄陵县有限责任公司 陕西新华发行集团有限责任公司吴起县有限责任公司 陕西新华发行集团有限责任公司富县有限责任公司 陕西新华发行集团有限责任公司安塞县有限责任公司 陕西新华发行集团有限责任公司洛川县有限责任公司 陕西新华发行集团有限责任公司黄龙县有限责任公司 陕西新华发行集团有限责任公司甘泉县有限责任公司 陕西新华发行集团有限责任公司榆林市有限责任公司 陕西新华发行集团有限责任公司府谷县有限责任公司 陕西新华发行集团有限责任公司佳县有限责任公司 陕西新华发行集团有限责任公司神木县有限责任公司 陕西新华发行集团有限责任公司吴堡县有限责任公司 陕西新华发行集团有限责任公司横山县有限责任公司 陕西新华发行集团有限责任公司靖边县有限责任公司 陕西新华发行集团有限责任公司定边县有限责任公司 陕西新华发行集团有限责任公司清涧县有限责任公司 陕西新华发行集团有限责任公司子洲县有限责任公司 陕西新华发行集团有限责任公司绥德县有限责任公司 陕西新华发行集团有限责任公司米脂县有限责任公司 十八、贵州新华书店集团公司 贵州省新华书店 贵阳市新华书店 贵州省新华书店清镇市支店 贵州省新华书店乌当区支店 贵州省新华书店白云区支店 贵州省新华书店花溪区支店

文化体制改革试点地区的所有转制文化单位	试点地区包括北京市、上海市、重庆市、广东省、浙江省、深圳市、沈阳市、西安市、丽江市
第二批不在试点地区的文化体制改革试点单位名单	贵州省新华书店开阳县支店 贵州省新华书店修文县支店 贵州省新华书店息烽县支店 贵州省新华书店遵义市中心支店 贵州省新华书店遵义县支店 贵州省新华书店湄潭县支店 贵州省新华书店余庆县支店 贵州省新华书店凤冈县支店 贵州省新华书店桐梓县支店 贵州省新华书店绥阳县支店 贵州省新华书店仁怀市支店 贵州省新华书店习水县支店 贵州省新华书店赤水市支店 贵州省新华书店正安县支店 贵州省新华书店道真县支店 贵州省新华书店务川县支店 贵州省新华书店安顺市中心支店 贵州省新华书店平坝县支店 贵州省新华书店镇宁县支店 贵州省新华书店关岭县支店 贵州省新华书店普定县支店 贵州省新华书店紫云县支店 贵州省新华书店兴义市支店 贵州省新华书店兴仁县支店 贵州省新华书店贞丰县支店 贵州省新华书店普安县支店 贵州省新华书店晴隆县支店 贵州省新华书店安龙县支店 贵州省新华书店册亨县支店 贵州省新华书店望谟县支店 贵州省新华书店毕节市支店 贵州省新华书店纳雍县支店 贵州省新华书店织金县支店 贵州省新华书店大方县支店

文化体制改革试点地区的所有转制文化单位	试点地区包括北京市、上海市、重庆市、广东省、浙江省、深圳市、沈阳市、西安市、丽江市
第二批不在试点地区的文化体制改革试点单位名单	贵州省新华书店金沙县支店 贵州省新华书店黔西县支店 贵州省新华书店威宁县支店 贵州省新华书店赫章县支店 贵州省新华书店铜仁市支店 贵州省新华书店玉屏县支店 贵州省新华书店德江县支店 贵州省新华书店江口县支店 贵州省新华书店思南县支店 贵州省新华书店印江县支店 贵州省新华书店沿河县支店 贵州省新华书店石阡县支店 贵州省新华书店松桃县支店 贵州省新华书店凯里市支店 贵州省新华书店麻江县支店 贵州省新华书店雷山县支店 贵州省新华书店三穗县支店 贵州省新华书店岑巩县支店 贵州省新华书店黄平县支店 贵州省新华书店施秉县支店 贵州省新华书店黎平县支店 贵州省新华书店丹寨县支店 贵州省新华书店榕江县支店 贵州省新华书店从江县支店 贵州省新华书店剑河县支店 贵州省新华书店台江县支店 贵州省新华书店锦屏县支店 贵州省新华书店天柱县支店 贵州省新华书店都匀市支店 贵州省新华书店黔南中心支店 贵州省新华书店独山县支店 贵州省新华书店平塘县支店 贵州省新华书店荔波县支店 贵州省新华书店长顺县支店

文化体制改革试点地区的所有转制文化单位	试点地区包括北京市、上海市、重庆市、广东省、浙江省、深圳市、沈阳市、西安市、丽江市
第二批不在试点地区的文化体制改革试点单位名单	贵州省新华书店罗甸县支店 贵州省新华书店三都县支店 贵州省新华书店贵定县支店 贵州省新华书店龙里县支店 贵州省新华书店瓮安县支店 贵州省新华书店福泉市支店 贵州省新华书店惠水县支店 贵州省新华书店六盘水市中心支店 贵州省新华书店水城县支店 贵州省新华书店六枝特区支店 贵州省新华书店水钢支店 贵州省新华书店盘县支店 贵州省新华书店镇远县支店 贵州省新华书店万山特区支店 十九、青海省新华发行(集团)公司 青海省新华书店 西宁市新华书店 大通县新华书店 乐都县新华书店 互助县新华书店 民和县新华书店 平安县新华书店 化隆县新华书店 循化县新华书店 湟中县新华书店 湟源县新华书店 海北州新华书店 海南州新华书店 海西州新华书店 黄南州新华书店 玉树州新华书店 果洛州新华书店 二十、河北广电信息网络集团股份有限公司 河北广电信息网络集团股份有限公司石家庄分公司

文化体制改革试点地区的所有转制文化单位	试点地区包括北京市、上海市、重庆市、广东省、浙江省、深圳市、沈阳市、西安市、丽江市
第二批不在试点地区的文化体制改革试点单位名单	河北广电信息网络集团股份有限公司衡水分公司 河北广电信息网络集团股份有限公司邢台分公司 河北广电信息网络集团股份有限公司廊坊分公司 河北广电国泰网络有限公司 秦皇岛燕山有线电视信息网络发展有限公司 秦皇岛渤海在线信息网络有限责任公司 保定百世开利有线广播电视综合信息网络有限公司 唐山有线电视综合信息网络有限责任公司 河北广电网络集团张家口有限公司 沧州市广播电视信息网络有限责任公司 承德信广联有线广播电视宽带综合信息网络有限责任公司 河北广电有线数字电视有限公司 二十一、吉林省广播电视信息网络集团有限责任公司 吉林省广播电视信息网络集团有限责任公司 吉林省广播电视信息网络集团有限责任公司长春分公司 吉林省广播电视信息网络集团有限责任公司桦甸分公司 吉林省广播电视信息网络集团有限责任公司临江分公司 吉林省广播电视信息网络集团有限责任公司延边分公司 吉林省广播电视信息网络集团有限责任公司洮南分公司 吉林省广播电视信息网络集团有限责任公司白山分公司 吉林省广播电视信息网络集团有限责任公司长岭分公司 吉林省广播电视信息网络集团有限责任公司松原分公司 吉林省广播电视信息网络集团有限责任公司抚松分公司 吉林省广播电视信息网络集团有限责任公司大安分公司 吉林省广播电视信息网络集团有限责任公司柳河分公司 吉林省广播电视信息网络集团有限责任公司珲春分公司 吉林省广播电视信息网络集团有限责任公司通化县分公司 吉林省广播电视信息网络集团有限责任公司江源分公司 吉林省广播电视信息网络集团有限责任公司靖宇分公司 吉林省广播电视信息网络集团有限责任公司舒兰分公司 吉林省广播电视信息网络集团有限责任公司和龙分公司 吉林省广播电视信息网络集团有限责任公司敦化分公司 吉林省广播电视信息网络集团有限责任公司延吉分公司 吉林省广播电视信息网络集团有限责任公司永吉分公司

文化体制改革试点地区的所有转制文化单位	试点地区包括北京市、上海市、重庆市、广东省、浙江省、深圳市、沈阳市、西安市、丽江市
第二批不在试点地区的文化体制改革试点单位名单	吉林省广播电视信息网络集团有限责任公司汪清分公司 吉林省广播电视信息网络集团有限责任公司农安分公司 吉林省广播电视信息网络集团有限责任公司德惠分公司 吉林省广播电视信息网络集团有限责任公司安图分公司 吉林省广播电视信息网络集团有限责任公司扶余分公司 吉林省广播电视信息网络集团有限责任公司双辽分公司 吉林省广播电视信息网络集团有限责任公司梨树分公司 吉林省广播电视信息网络集团有限责任公司东丰分公司 吉林省广播电视信息网络集团有限责任公司图们分公司 吉林省广播电视信息网络集团有限责任公司镇赉分公司 吉林省广播电视信息网络集团有限责任公司东辽分公司 吉林省广播电视信息网络集团有限责任公司长白分公司 吉林省广播电视信息网络集团有限责任公司公主岭分公司 吉林省广播电视信息网络集团有限责任公司九台分公司 吉林省广播电视信息网络集团有限责任公司伊通分公司 吉林省广播电视信息网络集团有限责任公司白城分公司 吉林省广播电视信息网络集团有限责任公司榆树分公司 吉林省广播电视信息网络集团有限责任公司乾安分公司 吉林省广播电视信息网络集团有限责任公司通榆分公司 吉林省广播电视信息网络集团有限责任公司龙井分公司 吉林省广播电视信息网络集团有限责任公司四平分公司 吉林省广播电视信息网络集团有限责任公司辽源分公司 二十二、陕西省广播电视信息网络股份有限公司 陕西省广播电视信息网络股份有限公司礼泉县支公司 陕西省广播电视信息网络股份有限公司泾阳县支公司 陕西省广播电视信息网络股份有限公司三原县支公司 陕西省广播电视信息网络股份有限公司淳化县支公司 陕西省广播电视信息网络股份有限公司武功县支公司 陕西省广播电视信息网络股份有限公司长武县支公司 陕西省广播电视信息网络股份有限公司彬县支公司 陕西省广播电视信息网络股份有限公司永寿县支公司 陕西省广播电视信息网络股份有限公司旬邑县支公司 陕西省广播电视信息网络股份有限公司兴平市支公司

续表

文化体制改革试点地区的所有转制文化单位	试点地区包括北京市、上海市、重庆市、广东省、浙江省、深圳市、沈阳市、西安市、丽江市
第二批不在试点地区的文化体制改革试点单位名单	陕西省广播电视信息网络股份有限公司乾县支公司 陕西省广播电视信息网络股份有限公司临渭区支公司 陕西省广播电视信息网络股份有限公司华县支公司 陕西省广播电视信息网络股份有限公司华阴市支公司 陕西省广播电视信息网络股份有限公司潼关县支公司 陕西省广播电视信息网络股份有限公司大荔县支公司 陕西省广播电视信息网络股份有限公司澄城县支公司 陕西省广播电视信息网络股份有限公司合阳县支公司 陕西省广播电视信息网络股份有限公司韩城市支公司 陕西省广播电视信息网络股份有限公司白水县支公司 陕西省广播电视信息网络股份有限公司蒲城县支公司 陕西省广播电视信息网络股份有限公司富平县支公司 陕西省广播电视信息网络股份有限公司陈仓支公司 陕西省广播电视信息网络股份有限公司岐山支公司 陕西省广播电视信息网络股份有限公司陇县支公司 陕西省广播电视信息网络股份有限公司凤县支公司 陕西省广播电视信息网络股份有限公司眉县支公司 陕西省广播电视信息网络股份有限公司扶风支公司 陕西省广播电视信息网络股份有限公司千阳支公司 陕西省广播电视信息网络股份有限公司凤翔支公司 陕西省广播电视信息网络股份有限公司麟游支公司 陕西省广播电视信息网络股份有限公司太白支公司 陕西省广播电视信息网络股份有限公司佛坪县支公司 陕西省广播电视信息网络股份有限公司宁强县支公司 陕西省广播电视信息网络股份有限公司南郑县支公司 陕西省广播电视信息网络股份有限公司镇巴县支公司 陕西省广播电视信息网络股份有限公司城固县支公司 陕西省广播电视信息网络股份有限公司留坝县支公司 陕西省广播电视信息网络股份有限公司洋县支公司 陕西省广播电视信息网络股份有限公司略阳县支公司 陕西省广播电视信息网络股份有限公司西乡县支公司 陕西省广播电视信息网络股份有限公司勉县支公司 陕西省广播电视信息网络股份有限公司榆阳区支公司 陕西省广播电视信息网络股份有限公司神木县支公司

文化体制改革试点地区的所有转制文化单位	试点地区包括北京市、上海市、重庆市、广东省、浙江省、深圳市、沈阳市、西安市、丽江市
第二批不在试点地区的文化体制改革试点单位名单	陕西省广播电视信息网络股份有限公司府谷县支公司 陕西省广播电视信息网络股份有限公司定边县支公司 陕西省广播电视信息网络股份有限公司靖边县支公司 陕西省广播电视信息网络股份有限公司横山县支公司 陕西省广播电视信息网络股份有限公司佳县支公司 陕西省广播电视信息网络股份有限公司米脂县支公司 陕西省广播电视信息网络股份有限公司吴堡县支公司 陕西省广播电视信息网络股份有限公司绥德县支公司 陕西省广播电视信息网络股份有限公司清涧县支公司 陕西省广播电视信息网络股份有限公司子洲县支公司 陕西省广播电视信息网络股份有限公司甘泉县支公司 陕西省广播电视信息网络股份有限公司富县支公司 陕西省广播电视信息网络股份有限公司黄陵县支公司 陕西省广播电视信息网络股份有限公司黄龙县支公司 陕西省广播电视信息网络股份有限公司宜川县支公司 陕西省广播电视信息网络股份有限公司子长县支公司 陕西省广播电视信息网络股份有限公司安塞县支公司 陕西省广播电视信息网络股份有限公司志丹县支公司 陕西省广播电视信息网络股份有限公司吴起县支公司 陕西省广播电视信息网络股份有限公司延川县支公司 陕西省广播电视信息网络股份有限公司延长县支公司 陕西省广播电视信息网络股份有限公司洛川县支公司 陕西省广播电视信息网络股份有限公司商州区支公司 陕西省广播电视信息网络股份有限公司洛南县支公司 陕西省广播电视信息网络股份有限公司丹凤县支公司 陕西省广播电视信息网络股份有限公司山阳县支公司 陕西省广播电视信息网络股份有限公司商南县支公司 陕西省广播电视信息网络股份有限公司镇安县支公司 陕西省广播电视信息网络股份有限公司柞水县支公司 陕西省广播电视信息网络股份有限公司旬阳县支公司 陕西省广播电视信息网络股份有限公司白河县支公司 陕西省广播电视信息网络股份有限公司镇坪县支公司 陕西省广播电视信息网络股份有限公司岚皋县支公司 陕西省广播电视信息网络股份有限公司石泉县支公司

续表

文化体制改革试点地区的所有转制文化单位	试点地区包括北京市、上海市、重庆市、广东省、浙江省、深圳市、沈阳市、西安市、丽江市
第二批不在试点地区的文化体制改革试点单位名单	陕西省广播电视信息网络股份有限公司宁陕县支公司 陕西省广播电视信息网络股份有限公司紫阳县支公司 陕西省广播电视信息网络股份有限公司平利县支公司 陕西省广播电视信息网络股份有限公司汉阴县支公司 宝鸡广电网络传媒有限责任公司 陕西省广播电视信息网络股份有限公司咸阳分公司 陕西省广播电视信息网络股份有限公司渭南分公司 陕西省广播电视信息网络股份有限公司宝鸡分公司 陕西省广播电视信息网络股份有限公司汉中分公司 陕西省广播电视信息网络股份有限公司榆林分公司 陕西省广播电视信息网络股份有限公司延安分公司 陕西省广播电视信息网络股份有限公司商洛分公司 陕西省广播电视信息网络股份有限公司安康分公司 陕西省广播电视信息网络股份有限公司铜川分公司 陕西省广播电视信息网络股份有限公司杨陵分公司 二十三、江西省广播电视网络传输有限公司 新余市分公司 渝水区分公司 分宜县分公司 鹰潭市分公司 贵溪市分公司 余江县分公司 景德镇市分公司 浮梁县分公司 乐平市分公司 抚州市分公司 东乡县分公司 金溪县分公司 黎川县分公司 资溪县分公司 乐安分公司 临川区分公司 广昌县分公司 南丰县分公司

文化体制改革试点地区的所有转制文化单位	试点地区包括北京市、上海市、重庆市、广东省、浙江省、深圳市、沈阳市、西安市、丽江市
第二批不在试点地区的文化体制改革试点单位名单	宜黄县分公司 崇仁县分公司 南城县分公司 宜春市分公司 宜丰县分公司 靖安县分公司 奉新县分公司 万载县分公司 铜鼓县分公司 上高县分公司 高安市分公司 丰城市分公司 袁州区农村网络分公司 萍乡市分公司 芦溪县分公司 上栗县分公司 莲花县分公司 湘东区分公司 赣州市分公司 龙南县分公司 定南县分公司 寻乌县分公司 安远县分公司 信丰县分公司 赣县分公司 全南县分公司 于都县分公司 石城县分公司 会昌县分公司 瑞金市分公司 宁都县分公司 兴国县分公司 崇义县分公司 大余县分公司

文化体制改革试点地区的所有转制文化单位	试点地区包括北京市、上海市、重庆市、广东省、浙江省、深圳市、沈阳市、西安市、丽江市
第二批不在试点地区的文化体制改革试点单位名单	上犹县分公司 南康市分公司 上饶市分公司 婺源县分公司 德兴市分公司 波阳县分公司 余干县分公司 铅山县分公司 万年分公司 弋阳县分公司 横峰分公司 上饶县分公司 吉安市分公司 永新县分公司 万安县分公司 遂川分公司 泰和县分公司 安福县分公司 永丰县分公司 吉水县分公司 峡江县分公司 井冈山市分公司 新干县分公司 吉安县分公司 九江市分公司 九江县分公司 德安分公司 彭泽县分公司 武宁县分公司 湖口县分公司 瑞昌市分公司 永修县分公司 都昌分公司 星子县分公司

文化体制改革试点地区的所有转制文化单位	试点地区包括北京市、上海市、重庆市、广东省、浙江省、深圳市、沈阳市、西安市、丽江市
第二批不在试点地区的文化体制改革试点单位名单	庐山分公司 安义县分公司
第二批文化体制改革新增试点地区名单	天津市:河西区 西青区 河北省:保定市 邯郸市 山西省:太原市 阳泉市 晋城市 晋中市 内蒙古自治区:包头市 鄂尔多斯市 通辽市 赤峰市 辽宁省:大连市 锦州市 葫芦岛市 鞍山市 抚顺市 本溪市 盘锦市 吉林省:长春市 通化市 辽源市 黑龙江省:哈尔滨市 大庆市 鸡西市 江苏省:南京市 苏州市 无锡市 常州市 淮安市 宿迁市 安徽省:合肥市 淮北市 芜湖市 安庆市 黄山市 蚌埠市 巢湖市 福建省:厦门市 江西省:南昌市 赣州市 萍乡市 山东省:济南市 青岛市 莱芜市 临沂市 滨州市 河南省:郑州市 开封市 洛阳市 安阳市 商丘市 湖北省:武汉市 襄樊市 黄石市 宜昌市 仙桃市 武穴市 湖南省:长沙市 岳阳市 常德市 张家界市 广西壮族自治区:南宁市 柳州市 海南省:海口市 三亚市 文昌市 保亭黎族苗族自治县 四川省:成都市 绵阳市 雅安市 贵州省:贵阳市 遵义市 安顺市 铜仁地区 黔东南州 云南省:昆明市 大理州 楚雄州 迪庆州 曲靖市 红河州 保山市 陕西省:宝鸡市 甘肃省:兰州市 嘉峪关市 青海省:西宁市 海南藏族自治州 宁夏回族自治区:银川市
第三批不在试点地区的文化体制改革试点单位名单	一、承德紫塞明珠演艺有限公司 二、石家庄影乐官集团有限责任公司 三、沧州广电传媒有限公司 四、青龙满族自治县电影发行放映公司 五、昌黎县电影发行放映公司 六、大方县奢香文化发展有限责任公司

文化体制改革试点地区的所有转制文化单位	试点地区包括北京市、上海市、重庆市、广东省、浙江省、深圳市、沈阳市、西安市、丽江市
第三批不在试点地区的文化体制改革试点单位名单	七、黔西南州飞哆飞演出有限公司 八、马鞍山市工人剧场有限责任公司 九、马鞍山市演出有限责任公司 十、福建海峡都市报发展有限公司 十一、泉州东南报刊发行有限责任公司 十二、威海市梦海演艺有限责任公司 十三、广西师范大学出版社 十四、鹤壁日报社印刷厂 十五、安徽报元印务有限公司（阜阳） 十六、安徽新华发行集团有限公司 合肥新华书店有限公司长丰县分公司 合肥新华书店有限公司肥西县分公司 合肥新华书店有限公司肥东县分公司 淮南新华书店有限公司凤台分公司 淮北新华书店有限公司濉溪县分公司 蚌埠新华书店有限公司怀远分公司 蚌埠新华书店有限公司五河分公司 蚌埠新华书店有限公司固镇分公司 铜陵新华书店有限公司铜陵县分公司 马鞍山新华书店有限公司当涂县分公司 芜湖新华书店有限公司芜湖县分公司 芜湖新华书店有限公司南陵县分公司 芜湖新华书店有限公司繁昌县分公司 安庆新华书店有限公司桐城市分公司 安庆新华书店有限公司枞阳县分公司 安庆新华书店有限公司怀宁县分公司 安庆新华书店有限公司宿松县分公司 安庆新华书店有限公司太湖县分公司 安庆新华书店有限公司潜山县分公司 安庆新华书店有限公司望江县分公司 安庆新华书店有限公司岳西县分公司 黄山新华书店有限公司黄山区分公司 黄山新华书店有限公司歙县分公司 黄山新华书店有限公司休宁分公司

文化体制改革试点地区的所有转制文化单位	试点地区包括北京市、上海市、重庆市、广东省、浙江省、深圳市、沈阳市、西安市、丽江市
第三批不在试点地区的文化体制改革试点单位名单	黄山新华书店有限公司祁门分公司 黄山新华书店有限公司黟县分公司 宣城新华书店有限公司广德县分公司 宣城新华书店有限公司泾县分公司 宣城新华书店有限公司郎溪县分公司 宣城新华书店有限公司宁国市分公司 宣城新华书店有限公司绩溪县分公司 宣城新华书店有限公司旌德县分公司 滁州新华书店有限公司凤阳县分公司 滁州新华书店有限公司定远县分公司 滁州新华书店有限公司全椒县分公司 滁州新华书店有限公司天长市分公司 滁州新华书店有限公司明光市分公司 滁州新华书店有限公司来安县分公司 阜阳新华书店有限公司临泉县分公司 阜阳新华书店有限公司太和县分公司 阜阳新华书店有限公司颍上县分公司 阜阳新华书店有限公司阜南县分公司 阜阳新华书店有限公司界首市分公司 亳州新华书店有限公司涡阳分公司 亳州新华书店有限公司蒙城分公司 亳州新华书店有限公司利辛分公司 池州新华书店有限公司东至分公司 池州新华书店有限公司石台县分公司 池州新华书店有限公司青阳县分公司 六安新华书店有限公司寿县分公司 六安新华书店有限公司霍邱分公司 六安新华书店有限公司舒城分公司 六安新华书店有限公司金寨分公司 六安新华书店有限公司霍山分公司 巢湖新华书店有限公司无为县分公司 巢湖新华书店有限公司庐江县分公司 巢湖新华书店有限公司含山县分公司 巢湖新华书店有限公司和县分公司

续表

文化体制改革试点地区的所有转制文化单位	试点地区包括北京市、上海市、重庆市、广东省、浙江省、深圳市、沈阳市、西安市、丽江市
第三批不在试点地区的文化体制改革试点单位名单	安徽省宿州市新华书店萧县分公司 安徽省宿州市新华书店灵璧分公司 安徽省宿州市新华书店砀山县分公司 安徽省宿州市新华书店泗县分公司 十七、福建新华发行集团 福建省新华图书音像批发公司 福建新华教育书店 福建省外文书店 福建省出版对外贸易公司 福建图书联合发行公司 福建省印刷物资公司 福建新华发行(集团)有限责任公司惠安分公司 福建新华发行(集团)有限责任公司南安分公司 十八、湖南出版投资控股集团有限公司 株洲市新华书店 炎陵县新华书店 醴陵市新华书店 株洲县新华书店 攸县新华书店 湖南省茶陵县新华书店 湘潭市新华书店 湘潭县新华书店 湘乡市新华书店 湖南省韶山市新华书店 衡阳市新华书店 常宁市新华书店 衡南县新华书店 衡山县新华书店 衡阳县新华书店 衡东县新华书店 祁东县新华书店 耒阳市新华书店 邵阳市新华书店 湖南省邵东县新华书店

文化体制改革试点地区的所有转制文化单位	试点地区包括北京市、上海市、重庆市、广东省、浙江省、深圳市、沈阳市、西安市、丽江市
第三批不在试点地区的文化体制改革试点单位名单	湖南省隆回县新华书店 湖南省邵阳县新华书店 新邵县新华书店 洞口县新华书店 绥宁县新华书店 城步苗族自治县新华书店 武冈市新华书店 湖南省新宁县新华书店 益阳市新华书店 湖南省桃江县新华书店 湖南省安化县新华书店 沅江市新华书店 南县新华书店 娄底市娄新区新华书店 冷水江市新华书店 湖南省涟源市新华书店 湖南省新化县新华书店 湖南省双峰县新华书店 湖南省郴州市新华书店 桂东县新华书店 桂阳县新华书店 湖南省永兴县新华书店 资兴市新华书店 湖南省安仁县新华书店 汝城县新华书店 临武县新华书店 嘉禾县新华书店 宜章县新华书店 湖南省永州市新华书店 湖南省双牌县新华书店 湖南省新田县新华书店 江永县新华书店 东安县新华书店 宁远县新华书店

文化体制改革试点地区的所有转制文化单位	试点地区包括北京市、上海市、重庆市、广东省、浙江省、深圳市、沈阳市、西安市、丽江市
第三批不在试点地区的文化体制改革试点单位名单	湖南省道县新华书店 祁阳县新华书店 江华瑶族自治县新华书店 蓝山县新华书店 怀化市新华书店 湖南省芷江侗族自治县新华书店 沅陵县新华书店 靖州苗族侗族自治县新华书店 新晃侗族自治县新华书店 辰溪县新华书店 麻阳苗族自治县新华书店 通道侗族自治县新华书店 湖南省会同县新华书店 溆浦县新华书店 湖南省洪江市新华书店 湘西土家族苗族自治州新华书店 湖南省泸溪县新华书店 湖南省永顺县新华书店 古文县新华书店 花垣县新华书店 龙山县新华书店 凤凰县新华书店 保靖县新华书店 十九、广西新华书店集团公司 桂林市新华书店 桂林地区新华书店 临桂县新华书店 灵川县新华书店 全州县新华书店 兴安县新华书店 永福县新华书店 阳朔县新华书店 灌阳县新华书店 龙胜县新华书店

文化体制改革试点地区的所有转制文化单位	试点地区包括北京市、上海市、重庆市、广东省、浙江省、深圳市、沈阳市、西安市、丽江市
第三批不在试点地区的文化体制改革试点单位名单	资源县新华书店 平乐县新华书店 荔浦县新华书店 恭城县新华书店 梧州市新华书店 苍梧县新华书店 岑溪市新华书店 藤县新华书店 蒙山县新华书店 北海市新华书店 合浦县新华书店 防城港市新华书店 防城港市防城区新华书店 上思县新华书店 东兴市新华书店 钦州市新华书店 灵山县新华书店 浦北县新华书店 贵港市新华书店 桂平市新华书店 平南县新华书店 玉林新华图书发行集团有限责任公司 玉林市新华书店 北流市新华书店 容县新华书店 陆川县新华书店 博白县新华书店 兴业县新华书店 百色市新华书店 田阳县新华书店 田东县新华书店 平果县新华书店 德保县新华书店 靖西县新华书店

文化体制改革试点地区的所有转制文化单位	试点地区包括北京市、上海市、重庆市、广东省、浙江省、深圳市、沈阳市、西安市、丽江市
第三批不在试点地区的文化体制改革试点单位名单	那坡县新华书店 凌云县新华书店 乐业县新华书店 田林县新华书店 隆林县新华书店 西林县新华书店 贺州市新华书店 贺州市八步地区新华书店 钟山县新华书店 富川县新华书店 昭平县新华书店 平桂矿区新华书店 河池市新华书店 宜州市新华书店 罗城县新华书店 环江县新华书店 南丹县新华书店 天峨县新华书店 东兰县新华书店 凤山县新华书店 巴马县新华书店 都安县新华书店 大化县新华书店 大厂矿区新华书店 河池市新华书店代发站 来宾市新华书店 象州县新华书店 武宣县新华书店 忻城县新华书店 金秀县新华书店 合山市新华书店 崇左市新华书店 崇左市江州区新华书店 扶绥县新华书店

文化体制改革试点地区的所有转制文化单位	试点地区包括北京市、上海市、重庆市、广东省、浙江省、深圳市、沈阳市、西安市、丽江市
第三批不在试点地区的文化体制改革试点单位名单	大新县新华书店 天等县新华书店 宁明县新华书店 龙州县新华书店 凭祥市新华书店 二十、广西广播电视信息网络股份有限公司 广西广播电视信息网络股份有限公司崇左分公司 广西广播电视信息网络股份有限公司扶绥分公司 广西广播电视信息网络股份有限公司天等分公司 广西广播电视信息网络股份有限公司大新分公司 广西广播电视信息网络股份有限公司龙州分公司 广西广播电视信息网络股份有限公司宁明分公司 广西广播电视信息网络股份有限公司凭祥分公司 广西广播电视信息网络股份有限公司百色分公司 广西广播电视信息网络股份有限公司田阳分公司 广西广播电视信息网络股份有限公司田东分公司 广西广播电视信息网络股份有限公司平果分公司 广西广播电视信息网络股份有限公司德保分公司 广西广播电视信息网络股份有限公司靖西分公司 广西广播电视信息网络股份有限公司那坡分公司 广西广播电视信息网络股份有限公司凌云分公司 广西广播电视信息网络股份有限公司乐业分公司 广西广播电视信息网络股份有限公司田林分公司 广西广播电视信息网络股份有限公司隆林分公司 广西广播电视信息网络股份有限公司西林分公司 广西广播电视信息网络股份有限公司桂林分公司 广西广播电视信息网络股份有限公司灵川分公司 广西广播电视信息网络股份有限公司阳朔分公司 广西广播电视信息网络股份有限公司临桂分公司 广西广播电视信息网络股份有限公司永福分公司 广西广播电视信息网络股份有限公司全州分公司 广西广播电视信息网络股份有限公司资源分公司 广西广播电视信息网络股份有限公司平乐分公司 广西广播电视信息网络股份有限公司兴安分公司

文化体制改革试点地区的所有转制文化单位	试点地区包括北京市、上海市、重庆市、广东省、浙江省、深圳市、沈阳市、西安市、丽江市
第三批不在试点地区的文化体制改革试点单位名单	广西广播电视信息网络股份有限公司灌阳分公司 广西广播电视信息网络股份有限公司恭城分公司 广西广播电视信息网络股份有限公司荔浦分公司 广西广播电视信息网络股份有限公司龙胜分公司 广西广播电视信息网络股份有限公司贺州分公司 广西广播电视信息网络股份有限公司钟山分公司 广西广播电视信息网络股份有限公司富川分公司 广西广播电视信息网络股份有限公司昭平分公司 广西广播电视信息网络股份有限公司梧州分公司 广西广播电视信息网络股份有限公司苍梧分公司 广西广播电视信息网络股份有限公司岑溪分公司 广西广播电视信息网络股份有限公司蒙山分公司 广西广播电视信息网络股份有限公司藤县分公司 广西广播电视信息网络股份有限公司玉林分公司 广西广播电视信息网络股份有限公司北流分公司 广西广播电视信息网络股份有限公司容县分公司 广西广播电视信息网络股份有限公司陆川分公司 广西广播电视信息网络股份有限公司博白分公司 广西广播电视信息网络股份有限公司兴业分公司 玉林市视通网络信息有限责任公司 广西广播电视信息网络股份有限公司钦州分公司 广西广播电视信息网络股份有限公司浦北分公司 广西广播电视信息网络股份有限公司灵山分公司 广西广播电视信息网络股份有限公司防城港分公司 广西广播电视信息网络股份有限公司东兴分公司 广西广播电视信息网络股份有限公司上思分公司 广西广播电视信息网络股份有限公司北海分公司 广西广播电视信息网络股份有限公司合浦分公司 广西广播电视信息网络股份有限公司贵港分公司 广西广播电视信息网络股份有限公司桂平分公司 广西广播电视信息网络股份有限公司平南分公司 广西广播电视信息网络股份有限公司河池分公司 广西广播电视信息网络股份有限公司宜州分公司 广西广播电视信息网络股份有限公司罗城分公司

文化体制改革试点地区的所有转制文化单位	试点地区包括北京市、上海市、重庆市、广东省、浙江省、深圳市、沈阳市、西安市、丽江市
第三批不在试点地区的文化体制改革试点单位名单	广西广播电视信息网络股份有限公司环江分公司 广西广播电视信息网络股份有限公司南丹分公司 广西广播电视信息网络股份有限公司天峨分公司 广西广播电视信息网络股份有限公司东兰分公司 广西广播电视信息网络股份有限公司巴马分公司 广西广播电视信息网络股份有限公司凤山分公司 广西广播电视信息网络股份有限公司都安分公司 广西广播电视信息网络股份有限公司大化分公司 广西广播电视信息网络股份有限公司来宾分公司 广西广播电视信息网络股份有限公司合山分公司 广西广播电视信息网络股份有限公司忻城分公司 广西广播电视信息网络股份有限公司象州分公司 广西广播电视信息网络股份有限公司武宣分公司 广西广播电视信息网络股份有限公司金秀分公司 二十一、湖南省有线电视网络股份有限公司 湖南安化有线宽带信息网络有限公司 株洲电广宽带信息网络有限公司 湖南有线醴陵宽带信息网络有限公司 湖南茶陵有线宽带信息网络有限公司 湖南邵阳有线宽带信息网络有限公司 湖南邵阳县有线宽带信息网络有限公司 湖南新邵有线宽带信息网络有限公司 湖南邵东有线宽带信息网络有限公司 湖南洞口有线宽带信息网络有限公司 衡阳电广宽带信息网络有限公司 湖南耒阳有线宽带信息网络有限公司 永州电广宽带信息网络有限公司 湖南娄底有线宽带信息网络有限公司 湖南冷水江有线宽带信息网络有限公司 湖南怀化有线宽带信息网络有限公司 湖南洪江有线宽带信息网络有限公司 湖南郴州有线宽带信息网络有限公司 湖南湘西自治州有线宽带信息网络有限公司

资料来源：

1.《财政部、海关总署、国家税务总局关于文化体制改革中经营性文化事业单位转制后企业的若干问题的通知》（财税〔2005〕1 号）。

2. 财政部、海关总署、国家税务总局《关于发布第一批不在文化体制改革试点地区的文化体制改革试点单位名单的通知》（财税〔2005〕163 号）。

3. 财政部、海关总署、国家税务总局《关于公布第二批不在试点地区的文化体制改革试点单位名单和新增试点地区名单的通知》（财税〔2007〕36 号）。

4. 财政部、海关总署、国家税务总局关于《发布第三批不在试点地区的文化体制改革试点单位名单的通知》（财税〔2008〕25 号）。

附表2　2007～2008 年度国家文化出口重点企业目录

一、新闻出版类	1. 中国出版集团公司
	2. 中国科学出版集团有限责任公司
	3. 辽宁出版集团有限公司
	4. 吉林出版集团有限责任公司
	5. 上海世纪出版股份有限公司
	6. 安徽出版集团有限公司
	7. 江西出版集团公司
	8. 河南出版集团有限公司
	9. 广东省出版集团有限公司
	10. 湖南出版投资控股集团有限公司
	11. 重庆出版集团公司
	12. 深圳出版发行集团公司
	13. 外语教学与研究出版社
	14. 北京大学出版社
	15. 人民大学出版社
	16. 北京语言大学出版社
	17. 上海新闻发展有限公司
	18. 中国国际出版集团
	19. 山东出版集团
	20. 中国印刷集团公司
	21. 北京华联印刷有限公司
	22. 上海印刷〔集团〕有限公司
	23. 上海联合光盘有限公司
	24. 中华商务联合印刷（广东）有限公司
	25. 广东致诚威光盘制作有限公司
	26. 江苏新广联科技股份有限公司

一、新闻出版类	27. 江苏永兴多媒体有限公司
	28. 苏州印刷总厂有限公司
	29. 安徽旭日光盘有限公司
	30. 黄山永新股份有限公司
	31. 北京发行集团股份有限公司
	32. 上海新华传媒股份有限公司
	33. 江苏新华书店集团有限公司
	34. 浙江新华发行有限公司
	35. 福建新华发行集团有限公司
	36. 广东新华发行集团股份有限公司
	37. 四川新华文轩连锁股份有限公司
	38. 云南新华书店集团有限公司
	39. 内蒙新华书店集团公司
	40. 现代书店有限公司
	41. 中国学术期刊(光盘版)电子杂志社(同方知网(北京)技术有限公司)
	42. 北大方正集团有限公司
	43. 北京金山数字娱乐科技有限公司
	44. 三辰影库音像出版社
	45. 广东音像出版社
	46. 广州俏佳人文化传播有限公司
	47. 江苏电子音像出版社
	48. 新疆电子音像出版社
	49. 中国新闻周刊
	50. 中国妇女杂志社
	51. 福建画报社
	52. 湖北知音传媒集团
	53. 女友杂志社
	54. 读者杂志社
	55. 人民日报社(北京环球人物传媒广告有限公司)
	56. 中国日报(北京世纪环宇文化发展中心)
	57. 文汇新民报业集团(上海新民传媒广告有限公司)
	58. 温州日报报业集团有限公司
	59. 广州日报报业集团(广东九州阳光传媒股份有限公司)
	60. 今晚传媒集团(今晚报业(天津)贸易有限公司)

续表

二、广播影视类	61. 中国电影海外推广公司
	62. 中国电影集团公司
	63. 长春电影集团公司
	64. 西部电影集团公司
	65. 潇湘电影集团公司
	66. 中国国际电视总公司
	67. 中视国际传媒（北京）有限公司
	68. 北京中视环亚卫星传输有限公司
	69. 中国广播电视国际经济技术合作总公司
	70. 央视国际网络有限公司
	71. 北京东方传奇国际传媒有限公司
	72. 九洲音像出版公司
	73. 北京华录百纳影视有限公司
	74. 北京慈文影视制作有限公司
	75. 华谊兄弟传媒有限公司
	76. 北京金英马影视文化有限责任公司
	77. 北京鑫宝源影视投资有限公司
	78. 天地人传媒有限公司
	79. 北京艺德环球文化艺术有限公司
	80. 上海美术电影制片厂
	81. 上海五岸传播有限公司
	82. 上海海润影视制作有限公司
	83. 上海新文化传媒投资集团有限公司
	84. 上海电影集团公司
	85. 天津电视台电视制作中心
	86. 天津电影制片厂
	87. 重庆享弘数字影视有限公司
	88. 浙江中南集团卡通影视有限公司
	89. 浙江华策影视有限公司
	90. 杭州时空影视文化传播有限公司
	91. 杭州今古时代电影制作有限公司
	92. 杭州盛世龙吟数码科技有限公司
	93. 河南电影电视制作集团公司
	94. 三辰卡通集团有限公司
	95. 湖南山猫卡通有限公司
	96. 湖南宏梦卡通传播有限公司

续表

三、文化艺术类	97. 中国对外演出公司
	98. 上海城市舞蹈有限公司
	99. 天创国际演艺制作交流有限公司
	100. 中国杂技团有限公司
	101. 北京派格太和环球文化传媒投资有限公司
	102. 北京保利演艺经纪有限公司
	103. 北京市演出有限责任公司
	104. 江苏省演艺集团有限公司
	105. 杭州金海岸娱乐有限公司
	106. 沈阳杂技团演艺集团有限公司
	107. 云南映象文化产业发展有限公司
	108. 河北吴桥杂技文化经营集团公司
	109. 河南省濮阳市华晨杂技集团有限公司
	110. 多彩贵州文化艺术有限公司
	111. 成都金沙太阳神鸟演艺文化有限公司
	112. 四川德阳市杂技团有限责任公司
	113. 中国对外艺术展览公司
	114. 自贡灯贸有限公司
	115. 江苏凤灵乐器集团
	116. 广东珠江钢琴集团
	117. 上海盛大网络发展有限公司
	118. 苏州蜗牛电子有限公司
	119. 目标软件(北京)有限公司
	120. 珠海金山软件股份有限公司
	121. 福建网龙计算机网络信息技术有限公司
	122. 北京完美时空网络技术有限公司
	123. 杭州渡口网络科技有限公司
	124. 大连大青集团
	125. 大连普利文化传播(控股)有限公司
	126. 安庆市五千年工艺美术有限公司
	127. 天水汉唐麦积山艺术陶瓷有限公司
	128. 西宁新奇工艺装饰有限公司
	129. 北京俏佳人文化传播有限责任公司
	130. 广州市凤林文化传播有限公司
	131. 广东孔雀廊文化发展有限公司
	132. 广东音像城有限公司

续表

三、文化艺术类	133. 广东杰盛唱片有限公司 134. 中国唱片上海公司 135. 广州爱必希文化传播有限公司 136. 上海东方汇文国际文化服务贸易有限公司
四、综合类	137. 江通动画股份有限公司 138. 天津神界漫画有限公司 139. 深圳市华夏动漫科技有限公司 140. 环球数码媒体科技研究(深圳)有限公司 141. 上海润星网络科技有限公司 142. 常州安利动画有限公司

附表3　2007～2008年度国家文化出口重点项目目录

一、新闻出版类	1.《中国民间文化遗产系列丛书》(外文出版社) 2.《数理专著系列》(英文版)(科学出版社) 3.《文化中国系列》(上海文艺出版社) 4.《中国100话题丛书》(汉英双语)(外语教学与研究出版社) 5.《全景中国系列丛书》(外文出版社) 6.《感知中国——中国优秀文化基本读本丛书》(北京语言大学出版社) 7.《中华文明史》(英文版)(北京大学出版社) 8.《中医"走出去"图书系列》(人民卫生出版社) 9.《世界汉语教学类图书系列》(商务印书馆) 10.《走进中国系列丛书》(上海美术出版社) 11.《中国学术期刊网络出版总库》(中国学术期刊(光盘版)电子杂志社[同方知网(北京)技术有限公司]) 12.《互联网图书》(三辰影库音像出版社) 13.《神秘中国——丝路之谜》(广东音像出版社) 14.《黄帝内经》(新疆电子音像出版社) 15.《世界遗产——中国档案》(外语教学与研究出版社) 16.《汉语900句》(北京金山数字娱乐科技有限公司) 17.《标准中文》(中国国际电视总公司) 18.《完美世界》(北大方正集团有限公司) 19.《剑侠情缘》(江苏电子音像出版社)

续表

一、新闻出版类	20.《中国国家地理》(海外版) 21.《读者》(出版海外版) 22. 期刊出版与国际发行《cell research 细胞研究》(英文版) 23.《世界中医药》(海外版) 24.《中国眼镜科技杂志》(海外版) 25.《现代阅读》(北美版) 26.《针灸推拿医学》(海外版) 27. 俄罗斯新时代印务有限公司扩建(安徽出版集团有限公司) 28. 只读类光盘复制出口(北京保利星数据光盘有限公司) 29. APRICOT 系列彩箱(天津新华一印刷有限公司) 30. CD－R 光盘生产线技改生产(重庆新华多媒体发展有限公司) 31. 境外设立提供印刷、复制、制作服务机构及印刷、复制、制作服务(厦门安妮股份有限公司) 32. DVD9 的研发与产业化(江苏新广联科技股份有限公司) 33. 产品包装盒(天津市向日葵包装印刷有限公司) 34. 只读类和可录类光盘生产出口(湛江华丽金音影碟有限公司) 35. 高清晰度包装印刷产品(江苏工业园区美柯乐制版印务有限责任公司) 36. CD－ROM 光盘复制出口(梅州市嘉应万达激光有限公司)
二、广播影视类	37.《卧薪尝胆》(中视影视制作有限公司) 38.《李小龙传奇》(中视影视制作有限公司) 39.《中国维和警察》(中视影视制作有限公司) 40.《越王勾践》[中国国际电视总公司(节目代理部)] 41.《夜深沉》[中国国际电视总公司(节目制作部)] 42.《台湾 1895》(九洲音像出版公司) 43.《云水谣》(九洲音像出版公司) 44.《家》(北京慈文影视制作有限公司) 45.《西游记》(北京慈文影视制作有限公司) 46.《功夫传人》(北京慈文影视制作有限公司) 47.《红楼梦》(北京华录百纳影视有限公司) 48.《中国往事》(浙江华策影视有限公司) 49.《东归英雄》(北京金英马影视文化有限责任公司) 50.《国家形象》(北京金英马影视文化有限责任公司) 51.《奋斗》(北京鑫宝源影视投资有限公司) 52.《夜幕下的哈尔滨》(北京鑫宝源影视投资有限公司) 53.《家有儿女》(天地人传媒有限公司)

续表

二、广播影视类	54.《江湖三女侠》(北京艺德环球文化艺术有限公司) 55.《云水谣》(中国电影集团公司) 56.《集结号》(华谊兄弟传媒有限公司) 57.《少林四小龙》(河南电影电视制作集团公司) 58.《非物质文化遗产系列影片》(杭州今古时代电影制作有限公司) 59.《两个人的芭蕾》(天津电影制片厂) 60.《大国崛起》[中国国际电视总公司(节目代理部)] 61.《敦煌》(中视传媒股份有限公司) 62.《布达拉宫》(中视传媒股份有限公司) 63.《台北故宫》(九洲音像出版公司) 64.《跟我学汉语》(广州俏佳人文化传播有限公司) 65.《小鲤鱼历险记》(央视动画有限公司) 66.《家有儿女》(天地人传媒有限公司) 67.《西游记》(北京辉煌动画公司) 68.《魔盒与歌声》(重庆享弘数字影视有限公司) 69.《蓝猫淘气3000问》(三辰卡通集团有限公司) 70. 中国电视长城平台[中视国际传媒(北京)有限公司] 71. 亚洲、非洲广电发射设备出口、建台(中国广播电视国际经济技术合作总公司) 72. 老挝数字电视项目(云南无线数字电视文化传媒有限公司) 73. 春晚海外多终端网络传播(央视国际网络有限公司) 74.《三国》[华夏视听环球传媒(北京)有限公司] 75. 桑斯尔公司有线电视网(内蒙古广播电视信息网络有限公司)
三、文化艺术类	76. 杂技芭蕾《天鹅湖》(上海城市舞蹈有限公司、广州军区政治部战士杂技团) 77.《功夫传奇》(天创国际演艺制作交流有限公司) 78.《京剧第一课》(北京戏曲艺术职业学校) 79.《杂技魅影》(中国杂技团有限公司) 80. "音乐猫"音乐会(北京市演出有限责任公司) 81. 芭蕾舞剧《大红灯笼高高挂》(中央芭蕾舞团) 82. 芭蕾舞剧《天鹅湖》(中央芭蕾舞团) 83. 芭蕾舞剧《红色娘子军》(中央芭蕾舞团) 84. 共赏国粹艺术精华一、二(中国京剧院) 85.《少林雄风》(中国对外演出公司) 86.《海盗！海盗！》(中国对外演出公司) 87.《寺院内外》(北京保利演艺经纪有限公司)

三、文化艺术类	88. 青春版《牡丹亭》(苏州昆剧院)
	89. 昆剧《1699？桃花扇》(江苏省演艺集团有限公司)
	90.《野斑马》(上海歌舞团、上海东方青春舞蹈团、上海市演艺总公司)
	91.《慧光——少林武魂》(上海美琪演出经纪公司)
	92. 杂技主题晚会《太极时空》(上海杂技团)
	93.《霸王别姬》(上海歌舞团、上海东方青春舞蹈团、上海城市舞蹈有限公司)
	94.《梦之旅》(南京杂技团)
	95. 音乐剧《金沙》(成都太阳神鸟演艺文化有限公司)
	96.《中国印象》(欧洲巡回演出杭州金海岸娱乐有限公司)
	97.《多彩贵州风》(多彩贵州文化艺术有限公司)
	98.《云南映象》(云南映象文化产业发展有限公司)
	99. 舞剧《大梦敦煌》(兰州歌舞剧院)
	100.《一把酸枣》(山西艺术职业学校华晋舞剧团)
	101. 芭蕾舞剧《末代皇帝》(辽宁芭蕾舞团)
	102. 综艺演出《长城魂》(吉林省中外文化交流中心)
	103. 唐山皮影(唐山市皮影剧团)
	104. 扬州木偶(扬州市木偶剧团)
	105. 自贡灯会(自贡灯贸管理委员会)
	106. 东方之光——华夏扶桑彩灯大典(自贡灯贸有限公司)
	107. 东方彩灯——体验中国欢乐大田(自贡灯贸有限公司)
	108. 东方灯韵——远东的故事(自贡灯贸有限公司)
	109. 冰雕艺术展(黑龙江省文化艺术发展中心)
	110. 凤灵提琴(江苏凤灵乐器集团)
	111. 凤灵吉他(江苏凤灵乐器集团)
	112. 大芬油画(深圳大芬油画村管理办公室)
	113. 乌石浦油画(厦门乌石浦油画村)
四、综合类	114.《传奇世界》(上海盛大网络发展有限公司)
	115.《游戏机(保龄球)》(广东中山市世宇实业有限公司)
	116.《完美时空》(北京完美时空网络技术有限公司)
	117.《天机》(杭州渡口网络科技有限公司)
	118.《凤舞天骄》[目标软件(北京)有限公司]

附表4　2011~2012年度国家文化出口重点企业目录

北京	1. 中国国际图书贸易集团有限公司
	2. 中国图书进出口（集团）总公司
	3. 中国科技出版传媒股份有限公司
	4. 中国教育出版传媒股份有限公司
	5. 中国大百科全书出版社有限公司
	6. 中国青年出版社
	7. 人民卫生出版社
	8. 北京发行集团有限责任公司
	9. 北京珍本国际贸易有限公司
	10. 中华书局有限公司
	11. 北京语言大学出版社有限公司
	12. 外语教学与研究出版社有限责任公司
	13. 商务印书馆有限公司
	14. 北京大学出版社有限公司
	15. 中国人民大学出版社有限公司
	16. 华语教学出版社有限责任公司
	17. 新世界出版社有限责任公司
	18. 外文出版社有限责任公司
	19. 五洲传播出版社
	20. 海豚出版社有限责任公司
	21. 世界图书出版有限公司
	22. 中信出版股份有限公司
	23. 北京求是园文化传播有限公司
	24. 北京天视全景文化传播有限责任公司
	25. 中国印刷总公司
	26. 北京盛通印刷股份有限公司
	27. 北京华联印刷有限公司
	28. 同方知网（北京）技术有限公司
	29. 北京龙源网通电子商务有限公司
	30. 中国电影集团公司
	31. 中国电影海外推广公司
	32. 中国国际电视总公司
	33. 中视国际传媒（北京）有限公司
	34. 中广电广播电影电视设计研究院
	35. 央视国际视频通信有限公司
	36. 央视国际网络有限公司

北京	37. 中国普天信息产业股份有限公司 38. 北京联盟影业投资有限公司 39. 北京华录百纳影视股份有限公司 40. 海润影视制作有限公司 41. 北京国立常升影视文化传播有限公司 42. 北京京都世纪文化发展有限公司 43. 北京中北电视艺术中心有限公司 44. 北京柯瑞环宇传媒文化有限公司 45. 西京文化传媒(北京)股份有限公司 46. 北京中联华盟文化传媒投资有限公司 47. 北京华非瑞克科技有限公司 48. 好讯通(北京)科技有限公司 49. 汉雅星空文化科技有限公司 50. 北京华韵尚德国际文化传播有限公司 51. 蓝海天扬影视文化(北京)有限公司 52. 中国广播电视国际经济技术合作总公司 53. 北京中视环亚卫星传输有限公司 54. 中国杂技团有限公司 55. 天创国际演艺制作交流有限公司 56. 中国对外文化集团公司 57. 中国对外翻译出版有限公司 58. 北京四达时代软件技术股份有限公司 59. 北京四达时代通信网络技术有限公司 60. 北京四达时代国际投资有限公司 61. 完美世界(北京)网络技术有限公司 62. 完美世界(北京)软件有限公司 63. 北京新娱兄弟网络科技有限公司 64. 北京麒麟网信息科技有限公司 65. 趣游(北京)科技有限公司 66. 北京水晶石影视传媒科技有限公司 67. 幸星数字娱乐科技(北京)有限公司 68. 北京辉煌动画公司 69. 北京俏佳人传媒股份有限公司 70. 北京数码视讯科技股份有限公司 71. 北京星海钢琴集团有限公司 72. 北京世纪超星信息技术发展有限责任公司

天津	73. 今晚报社（今晚传媒集团） 74. 天津市出版对外贸易公司 75. 天津画国人动漫创意有限公司 76. 天津北方电影集团有限公司 77. 天津索浪数字软件技术有限公司 78. 天津神界漫画有限公司 79. 天津福丰达动漫游戏制作有限公司
河北	80. 河北出版传媒集团有限公司 81. 吴桥县龙之传奇杂技演出有限公司 82. 吴桥杂技大世界旅游有限公司 83. 吴桥铭扬杂技演出有限公司 84. 吴桥华艺杂技演出有限公司 85. 深州东方实业集团有限公司 86. 曲阳宏州大理石工艺品有限公司 87. 霸州贝司克斯乐器有限公司 88. 河北金音乐器集团有限公司 89. 河北省怀来锣厂 90. 河北瑞特工贸有限公司
山西	91. 中国广灵剪纸文化产业园区 92. 广灵县蕙花民间文化艺术发展有限公司 93. 山西宇达集团公司 94. 太原特玛茹电子科技有限公司 95. 内蒙古广播电视信息网络有限公司 96. 内蒙古东联影视动漫科技有限责任公司
辽宁	97. 辽宁科学技术出版社 98. 辽宁少年儿童出版社 99. 北方联合出版传媒（集团）股份有限公司 100. 沈阳杂技演艺集团有限公司 101. 抚顺平天蜡制品有限公司 102. 辽阳飞天工艺品有限公司
大连	103. 大连理工大学出版社有限公司 104. 大连新世纪印刷信息产业有限公司 105. 大连杂技团 106. 大连金山互动娱乐科技有限公司 107. 大连博涛多媒体技术股份有限公司 108. 大连坐标数码科技有限公司

续表

吉林	109. 吉林庆达数码有限公司
	110. 吉林出版集团有限责任公司
	111. 长影集团有限责任公司
	112. 长春市紫玉木兰工艺有限公司
	113. 吉林省宇平工艺品制造有限公司
	114. 吉林省优而特工艺品有限公司
	115. 四平市百隆工艺品有限公司
	116. 长春永裕工艺制品有限公司
	117. 吉林皇星漫画设计制作有限公司
黑龙江	118. 黑龙江省冰尚杂技舞蹈演艺制作有限公司
	119. 哈尔滨松雷股份有限公司
	120. 齐齐哈尔市马戏团
	121. 黑龙江省冰雪艺术发展有限公司
	122. 东宁县新华美经贸有限公司
	123. 牡丹江渤海民族工艺有限公司
	124. 伊春市美江木艺有限责任公司
	125. 哈尔滨英立科技开发有限公司
	126. 黑龙江龙德天合动漫有限公司
	127. 哈尔滨三六九科技开发有限公司
	128. 哈尔滨极光文化传播有限公司
	129. 哈尔滨品格文化传播有限公司
	130. 黑龙江伊瑷斯霖电子音响有限公司
	131. 牡丹江和音乐器有限公司
	132. 尚志市联宇木业有限责任公司
	133. 黑龙江省译捷翻译服务有限责任公司
上海	134. 中国图书进出口上海公司
	135. 上海外文图书公司
	136. 上海新闻出版发展公司
	137. 上海日报社
	138. 上海世纪出版股份有限公司
	139. 硕科图像（上海）有限公司
	140. 上海印刷（集团）有限公司
	141. 上海立珏塑料制品有限公司
	142. 上海界龙实业集团股份有限公司
	143. 上海复旦四维印刷有限公司
	144. 上海中华商务联合印刷有限公司

上海	145. 上海宏文网络科技有限公司
	146. 上海新汇文化娱乐(集团)有限公司
	147. 上海电影(集团)有限公司
	148. 上海今日动画影视文化有限公司
	149. 上海美术电影制片厂
	150. 上海幻维数码创意科技有限公司
	151. 上海新文化传媒集团股份有限公司
	152. 上海联合光盘有限公司
	153. 上海五岸传播有限公司
	154. 上海剧酷文化传播有限公司
	155. 上海话剧艺术中心有限公司
	156. 上海东上海国际文化影视(集团)有限公司
	157. 上海城市演艺有限公司
	158. 上海精涛文化会展有限公司
	159. 上海东浩工艺品股份有限公司
	160. 上海唯晶信息科技有限公司
	161. 上海征途信息技术有限公司
	162. 上海皿鎏软件有限公司
	163. 盛趣信息技术(上海)有限公司
	164. 上海大承网络技术有限公司
	165. 上海游族信息技术有限公司
	166. 上海久游网络科技有限公司
	167. 上海炫动传播股份有限公司
	168. 上海动酷数码科技有限公司
	169. 上海众源网络有限公司
	170. 上海金汇通创意设计发展股份有限公司
	171. 富乐工业(设计)上海有限公司
	172. 上海圣然信息科技有限公司
江苏	173. 江苏省新图进出口公司
	174. 江苏人民出版社有限公司
	175. 江苏凤凰出版传媒股份有限公司
	176. 苏州印刷总厂有限公司
	177. 常州市正文印刷有限公司
	178. 南京爱德印刷有限公司
	179. 江苏凤凰新华印务有限公司
	180. 江苏新广联科技股份有限公司

江苏	181. 常州市时代包装有限公司
	182. 苏州福纳文化科技股份有限公司
	183. 江苏省广播电视集团有限公司
	184. 慈文传媒集团有限公司
	185. 江苏省演艺集团
	186. 无锡凤凰画材有限公司
	187. 江苏蓝鸽画材有限公司
	188. 苏州市宝成实业有限公司
	189. 江苏天阳框业有限公司
	190. 沭阳东方文体用品有限公司
	191. 江苏高淳陶瓷股份有限公司
	192. 江苏开利地毯股份有限公司
	193. 常州霍克展示器材制造有限公司
	194. 南京金箔集团有限责任公司
	195. 江苏桃园家饰有限公司
	196. 连云港塔山湖草柳工艺品有限公司
	197. 江苏深特工艺品有限公司
	198. 苏州魔卡童创意设计有限公司
	199. 泰州市美画艺术品有限公司
	200. 连云港多彩矿产品有限公司
	201. 连云港市石来运好水晶工艺品有限公司
	202. 江苏华佳控股集团有限公司
	203. 苏州蜗牛数字科技股份有限公司
	204. 常州飞云信息技术有限公司
	205. 江苏山猫兄弟动漫游戏有限公司
	206. 江苏卡龙动画影视传媒股份有限公司
	207. 江苏久通动漫产业有限公司
	208. 南京艾迪亚动漫艺术有限公司
	209. 南京波波魔火信息技术有限公司
	210. 常州卡米文化传播有限公司
	211. 常州渔夫动漫有限公司
	212. 江苏永兴多媒体有限公司
	213. 吟飞(科技)江苏有限公司
	214. 常州灵通展览用品有限公司
	215. 江苏奇美乐器有限公司
	216. 江阴杰麦尔乐器有限公司

江苏	217. 江苏凤灵乐器集团
	218. 江阴金杯安琪乐器有限公司
	219. 江苏大风乐器有限公司
浙江	220. 嘉兴求是园文化传播有限公司
	221. 浙江华硕国际贸易有限责任公司
	222. 浙江省新华书店集团有限公司
	223. 浙江大学出版社有限责任公司
	224. 浙江教育出版社有限公司
	225. 浙江少年儿童出版社有限公司
	226. 浙江出版联合集团有限公司
	227. 温州日报报业集团有限公司
	228. 浙江华虹光电集团有限公司
	229. 嘉兴市海鸥纸品有限公司
	230. 浙江华人数码印刷有限公司
	231. 华谊兄弟传媒股份有限公司
	232. 东阳三尚影视传媒有限公司
	233. 浙江华策影视股份有限公司
	234. 东阳福添影视有限公司
	235. 浙江金球影视有限公司
	236. 杭州今古时代电影制作有限公司
	237. 长城影视股份有限公司
	238. 东阳拉风影视文化有限公司
	239. 浙江画之都油画股份有限公司
	240. 杭州乐港科技有限公司
	241. 美盛文化创意股份有限公司
	242. 杭州时空影视文化传播有限公司
	243. 浙江木玩动漫文化有限公司
	244. 杭州翻翻动漫文化艺术有限公司
	245. 浙江中南卡通股份有限公司
	246. 浙江华人传媒集团有限公司
	247. 杭州大自然光电有限公司
宁波	248. 广博集团股份有限公司
	249. 宁波成路纸品制造有限公司
	250. 宁波宁兴控股股份有限公司
	251. 宁波旷世智源工艺设计股份有限公司
	252. 浙江凌科网络通信股份有限公司

续表

宁波	253. 浙江宣逸网络科技有限公司 254. 宁波音王电声股份有限公司 255. 海伦钢琴股份有限公司 256. 森鹤乐器股份有限公司 257. 宁波金辉摄影器材有限公司 258. 宁波康大美术用品有限公司 259. 浙江大丰实业有限公司
安徽	260. 安徽轻工国际贸易股份有限公司 261. 安徽文艺出版社 262. 安徽少年儿童出版社 263. 安徽科学技术出版社 264. 安徽人民出版社 265. 安徽美术出版社 266. 黄山书社 267. 时代出版传媒股份有限公司 268. 合肥杏花印务股份有限公司 269. 安徽省新德国际印务有限责任公司 270. 安徽吴楚科技文化传播有限责任公司 271. 安徽旭日光盘有限公司 272. 安徽演艺集团有限责任公司 273. 安徽华安达集团工艺品有限公司 274. 安徽庆发柳编集团有限公司 275. 阜南县金源柳木工艺品有限公司 276. 霍邱县亨兴工艺品有限公司 277. 华宇(安徽)工艺品有限公司 278. 岳西县泉源盛工艺品有限公司 279. 中国宣纸集团公司 280. 安徽明德竹木工艺制品有限公司 281. 黄山徽州竹艺轩雕刻有限公司 282. 合肥智明星通软件科技有限公司 283. 铜陵百舟网络科技有限公司 284. 合肥三高信息科技有限公司 285. 安徽时代漫游文化传媒股份有限公司 286. 安徽出版集团有限责任公司 287. 安徽华文国际经贸股份有限公司 288. 安徽时代创新科技投资发展有限公司

福建	289. 福州福昕软件开发有限公司
	290. 福建闽台图书有限公司
	291. 福建省出版对外贸易公司
	292. 龙岩市海得宝印刷有限公司
	293. 艾派集团(中国)有限公司
	294. 闽侯闽兴编织品有限公司
	295. 福建省佳美集团公司
	296. 莆田市集友艺术框业有限公司
	297. 福建省闽侯民间工艺品有限公司
	298. 漳州市恩扬工艺品有限公司
	299. 福州星月家居装饰用品有限公司
	300. 福州闽泉工艺品有限公司
	301. 福建天晴数码有限公司
	302. 源兴电子(泉州)有限公司
	303. 福州锐达数码科技有限公司
厦门	304. 厦门外图集团有限公司
	305. 厦门时代华亿动漫有限公司
	306. 厦门音像出版有限公司
	307. 厦门市创业人工贸有限公司
	308. 厦门游家网络有限公司
	309. 厦门鑫五洲国际贸易有限公司
江西	310. 赣州金彩包装印刷有限公司
	311. 江西省出版集团公司
	312. 江西杰锋印刷包装有限公司
	313. 江西广兴科技发展有限公司
	314. 宁都县飞天工艺品有限公司
	315. 景德镇法蓝瓷实业有限公司
	316. 江西腾王科技有限公司
	317. 江西泛美动画影视传媒有限公司
	318. 江西省萍乡市凯天网络有限责任公司
	319. 江西金太阳教育研究有限公司
	320. 江西华文光电股份有限公司
	321. 江西中文天下文化传播有限公司
	322. 凤凰光学集团有限公司

续表

山东	323. 山东省莱州工艺品集团有限责任公司
	324. 山东嘉业日用制品有限公司
	325. 山东云龙绣品有限公司
	326. 临沂金柳工艺品有限公司
	327. 山东超越轻工制品有限公司
	328. 临沭县荣华工艺品有限公司
	329. 曹县鲁艺木业有限公司
	330. 山东省曹县云龙木雕工艺有限公司
	331. 菏泽珠峰木艺有限公司
	332. 曹县好多亿工艺品有限公司
	333. 威海市山花地毯集团有限公司
	334. 山东华瀚轻工业品有限公司
	335. 潍坊宏韵乐器有限公司
	336. 嘉祥京鲁益久织造有限公司
	337. 日照市国软软件有限公司
	338. 潍坊科苑数字科技有限责任公司
	339. 济南市双泽翻译咨询有限公司
青岛	340. 青岛出版集团有限公司
	341. 青岛广电中视文化有限公司
	342. 青岛广电动画有限公司
河南	343. 河南凯瑞数码股份有限公司
	344. 中原出版传媒投资控股集团有限公司
	345. 濮阳市豪艺杂技(集团)有限公司
	346. 濮阳市华晨杂技集团有限公司
	347. 潢川县永江羽毛制品有限责任公司
	348. 固始县华源工艺有限责任公司
	349. 罗山县来朝宝钻有限公司
	350. 固始华丰工艺品有限责任公司
	351. 河南约克信息技术股份有限公司
	352. 乐凯华光印刷科技有限公司
	353. 郑州市卧龙游乐设备有限公司
湖北	354. 长江出版传媒股份有限公司
	355. 江通动画股份有限公司
	356. 武汉艾立卡电子有限公司
	357. 环高乐器制造(宜昌)有限公司
	358. 宜昌金宝乐器制造有限公司

湖南	359. 中南出版传媒集团股份有限公司
	360. 湖南永州奔腾彩印有限公司
	361. 湖南媲美印刷有限公司
	362. 湖南芒果国际文化传播有限责任公司
	363. 湖南快乐阳光互动娱乐传媒有限公司
	364. 衡阳市杂技团
	365. 湖南省杂技艺术剧院有限责任公司
	366. 湖南龙腾工艺服饰有限公司
	367. 湖南港鹏实业有限公司
	368. 岳阳县芭蕉扇业有限责任公司
	369. 湖南金霞湘绣有限公司
	370. 湖南山猫卡通有限公司
	371. 湖南宏梦卡通传播有限公司
	372. 湖南蓝猫动漫传媒有限公司
	373. 湖南金鹰卡通有限公司
	374. 湖南明和光电设备有限公司
	375. 湖南省青苹果数据中心有限公司
广东	376. 广州合基贸易有限公司
	377. 中国图书进出口广州公司
	378. 中华商务贸易公司
	379. 广东省出版集团有限公司
	380. 韶关科艺创意工业有限公司
	381. 东莞新扬印刷有限公司
	382. 东莞市中编印务有限公司
	383. 东莞隽思印刷有限公司
	384. 东莞金杯印刷有限公司
	385. 广东省博罗县园洲勤达印务有限公司
	386. 光明(东莞)柯式印务纸品厂有限公司
	387. 东莞永洪印刷有限公司
	388. 东莞虎彩印刷有限公司
	389. 东莞当纳利印刷有限公司
	390. 广东星煌文化传播有限公司
	391. 佛山市顺德区孔雀廊娱乐唱片有限公司
	392. 湛江华丽金音影碟有限公司
	393. 揭阳市小梅花艺术团
	394. 广州市杂技艺术剧院有限责任公司

续表

广东	395. 揭阳市青年实验潮剧团
	396. 广东长城集团股份有限公司
	397. 广东四通集团股份有限公司
	398. 潮州市庆发陶瓷有限公司
	399. 潮州市泽洲陶瓷有限公司
	400. 佛山市顺德区富德工艺品有限公司
	401. 和平县华源工艺品有限公司
	402. 中山市世宇动漫科技有限公司
	403. 广州菲音信息科技有限公司
	404. 广州市百游汇数码网络有限公司
	405. 佛山市顺德区启智数码科技有限公司
	406. 广州第九艺术网络科技有限公司
	407. 广东奥飞动漫文化股份有限公司
	408. 广东原创动力文化传播有限公司
	409. 广州市达力传媒有限公司
	410. 广州珠江钢琴集团股份有限公司
	411. 广州红棉吉它有限公司
	412. 东莞市亿达音响制造有限公司
	413. 四会市华凯乐器有限公司
	414. 四会市华声乐器有限公司
	415. 得理乐器(珠海)有限公司
	416. 广州市浩洋电子有限公司
	417. 广州市番禺区珠江灯光音响实业有限公司
深圳	418. 深圳市仓颉通文化传播有限公司
	419. 深圳市久美文化发展有限公司
	420. 深圳中华商务安全印务股份有限公司
	421. 深圳雅昌彩色印刷有限公司
	422. 中华商务联合印刷(广东)有限公司
	423. 深圳华新彩印制版有限公司
	424. 深圳市久美博学科技有限公司
	425. 华为技术有限公司
	426. 深圳广播电影电视集团
	427. 深圳市闲云工艺饰品有限公司
	428. 深圳市大芬文化艺术实业有限公司
	429. 深圳市永丰源实业有限公司
	430. 斯达高瓷艺发展(深圳)有限公司

深圳	431. 深圳市同泰富珠宝首饰股份有限公司
	432. 深圳华强文化科技集团股份有限公司
	433. 深圳第七大道科技有限公司
	434. 深圳中青宝互动网络股份有限公司
	435. 深圳市卓页科技网络有限公司
	436. 深圳市方块动漫画文化发展有限公司
	437. 环球数码媒体科技研究(深圳)有限公司
	438. 深圳雅图数字视频技术有限公司
	439. 深圳市海恒智能技术有限公司
	440. 深圳市骄阳数字图像技术有限责任公司
广西	441. 广西师范大学出版社有限责任公司
	442. 广西人民出版社有限公司
	443. 广西金壮锦文化艺术有限公司
海南	444. 三亚太阳鸟文化产业有限公司
重庆	445. 重庆出版集团公司
	446. 重庆维普资讯有限公司
	447. 重庆新华多媒体发展有限公司
	448. 重庆享弘影视股份有限公司
	449. 重庆演艺集团有限公司
四川	450. 新华文轩出版传媒股份有限公司
	451. 四川少年儿童出版社
	452. 四川辞书出版社有限公司
	453. 德阳市杂技团有限责任公司
	454. 遂宁市春苗杂技艺术团
	455. 自贡市海天文化传播有限公司
	456. 自贡灯贸有限公司
	457. 自贡灯会展出有限公司
	458. 四川天域景观艺术有限公司
	459. 自贡市众鑫实业公司
	460. 自贡市龙盛世纪仿真模型制造有限公司
	461. 自贡亘古龙腾科技有限公司
	462. 四川力拓景观科技有限公司
	463. 四川银河地毯有限公司
	464. 四川精锐动画有限公司
	465. 成都炎龙科技有限公司

四川	466. 成都金山互动娱乐科技有限公司 467. 成都精英设计制作有限公司 468. 成都索贝数码科技股份有限公司
贵州	469. 遵义市杂技歌舞艺术有限责任公司
云南	470. 昆明新知集团有限公司 471. 云南无线数字电视文化传媒有限公司 472. 云南演艺集团有限公司 473. 云南杨丽萍文化传播有限公司 474. 昆明憨夯民间手工艺品有限公司
陕西	475. 西安荣信文化产业发展有限公司 476. 西安环球印务股份有限公司 477. 西安市亿利达网络信息技术有限公司 478. 西安艺龙动漫科技有限公司 479. 西安华炎信息科技有限公司
甘肃	480. 读者出版传媒股份有限公司 481. 庆阳锦绣实业有限公司
宁夏	482. 黄河出版传媒集团有限公司
青海	483. 青海伊佳民族服饰有限责任公司 484. 青海藏羊地毯(集团)有限公司
新疆	485. 新疆电子音像出版社

附表5　2011～2012年度国家文化出口重点项目目录

北京	1. 中央电视台国际视频发稿平台(央视国际视频通信有限公司) 2. 中国电影海外推广·销售·服务平台(中国电影海外推广公司) 3. 中国电视长城平台[中视国际传媒(北京)有限公司] 4. 国产影视节目译制交易平台(中国国际电视总公司) 5. 中国电视节目海外频道和时段合作(中国国际电视总公司) 6. 中国优秀电视剧走进东非(国广传媒发展有限公司) 7. 中央电视台国际频道海外落地项目[中视国际传媒(北京)有限公司] 8. 央视网海外镜像站点建设(央视国际网络有限公司) 9. 央视手机电视非洲落地项目(央视国际网络有限公司) 10. 中国国际影视节目展(中国国际电视总公司) 11. 北京国际图书博览会[中国图书进出口(集团)总公司]

北京	12. 中国国际文具及办公用品展览会（中国轻工工艺品进出口商会） 13. 亚马逊中国书店（中国国际图书贸易集团有限公司） 14. 荣宝斋传统艺术图书出口项目（荣宝斋） 15. 中国学术期刊网络出版总库［同方知网（北京）技术有限公司］ 16. 读秀知识库（北京世纪超星信息技术发展有限责任公司） 17. 美国蓝海电视台运营项目［蓝海天扬影视文化（北京）有限公司］ 18. 汉雅星空 IPTV 中华文化海外传播项目（汉雅星空文化科技有限公司） 19. ICN 北美电视春节晚会（俏佳人传媒股份有限公司） 20. 大纽约侨声广播电台投资项目（俏佳人传媒股份有限公司） 21. 尼日利亚等非洲八国数字电视系统建设及运营（北京四达时代通信网络技术有限公司） 22. 美国布兰森白宫剧院经营管理项目（天创国际演艺制作交流有限公司） 23. 毛里塔尼亚·安哥拉·斯里兰卡等国广播电视工程设计项目（中广电广播电影电视设计研究院） 24. 华韵尚德与德国电视台中国节目时段合作项目（北京华韵尚德国际文化传播有限公司） 25. 英国普罗派乐卫视运营项目（北京西京广告有限公司） 26. CATV 国际立体电视台运营项目［中阿精典国际文化传媒（北京）有限公司］ 27. 中国地面数字电视标准（DTMB）海外推广项目（中国普天信息产业股份有限公司） 28.《中国新闻周刊》（英文版）（《中国新闻周刊》杂志社） 29.《东方北京青年周刊》澳洲落地项目（《北京青年》杂志社） 30. 体验汉语泰国中小学系列教材（中国教育出版传媒股份有限公司） 31.《环球汉语》（华语教学出版社有限责任公司） 32. 中国图书贸易法国百周年出版发行有限公司运营项目（中国国际图书贸易集团有限公司） 33. 人民卫生出版社美国分公司（人民卫生出版社） 34. 北京语言大学出版社北美分社项目（北京语言大学出版社有限公司） 35. 数字电视服务出口项目（北京数码视讯科技股份有限公司） 36. 北京放映（中国电影集团公司）
天津	37. 基于4K分辨率的胶片修复项目（灵然创智（天津）动画科技发展有限公司）
河北	38. 沧州杂技团杂技表演（沧州杂技团） 39. 曲阳石雕出口（曲阳县安信石材雕刻有限公司）

山西	40. 舞剧《一把酸枣》和《粉墨春秋》(山西华晋舞剧团)
内蒙古	41. 原生态阿希达组合(内蒙古新思路文化艺术发展有限公司)
黑龙江	42. 赫哲鱼皮桦树皮工艺品(佳木斯马华赫哲鱼皮文化有限公司)
上海	43. 国家对外文化贸易基地(上海东方汇文国际文化服务贸易有限公司) 44. 上海艺术博览会[上海东上海国际文化影视(集团)有限公司] 45. 上海世纪出版香港子公司(上海世纪出版股份有限公司) 46. 与越南国家电视台中国电视剧时段合作(上海剧酷文化传播有限公司) 47. 与美国中文电视台合作运营纽约地区中文频道(上海五岸传播有限公司) 48. "文化中国"系列外文版丛书(上海外文图书公司) 49. 中国外语版图书进入拉加代尔全球图书销售网络拓展工程(上海新闻出版发展公司) 50. 上海日报英文网站(上海日报社)
江苏	51. 江苏出版物海外推广系列活动(江苏省新图进出口公司) 52. 常州创意产品及服务出口公共技术平台(常州市创意产业基地管理委员会) 53. "凤凰画材"越南生产基地建设项目(无锡凤凰画材有限公司) 54. 中国昆曲海外演出(江苏省苏州昆剧院)
浙江	55. 浙江省影视文化出口基地暨国际合作试验区(浙江华策影视股份有限公司) 56. 横店影视产品制作基地(浙江横店影视制作有限公司) 57. 华策影视海外营销体系建设(浙江华策影视股份有限公司) 58. 西泠印社集团日本办事处(西泠印社集团有限公司) 59. 法国东方局(浙江出版联合集团有限公司) 60. 美盛动漫文化创意出口基地(美盛文化创意股份有限公司) 61. 温州数字报纸·温州海外手机报(温州日报报业集团有限公司) 62. 海外实体书店和中文图书营销网点建设(浙江华硕国际贸易有限责任公司) 63. 浙江大学出版社科技图书·期刊国际合作出版暨求是国际数字出版项目(浙江大学出版社有限责任公司) 64. 浙江省新华书店博库网海外分站(浙江省新华书店集团有限公司) 65. "巅峰与梦想——浙江新经典"版权输出(浙江日报报业集团) 66. 中华古帆船研究制作中心(舟山市普陀岑氏木船作坊) 67. 南宋官窑瓷烧制技艺推广(浙江萧山宋代名瓷研究所) 68. 非洲农业与医疗实用技术书系列(浙江科学技术出版社有限公司) 69.《中国印刷史》等中国文化典籍的翻译出版(浙江古籍出版社有限公司)

续表

浙江	70. 西溪创意园区国际影视动画题材资源库(杭州西溪湿地经营管理有限公司)
安徽	71. 国际汉语学习资源研发基地(安徽少年儿童出版社) 72. 中澳文化交流合作平台项目(时代出版传媒股份有限公司) 73. 安徽省杂技团赴美定点演出(安徽演艺集团有限责任公司) 74. 中韩"学习型漫画"合作项目(安徽时代漫游文化传媒股份有限公司) 75. 时代——马萨雷克出版社及东欧(波兰)文化产业分拨中心项目(安徽出版集团有限责任公司) 76. 时代英国文化传媒投资项目(时代出版传媒股份有限公司) 77. 时代出版期刊群落地台湾(时代出版传媒股份有限公司) 78. 徽墨·歙砚出口项目(歙县老胡开文墨业有限公司) 79. 阜南藤柳编织工艺科技研发与创新(阜南县腾祥工艺品有限公司) 80. YoYobooks动漫互动阅读系列app项目(安徽时代漫游文化传媒股份有限公司) 81. 青少年图书"简转繁"项目(时代出版传媒股份有限公司) 82. 中国传统文化系列丛书(黄山书社)
福建	83. 第六届金门书展(台澎金马巡回展)(福建闽台图书有限公司) 84. 闽侨书屋(福建省出版对外贸易公司)
山东	85. 中国鲁绣国际发展促进中心项目(山东万得集团有限公司) 86. 临沭县柳编文化产业基地(中国柳编工艺品研发中心)(临沭县工艺品商会) 87. 《山东侨报》境外发行及外文版发行(《山东侨报》社)
青岛	88. 《中国——新长征》多语种海外发行(青岛出版集团有限责任公司)
河南	89. 中原文化海外发展中心(中原出版传媒投资控股集团公司)
湖北	90. 艾立卡公司投资美国SHS公司项目(武汉艾立卡电子有限公司) 91. 黄梅挑花(黄梅挑花工艺有限公司)
湖南	92. 釉彩瓷及釉下五彩瓷技术研发服务平台(醴陵陶润实业发展有限公司)
广东	93. 为海外电视频道提供节目策划和制作(广东星煌文化传播有限公司) 94. 佛山彩灯(佛山市民间艺术研究社)
深圳	95. 纳米比亚地面数字电视节目(华为技术有限公司) 96. 华强文化科技主题公园(深圳华强文化生产科技集团股份有限公司) 97. 手工剪纸和景泰蓝版画(深圳市贺贺文化艺术有限公司) 98. 《中国通——世界汉语教育动漫系列(形象中文)》对外汉语教材项目(深圳市仓颉通文化传播有限公司) 99. 创意陶瓷展销中心(深圳长城世家商贸有限公司)

续表

海南	100. 民族歌舞剧《槟榔·古韵》(甘什岭槟榔谷原生态黎苗文化旅游区)
四川	101. 东方彩灯·恐龙世界博览会彩灯展(韩国)(自贡灯贸有限公司) 102. 2011 中国彩灯嘉年华走进荷兰(四川天域景观艺术有限公司) 103. 藏族原生态歌舞乐《藏谜》(九寨沟县容中尔甲文化传播有限公司)
贵州	104. 大型民族歌舞《多彩贵州风》(多彩贵州文化艺术有限公司)
云南	105. 中国地面数字电视传输标准东南亚推广(云南无线数字电视文化传媒有限公司) 106. 驻柬埔寨暹粒大型旅游演艺项目《吴哥的微笑》(云南演艺集团有限公司) 107. 新知图书柬埔寨(金边)华文书局(昆明新知集团有限公司)
宁夏	108. 中阿双百经典图书互译出版工程(黄河出版传媒集团有限公司)

附表6　2013～2014年度国家文化出口重点企业目录

北京	1. 中国国际图书贸易集团有限公司 2. 中国图书进出口(集团)总公司 3. 中国科技出版传媒股份有限公司 4. 中国青年出版社 5. 中国大百科全书出版社有限公司 6. 中国教育出版传媒股份有限公司 7. 中国对外翻译出版有限公司 8. 人民卫生出版社 9. 北京万方数据股份有限公司 10. 同方知网(北京)技术有限公司 11. 北京发行集团有限责任公司 12. 北京珍本国际贸易有限公司 13. 中华书局有限公司 14. 北京语言大学出版社有限公司 15. 北京大学出版社有限公司 16. 北京洋洋兔文化发展有限责任公司 17. 华语教学出版社有限责任公司 18. 商务印书馆有限公司 19. 海豚出版社 20. 中国人民大学出版社有限公司 21. 中信出版股份有限公司

续表

北京	22. 外语教学与研究出版社有限责任公司
	23. 北京天视全景文化传播有限责任公司
	24. 五洲传播出版社
	25. 北京华联印刷有限公司
	26. 北京盛通印刷股份有限公司
	27. 中国电影股份有限公司
	28. 中国国际电视总公司
	29. 中视国际传媒（北京）有限公司
	30. 央视国际视频通信有限公司
	31. 中广电广播电影电视设计研究院
	32. 中国广播电视国际经济技术合作总公司
	33. 央视动画有限公司
	34. 北京华录百纳影视股份有限公司
	35. 北京京都世纪文化发展有限公司
	36. 北京鑫宝源影视投资有限公司
	37. 海润影视制作有限公司
	38. 北京四达时代通信网络技术有限公司
	39. 蓝海天扬影视文化（北京）有限公司
	40. 北京每日视界影视动画股份有限公司
	41. 北京派格太合泛在文化传媒有限公司
	42. 中国对外文化集团公司
	43. 中国杂技团有限公司
	44. 天创国际演艺制作交流有限公司
	45. 吴氏国际文化传媒（北京）有限公司
	46. 北京神奇时代网络有限公司
	47. 北京昆仑在线网络科技有限公司
	48. 完美世界（北京）网络技术有限公司
	49. 完美世界（软件）有限公司
	50. 北京麒麟网文化股份有限公司
	51. 趣游科技集团有限公司
	52. 北京新娱兄弟网络科技有限公司
	53. 幸星数字娱乐科技（北京）有限公司
	54. 中盛国际传媒有限公司
	55. 轩创国际文化发展（北京）有限公司
	56. 北京中视环亚卫星传输有限公司
	57. 北京华韵尚德国际文化传播有限公司

北京	58. 俏佳人传媒股份有限公司
	59. 北京昆仑万维科技股份有限公司
	60. 北京星海钢琴集团有限公司
天津	61. 天津市出版对外贸易公司
	62. 天津北方电影集团有限公司
	63. 灵然创智（天津）动画科技发展有限公司
	64. 美济（天津）影视传媒有限责任公司
	65. 天津杰麦多乐器有限公司
	66. 天津福丰达动漫游戏制作有限公司
	67. 天津神界漫画有限公司
	68. 天津市津宝乐器有限公司
	69. 天津圣迪乐器有限公司
河北	70. 河北出版传媒集团有限责任公司
	71. 吴桥铭扬杂技演出有限公司
	72. 吴桥县龙之传奇杂技演出有限公司
	73. 吴桥华艺杂技演出有限公司
	74. 曲阳宏州大理石工艺品有限公司
	75. 深州东方实业集团有限公司
	76. 河北金音乐器集团有限公司
	77. 霸州贝司克斯乐器有限公司
山西	78. 山西宇达集团有限公司
	79. 广灵县多堂剪纸文化产业园区有限公司
	80. 太原特玛茹电子科技有限公司
内蒙古	81. 内蒙古东联影视动漫科技有限责任公司
辽宁	82. 北方联合出版传媒（集团）股份有限公司
	83. 沈阳杂技演艺集团有限公司
	84. 抚顺平天蜡制品有限公司
大连	85. 大连理工大学出版社有限公司
	86. 大连博涛多媒体技术股份有限公司
	87. 大连金山互动娱乐科技有限公司
	88. 大连坐标数码科技有限公司
吉林	89. 吉林出版集团有限责任公司
	90. 吉林省宇平工艺品制造有限公司
	91. 辉南诗梵纺织工业有限公司
	92. 吉林皇星漫画设计制作有限公司
	93. 长影集团有限责任公司

黑龙江	94. 黑龙江朝鲜民族出版社 95. 黑龙江省冰雪艺术发展有限公司 96. 东宁县新华美经贸有限公司 97. 牡丹江和音乐器有限公司 98. 哈尔滨英立科技开发有限公司 99. 哈尔滨三六九科技开发有限公司 100. 黑龙江龙德天合动漫有限公司 101. 哈尔滨凯赛科技有限公司 102. 哈尔滨极光文化传播有限公司 103. 哈尔滨品格文化传播有限公司 104. 尚志市联宇木业有限责任公司 105. 黑龙江译捷翻译服务有限公司
上海	106. 上海外文图书公司 107. 中国图书进出口上海公司 108. 上海新闻出版发展公司 109. 上海世纪出版集团 110. 上海日报 111. 上海印刷（集团）有限公司 112. 上海中华商务联合印刷有限公司 113. 上海复旦四维印刷有限公司 114. 上海电影（集团）有限公司 115. 上海美术电影制片厂 116. 上海剧酷文化传播有限公司 117. 上海新文化传媒集团股份有限公司 118. 上海五岸传播有限公司 119. 上海第一财经传媒有限公司 120. 上海东浩工艺品股份有限公司 121. 上海恺英网络科技有限公司 122. 上海皿鎏软件有限公司 123. 上海界龙实业集团股份有限公司 124. 上海游族信息技术有限公司 125. 久之游信息技术（上海）有限公司 126. 上海众源网络有限公司 127. 上海圣然信息科技有限公司 128. 上海征途信息技术有限公司 129. 上海聚位网络科技发展有限公司

上海	130. 上海大承网络技术有限公司
	131. 上海动酷数码科技有限公司
	132. 上海唯晶信息科技有限公司
	133. 上海炫动传播股份有限公司
	134. 上海今日动画影视文化有限公司
	135. 富乐工业设计(上海)有限公司
	136. 上海金汇通创意设计发展股份有限公司
	137. 硕科图像(上海)有限公司
	138. 上海幻维数码创意科技有限公司
	139. 上海银润传媒广告有限公司
	140. 上海新汇文化娱乐(集团)有限公司
江苏	141. 江苏凤凰出版传媒股份有限公司
	142. 江苏人民出版社有限公司
	143. 江苏省新图进出口公司
	144. 慈文传媒集团有限公司
	145. 江苏省广播电视集团有限公司
	146. 江苏省演艺集团有限公司
	147. 泰州市美画艺术品有限公司
	148. 江苏桃园家饰有限公司
	149. 泰州市嘉俐达工艺品有限公司
	150. 南京金陵金箔股份有限公司
	151. 无锡凤凰画材有限公司
	152. 苏州魔卡童创意设计有限公司
	153. 江苏高淳陶瓷股份有限公司
	154. 扬州盛德工艺品有限公司
	155. 扬州礼瀚工艺礼品有限公司
	156. 江苏奇美乐器有限公司
	157. 南京艾迪亚动漫艺术有限公司
	158. 江苏名通信息科技有限公司
	159. 苏州蜗牛数字科技股份有限公司
	160. 苏州兴游网络科技有限公司
	161. 南京波波魔火信息技术有限公司
	162. 常州卡米文化传播有限公司
	163. 江苏久通动漫产业有限公司
	164. 江苏山猫兄弟动漫游戏有限公司
	165. 吟飞科技(江苏)有限公司

江苏	166. 泰兴斯坦特乐器有限公司 167. 江阴金杯安琪乐器有限公司 168. 泰兴凤灵乐器有限公司
浙江	169. 浙江华硕国际贸易有限责任公司 170. 浙江少年儿童出版社有限公司 171. 浙江教育出版社有限公司 172. 浙江大学出版社有限责任公司 173. 华谊兄弟传媒股份有限公司 174. 浙江华策影视股份有限公司 175. 长城影视股份有限公司 176. 千乘影视股份有限公司 177. 新丽传媒股份有限公司 178. 浙江横店影视公司 179. 浙江金华邮电工程有限公司 180. 浙江画之都文化创意股份有限公司 181. 杭州定格文化创意有限公司 182. 美盛文化创意股份有限公司 183. 杭州时空影视文化传播有限公司 184. 浙江中南卡通有限公司
宁波	185. 宁波音王电声股份有限公司 186. 宁波旷世智源工艺设计股份有限公司 187. 宁波康大美术用品有限公司 188. 浙江宣逸网络科技有限公司 189. 宁波卡酷动画制作有限公司 190. 宁波金辉摄影器材有限公司 191. 森鹤乐器股份有限公司 192. 海伦钢琴股份有限公司 193. 浙江大丰实业股份有限公司
安徽	194. 安徽时代漫游文化传媒股份有限公司 195. 安徽省新龙图贸易进出口有限公司 196. 安徽美术出版社 197. 黄山书社 198. 安徽人民出版社 199. 安徽科学技术出版社 200. 安徽文艺出版社

续表

安徽	201. 安徽少年儿童出版社
	202. 安徽教育出版社
	203. 安徽省新德国际印务有限责任公司
	204. 安徽省杂技团有限责任公司
	205. 黄山徽州竹艺轩雕刻有限公司
	206. 中国宣纸集团公司
	207. 安徽庆发柳编集团有限公司
	208. 安徽华安达集团工艺品有限公司
	209. 阜南县金源柳木工艺品有限公司
	210. 安徽华宇工艺品集团有限公司
	211. 铜陵百舟网络科技有限公司
	212. 合肥智明星通软件科技有限公司
	213. 淮南市乐森黑马乐器有限公司
	214. 安徽出版集团有限责任公司
	215. 时代出版传媒股份有限公司
	216. 安徽时代创新科技投资发展有限公司
	217. 安徽华文国际经贸股份有限公司
福建	218. 福州福昕软件开发有限公司
	219. 福建省出版对外贸易公司
	220. 福建闽台图书有限公司
	221. 福建省名艺油画工艺有限公司
	222. 福建德艺集团股份有限公司
	223. 福建省佳美集团公司
	224. 福建泉州顺美集团有限责任公司
	225. 闽侯闽兴编织品有限公司
	226. 莆田市集友艺术框业有限公司
	227. 福建省闽侯民间工艺品有限公司
	228. 福州闽泉工艺品有限公司
	229. 福建天晴数码有限公司
	230. 雅歌乐器(漳州)有限公司
	231. 锐达互动科技股份有限公司
厦门	232. 厦门外图集团有限公司
	233. 厦门音像出版有限公司
	234. 四三九九网络股份有限公司
	235. 厦门青鸟动画有限公司

江西	236. 江西华奥印务有限责任公司 237. 江西省万载县金峰花炮有限公司 238. 万载县永丰贸易有限公司 239. 景德镇法蓝瓷实业有限公司 240. 江西省腾王科技有限公司 241. 江西凯天动漫有限公司 242. 江西中文天下文化传播有限公司
山东	243. 淄博人立实业有限公司 244. 菏泽珠峰木艺有限公司 245. 曹县鲁艺木业有限公司 246. 山东超越轻工制品有限公司 247. 山东华瀚轻工业品有限公司 248. 山东省莱州工艺品集团有限责任公司 249. 山东省曹县云龙木雕工艺有限公司 250. 临沭县荣华工艺品有限公司 251. 临沂金柳工艺品有限公司 252. 济南漫博通动画制作有限公司 253. 山东妙典网络文化有限公司 254. 潍坊科苑数字科技有限责任公司 255. 济南市双泽翻译咨询有限公司
青岛	256. 青岛出版集团有限公司 257. 青岛广电动画有限公司
河南	258. 中原出版传媒投资控股集团有限公司 259. 宝丰县星光文化传播有限公司 260. 固始县华源工艺有限责任公司 261. 固始县恒达工艺品有限公司 262. 固始县华丰工艺品有限责任公司 263. 潢川县永江羽毛制品有限责任公司 264. 河南约克信息技术股份有限公司
湖北	265. 长江出版传媒股份有限公司 266. 湖北环球影视有限公司 267. 宜昌金宝乐器制造有限公司 268. 江通动画股份有限公司 269. 武汉艾立卡电子有限公司 270. 武汉传神信息技术有限公司

湖南	271. 湖南快乐阳光互动娱乐传媒有限公司
	272. 中南出版传媒集团股份有限公司
	273. 湖南芒果国际文化传播公司
	274. 湖南省杂技艺术剧院有限责任公司
	275. 长沙飞燕杂技艺术有限公司
	276. 湖南金霞湘绣有限公司
	277. 岳阳县芭蕉扇业有限责任公司
	278. 湖南浏阳花炮有限公司
	279. 湖南港鹏实业有限公司
	280. 醴陵裕丰烟花有限公司
	281. 湖南媲美印刷有限公司
	282. 湖南金鹰卡通有限公司
	283. 湖南蓝猫动漫传媒有限公司
	284. 湖南山猫卡通有限公司
	285. 湖南宏梦卡通传播有限公司
	286. 湖南空行文化传媒有限公司
	287. 湖南明和光电设备有限公司
	288. 湖南省青苹果数据中心有限公司
广东	289. 中国图书进出口广州公司
	290. 中华商务贸易公司
	291. 广东省出版集团有限公司
	292. 东莞隽思印刷有限公司
	293. 东莞虎彩印刷有限公司
	294. 韶关科艺创意工业有限公司
	295. 利丰雅高包装印刷(东莞)有限公司
	296. 东莞新扬印刷有限公司
	297. 广东强视影业传媒有限公司
	298. 广东星煌文化传播有限公司
	299. 广州市杂技艺术剧院有限责任公司
	300. 梅州市溪山陶瓷有限公司
	301. 广东长城集团股份有限公司
	302. 大埔县怡丰园实业有限公司
	303. 梅州市林海陶瓷有限公司
	304. 潮州市庆发陶瓷有限公司
	305. 广东省四通集团股份有限公司
	306. 广东泽洲工艺品有限公司

广东	307. 揭阳市长城乐器有限公司 308. 广州菲音信息科技有限公司 309. 广州捷游软件有限公司 310. 广州市雅江光电设备有限公司 311. 广州红棉吉它有限公司 312. 广州市浩洋电子有限公司 313. 得理乐器(珠海)有限公司 314. 广州珠江钢琴集团股份有限公司 315. 广州市珠江灯光科技有限公司 316. 佛山市顺德区启智数码科技有限公司
深圳	317. 深圳市久美博学科技有限公司 318. 深圳市久美文化发展有限公司 319. 深圳市仓颉通文化传播有限公司 320. 深圳中华商务安全印务股份有限公司 321. 深圳雅昌彩色印刷有限公司 322. 深圳市裕同印刷股份有限公司 323. 中华商务联合印刷(广东)有限公司 324. 深圳广播电影电视集团 325. 华为技术有限公司 326. 深圳市永丰源实业有限公司 327. 深圳市闲云工艺饰品有限公司 328. 深圳华强文化科技集团股份有限公司 329. 深圳第七大道科技有限公司 330. 深圳市东方博雅科技有限公司 331. 深圳市卓页互动网络科技有限公司 332. 深圳中青宝互动网络股份有限公司 333. 环球数码媒体科技研究(深圳)有限公司 334. 深圳市方块动漫画文化发展有限公司 335. 深圳雅图数字视频技术有限公司 336. 深圳市骄阳数字图像技术有限责任公司
海南	337. 三亚太阳鸟文化产业有限公司 338. 海南英立科技开发有限公司
重庆	339. 重庆出版集团公司 340. 重庆享弘影视股份有限公司 341. 重庆杂技艺术团有限责任公司

续表

重庆	342. 重庆忝翊服务外包有限公司 343. 重庆祥维科技发展有限公司
四川	344. 四川少年儿童出版社有限公司 345. 新华文轩出版传媒股份有限公司 346. 遂宁市春苗杂技艺术团 347. 自贡灯会展出有限公司 348. 自贡灯贸有限公司 349. 四川天域景观艺术有限公司 350. 自贡亘古龙腾科技有限公司 351. 维塔士电脑软件(成都)有限公司 352. 成都力方数字科技有限公司 353. 成都精英设计制作有限公司 354. 成都索贝数码科技股份有限公司
贵州	355. 贵州榜香郁苗绣服饰开发有限公司
云南	356. 昆明新知集团有限公司 357. 云南无线数字电视文化传媒有限公司 358. 云南演艺集团有限公司 359. 昆明憨夯民间手工艺品有限公司
陕西	360. 西安荣信文化产业发展有限公司 361. 西安市亿利达网络信息技术有限公司 362. 西安华炎信息科技有限公司
甘肃	363. 庆阳岐黄文化传播有限公司
青海	364. 青海藏羊地毯(集团)有限公司
新疆	365. 新疆电子音像出版社 366. 乌鲁木齐阿拜之路文化传播有限公司 367. 昆明金耀文化传播有限公司

附表7　2013~2014年度国家文化出口重点项目目录

北京	1. 中国电影海外推广·销售·服务平台(中影海外推广有限公司) 2. 中国电视长城平台[中视国际传媒(北京)有限公司] 3. 中央电视台国际频道海外落地推广[中视国际传媒(北京)有限公司] 4. 中央电视台国际视频发稿平台(央视国际视频通讯有限公司) 5. 电影译制拷贝制作平台(中国电影股份有限公司)

续表

北京	6.《狼图腾》系列项目（中国电影股份有限公司） 7. 在海外主流媒体开办中国纪录片展映周活动（中国国际电视总公司） 8. 在越南开办中国电视节目播出时段（中国国际电视总公司） 9. 德语中国专题视频网站（北京华韵尚德国际文化传播有限公司） 10. 德国 FTL 电视台中国节目时段合作项目（北京华韵尚德国际文化传播有限公司） 11. 美国 ICN 电视联播网运营项目（俏佳人传媒股份有限公司） 12. ICN 北美电视春节晚会（俏佳人传媒股份有限公司） 13. 英国普罗派乐卫视运营项目［西京文化传媒（北京）股份有限公司］ 14. 蓝海电视欧美落地项目［蓝海天扬影视文化（北京）有限公司］ 15. CATV 国际立体电视台运营项目［中阿精典国际文化传媒（北京）有限公司］ 16. 国图海外华文书店营销网络计划（中国国际图书贸易集团有限公司） 17. 国图欧洲出版发行基地（伦敦中心）项目（中国国际图书贸易集团有限公司） 18. 北京国际图书博览会（BIBF）［中国图书进出口（集团）总公司］ 19. 人民卫生出版社美国分公司运营项目（人民卫生出版社） 20. 中国青年出版社（伦敦）国际有限公司运营项目（中国青年出版社） 21. 美国时代出版公司运营项目（北京时代华语图书股份有限公司） 22. 英国新经典出版社运营项目（北京求是园文化传播有限公司） 23. 美国布兰森白宫剧院经营管理项目（天创国际演艺制作交流有限公司） 24. 尼日利亚等非洲九国数字电视运营项目（北京四达时代通讯网络技术有限公司） 25. 收购美国 AMC Entertainment Holdings 有限公司项目（北京万达文化产业集团有限公司） 26. "中国杂技走出去"世界巡演项目（中国杂技团有限公司） 27. 当代芭蕾舞剧《霾》（北京当代芭蕾舞团） 28. 海润 nowTV 合作国产剧集台海外落地（海润影视制作有限公司） 29. CNTV 多语种旗舰版客户端（央视国际网络有限公司） 30. 海外手机视频业务 CMall 系统平台（央视国际网络有限公司） 31. 北美·非洲·俄罗斯本土化网站项目（央视国际网络有限公司） 32. 小马奔腾美国数字王国（北京小马奔腾文化传媒股份有限公司） 33. 保利香港拍卖有限公司运营项目（保利文化集团股份有限公司） 34. 完美世界 PWIE 海外交易平台［完美世界（北京）网络技术有限公司］ 35. 中国轻游戏产品版权出口服务平台（趣游科技集团有限公司） 36. "中国商业源"网（China Business Source）（北京龙源网通电子商务有限公司） 37. "电影中国"网（www. china-cinema. com）［狮凰文化（北京）有限公司］

天津	38. 立体影视技术成果转化平台(天津福丰达影视科技投资发展有限公司) 39. 建筑类图书境外发行(天津凤凰空间文化传媒有限公司) 40. 今晚报海外版(今晚传媒集团有限公司)
内蒙古	41. 对外广播"草原之声"(内蒙古内广传媒有限责任公司) 42. 俄罗斯乌兰乌德有线电视覆盖工程(内蒙古广播电视网络集团有限公司) 43. 蒙古国塔鸽塔文化发展有限责任公司建设项目(内蒙古新华发行集团股份有限公司)
大连	44. 国域无疆美国公司运营项目(大连国域无疆传媒有限公司)
吉林	45. 延边卫视境外落地(延边卫视中心)
黑龙江	46. 黑龙江日报海外媒体合作项目(黑龙江日报报业集团) 47. 渤海鞡鞯绣朝鲜刺绣加工基地项目(牡丹江渤海民族工艺品有限公司) 48. 冰上杂技《幻境极光》巡演项目(黑龙江省冰尚杂技舞蹈演艺制作有限公司)
上海	49. 国家对外文化贸易基地(上海东方汇文国际文化服务贸易有限公司) 50. 上海文化贸易语言服务基地(上海文策翻译有限公司) 51. 中国上海国际艺术节演出交易会(中国上海国际艺术节中心) 52. 上海艺术博览会(上海艺博会国际展览有限公司) 53. 中国非物质文化遗产国际展览交流服务平台(上海精涛文化会展有限公司) 54. cultural-china. com 文化出口服务网络信息平台(上海新宏文化传播有限公司) 55. "阅读上海"中文图书全球联展(上海外文图书公司) 56. 上海日报(英文版)(上海日报社) 57. 中国外语版图书进入拉加代尔等全球主流图书销售渠道建设工程(上海新闻出版发展公司) 58. 第一财经国际视讯网(上海第一财经传媒有限公司) 59. 与 SinoVision 合作运营中文和英文频道项目(上海五岸传播有限公司) 60. 互联网电视多屏视频业务项目(百视通新媒体股份有限公司)
江苏	61. "江苏书坊"海外布局工程(江苏省新图进出口公司) 62. 凤凰画材越南美术用品生产基地(无锡凤凰画材有限公司) 63. 在朝鲜合资建设印刷生产加工项目(江苏中彩印务有限公司) 64. 凤凰新华印务"走出去"项目(江苏凤凰新华印务有限公司) 65. 《非诚勿扰》模式向南部非洲授权·制播营销整合项目(江苏省广播电视集团有限公司)

江苏	66. 与香港电讯盈科旗下 now tv 共建海外付费频道项目（江苏省广播电视集团有限公司）
浙江	67. 中国文化多语种对外传播项目（嘉兴求是园文化传播有限公司） 68. 孔子中文网络学堂（杭州纳之厚文化创意有限公司） 69. 温州海外手机报·温州数字报纸（温州日报报业集团有限公司） 70. "全球华语电视剧联播体"项目（浙江华策影视股份有限公司） 71. 横店国际影视产品制作基地（浙江横店影视制作有限公司） 72. 吉尔吉斯斯坦德隆电视台节目境外落地项目（浙江金华邮电工程有限公司） 73. 中国（浙江）动漫文化出口基地（杭州时空影视文化传播有限公司）
宁波	74. 卡酷影视动画海外投资和合作项目（宁波卡酷动画制作有限公司） 75. 搜主意创意设计平台（宁波成路纸品制造有限公司）
安徽	76. 时光流影海外版网络平台（时代新媒体出版社有限责任公司） 77. 黄山书社在台文化出版服务平台（黄山书社） 78. 境外搭建服务平台推广具有自主知识产权的多媒体视听设备（安徽时代创新科技投资发展有限公司） 79. 安徽华文文化传媒产品配送中心建设项目（安徽华文国际经贸股份有限公司） 80. 青少年图书"简转繁"项目（时代出版传媒股份有限公司） 81. 与黎巴嫩数字未来公司合作项目（安徽少年儿童出版社） 82. 与韩国乐天集团合作项目（安徽电影集团有限责任公司）
福建	83. 闽侨书屋（福建省出版对外贸易公司） 84. 中国（福建）图书展销会（福建省出版对外贸易公司） 85. 金门书展（台·澎·金·马）巡回展（福建闽台图书有限公司）
厦门	86. 对台图书电子商务网站（厦门外图集团有限公司） 87. 海峡两岸文化创意展（厦门外图集团有限公司） 88. 海峡两岸图书交易会（厦门外图集团有限公司） 89. 青少年图书简改繁入岛发行项目［大龙树（厦门）文化传媒有限公司］
山东	90.《山东侨报》境外发行及外文版发行（山东侨报社） 91. 美国天帝文化艺术品有限公司运营项目（山东华瀚轻工业品有限公司） 92. 嘉业纽约玻璃文化产品研发中心建设项目（山东嘉业日用制品有限公司） 93. 日照锦绣抽纱（德国）有限公司和中亮（美国）有限公司运营项目（日照锦绣抽纱制品有限公司）
青岛	94. 出版物国际数字传播平台（青岛出版集团有限公司）

河南	95. 中国少林大成(柏林)健康中心运营项目(登封市大成健身有限公司) 96. 中原文化海外发展中心柏林·悉尼分中心(中原出版传媒集团河南出版对外贸易有限公司)
湖北	97. 传神公司国际影视译制平台(武汉传神信息技术有限公司) 98. 环球影视网(www. uftv. com. cn)(湖北环球影视有限公司) 99. 尼泊尔"中国新闻出版城"运营项目(湖北长江崇文国际文化交流股份有限公司) 100. 柏德盛乐器境外投资项目[柏德盛乐器制造(宜昌)有限公司] 101. 黄梅挑花(黄梅挑花工艺有限公司)
广东	102. 2013 中国(广州)国际纪录片节(广州环球瑞都文化传播有限公司) 103. 美国天下卫视收购项目(广州影视传媒有限公司) 104. 佛山彩灯(佛山市民间艺术研究社) 105. 香云纱染整工艺改造与产品出口项目(广东省丝丽国际集团股份有限公司) 106. 实用广绣出口项目(佛山市顺德区富德工艺品有限公司)
深圳	107. 深圳设计之都创意产业园(深圳市灵狮文化产业投资有限公司) 108. 纳米比亚地面数字电视项目(华为技术有限公司)
广西	109. 广西"桂绣"文化产业基地(广西金壮锦文化艺术有限公司)
重庆	110. 华龙网六大外语国际传播服务出口平台(重庆华龙网新闻传媒有限公司) 111. 杂技剧《花木兰》(重庆杂技艺术团有限责任公司)
四川	112.《华人视界》周报(新华文轩出版传媒股份有限公司)
贵州	113.《多彩贵州风》大型民族歌舞巡演(多彩贵州文化艺术有限公司) 114. 苗族文化工艺品研发交易中心(凯里市好花红工艺品销售有限公司)
云南	115. 海峡两岸文化交流专题音乐会(楚雄太阳女演艺有限责任公司) 116. 面向东南亚·南亚·西亚文化出版基地(云南大学出版社) 117. 新知图书老挝(万象)华文书局运营项目(昆明新知集团有限公司) 118. 民族服饰和民族刺绣工艺品出口东南亚销售合作(云南花猫民秀经贸有限公司) 119. 驻柬埔寨暹粒大型旅游演艺项目《吴哥的微笑》(云南演艺集团有限公司) 120. 柬埔寨 DTMB 地面数字电视推广项目(云南无线数字电视文化传媒有限公司) 121. 老挝北部有线电视及电视台投资运营项目(云南南数传媒有限公司) 122. 大型舞剧《孔雀》海外巡演(云南杨丽萍文化传播有限公司) 123. 泰国中国文化艺术培训班项目(昆明金耀文化传播有限公司)

参考文献

包韫慧、张书勤：《版权贸易发展与出版业"走出去"战略实现》，《北京印刷学院学报》2008 年第 1 期。

卞新森、罗锋：《产业价值链视阈下的电视节目版权贸易》，《武汉科技大学学报》（社会科学版）2008 年第 1 期。

陈伟军：《文化贸易拓展：提升软实力与走出去》，《中国出版》2013 年第 3 期。

方英、李怀亮、孙丽岩：《中国文化贸易结构和贸易竞争力分析》，《商业研究》2012 年第 1 期。

冯洁：《影视媒介"次流向"对文化霸权中心的消解——以影视贸易文化软实力为例》，《当代电影》2012 年第 6 期。

管永礼：《我国版权贸易研究》，山东大学，2010。

郭奇：《全球化时代版权贸易的文化传播使命》，《中国出版》2009 年第 3 期。

侯泽敏、李书慧、孙志国、王宪良：《"文化折扣"对我国电影出口的影响研究》，《中国市场》2012 年第 44 期。

胡荻：《中国对外文化贸易现状分析及政策选择》，东北财经大学，2013。

黄珏群、龚立恒：《美韩影视贸易发展经验及对中国的启示》，

《中国外资》2012 年第 16 期。

黄世席：《数码环境下美国影视版权的保护探讨》，《现代传播》（《中国传媒大学学报》）2010 年第 8 期。

黄卫平、陈能军、钟表：《版权贸易对经济增长的影响——基于1998—2010 年中国省际面板数据的实证研究》，《河北经贸大学学报》2014 年第 3 期。

姬沈育：《当前中国的版权贸易应侧重版权出口》，《经济经纬》2004 年第 1 期。

姜雅瑞：《我国文化贸易发展的现状、影响因素及对策研究》，南昌大学，2012。

李薇、于子涵：《中美电影服务贸易竞争力比较研究》，《经济师》2011 年第 4 期。

李晓丽：《中国文化贸易发展的影响因素研究》，内蒙古大学，2013。

马倩：《我国文化贸易影响因素研究》，湖南大学，2012。

牟俊翰：《电视版权贸易突围策略探究》，《声屏世界》2012 年第 3 期。

齐峰：《我国版权贸易的发展轨迹及发展取向》，《编辑之友》2008 年第 6 期。

秦洪晶：《我国版权贸易现状与发展对策研究》，青岛大学，2008。

卿越：《中国影视产业中的版权许可使用制度研究》，《昆明理工大学学报》（社会科学版）2012 年第 4 期。

邱燕妮：《从文化折扣角度看中国电影"走出去"的产品策略》，《中国经贸导刊》2012 年第 8 期。

尚永：《美国的版权产业和版权贸易》，《知识产权》2002 年第 6

期。

宋丽颖：《中美版权贸易比较分析》，东北财经大学，2012。

苏振华：《中美版权贸易比较研究》，湖南师范大学，2008。

陶楠、卓光俊：《美国影视产业版权体系结构的经济分析》，《当代传播》2008 年第 3 期。

王国安、赵新泉：《中美两国影视产业国际竞争力的比较研究——基于全球价值链视角》，《国际贸易问题》2013 年第 1 期。

王平、徐兵、李本乾：《美国影视制作投融资改革及中国借鉴》，《新闻界》2014 年第 1 期。

王素娅：《中国电影跨文化传播的文化折扣问题研究》，郑州大学，2014。

王莹莹：《文化折扣与电影产业国际竞争力研究》，中国社会科学院研究生院，2012。

魏鹏举：《产权保护，最大的激励来自市场》，《人民日报》2014 年第 3 期。

吴静：《美国影视文化贸易的成功对中国的启示》，《东北财经大学学报》，2010 年第 3 期。

吴修琦、胡涵宇、曾昕、程伟恒、杨昌桢：《国家竞争优势下中美影视贸易分析及其对策》，《科技广场》2013 年第 5 期。

武齐：《让版权贸易成为新经济增长点——我国版权贸易现状分析与对策建议》，《中国出版》2007 年第 6 期。

武晓荣、王晓芳：《中国文化服务贸易现状与对策研究》，《北京联合大学学报》（人文社会科学版）2013 年第 4 期。

武亚楠：《中国对美国的影视贸易逆差研究》，海南大学，2014。

肖叶飞：《电视节目版权贸易的问题与策略》，《声屏世界》2014 年第 7 期。

肖叶飞：《文化强国背景下的版权贸易与"走出去"战略》，《新闻研究导刊》2014 年第 5 期。

薛华：《中美电影贸易中的文化折扣研究》，中国传媒大学，2009。

闫沐：《"文化折扣"成因的经济模型分析》，中南大学，2010。

闫伟娜：《影视产品跨文化传播中的"文化折扣"问题研究》，《西部学刊》2013 年第 11 期。

闫玉刚：《"文化折扣"与中国对外文化贸易的产品策略》，《现代经济探讨》2008 年第 2 期。

杨梦：《中国电视节目版权经营策略研究》，湖南大学，2011。

杨庆国、晏婷婷：《广播影视版权相关产业发展模式研究》，《青年记者》2014 年第 6 期。

姚德权、赵洁：《中国版权贸易研究综述》，《国际经贸探索》2007 年第 1 期。

张勤：《版权产业与版权贸易的发展：从美国经验看中国》，对外经济贸易大学，2003。

张希坤：《美国文化服务贸易发展及对中国的启示研究》，《对外经贸》2013 年第 3 期。

周根红：《美国电视节目版权的开发与利用》，《电视研究》2009 年第 9 期。

周升起、兰珍先：《中国文化贸易研究进展述评》，《国际贸易问题》2013 年第 1 期。

朱文静、顾江、朱婷：《我国文化出口贸易结构变迁与产业结构调整的相互影响》，《经济经纬》2012 年第 6 期。

朱文静、顾江：《我国文化贸易结构与贸易竞争力的实证分析》，《湖北经济学院学报》2010 年第 2 期。

邹超、庞祺：《我国电影出口贸易中文化折扣的成因、影响及对策分析》，《北京城市学院学报》2013 年第 5 期。

邹超、尹秀艳：《我国电影产业出口贸易中文化折扣现象分析》，《财经理论研究》2013 年第 2 期。

北京大学文化产业研究院：《中国对外文化贸易年度报告》，北京大学出版社，2011。

毛俊玉、郑洁：《文化"走出去"的政策效应》，《中国文化报》2014 年 5 月 17 日，第 2 版。

高书生：《感悟文化改革发展》，中信出版股份有限公司，2014。

Al-Aali, A. Y. & Teece, D. J. （2013）. Towards the （Strategic） Management of Intellectual Property：Retrospective and Prospective. *California Management Review*, 55（4）, 15 – 30. doi：10. 1525/cmr. 2013. 55. 4. 15.

Conconi, P. & Pauwelyn, J. （2011）. Trading Cultures：Appellate Body Report on China-Audiovisuals. *World Trade Review*, 10（1）, 95 – 118.

Copyright Industries in the U. S. Economy：The 2013 Report, International Intellectual Property Alliance, http：//www. iipa. com/pdf/2013 Copyright Industries Full Report. PDF.

Cyrus, T. L. （2012）. Cultural Distance and Bilateral Trade. *Global Economy Journal*, 12（4）.

Disdier, A. , Tai, S. T. , Fontagne, L. & Mayer, T. （2010）. Bilateral Trade of Cultural Goods. Review of *World Economics/ Weltwirtschaftliches Archiv*, 145（4）, 575 – 595. doi：http：//dx. doi. org/10. 1007/s10290 – 009 – 0030 – 5.

Heiberg, Carl Erik. "American Films in China：An Analysis of China's Intellectual Proeprty Record and Reconsideration of Cultural Trade

Exceptions admidst Rampant Piracy. " Minn. J. Int'l L. 15 (2006): 219.

Jianbin, J. & Kete, W. (2005) . An Analysis of the Economic and Cultural Determinants of Copyright Trade among Some Asian Countries. *Journal of Educational Media & Library Sciences*, 43 (1), 117 - 126.

Lee, S. & Waterman, D. (2007) . Theatrical Feature Film Trade in the United States, Europe, and Japan since the 1950s: An Empirical Study of the Home Market Effect. *Journal of Media Economics*, 20 (3), 167 - 188.

Meardon, S. (2005) . How TRIPs Got Legs: Copyright, Trade Policy, and the Role of Government in Nineteenth-Century American Economic Thought. *History of Political Economy*, 37145 - 174.

Scott, Allen. " A new map of Hollywood: the production and distribution of American motion pictures. " *Regional Studies* , 36. 9 (2002): 957 - 975.

Smith, P. J. , Da'ar, O. B. , Monroe, K. H. , Nunez, F. X. & Tuttle, C. J. (2009) . How Do Copyrights Affect Economic Development and International Trade? *Journal of World Intellectual Property*, 12 (3), 198 - 218. doi: 10. 1111/j. 1747 - 1796. 2009. 00360. x.

有关文件

（1）《国务院办公厅关于印发文化体制改革试点中支持文化产业发展和经营性文化事业单位转制为企业的两个规定的通知》（国办发〔2003〕105号），http：//www. chuban. cc/ztjj/gg/zcwj/201202/t20120223_ 101943. html。

（2）《关于深化文化体制改革的若干意见》（中发〔2005〕14号），http：//www. zsfh. org/a/zcfg/2013/0813/1291. html。

（3）《关于文化体制改革中经营性文化事业单位转制后企业的若干问题的通知》（财税〔2005〕1号），http：//www. mof. gov. cn/zhengwuxinxi/zhengcefabu/2005zcfb/200805/t20080519_ 21277. htm。

（4）《关于文化体制改革试点中支持文化产业发展若干税收政策问题的通知》（财税〔2005〕2号），http：//www. mof. gov. cn/zhengwuxinxi/zhengcefabu/2005zcfb/200805/t20080519_ 21278. htm。

（5）《关于进一步加强和改进文化产品和服务出口工作的意见》（中办发〔2005〕20号），http：//www. xwcbj. gd. gov. cn/news/html/ztbd/2012/wjhb/2/article/1354607822029. html。

（6）《国务院关于非公有制资本进入文化产业的若干决定》（国发〔2005〕10号），http：//www. qingdaonews. com/qxw/content/2005 – 08/09/content_ 5205840. htm。

（7）《关于发布第一批不在文化体制改革试点地区的文化体制改革试点单位名单的通知》（财税〔2005〕163 号），http：// www. mof. gov. cn/zhengwuxinxi/zhengcefabu/2005zcfb/200805/ t20080524_ 34722. htm。

（8）《关于鼓励和支持文化产品和服务出口的若干政策》（国办发〔2006〕88 号），http：//www. cpll. cn/law8515. shtml。

（9）《2007～2008 年度国家文化出口重点企业和项目目录》（〔2007〕年第 99 号），http：//www. chinalawedu. com/news/1200/ 22598/22617/22842/2007/12/li9270343936142170029112－0. htm。

（10）《关于公布第二批不在试点地区的文化体制改革试点单位名单和新增试点地区名单的通知》（财税〔2007〕36 号），http：// www. mof. gov. cn/zhengwuxinxi/caizhengwengao/caizhengbuwengao2007/ caizhengbuwengao20076/200805/t20080519_ 26470. html。

（11）《关于印发文化体制改革中经营性文化事业单位转制为企业和支持文化企业发展两个规定的通知》（国办发〔2008〕114 号），http：//www. ovupre. com/law/20/675. aspx。

（12）《关于发布第三批不在试点地区的文化体制改革试点单位名单的通知》（财税〔2008〕25 号），http：//www. mof. gov. cn/ zhengwuxinxi/caizhengwengao/caizhengbuwengao2008/caizhengbuwengao 20084/200807/t20080701_ 55440. html。

（13）《2009～2010 年度国家文化出口重点企业目录》（〔2009〕第 89 号），http：//www. gov. cn/gzdt/2010－01/12/content_ 1508750. htm。

（14）《文化产业振兴规划》，http：//www. gov. cn/test/2009－ 09/28/content_ 1428549. htm。

（15）《关于金融支持文化出口的指导意见》，http：// tradeinservices. mofcom. gov. cn/a/2009－05－18/71482. shtml。

（16）《文化部办公厅关于申报中国进出口银行"扶持培育文化出口重点企业、重点项目贷款"有关事项的通知》（办产函〔2009〕99 号），http：//testcnci. cnci. gov. cn/Content/2009/4/10/content － 0107010000 － 134936. shtml。

（17）《关于支持文化企业发展若干税收政策问题的通知》（财税〔2009〕31 号），http：//dy. chinasarft. gov. cn/html/www/article/2011/012d833dcbb96fa34028819e2d789a1d. html。

（18）《关于金融支持文化产业振兴和发展繁荣的指导意见》（银发〔2010〕94 号），http：//www. gov. cn/gzdt/2010 －04/08/content_1576191. htm。

（19）《2011～2012 年度国家文化出口重点企业和项目目录》（〔2012〕第 57 号），http：//www. gov. cn/banshi/2012 － 09/21/content_ 2230304. htm。

（20）《关于"十二五"期间金融支持服务贸易发展的意见》（商服贸发〔2012〕86 号），http：//www. culturetrade. com. cn/nbict/node3/n21/n40/n95/u1ai167. html。

（21）《关于继续实施文化体制改革中经营性文化事业单位转制为企业若干税收政策的通知》（财税〔2014〕84 号），http：//szs. mof. gov. cn/zhengwuxinxi/zhengcefabu/201412/t20141201_ 1161306. html。

（22）《关于继续实施支持文化企业发展若干税收政策的通知》（财税〔2014〕85 号），http：//szs. mof. gov. cn/zhengwuxinxi/zhengcefabu/201412/t20141201_ 1161316. html。

（23）《国务院关于加快发展对外文化贸易的意见》（国办发〔2014〕13 号），http：//www. mofcom. gov. cn/article/difang/henan/201403/20140300529422. shtml。

（24）《国务院办公厅关于印发〈文化体制改革中经营性文化事

业单位转制为企业和进一步支持文化企业发展两个规定的通知〉》（国办发〔2014〕15号），http：//www. gov. cn/zhengce/content/2014－04/16/content_ 8764. htm。

（25）《关于深入推进文化金融合作的意见》（文产发〔2014〕14号），http：//www. mof. gov. cn/zhengwuxinxi/zhengcefabu/201403/t20140326_ 1059932. htm。

（26）《2013～2014年度国家文化出口重点企业和项目目录》（2014年第35号），http：//fms. mofcom. gov. cn/article/jingjidongtai/201405/20140500596621. shtml。

（27）《关于支持文化服务出口等营业税政策的通知》（财税〔2014〕118号），http：//szs. mof. gov. cn/zhengwuxinxi/zhengcefabu/201501/t20150109_ 1177943. html。

图书在版编目（CIP）数据

中国文化贸易研究报告 . 2014～2015 / 魏鹏举等编
著 . -- 北京：社会科学文献出版社，2016.7
（上海研究院智库丛书）
ISBN 978 - 7 - 5097 - 8985 - 8

Ⅰ. ①中… Ⅱ. ①魏… Ⅲ. ①文化产业 - 研究报告 -
中国 - 2014～2015 Ⅳ. ①G124

中国版本图书馆 CIP 数据核字（2016）第 070256 号

· 上海研究院智库丛书 ·
中国文化贸易研究报告（2014～2015）

编 著／魏鹏举 李 兵 等

出 版 人／谢寿光
项目统筹／邓泳红 桂 芳
责任编辑／陈晴钰

出 版／社会科学文献出版社 · 皮书出版分社 （010）59367127
地址：北京市北三环中路甲 29 号院华龙大厦 邮编：100029
网址：www. ssap. com. cn
发 行／市场营销中心 （010）59367081 59367018
印 装／北京季蜂印刷有限公司

规 格／开本：787mm × 1092mm 1/16
印 张：28.5 字 数：368 千字
版 次／2016 年 7 月第 1 版 2016 年 7 月第 1 次印刷
书 号／ISBN 978 - 7 - 5097 - 8985 - 8
定 价／89.00 元

本书如有印装质量问题，请与读者服务中心（010 - 59367028）联系